U0555368

第5卷

菲尼斯文集

联合国计划署在华项目

国家预防灾害培训体验和法治保障文化基地建设（项号编号：CPR/13/303）

菲尼斯文集 ✦ 第5卷

宗教与公共理性

〔英〕约翰·菲尼斯（John Finnis）- 著 ｜ 翁开心 - 译

中国政法大学出版社

2018·北京

图书在版编目（CIP）数据

宗教与公共理性/(英)约翰·菲尼斯著；翁开心译.—北京：中国政法大学出版社，2018.7
（菲尼斯文集 ；第五卷）
ISBN 978-7-5620-8043-5

Ⅰ.①宗… Ⅱ.①约… ②翁… Ⅲ.①菲尼斯—哲学思想—文集 Ⅳ.①B561.6-53

中国版本图书馆CIP数据核字(2018)第145539号

出版者	中国政法大学出版社
地址	北京市海淀区西土城路 25 号
邮寄地址	北京 100088 信箱 8034 分箱　邮编 100088
网址	http://www.cuplpress.com (网络实名：中国政法大学出版社)
电话	010-58908524(编辑部) 58908334(邮购部)
承印	北京中科印刷有限公司
开本	720mm×960mm　1/16
印张	31.75
字数	450 千字
版次	2018 年 7 月第 1 版
印次	2018 年 7 月第 1 次印刷
定价	79.00 元

序

这五卷本中所收集的论文，最早写于1967年，最晚则为2010年。每卷的最后，都有一份我出版作品的编年目录；该目录显示了我的论文在各卷当中的分布情况。但是，各卷又都包含了一些我先前没有发表的论文。

许多篇论文以新标题出现。凡内容变化重大的，原先的标题就会在该文的开头处标注出来；当然，在作品编年目录中也可以找到原文。

对于以前发表的作品，所作修改仅限于澄清说明。凡看上去需要进行实质性限定或撤回的，我都已在该篇论文的尾注中说明，或偶尔以一个加括号的脚注作如是交代。除非上下文另有说明，方括号均表示为该卷论文集所作的插入。另外，具体论文的尾注还被用于说明某种更新，尤其是相关法律的更新。一般而言，每篇论文都是从它撰写的那个时间谈起的，尽管目录表中给出的年份均为发表年份（如适用），而非写作年份——这有时要较发表年份早上一到两年。

我尽力按照主题对文集分组，无论跨卷还是不跨卷。但仍有不少重叠，因而各卷主题的某些重要内容会在其他几卷的每一主题中有所发现。索引，就像适用于各卷的作品编年目录（但非“其他引用作品”）一样，对此给出了某种进一步的说明，尽管它仅仅是根据人名追求其完备性。各卷的导论用以详述和解释该卷的卷名，以及该卷有关那一主题的各篇论文之间的关系。

对于平装版来说，所有卷共用的索引在其主题所覆盖的范围内都得到显著增强。

缩略语表

AAS	《宗座公报》(*Acta Apostolicae Sedis*)
AG	梵蒂冈第二次大公会议:《教会传教工作法令》, 1965 [Vatican Ⅱ, *Ad Gentes* (Decree on Missionary Activity, 1965)]
AJJ	《美国法理学杂志》(*American Journal of Jurisprudence*)
Aquinas	1998d: 约翰·菲尼斯:《阿奎那: 道德、政治和法律理论》(牛津大学出版社) [1998d: John Finnis, *Aquinas: Moral, Political and Legal Theory* (OUP)]
CAP	E. R. 诺曼:《基督教在政治中》, 载 M. 考林编:《保守主义者论文集》(伦敦: 卡斯尔) [E. R. Norman, "Christianity in Politics", in Maurice Cowling (ed.). *Conservative Essays* (London: Cassell)]
CCC	《天主教教理》[(1997), 伦敦: 杰弗里·查普曼, 1999] [*Catechism of the Catholic Church* ([1997], London: Geoffrey Chapman, 1999)]
CDF	天主教信理部 (Congregation for the Doctrine of the Faith)
CL	H. L. A. 哈特:《法律的概念》(牛津大学出版社, 1961) [H. L. A. Hart, *The Concept of Law* (OUP, 1961)]
CMP	杰曼·格里塞茨:《主耶稣的道路》第一卷《基督教道德原则》(芝加哥: 方济各会赫勒尔德出版社, 1983) [Germain Grisez, *The Way of the Lord Jesus* vol. 1 *Christian Moral Principles* (Chicago: Franciscan Herald Press, 1983)]

CSE	E. R. 诺曼：《英格兰的教会与社会，1770－1970》（牛津大学出版社，1976）［E. R. Norman, *Church and Society in England 1770－1970*（OUP, 1976）］
CTS	天主教真理学会（Catholic Truth Society）
CUP	剑桥：剑桥大学出版社（Cambridge：Cambridge University Press）
CWO	E. R. 诺曼：《基督教与世界秩序》（牛津大学出版社，1978）［E. R. Norman, *Christianity and the World Order*（OUP, 1978）］
DH	梵蒂冈第二次大公会议：《信仰自由宣言》［Vatican Ⅱ, *Dignitatis Humanae*（Declaration on Religious Liberty, 1965）］
DMQ	杰曼·格里塞茨：《主耶稣的道路》第三卷《道德难题》（芝加哥：方济各会赫勒尔德出版社，1997）［Germain Grisez, *The Way of the Lord Jesus* vol. 3 *Difficult Moral Questions*（Chicago：Franciscan Herald Press, 1997）］
D－S	汉瑞克·丹泽尔：《信仰和道德的界定与阐释》（34th edn，巴塞罗那和纽约：赫德，1967）［Henricus Denzinger, *Enchiridion Symbolorum Definitionum et Declarationum de Rebus Fidei et Morum*（ed. Adolfus Schönmetzer）（34th edn, Barcelna and New York：Herder, 1967）］
DV	梵蒂冈第二次大公会议：《启示宪章》（1965）［Vatican Ⅱ, *Dei Verbum*（Dogmatic Constitution on Divine Revelation）（1965）］
FHG	玛丽亚·吉奇和路加·戈尔马利（编著）：《硬土地里的信仰：G. E. M. 安斯库姆的宗教、哲学与伦理论文集》（英国埃克塞特和弗吉尼亚夏洛茨维尔：印记学术出版社，2008）［Mary Geach and Luke Gormally（eds）, *Faith in a Hard Ground：Essays on Religion, Philosophy and Ethics by G. E. M. Anscombe*（Exeter, UK, and Charlottesville, VA：Imprint Academic, 2008）］
FoE	1983a：约翰·菲尼斯：《伦理学基础》（牛津大学出版社；华盛顿特区：乔治城大学出版社）［1983a：John Finnis, *Fundamentals of Ethics*（OUP; Washington, DC：Georgetown University Press）］
GS	梵蒂冈第二次大公会议：《论教会在现代世界牧职宪章》（1965）［Vatican Ⅱ, *Gaudium et Spes*（Pastoral Constitution on the Church in the Modern World）（1965）］

Hermeneias	阿奎那:《亚里士多德诠释学注释》(1269－72), Aquinas, *Commentarium in libros Perihermeneias expositio* [Commentary on Aristotle's *De Interpretatione* (1269－72)]
HUP	剑桥,马萨诸塞:哈佛大学出版社 (Cambridge, Mass: Harvard University Press)
In Anima	阿奎那:《亚里士多德论灵魂注释》(c. 1268) [Aquinas, *In libris De Anima Expositio* (Commentary on Aristotle, *De Anima*) (c. 1268)]
LCL	杰曼·格里塞茨:《主耶稣的道路》卷二《活出基督徒的生命》(昆西:方济各会出版社, 1993) [Germain Grisez, *The Way of the Lord Jesus vol. 2 Living a Christian Life* (Quincy: Franciscan Press, 1993)]
LE	罗纳德·德沃金:《法律帝国》(哈佛大学出版社;伦敦:芳塔纳出版社)[Ronald Dworkin, *Law's Empire* (HUP; London: Fontana, 1986)]
LQR	《法律评论季刊》(*Law Quarterly Review*)
NE	亚里士多德:《尼各马可伦理学》(Aristotle, *Nicomachean Ethics*)
NLNR	1980a: 约翰·菲尼斯:《自然法与自然权利》(第2版,牛津大学出版社, 2011) [1980a: John Finnis, *Natural Law and Natural Rights* (2nd edn, OUP, 2011)]
NDMR	1987g: 约翰·菲尼斯、约瑟夫·波义耳、杰曼·格里塞茨:《核威慑、道德与现实主义》(牛津大学出版社, 1987) [1987g: John Finnis, Joseph Boyle, and Germain Grisez, *Nuclear Deterrence, Morality and Realism* (OUP, 1987)]
OUP	牛津:牛津大学出版社(包括克拉兰登出版社) [Oxford: Oxford University Press (including Clarendon Press)]
Sent.	阿奎那:《彼得·伦巴都〈教父嘉言录〉注释》, Aquinas, *Scriptum super Libros Sententiarum Petri Lombardiensis* [Commentary on the Sentences (Opinions or Positions of the Church Fathers) of Peter Lombard] (c. 1255)
ScG	阿奎那:《反异教大全》[Aquinas, *Summa contra Gentiles* (A Summary against the Pagans) (c. 1259－65)]
ST	阿奎那:《神学大全》[Aquinas, *Summa Theologiae* (A Summary of Theology) (c. 1265－73)]

目　录

第三部分　良心与信仰

第四部分　争 议

导言

基于对不少无神论者的了解，弗朗西斯·培根曾经这样说道：“无神论 1
的肇因在于宗教内部的纷争……（和）教职人员的丑闻……（并且）最后与认知形成的时代相关，特别是处于太平而繁华的世代。”[1] 这位博学非凡的伟人在关于无神论的文章中如此娓娓开篇：

> 我宁愿相信圣传、犹太经典和《可兰经》中的一切传说，也不能相信这宇宙是一个没有灵魂的躯壳。因为上帝普遍的创造工作*就足以驳倒无神论，所以，上帝根本无须靠行一个神迹来与它辩驳。这是真的，微略的哲学知识引人趋向无神论，而深邃的哲思洞见却将人心带到上帝面前。[2]

培根关于无神论始因的思考从《论迷信》一文延及姊妹篇《论无神论》，并在前者的基础上增加了一句结论性的话：“当人们希望尽可能远离

---

〔1〕 Arber（ed.），346. 这段话第一次出现在1612年编的培根论文集之《论迷信》一文中，1625年的论文集里，培根将题目改为《论无神论》。在18世纪启蒙运动期间及后来，但在这之前，从未有人说培根是一个贪婪的无神论者；对于这个设想的否定，可参见 Matthews，*Theology and Science in the Thought of Francis Bacon*, and McKnight, *The Religious Foundations of Francis Bacon's Thought.*

* 圣经上说：“神的事情，人所能知道的原显明在人心里；因为神已经给他们显明。自从造天地以来，神的永能和神性是明明可知的，虽是眼不能见，但藉着所造之物，就可以晓得叫人无可推诿。”（《新约罗马书》1：19 –20）——译者注

〔2〕 Arber（ed.），330.《论无神论》始于1612年论文集，1625年出版的文字增加了另一个传说的例子。培根对于“驳倒”（refute）用的词是“使信服”（convince）。圣传（Legend）指 *Legenda* [*Aurea*] *Sanctorum*，全然不加批判并且确实充满了神迹奇事的一系列圣徒言行录，由热那亚的大主教于1260年推出。

先前领受的迷信而可以做得最好时，便产生了一个避免迷信的迷信……"[3]

本书第1章的第Ⅱ部分，我将在晚近和更著名的科学家语境下，展开并阐明培根肯定存在神圣的创造者以及宇宙按着上帝旨意运行的这个隐性论证。另外，在《自然法与自然权利》和《阿奎那》这两本书的最后一章，我都曾就此进行清楚的论证。因而，这里就不再赘述了。并且，似乎也没有必要讨论教职人员的丑闻，或者处于富庶与和平年代而拥有的满足感之中，知识广泛传播却未经批判并缺乏训导这些相关的因素。更重要地，是由于"宗教纷争"（divisions in religion）而导致的困惑。因为这个想法可以在任何人身上萌发：上千宗教信仰形式中，一个并且只有一个是真的（true）？这样质
2 疑不是很合乎理性吗？设定作为个人成长背景或者所处社会土壤的宗教形式是真的，而其他所有宗教的都是假的（false），这怎么合理？面对形形色色的宗教诉求，说它们都是谬误难道不是过于简单的答案？抑或，至少是一个过于简单的设想吗？

在逻辑上，上述疑惑并不能让人信服。因为所有科学的、逻辑的、数理的以及历史的立场都可能涉及"真的"判断：在无数替代性信念成为或者被认为是假的同时，某一立场被认为是真的。然而，进一步来看，无神论在这个意义上是"真的"，即它否定了无数错误宗教所鼓吹的神性和圣行，以及它们各自倡导的教义。无神论认定，并没有超验现实（transcendent reality）超越地存在于借助自然科学方法可知的世界之上；就错误的宗教否定无神论这样的宣告而言，认同信仰无神论跟讲所有那些错误的宗教是有道理的彼此相容。再者，许多人认为：基于任何智慧和创造动机能成为道德真理的来源以及具有客观关联性的任何超验现实可能不存在，道德义务诉求也就失去了真理性或客观性。我们可以并且应当如此来回应：比起无神论或者强的怀疑主义立场，每个肯定存在一些道德义务和责任为"真"的宗教，与本书前四卷的研讨立场更加一致，即为哲学、人类学、道德和法理学问题寻得某一正确答案是很重要的。

---

〔3〕 Arber (ed.), 349.

想要借着哲学、历史、文化以及自己个人的经验和学识做出与最基本宗教问题相冲突的表述来简化这个问题，或者用一个单向、笼统排他的设定（presumption）让问题变得简单，都是一种冲动而非寻求真理的导向。如果屈服于这样的冲动，那么，就会落入培根所说的迷信。

I. 公共理性与法律中的宗教

在本书的语境里，“宗教”是如下判断的简称：不仅解释整个宇宙的存在及其智慧性（intelligibility），还表达了为存在、智慧和价值困惑寻求答案的责任；而且，无论多么幽暗，都竭力回应这些判断所肯定的、具有超验解释力的现实，操练如何适当地对这些现实作出评判。从根本上来讲，宗教是理性在“理论上”和“实践上（就指向选择和行动而言）”的运用。诚然，理性在它的限度内运作，但是，这比任何将碰到的界限都当作球出界线的简单 3
宣言都更合理，怀有这样的信心也是合乎理性的。既然是一个关乎理性的问题，那么，宗教则享有理性的显著公共特征：比如，与真理相关（因而要避免错谬和空谈），具有一个为真的（true）判断之首要标记，即在一个不受干扰、偏歧、混淆以及信息要求的理想前提下，每个人都会对其产生相同的意见。然而，实际的认知环境与理想情形相距甚远，宗教信念如此多元，绝大多数必定存在一定程度的谬误。故此，显然会产生“可预见的”多样化。

培根的《论无神论》一文以西塞罗的反思结束，罗马之所以一霸天下是基于他们的这个真知灼见：非血气的神用神圣奥妙又超乎人所能理解的力量（*numine*）统治和管辖着万物，并且，他们以敬重（reverence）和“宗教”（religion）来作出适当的回应。[4] 也许，我们应当基于这个意义来翻译“宗教”这个于西塞罗时代还崭新的词，即指人类存在具有不出于我们、待于发掘之意义这种恩怀（gratitude）。培根经过反思，认为罗马人具有超人的“宏伟精

[4] “…pietate ac religione, atque hac una sapientia, quod deorum immortalium numine omnia regi gubernarique perspeximus…”: *De haruspicum responsis* [prob. 56 BC], ix, 19; Arber (ed.), 340.

神”(Magnanimitye)。读者们知道，尽管经历了许多怀疑和抵制，罗马精神在西塞罗之后不久能够向更加伟大的精神敞开，藉着那种奥妙力量（*Numen*）在地上向众人自我启示：并非许多不属血气的神灵，而是三位一体的独一上帝。上帝首先向以色列人，然后向一切愿意聆听和回应的人启示了自己。千年以后，托马斯·阿奎那陈明了理性与这个公共神启之间的基本关系：如果你与接受神圣启示见证的人交谈或论辩，那么，你就能援引记录该见证的所有细节；如果你与不接受它的人交谈或论辩，那么，你必须仅仅诉诸自然理性（natural reason）。

就理性所使用的资料、概念和论证模式而言，它具有最显著的公共性。不考虑上帝曾经道成肉身进入人类历史这个一次性介入（one - off interventions）的证据，理性的论证借助于宇宙中自然的超验资源（包括我们对理性的自然能力）。阿奎那冠之为“自然理性”。但是，当理性接受见证人关于上帝进入人类历史的明证及其所宣称的神人交通（divine - human communication）时，并不意味着理性已经到了尽头或失去了公共性。公共启示的许多信息仅仅证实了自然理性（带着或多或少的难度）可以达致的内容。用现代术语来说，
4 启示的其他部分多少具有“反直觉性”(counter - intuitive)，如果它们与任何自然理性能够肯定的确知不一致或矛盾，那么，它们就失去了可接受性。相信这一点是适当的，即一切都必须经过人们能够获得的最好的调查研究；在条件允许之处，这个过程应当在为鼓励考虑异议而特别设计的制度下，根据无绊羁的探究与辩论来进行。因此，就像自然理性对于哲学、科学与历史的贡献一样，启示的事实和内容应当成为全然具有公共获致性（毫无隐秘的证据或教义）的学识与对话。

既然理性在各个方面都固有公共性，那么，“公共理性”这个术语实际上是不必要的。正如论文集第一卷第 16 章的第一个尾注所摆出的（用大体上是 2005e 采用的词），这个词汇的出现有一段奇怪的历史。霍布斯用这个词来表征极权主义政权控制的一个方面，他认为针对宗教诉求而言，这是适当的。弥尔顿以最讽刺的方式，把这个词放在撒旦的嘴上。将近一个世纪之后，卢梭将它作为约束法官的国家法律之同义语；又一个时代之后，康德

说，一个人的理性必须总是获得公开运用的自由；到了 19 世纪末，杰斐逊将关于政府行为的公共知识和意见设定为“公共理性的门闩”（a bar of public reason）。这些用语都稍纵即逝，没有一个达到罗尔斯雄心勃勃阐明并提升的观念。罗尔斯命题的本质是限制性的，主张鉴于不能广泛而充分地被接受，特定种类“真的”和哲学上有保证的意见必须从公共商谈和决定的过程中被排除。第一卷第 16 章已经详述了罗尔斯论证的含糊性与专断性，在此就不必赘述了。

不过，罗尔斯为问题提供的解决方案的确过于简单了：它基于对这种可能性的支持，即政治共同体及其隐含的公民社会将因不同宗教或各种宗教信条之间的内讧而分裂。培根《论迷信》一文 1625 年的修订版就暗示了这个问题；他提出，圣公会里的清教徒——尽管是温和地——表达了这样一个宗教信念，即这个国家的旧宗教是迷信；在他最终关于针对迷信的过于迷信而平民主义的反应进行补充时，间接地指责了更强的清教徒立场。事实上，仅仅在二十年之内，英国政权就因一系列的内战面临分崩离析，宪法被颠覆，培根形式的基督教在清教徒手中瓦解。不久之后，新秩序也被广泛认为是张扬的，教会和宪政经过略微的修改而被恢复。又过了一代，在外国侵略势力的助力下却被坚固起来。藉此，英格兰以比此前和之后许多其他民族都轻微 5
的方式逃过了劫难。

简言之，宗教在英国公共和政治秩序中的问题赢得了暂时却广泛且令人喜爱的解决（resolution）。其解决之道弃绝了圣公会关于国家法律和政府应当直接统治国民宗教的教义。这一点，更像经久不衰的天主教信条，主张世俗领域与宗教领域平行并存于信仰者的内心和头脑中，在外面，则以教会和政府的公共形式并存，彼此不受制于另一方的监督管理。公共和政治秩序对于宗教的解决之道因各个民族国家而相异，取决于其国民是否依附于一个教会（比如爱尔兰在 1937 年制宪之后两代），还是向美国、澳大利亚和印度那样属于分化的宗教和教派。但是，从根本上讲，还是同一个解决之道，取决于对两个基本问题的立场：一个是内在的（inbuilt），另一个是外部的（external）。

培根曾在其机要部门服务的伟大政府的君主——詹姆斯一世任期内的第一次国会会议中的表述，就反映了内在的问题。他承认自己的国民分别所属的三类宗教，即反对国教者、清教徒或天主教徒，废止了之前提出的政治言论，该言论认为詹姆斯一世及其法律与政府——任何世俗法律与政府——只能赢得一半的忠诚：

> 只要国民的宗教信仰与我们不相容，那么，他们就只能成为我一半的属民，只能尽一半的忠心，而我仅仅期待能够成为他们心灵世界里最好的一半。[5]

上文所谈，我指称的关于宗教问题在公共领域中的现代解决之道（modern resolution）（下文译称现代决道或决道）弃绝了詹姆斯的抱怨，或者至少在一定程度上否定了这一点：国家对宗教机构和个人宗教信仰的控制。然而，他留下的问题依然存在。现在，宗教忠诚不仅仅指人们敬拜神圣而非属
6 血气的神，而且，还用于相信是神圣的权威传达之信息，包括向每个人个别讲的话，谈及始于人们在地上和在这个世俗化世界里的选择和行动，从而受到或好或坏影响的永生问题等。无论牧师们是否尽心竭力地传道和治理教会，无论时尚的宗教团体（cult）如何公开地宣称对国家事务、政府和法律领受了怎样的启示信息，个体信仰者能够、想来也是应该为他们自己作出判断。而这些判断也许会跟其他人的判断相冲突，特别是国家法律和政策给出的权威性世俗型判断。这就是罗尔斯的“政治自由主义”笨拙地提出的问题。

外来的问题是，该现代决道本身也许会受到抨击。对于20世纪，主要

---

〔5〕 詹姆斯一世，*Speech to the Parliament*…19 *March* 1603［=1604］. 1603年4月复活日，他在约克的讲话之后，又从苏格兰到英格兰接受王位的路上发表了这段话；天主教会的朝臣已经退出约克大教堂的服侍，他宣称：“不能跟我一起祷告的就不能爱我。”莎士比亚对两段话都作了讽刺性的评论，藉着以新方式讲述滚瓜烂熟的李尔王试验他三个女儿的爱的故事，考验失败的好女儿第一次用这段话来拒绝攀比其姐妹们极大的爱的表白：“为什么我的姐妹要有丈夫，如果她们说自己将所有的爱都给了你？也许，当我结婚的时候，与我牵手誓约的那位应当拥有我一半的爱，而另一半是我应当关心的以及我的义务。”《李尔王》1.1.98。与柯蒂利亚在婚姻上誓约的那位爵士有一个国家和政府（法国）的名字，是詹姆斯的对手（勃艮第）。

受到国家社会主义和布尔什维主义的猛烈攻击，它们的基本论点现在又被科学无神论者采纳。认为宗教是一个彻头彻尾的谬误，严重有害地歪曲了人民（一个对纳粹和共产主义具有不同含义的术语）正确的使命，或者使人不能“享受他们的生活”。[6] 因而，国家允许孩子们接受宗教信仰教育，或允许宗教诉求的传播，许可任何最私人化的宗教仪式或表白之宣传，都被认为是非正义的。另外，与当代紧密相关的，是宗教对于决道的否定，特别是那些人把自己的信仰带进所传递的信息，引经据典地数点儿那预言性迁徙*中栩栩如生、毫不含糊的例证。因为那次迁徙导致了降服于远近闻名的一元化法律之下，这套法律被认为是神圣的，调整了生活的所有领域，所以它否认了决道对于世俗和宗教的基本划分，对整个世界缺少的权利界限毫无认识。作为“政治的而非形而上学的”罗尔斯自由主义，不打算对否定决道之任何世俗的或宗教的信仰者说些什么。

本卷的许多文章都将从不同的角度来探讨决道的内在张力。本书第 4 章“宗教与国家”，特别在我们的文明之核心宗教所表达和认可的范式之下，直接地对现代决道进行考察。第 16 章在决道的现代权衡下回放历史上格莱斯顿（Gladstone）与纽曼（Newman）的辩论；再次指出，处于决道内核之无法避免的张力。如果继续审视决道根本上的二元结构，接受詹姆斯一世丢弃的 7
“一半——一半”理论，那么无论什么时候，当一个普遍而必要的国家法律对宗教信仰或宗教组织造成冲击时，或者出于宗教动机但合乎理性的个人或团体决定与国家法律相抵触时，张力就显露出来；另一方面，这些张力可能没有归化成世俗主义一元论或神权一元论而存续。前三章和第 5 章探讨了罗尔斯主义及其他更加开放的世俗主义观念，这些观念包含的无神论主义或“刚硬的”不可知论之非真理性，把决道引向了解体。并且，第 1 章与第 4 章一样，在结尾部分思考了决道的外部危险。

---

〔6〕“可能并没有上帝，所以不要再忧虑，尽情地享受生活”：这是“无神论巴士运动”的口号，由理查德·道金斯和英国人文主义协会在 2009 年主显节的宴会上提出。（上述标语中的“可能”一词是巴士系统营销机构要求的，根据国家《广告法》的要求需有一个“灰色地带”。）

* 应当是指以色列人在上帝亲自启示和引领下走出埃及的历史，摩西带领以色列人出埃及后，在西奈山上直接从上帝那里领受了十诫和一系列律法。——译者注

第6章与其他文字不同，因为针对的是天主教会众。在这篇文字的最后部分，与第21章“论‘一致尊重生命的伦理’”相类似，涉及一个讨论过的问题：当主教及其他神职人员依据经验判断，或者就神职人员不能胜任的预兆性问题，鉴于他们关心的道德—政治立场向信众提出建议时，其权威的限度在哪？这些文章得出的结论是，这类建议应当被仔细地框定在特定条件或者设定的范式内，给形成那些必要的事实性判断和所有实践性三段论（practical syllogisms）留有余地，让它们来得出结论。肯定性道德规范的适用特别体现了这种情形，比如“救济穷人”“友好对待异己”等，这些道德规范的适用总要考虑具体的环境：受害者、义务、条件、结果等。基督教界历史上有许多这样的例子，神职人员怀着善良动机对世俗事务进行评测，偏离了神职人员带领人得救的真正使命，对国家的政治事务运用了本来仅仅适用于教会的管辖权限。在某种重大的意义上，现代决道的努力在于对神职人员的僭越行为做出回应，对于詹姆斯一世自身的越权却是一个过于简单的反应。所有这一切并不否认，对于天主教——以及在不同名义和形式下对于圣公会和清教主义——持久而理当的反感和质疑，这个考问的本意是外行人主动地向神职人员寻求帮助和处理。

处于决道核心的复杂性不仅仅来自它将每位公民和每个国家双方的忠诚和权威视为应然，也不只因为在一个政治空间存在多元、互相竞争的宗教声音，或者一个自认为普世（universal）并且实际上制度化为普世的宗教存在着多元型表达。其复杂性还包括一个当代世俗主义声音被广泛地忽略，它们忽
8 略了至少存在一个在西塞罗之后不久以重要形式处于我们历史中心的宗教，作为其宗教信念（信条）的一部分，依据其信仰对道德判断进行教导，这些判断也是自然理性在良好的认知条件下会正确得出的，甚至不需要任何公共启示或融合的宗教传统。

在所有真正经得住辩护的哲学论证中，比罗尔斯将所有“整全论”（comprehensive doctrines）排除出公共商谈更具合理性、在政治上更具可持续性的主张，是阿奎那的原则（下文译称阿奎那原则）：认为一个人应当使用所有能够获得的智识资源来辨清一切道德的（因而包括政治的和法律的）行

动和决定问题，若否认搭上“自然”理性航班的宗教权威和见证为道德和政治论证的资源，就是割舍（排除）这些权威或见证。但是，就像带着天生缺陷的现代决道整体一样，阿奎那原则不得不面对我称之为外部的（extrinsic）挑战：出现否定辩论也就是否定对话的开放性的力量。而在一个开放的对话里，应当不排除任何关于正当性的问题。是否宽容那些不宽容决道、不宽容我们概称为民主的宪政秩序——欧洲决道主导地位的问题因而被称为“激进民主”（militant democracy）——的兴旺政治力量，第1章的最后一部分Ⅶ将就这个问题有一点点展开。

我们的父母或祖父母们曾纠结于是否要宽容共产主义者或国家社会主义党派的组织活动。至少，他们清楚，在我们的国家应当排除对于这类非宽容政治理念的支持。我想，因着一个疏忽，令过去看起来惊讶的是，这个清醒的认识失落了或者被弃绝了。由于一个令人遗憾的过分简单，大家曾经而且通常还这样认为：19世纪，一个天主教教义被广泛认为是在政治上不宽容的时期，大量天主教徒移民到美国，体现了当时政治上的宽容（并且没有真的危及宽容），如果当时将他们逐出国门就是犯了错误；那么，今天阻止另一个普世主义的一神论者定居美国将同样是一个错误。这一假设的两个部分看起来都是错的，第二个更加明显。对于第一部分，或许能够沿着这样的路线获得某种辩护，天主教政治信条总是更加复杂，教旨及其运用向分化敞开（如同其后来和早期历史所呈现的）。第二个假设的错误尤其在于，它设想所有宗教的信仰核心具有同样的复杂性，对论辩有同样的兴趣，同等意识到 9
并且同样尊重自然理性，同样愿意只用像基督徒几个世纪在罗马帝国时期一样的方法来传播他们的信息，藉着（许可时就在公共场所）布道来树立好的榜样，对信仰者和不信的人一样行善。天主教转离的早期不与国家权力有什么牵连，在一段持久的插曲之后，坚定了确定无疑的立场，正确地发扬了它起初且持久的信念：信仰必须免于强制（coercion）。这个信念与其创建者的生命、话语和范例相符。每个关心的人都应当问一问，是否能够找到相比于较之其所敬仰的创建者（记录者）更可靠的方式，来发现、评估和比较每个宗教的稳定核心。

Ⅱ. 接受启示的基础

就公共启示诉求涉及的历史争议而言，本卷最主要的文章当然属第 9 章“历史意识与神学基础”。像第 10 章和第 11 章一样，它关注了基督教神学内部的争论，不过仅止于一部分；这篇文章主要着力于论证接受基督教福音在本质上为真的根据（grounds）。

真理总是一个资料与现实相互印证的问题，也要看是否与其他理性断定为真的意见一致。在接受见证的理由之中，不仅至少关于上帝道成肉身进入人类历史这个事件（one - off event）或者作为公共神圣启示的一系列事件拥有历史性资料；而且，从判断神迹（miracles）为可能的哲学根据来思考，在适当和可行的环境中，神迹也是完全可信赖的，这一点我们应当向休谟致敬。进一步，接受经过筛滤的见证（testimony）的基础也包括自然实践理性用于评价道德特征的标准，即见证（witnesses）及其所证明的人言语和行为的道德特征，以及评价信息所启示的人类生命意义的标准。所有这些考虑都与特定的、纽曼（Newman）所称的“先例可能性”（antecedent probability）有关，在特定的例子中，见证格外值得相信，确实本于信（参见第 4 章第 82 - 84 页和第 9 章脚注 53 以及第 151 - 154 页）。关于这方面的证道分享，第 12 章、第 14 章和第 15 章都对人类生命的意义问题有涉及，虽然不太多。

Ⅲ. 良心和信仰

10 第 17 章是我在牛津的另一篇讲稿，我把它与关于纽曼所讲的良心的分析性文章放在一起，因为谈到谦卑和信心这些性情，就说到了一个人的主体性、个人的经历（experience）和宪章（constitution）这些因素。同样地，谈到良心也就直接地说到一个人的个体性条件这一事实，一个人仔细地形成判断某事物为真，即的确属实这一确信之条件。说做某事将有违我的良心，就是说我断定我若做某事是错误的。因此，讨论就能够适恰地转向这个非主观性的问题：做某事将是错误的，这个判断是否为真。当谈及良心时，人们的关注点——即使只是暂时地——在于这个事实：我已经（对做某事的错误性这一真理）形成了一个观点。对于阿奎那，我相信还有对莫尔（参见第10章第169页）和纽曼而言，良心的声望和规范性首先而且最终在于真理（truth）的威望和规范力。然而，许多现代思想认为，良心诉求只具有个体的真实性（personal authenticity）。阿奎那、莫尔和纽曼都对真实性赋予了足够的关注力，不过，它源自于并且在地位上次于一个人在其判断和意见中追求真理性的责任，以及一旦（个人认为自己）发现了真理之后对真理的持守。而且，使追求和持守成为可行的个人“心理”条件是有趣的，特别是对阿奎那这位关注美德与恩典之法、[7] 共享（共享我们将为其成为事实而骄傲的一切）属神主动权（the divine initiative of sharing）的杰出神学家来讲，共享的属神主动权是美德的一个前提，甚至也是寻求真正的真理之前提。

Ⅳ. 争议

对圣保罗大学的听众而言，我所重申的和阿奎那的自然理性立场不过是双轮旋转赛车。教会关于道德问题的教导必须通过内在的合理性检验。因此，天主教神学对道德问题的反思是在如下两者之间寻求平衡：其一，所给予的启示（信条），外延为同一教会内，判断什么是、什么不是启示“来源”的权威性教导；其二，即使没有启示，什么会被判定为在道德上是合理的（reasonable）。两者之间都是如此，一方思想可能会被另一方暂时的内容校正。这并不是通常认为的、罗尔斯主义或后罗尔斯主义的反思平衡。信条 11
（dogmas）或者道德的基本规定都不是可以被随意修改的。但是，信条需要解释，而解释的神学传统同样需要解释。什么是固有的合理性这个判断当然应该具有开放性，接受来自经验、更深和更具批判力的理解、新的洞见和信息

〔7〕 对于属神生命共有的、白白赏赐的能力，即被称为恩典的生命能力，阿奎那的主要论述就在他关于法律的专著之后：qq. 109 et seq. of *ST* Ⅰ－Ⅱ.

的修正，而不仅仅根据任何为真的神圣启示所提供的教导和例证。天主教会有专门的资源——由一个教导机构及其积累和发展的教义判断——来解决信仰（包括道德）内容的争议。这些判断也要接受真正的（authentic）神学反思检验，结合自由理性，并且忠于信仰的明确教导。

自 1965 年主教们的第二次梵蒂冈会议闭幕以来，已经过去 45 年，天主教界呈现出广泛的公开争议。本卷最后部分的论文就是在这个背景和语境下展开的；论文的语境和直接听众是家里人。信仰者共同体大多都参与并且关心大家的共同善（common good），所以，即使是最显然属家内的两三个争议也都或多或少直接承担着关乎公共的问题，关切了教会外的人，使用了那些否认天主教会或者任何其他传递神圣启示的基督徒团体的人可接受的术语，如同这些争议在世俗世界的展开一样。所有这些文章围绕着这样的主线：其一，抵制那些对重要的道德或者政治有影响的问题，但在我看来是不好的论证或者是错误的假设；其二，在某种意义上，许多人似乎都没有兴趣公开地驳斥它们。

第 18 章应当远远超过了教皇和其他教会机构社会教导对所处世俗世界的观点之追随或反思，无论是就删去的还是被它道出的而言。在这些论文充斥的年间，天主教会陷入沉默，或者几近如此；而就在一代之前还非常重视这些问题：比如，在一个秩序良好的家庭中母亲的核心作用、维系家庭生活所需要的薪水（也许会涉及政府补助或贷款）、爱国心的效用和重要性、淫秽的罪恶性等。借助对将成为敌人的（却被民众描述为）“最高价值资产”进行重力反击的威吓力来解决制止道德问题这一点上，教会没有任何进展。
12 事实上，教会能够通过牧师能力范围内的教导来赢得进步，即传递一般性的、严格附条件的意见：如果一个制止策略含有哪怕是在一定情形下会破坏平民（non-combatants）的动机，那么，这个意见就不符合自然的或启示的道德。一项具体的国家政策是否的确怀有这个动机，能够也应当留待信仰者和其他任何关心如何正确思考的人来做有根据的判断。不过，教会的教师显然认为，他们需要做出一个非假设性的判断，这不会把他们自己带到比某政治机构 1982 年的含糊表述更远的地步，“在当前的情形下，‘制止’是建立在平衡之上，当然不是作为目的本身，而是通往不断前进的裁军路上的一个步骤，这将被断定为在道德上是可接受的”。[8]

还有另一个问题，是论文集第二卷第7章对罗尔斯和约翰·保罗二世（John Paul Ⅱ）关于“世界主义”（cosmopolis）和民族国家（nation – states）的反思，直接影响着政治共同体与民众的整体存在，然而，当代天主教的社会教导却对其要领保持了沉默。不过，通过些许修辞上的转换，打破普世教会（cosmopolitan Church）和政治共同体的界限，这个沉默的面纱就会被揭开：教会并“不是犹太人的也不是希腊人的”，在神家里，所有教会、任何地方的教会都是平等的；设想的政治共同体也当如此，同样在实际上没有界线，即使这样会消解民族文化、宪章和国民。这个修辞转移或许就是一个神职人员越权的例子，或者只是忘记了决道的二元性。但是，看起来正如本书第18章讨论的爱德华·纽曼演讲中指出的，教牧与世俗团体的偏歧相合，他们倾向于如此，或者他们由此而承担了文化的传承。

第19章（“道德与第二次梵蒂冈大公会议”）与写于1970年代末的第18章类似，认真对待公共启示的事实，因而也十分审慎地对待信仰和道德的教导，这关乎整个历史过程——从历史上新建立的中心点（2000年前时代的转换）一直到十分隐蔽的世界历史末了——中传递启示的共同体。该文研究了一个1970年代普遍关注的问题，即借助赋予良心一个崭新的首要地位，1965年闭幕的世界范围的主教会议点亮了自然法在教义上和哲学—神学上的经典概念。在我看来，这样设定良心可能过于将混杂了所处时代和地 13
方偏见与风气的个人私意理性化。这个论题被指证为历史上的错误，的确如此，不过，这也是我在第10章脚注9中提示的或者书目1994b中（总结性）记录的其他错误的一个轻度的翻版。

第24章涉及永久灾难性的个人终局之现实性或非现实性，这个主题的术语完全来自于启示，属于神学内部的论辩。（我是汉斯·冯·巴尔塔萨在

〔8〕 1982年6月11日《联合国裁军特别会议信息》第8节，AAS 74：879. 分析和解释：*NDMR* 97 – 8，103；也附注于第20篇论文，第290页以下。

国际神学委员会最后年月的同仁。）尽管如此，自然理性并非跟这些问题毫无关系，正如柏拉图在其哲学神话——跨越死亡之后的生命中的惩罚和报应——中所澄明的。也像莎士比亚在《理查三世》（与培根的首部论文集同年出版）中仔细的探索，任何神圣的死后（*postmortem*）不过是对一个人自身最符合真相、特别实际的审判之认可，称之为良心的个人审判，如同其在每个选择的时刻及选择之后所运行[9]的，这些时刻以非常属灵的性质持续，直至被一个相反的选择推翻。像时间与永恒交集的其他方面一样，这些悔改的选择只在今生即死前可能，是隐秘的，却是作为公共启示——实际上也是宗教——至高点的基础性语言和行动清楚表达和传递的要素。这个隐秘是邪恶之奥秘的一个方面，特别是自休谟和颇受欢迎的达尔文主义以来，培根的一些读者也许会惊讶这位上议院大法官竟然没有在无神论的肇因中提到。*培根那一代，即使是当时的无神论者，似乎都更在意哲学方法及其路径的问题。[10] 哲学上的探寻和推理要求我们肯定神圣创造及其维系的因果律。但是，这个因果律必须超验于其解释的自然秩序现实。因为在超越理性和智慧的力量或者专断的区域运行，是理性无法想象的；如此超验，以至于我们不
14 能辨别任何运用神圣因果律的基准，即在秩序和人类理解力四个基本类型中，我们用以判断某事物为有瑕疵、错误、邪恶或失败的那些标准。

---

〔9〕 我们拥有良心的概念，似乎是因为我们需要说出实践判断（practical judgment），不确定诸如可确定年代的行动，也不像这些行动提议的内容，而是表述一个人作出这个判断并持守（不是一直浮现在脑子里）的思想。因此，“良心”首先是指这么做的主观能动性。

* 作者认为培根忽略的究竟是什么原因？从“邪恶之奥秘”的措辞和意义来看，应当是指培根没有指出无神论背后存在灵界邪恶势力的支配。根据《圣经》的启示，在肉眼看不见的灵界，存在邪恶势力即堕落的天使为敌基督者，又称撒旦，撒旦的权势引诱人犯罪堕落，又千方百计阻挠人认识真神以及接受耶稣基督的救恩，使人受其辖制，设法阻挡上帝在耶稣基督处成就其永恒的旨意；当基督再来审判世界的时候，撒旦和那些拒不悔改、拒不接受救恩的人将一同被丢在硫磺的火湖里，即通常说的地狱。——译者注

〔10〕 参见 *NLNR*, 391. 阿奎那更简单、更生动的术语，参见 *Aquinas* at 304，为第 13 篇论文脚注 8 援引；两段内容在本书第 24 - 25 页（边码）也有引用。

* * *

在浩瀚的空间凝视勇敢的霍罗克斯和吉尔，可作为我们对所谓宗教的兴趣和态度之图标。当然，另一幅图标是培根在物理问题上搜寻那些深深掩埋的形式，主张通过教导而不是调查和应用来传输科学的晚近亚里士多德传统未曾怀疑这些形式。再来注视阿奎那：清早的时候在修道院的教堂醒来，敬拜永生的上帝，他相信即便在面粉制成的薄片之下也能看见这位永生的神，为这一天的开始做好准备，致力于理解所关心的一切以及对真理和其他的善进行推理这份具有公共性的事工。

第一部分

公共理性与法律中的宗教

第 1 章

达尔文、杜威、宗教与公共领域*

I

约翰·杜威出生于1859年，那一年，查尔斯·达尔文的《物种起源》 17
出版面世。我应当提出，当我们试图对宗教在社会中的位置予以公正和可持续的思考时，达尔文是一个更好的指南。是否（当今）这样一个社会将在其宪法保障内包含宗教的自由行使，最近成为法哲学家们辩论的焦点。在某些方式上，法律哲学——包括本论文在内被授权发表的一些系列讲座之框架[1]——是最卑微且低层次的哲学支派。但是，那种低微同样意味着，没有调查研究并采取在所有实践哲学的更高层次和领域中的立场，就不能够将法哲学做好，更不用说认识论和实践哲学部分预设和部分告示的形而上学。因此，法哲学像法律和律师一样：一个所有伟大问题来自于头脑并真的成为实践的位置——这个位置最接近那些影响着现实人群和他们生活与财富的决定和行动，这些决定和行动合理性的稳固依赖于进入——贯穿于文化、洞见或哲学——道德的最深层原则和关于人类及其环境最具战略性的真理。因此：是一个享受特权的工作领域。

在我提到的辩论中，一些当代美国法学和宪政理论家主张，在宪法权利案中，不存在或者没有提到什么尊重宗教或其自由行使的特别要求。这就是

* 2009c（“宗教的自由行使值得宪法关注吗?”）

〔1〕 本文是2009年3月在明尼苏达大学法学院约翰·杜威讲座的年度演讲。

我的论文所关注的主题。这些理论家认为，宗教并没有如此的殊荣（dignity），
18 尽管（他们附带说明）历史表明了宗教或其追随者易受伤害，特别是易受其他信仰的压制。这一点有助于解释并且在一个弱的意义上正当化宪法第一修正案否定国会制定法律“尊重宗教的建立”，或者“由此禁止自由行使”。罗纳德·德沃金是该论点的首要支持者，[2] 但是，在过去15年里，最活跃的倡导者为克里斯托弗·伊斯格鲁伯（Christopher Eisgruber）和劳伦斯·萨格（Lawrence Sager）。在一本建议他们称之为“平等自由”（equal liberty）原则的书中，他们的合作达到了巅峰；认为在宗教多元的社会，公正（fairness）要求这样一个原则——“否认宗教是需要特别助益和/或使特别限制成为必要的一个……人类经验类型”，[3] 或者“赋予有宗教动机的行为”任何“特殊豁免”。[4]

伊斯格鲁伯和萨格的“平等自由”理论或原则，存在着许多看起来受欢迎的主张。他们主张，极力反对“政教分离”的隐喻（metaphor），他们的理论不仅同等地不信赖那个口号，而且对“非建立宗教（条款）”一度流行的最高法院解释也是如此，该条款禁止赋予宗教和宗教附属的机构以任何政府援助。他们要护卫的不是一个否定、排除或贬低宗教的世俗主义，而是他们视为非宗教制度的良好世俗性（healthy secularity），宣称为世俗的公共学校，在拒绝成为“公然地或特别是宗教的”[5] 同时，“力求构建一个各种匹敌的……哲学或宗教观点可以共存并且建设性互动的实践王国”。[6] 我想，那个拼凑的罗尔斯主义课题——罗尔斯称之为“政治自由主义”——关于人权的所有现实重要决定以及共同善排除对真理的关怀，并代之以一个想象的、所有“有理性”（reasonable）人“合理的”（reasonable）观点之交叠共识，伊斯格鲁伯和萨格共享了德沃金（和拉兹）的良性怀疑主义。他们无暇顾及将

〔2〕 Dworkin, *Justice in Robes*, 134; Dworkin, *Is Democracy Possible Here*?, 60 - 2.

〔3〕 *Religious Freedom and the Constitution*, 6.

〔4〕 *Ibid.*, 13.

〔5〕 *Ibid.*, 313.

〔6〕 *Ibid.*, 216 (emphasis added).

所有宗教论证或依据驱逐出公共领域的决策过程这一罗尔斯主义观点，[7] 认为——我觉得是正确地认为——在这些问题上，中立不是一个选择。关于宗教的自由行使，伊斯格鲁伯和萨格支持“就业处诉史密斯案”（*Employment Division v Smith*）[8] 中的路径。即皮约特仙人掌案（*Peyote* case），即使在限制某些宗教实践且没有“压倒性国家利益”（compelling state interest）要求这样做时，支持“中立且一般适用的”法律。对于许多认识到宗教与宗教自由特 19
殊的善的人们来说，这个路径不太受欢迎；但是，当我在下文重温它时，我将不会提出反对。然而，尽管如此，我认为伊斯格鲁伯和萨格提出的平等自由首要理论是极其不合理的（unsound），至少就其否认宗教和宗教自由具有任何不同于其他“深层执着/委身”（deep commitment）的道德或宪法地位而言是这样。

他们的理论第一次以“良心的益受伤害性：保护宗教行为的宪法根基”（The Vulnerability of Consciences: The Constitutional Basis for Protecting Religious Conduct）[9] 为题目而出现。但是，这个题目可能给人对他们的论点产生一个错误的印象。因为他们否认，良心作为实践判断的理性能力比宗教更能索求宪法特权甚至宪法保护。[10] 相反，宪法保护的正确目标是任何“深度关切”（deep concern），任何以及所有“在深处”（deeply）激发和自我塑造的态度和行为。无论这些是否为宗教的甚至是本着良心的，统统被赋予“平等尊重”（equal regard）。他们说，存在着一个“共享宪法上合法性假设的关系（relationship）、从属（affiliation）、活动与情感（passions）之宏大多样性”。因为在这些当中，“一个现代、多元主义社会”的成员“找到（find）他们的身份（identities）、塑造（shape）他们的价值，并且活出了他们生活最有价值的时刻”。[11] 他们承认，宗教行为作为讨论下的“关系（relationship）、从属、活动与情感”拥

---

[7] See *ibid.*, 48 – 50.（没有明确提到罗尔斯的“政治自由主义”。）

[8] 494 US 872, 890（1990）, Scalia for the Court.

[9] 61 U Chicago L Rev 1245 – 315（1994）.

[10] *Ibid.*, 1263, 1268 – 70.

[11] *Ibid.*, 1266. 事实上，身份是塑造的而不仅仅是被找到的，价值是被发现（或者被想象）的而不仅仅是塑造的。

有同等的尊严和宪法地位……他们的论文没有讲这个宽泛的类别延伸至多远，他们的书也没有多少关于这个问题的澄明。但是，这一点很清楚，在他们看来，诸如天主教会保持男性神职人员的宗教团体自由只是作为如下宪法原则的一个例子而得到辩护：

> 存在着各种各样的个人关系，我们的政治共同体成员不受来自国家的干预，在其间自由地选择他们的同伴（partners）[比如劳伦斯诉德克萨斯州案（*Lawrence v Texas*）]、合伙人（associates）与同事（colleagues）。[12]

他们1994年的论文多次阐述“深层关切”（在他们的书中通常用“深层委身/执着”）一词包括“情感”行为和关系。[13]

20 伊斯格鲁伯和萨格这样认为是对的，若宗教（如他们认为）只是推动人们的深层情感和委身之一，那么，就不值得宪法提及考虑赋予特别的尊重或价值。实在，这个假设不能保证他们的结论，即只有因宗教人群已然经常如此凶残地对待彼此（他们认为凶残对待少数宗教）时，历史上的立宪者才能因宗教特别容易受到宗教引发的歧视伤害而理性地将宗教行使视为需要保护的对象。因为这个论证忘了宗教行使受到来自于无神论者或其他世俗主义敌对宗教的威胁。但更加重要的是这个假设本身：宗教仅仅是许多深层和情感委身/执着（passionate commitment）之一。这对宗教而言是致命的，我想努力表明为什么。

展开我的正面论证之前，我想，评论他们的论点完全为一个外在的视角是公正的。[14] 他们对待宗教的方式，就像德沃金经常以他不同情的态度对待立法者或“多数”（majorities）一样，不认为其是关于权利或者共同善的观

---

〔12〕 *Religious Freedom and the Constitution*, 65; *Lawrence v Texas* 539 *US* 558 (2003). 在前几页，涉及了合意同性恋鸡奸中的同伴关系。

〔13〕 “良心的易受伤害性”在第1283页。一开始（1245n），作者们就说，“本文的一个重要主题是宗教没有穷尽以深度和有价值的方式推动人类的委身关系和激情”。

〔14〕 在前书（*Religious Freedom and the Constitution*）第103页中，他们明确地从/代表“一个外在的、世俗的视角”来说。

点，或者作为任何其他可以正当化一个规范性结论的意见或前提，而代之以纯粹为厌弃、不同意的表达，还相伴诉诸主张这些观点者的权力——他们的权力作为大多数使他们的态度、他们的情感委身/执着发生效力。[15] 在伊斯格鲁伯和萨格著书的最后几页，他们落入了德沃金主义的这类诡辩，推论怀着美利坚要感谢它所依靠的上帝这个宗教思想的人们只关心“他们（宗教头脑者）（自己的）幸福”，“他们正在被剥夺”他们所看重的“环境”。[16] 伊斯格鲁伯和萨格对宗教看法的外在性进一步体现于他们对“智慧设计”（intelligent design）的反复评论，他们将宗教观点视为天生不能传递任何对现实特征的理解或理性反馈，甚至没有思量一系列理性探究、反思和判断可以引领人们肯定存在着一位超验智慧与全备的创造者。因为在这些评论中，经 21
验科学的漏洞要求更加具有经验性的科学来面对两个另外的主张：（1）“提议”存在一位智慧设计者纯粹是“一种模糊的宗教观”，也即一个纯粹“以宗教为根据的假设”；以及（2）任何对设计者是上帝而非多元神、魔法师、仙人或“超验意大利面”（transcendental pasta）（他们嘲讽的用语）的认同都不过是一个宗教信仰表白。[17] 评价这两个主张将让我们接近——的确是就近——本章论文标题问题的根源。

Ⅱ

存在一位超验智慧设计者这个“提议”，是一个以宗教为依据的假设吗？在达尔文65岁时，即《物种起源》出版17年后、距他离世6年以前，达尔文写了一部自传，偶然地回首来作补充。对他的一些家人来说，在智识上，这个补充有点太直白了。因此，这部遗作于1882年的第一版不太完全，不过，这些删除的内容最终被恢复了。在第一稿从未被修改的一小段话中，他

〔15〕 在论文Ⅲ.1第24－26页（1985a at 309－11）中，我第一次指出德沃金这个诡辩的技巧，并在论文Ⅱ.6第107－110页（2008b）提到最近的最高法院文件中贻害颇深地附和。

〔16〕 *Religious Freedom and the Constitution*, 284－5.

〔17〕 *Ibid.*, 190, 281, 310 at n. 56.

谈到了“上帝存在信念的来源”，一个“与理性而不是与感觉相关”的来源，比起他提到的另一个资源即“崇高感”（the sense of sublimity），或者更准确的是那种“奇妙、爱慕与献身的更高感觉”。正如几年前记录在他的日记中且当他面对巴西森林的壮观场景时在脑海所充满与浮现的感觉，“给我（达尔文）以更重分量的深刻印象”。现在，1876 年，甚至“最宏伟的场景都不会在我的头脑中导致任何这类信念与感觉”。但是，当他把感觉和缺乏感觉放在一边，代之以致力于理性，即思考材料及其解释，那么，一个“上帝存在的信念”又重新出现了：

> （这个信念）随之而来，孕育这个无穷和奇妙的宇宙是极端困难或者相当不可能的，包括人有能力远远地往后看和展望未来，这是在盲目的巧合或必然性（blind chance or necessity）情形下。这些反思使我觉得迫于看到第一因（First Cause）拥有一个某种程度类似于人类的智慧头脑，因而我应当被称为有神论者（Theist）。[18]

现在很清楚，达尔文在写这段话时，有好些年月没有宗教信念、没有宗
22 教，也不愿以任何方式调整他的生活和思考，来回应任何第一因的智慧头脑提议。当得出这么宏大的结论时，疑惑是否人类头脑能够被信赖，以及是否能够感觉或者判定“原因和结果之间联系”的必然性，加强了早先导致他放弃基督教信仰的困惑缘由，即他自己女儿的死亡和遭遇，还有超越那一点和整个自然世界里的苦难与消耗场面。因此，他得出结论：“所有事物起始的奥秘是我们不能解决的；我必须满足于保持做一位不可知论者。”

追溯这个自传中对于世界起因及其演进的反思，达尔文内在辩论的结构和次序在哲学上比其结论更加合理。（当他确实在思考而不是在感受时）他基本的判断是：在理性上，将宇宙归于碰巧或者“看不见的必然性”（blind necessity）是不可能的，相反，必须归于一位智慧的设计者，既不属于宇宙的

〔18〕 *Autobiography of Charles Darwin*, 92. 在写了这段话的一段时间之后，达尔文又直接在这段后面插入：“关于时间，就我所能记起来的，当我写《物种起源》时，这个结论强烈存在于我的头脑之中；从那以后，渐渐地，起伏现象就微弱了。”

一部分也不是宇宙的整体，然而却是宇宙的肇因。假如我们正确地理解他的语词“不可能孕育”（impossible to conceive），以及相对或者包含的“必然（迫于孕育）”，还有我对该问题使用的“不可避免”（inevitable），那个基本判断是理性的、合理的、的确不可避免的。我想，正确理解这些关键词汇需要比达尔文自己已经达致的更加严谨。质疑中的不可能性不是逻辑上矛盾或者缺乏连贯性的不可能性，隐含的必然性也不是逻辑必然性或严格包含。作为大卫·休谟的热诚业余爱好者，当达尔文说到“承继的经验”（inherited experience）时，也许在他思想里的不是一个“心理上的必然性”问题，或者也不是习惯的必然问题；同样地，也没有理由在此以康德的方式诉诸人类心灵的结构（a “structure” of human mind）。确切地说，这个必然性是遵从那些理性探究和判断的规范之理性必然性（rational necessity），那些理性探究和判断的规范澄清了为克服无知、错觉和谬误，需要表明发现现实的什么经验。[19]

这类规范指导着所有科学探究、所有科学发现以及所有科学成就和应用——并且，同样是在完全或部分超越自然科学方法的领域，比如数学、逻辑、哲学、历史文本和对话的解释等领域，所有探究、发现和判断的来源。在所有这些领域，真理是被发现的，现实知识是通过假定（然后当证据和论证没有证明它不成立时就正确地推断）某些解释、某些解释性因素或者事态 23
或者现实——达尔文合理地称之为某些肇因（cause）——倾向于纯粹的碰巧或无法解释的（“盲目的”）必然性。因此，许多理性规范之一是：人们期待一个充分的解释性理由，为什么某事物是这样而不是那样，除非有理由不期待这样一个解释性理由。当然，对于巧合（chance），在这个世界上有许多偶然的事件和过程，每一个都有其可理解的解释。但是，科学常常通过将巧合作为这样一个领域中的偶然残余物而进步，而这个领域实际上由可以解释的缘由所主导，因为它并非巧合。（因此，在这个周年的早些时候，理查德·德沃金对达尔文和达尔文主义的庆贺以愤慨地抨击进化论靠着巧合或一

〔19〕 See *NLNR* 68 – 9, 385 [and essay 9, sec. V].

直靠着巧合起作用而结束。)[20] 在这个世界上，绝对没有什么实体（entity）、过程或其他事态（state of affairs），我们能够以任何方式经历或知道它们必然地——或者因此是无因地（causelessly）——成为所是的迹象（sign）；抑或，任何必然地或无因地成为现实而非不存在的迹象；抑或，必然地或无因地做其所做或改变其所做的任何迹象。假定这个整体（天地或者宇宙或者诸天的宇宙）已经存在了一个无限的时间——像哲学家摩西·迈蒙尼德（Moses Maimonides）和托马斯·阿奎那会高兴考虑且确实是热衷考虑[21]——并没有使人能合理地预测，在它的构成实体或事态里，无疑可以发现一个整体的必然性或无因性。合理得多的是，推断每一个实体、过程或者事态的现实性或者智慧性（the actuality and intelligibility）都来自于一个独特的（*sui generis*）现实，这个独特的现实拥有据以存在——成为现实——的方面，没有智慧地、绝对地趋于造成或导致（被创造的）实体、过程与事态之类。[22] [如果能够拥有作为纯粹现实（sheer *actuality*）的什么，解释宇宙从前在到现实不断发展所需要的纯粹现实（pure actuality），表明不存在一系列多元神，也没有魔法师或精灵，也没有超验的意大利面，并不困难。]

如果有人做了在达尔文看来没有充分完成的，全面地考虑（i）这个超验现实和一切其他因果关系（causality）全然不同的特征（wholly *sui generis* character）；以及（ii）相应地相当不同的特征（quite *sui generis* character），他像阿奎
24 那一样称之为创造者与我们被造的头脑之间的类比。那么，将会明辨对达尔文头脑中的困惑之回应，即某种程度看上去可能，而他却在理性上断定为不可能，将这个世界设想为没有一个智慧的第一（First）——或者更好的、超验的、独特的——因（Cause）之存在。在武断地将对于一个解释的理性需要

〔20〕 Dworkins, “Dawkins on Darwin”.

〔21〕 See *Aquinas* 301, citing *ST* I q. 46, a. 2; *ScG* Ⅱ c. 38 n. 8; and three other texts.

〔22〕 Flew, *There is a God: How the World's Most Notorious Atheist Changed his Mind*, 74 – 158. 弗鲁在本书中调查了辩论的情况，特别关注了与达尔文类比的论证（诸如爱因斯坦、海森堡、普朗克和其他科学家），弗鲁简洁地证明了这些论证是严格地在哲学上可尊重的。对于上帝存在这个哲学问题，更加根本的处理参见 Grisez, “God? Philosophical Preface to Faith”，《自然法与自然权利》第 1 版第 13 章标题下有援引。

简化为纯粹的习惯这个疑惑之上（或背后），以及想当然地宣布唯一可获得的解释不值得信任这个疑惑之上，是一个不算武断也不想当然的困惑，存在着一个超验智慧将不会选择让这个世界像貌似“荒废”的样子，它全部的现实也不会显而易见地苦难重重。对这个疑惑正确的回应，正是寄望于达尔文将其作为从整个探究中予以丢弃的根据这个考虑，在不可知论的意义上接受已经被他断定为不可能的——不存在一位智慧和超验的肇因——具有同等可能性。这个考虑是什么呢？达尔文以各种明喻或隐喻来一致地表明或断言，我们对所有事物（当然包括数学和逻辑、过去的知识、意图和理解意图，以及头脑对事物虽然不是毫无条件却不需特别努力地把握，就像说话、指示等领域）构想一个超验和终极的解释来领悟相关现实和可能性是不充分的。就如同我在阿奎那对“罪恶问题”（problem of evil）的基本回应中所做的总结：

> 唯物主义者用力将一切都归于巧合而不是创造的智慧，反对说，事物的范式和演进在某些方面是不经济的（wasteful）、无意义的（pointless）、不利于秩序的（badly ordered）、没有智慧的（*unintelligent*）。他们没有注意这个事实，许多在他们看来无意义或不经济的，在某种程度上仍是一个可描述的、稳定且可理解的范式。他们没有理解要领，就判断为有缺陷或无智慧，像一个乡下粗人，不能理解在一个忙碌的实验室或者在医院做什么。从这个真实的前提就得出结论：它们所做的是无序的、不可理解的、无意义的或者愚蠢的，或者是大概不必要的一组事物。[23] 能够设计并且使整个宇宙及其所有宏大或微小的交互秩序成为现实，这样一个智慧的意旨（intention）不是我们能够理性地期待通过推理相关真理而完全理解的意旨。尽

〔23〕 See Aquinas, *Collationes Credo in Deum* 1; *ScG* I c. 3n. 4; *Sent.* I d. 39 q. 2 a. 2 ad 5; *De Veritate* q. 5 a. 5 and 6; also *ST* I q. 116 a. 1c and *ScG* Ⅲ c. 92 n. 12［2678］（掘墓人没有意识到，他们的指挥要在墓地找到埋藏的宝藏）。在这个世界，恶人通达和正直者遭遇不幸跟上帝难以理解的审判深渊（即地狱）（secundum altitudinem incomprehensibilium indiciorum Dei）是一致的：*Quaestiones de Quodlibet* Ⅲ q. 3 a. 3c; also *Sent.* I d. 39 q. 2 a. 2 ad 5.

25 管在我们富有成效但艰苦的经验推论中，我们的确已经设法去理解。[24]

或者，再如同我在《自然法与自然权利》中对于罪恶和创造的一段讨论：

> 在任何（人类知识的）四种秩序（自然、逻辑、道德和技术）中，我们判断事物的状况为罪恶所根据的规范不适用于作为创造者的D（超验第一因）。因此，我们没有根据来断定，D的创造因果关系是有缺陷的。[25]

容我暂停整理。我问过：存在一位智慧设计者这个“建议”是一个“以宗教为依据的假设”吗？达尔文的例子充分地表明了为什么不是。集中于人应当肯定一个超验的肇因这一结论的思路，是跟所有我们在科学和理性对话每一个领域中的探究、反思和判断相一致的思路。虽然，在实质上为非正式的“常识性”（commonsense）反思可及，但它们是哲学的。它们是宗教信仰亘古不变的根基和缘由。的确，就它们本身而言，根本还不是什么宗教。在谈及宗教以前，我们必须加上进一步的认证，包括至少一个进一步的哲学认证，以及在实践哲学（伦理学）和某种将自己与神联系起来的自由意志回应内的某些认证。在这些点上，值得进一步扩展。

Ⅲ

思想家倾向于走哲学长路，强烈地提议为上帝的存在及其确证所做论证的哲学特征，他们以否定那个论证和确证为自己的事业。大卫·休谟同等地否认人类洞见与自然因果关系的现实，徒劳无获地想要用图像（他错误地以“理念”命名）的习惯联合（habitual conjunctions of images）来代替前者，用纯粹的相关性（correlation）或重复的偶然来代替后者。理查德·道金斯（Richard

---

〔24〕 *Aquinas* 304.

〔25〕 *NLNR* 391.

Dawkins）在他的《上帝迷思》（*The God Delusion*）[26] 一书中反证上帝，未经批判地认为，很明显，复杂现实只能够藉着更复杂的现实而发生。言下之意，思想不过是被复杂化的事物——被人在思想里作出的每一个推动所伪造的假设，以澄清自己的陈述和避免错谬的论证，的确为我们说出的每一个传递意思的词和每一项完成的计划所虚伪化。约翰·杜威甚至为反对伸向终极解释的研究制造了更广和更高的壁垒。“知识揭露现实，现实先于（prior to）并且 26
独立于知识”这个观念，以及“知识独立于控制所经验对象的品质这个意图”观念，都被他作为过时的观念而弃绝。[27] 后一个立场是工具主义的实用主义［跟实用主义奠基人查尔斯·皮尔士（Charles Peirce）澄明的哲学相比则极其粗劣］，与杜威在法哲学中否认如下原则相一致：存在一些不仅仅作为前设运行的原则，而且，需要不断地检验，在运用于具体情况时，它们如何运行；这个立场表明，在纳粹及其类似的事件之后，应当坚持纯粹暂时的、的确难以理解的、各种不可剥夺的人权。[28] 达尔文像其他任何严肃的科学家一样，几乎不可能同意杜威对知识揭露现实的否认或者其断言，即宣称知识全然是为了控制经验——每一个立场都切断了作为科学原动力的好奇感，阻隔了为了解过去（不只是过去的演化）的寻究。

然而，现在是提出另一点的时候了：上帝存在作为一切事物因果关系、存在和可理解性的解释或起源，这个判断不是纯粹过时的冥思。它包括或者至少牵涉一个判断（实际上是多个判断），是对于我们自己的思想和行动以及超验创造者正在进行的起始活动、传统上称之为出于上帝旨意（divine providence）的活动之间的关系的判断。因为，首先，既然某种程度上由超验缘由导致的每一个实体、过程或者事态是依情况而定（contingent）——非必然的，那么，认为上帝的因果律不仅是智慧的而且是自由的，就像它是通过自由选择而发生：创造某些东西而不是虚无，创造了这个整体而不是其他可能

〔26〕 Dawkins, *The God Delusion*, 136, 151.

〔27〕 Dewey, *The Quest for Certainty*, 43 – 4.

〔28〕 杜威立场的影响可以通过波斯纳在《法律、实用主义与民主》第 361 – 362 页的陈述来考量：“法官没有一个遵循宪法或者立法文本或者先例的义务。法律完全是一个运用过去制定的规则的问题，这样一个理念将被约翰·杜威所丢弃。”

的宇宙。其次，我们自己的活动包括自己对事物的思考过程，就其发生和根本上成就什么而言，依赖于与天意（providence）的合作。这些推断均是属于哲学的——我们没有必要或充分理由称之为宗教的思想。只有从我们的活动和上帝旨意之间的关系这第三条思路进来时，我们才开始进入宗教的界限。

那么，接下来我们就要进入这一界限。我们发现而不是我们制造的世界，不仅包括逻辑的规范性或者趋向性（directiveness），而且，还包括基本实
27 践原则的规范性，诸如倾向于拣选知识和真理而不是无知和混乱作为一个可理解的善，或者再如倾向于拣选与他人和睦而不是憎恨和战争作为另一个善，等等这类原则。基于这两个原因，这样来认识创造者是符合理性的（reasonable）——他是超验的、智慧的，他自由地选择了现实和意义的来源以及可理解的善和我们被导向这些善——在某种意义上亲自参与成全人类（human fulfilment），并且，藉着我们自己的理解、慎思和自由选择，引领我们赢得这类可能的成就（fulfilment）。[29] 像我一样花时间去拼写什么、思考那么久，但是，常识（common sense）却像思想一样快地领悟到达一个新的、同样毫不费力的开端，现在为完全可行的洞见：无论我们能够赢得什么样的善，都来自于这位超验的、个人的源头，回应并且——因畏惧人的有限和依赖性而希望——配合这个源头，这将会是好的。那就是，追求及践行宗教信仰的善。

更确切地说，自然宗教的善就是对于天道（providence）的理解、依赖和配合，然而，这并不包括从超验和上帝那里来的某种个人间交流所传递的信念、信仰。这是一种理解，认识到理解自身还要在经验、自然科学和哲学反思的一系列理性推演中来回于目的和终极。即使对上帝旨意统管万事这样一个解释有大胆的信心，也还是要如此；到下个月，正好是220年以前，第一次总统就职演说接近开头的一段话就是一个例子。（共济会会员）华盛顿已经详细叙述了从想要退休到决定出来接受国家的号召这个考虑和分辨的过

〔29〕 1987f at 279 – 80. 这条思路对于前基督教哲学也并不陌生，如同柏拉图反思（清楚地认识）人类生活和选择的神圣关怀之道德与政治重要性时所证明的：参见论文3。

程，而后评述道：

> 如果在这第一份正式法案中删除我对全能者（Almighty Being）的恒切祈求，将会特别不适当，这位全能者是统管宇宙、主宰万民的议会（the Councils of Nations），从他而来的帮助能够供应每一次人类的兴衰变迁（every human defect）。也就是说，他的恩福可以将美利坚合众国国民的自由和幸福分别为圣，一个由民众为了如下必要目的而建立的政府：使每一个器皿（政府官员或其他公职仆人）都能够按 28
> 着分派的责任成功地运作施行其职。向每一项公共和私人的善之伟大作者献上这样的忠心（homage）时，我让自己确信，如此表达了你不亚于我的感受；我的同胞公民总体上也不亚于此。不能限制任何国民认信和爱慕这只看不见的手，这只看不见的手引导着人类世间，不仅仅是美利坚合众国的国民。他们向一个独立的民族特征前进的每一步，看上去都有某些上天力量（providential agency）的明显记号。

你们都会想起来，那些步履包括华盛顿大将军和他的军队许多次的战败、撤退、遭难，伴随着许多和最终的决定性胜利，然后，就是达成和平协议，以及联邦和宪法自身的制定与修正。

1962 年恩格尔诉维塔莱（*Engel v Vitale*）案中，被最高法院驱逐的“州教育委员会祷文”（the Regents' prayer）最大程度上简约地澄明了华盛顿总统唤起的自然、哲学宗教：[30]“全能的上帝，我们认定我们仰赖你，我们祈求你祝福我们、我们的父母、我们的老师和我们的国家。”这就是自然宗教的核心，[31] 也是任何超越哲学和自然宗教的宗教典范形式核心，宗教典范形式拥有详述的教义，以及自神圣现实而来或者跟神圣现实某种非哲学的交通所

---

〔30〕 370 US 421.

〔31〕 自然宗教理念及自然宗教的重要性，存在于美利坚合众国立国者的思想中，参见 Bradley, *Religious Liberty in the American Republic*, 8 - 9, 29, 40 - 41, 46, 处处可见。1853 年，参议院司法委员会对于取缔随军牧师的请求清楚地肯定：“我们的先父们……不想让我们的陆军和海军没有胜败在于上帝这个全民认知而出去为国家征战……”

告知，或者所要求的敬拜，诸如在犹太教或东正教中丰富详尽的宗教形式。(当然，存在宗教的非典范例子，它们中的一些在历史上具有高度的价值，比如佛教，对于超验和这个世界构想了不同的关系。) 宗教作为人类善主要是联合了人的智慧、意志和自由与创造者的智慧、意志和自由的善。诸如堕落、悔改、饶恕、救赎等观念都落在属于联合的界域内，即阿奎那所定位的接受 (*assimilatio*) 与联合 (*adhaesio*)，即使自然宗教，至少也能设想 (envisage) 和敬重这个联合，甚至在它明断神意对我们而言太过超验而不能期待一种诸
29 如友谊那样的关系时，依然能够如此。[32] 如果有人持守像安德烈·考伯曼 (Andrew Koppelman) 那样的宗教价值概念，他的提议则以我在《自然法与自然权利》第 4 章提供的宗教之善简述立场为基础。[33] 在这件事上，考伯曼的动机是好的——他批评伊斯格鲁伯和萨格未被承认的世俗主义——但是，宗教之善的内容和尊严不能够仅仅藉着人类探求被认定 (像他试图确定的)，而不考虑理性，理性不仅指明上帝存在是这类探索适当且现实的客体，而且指明了神圣自然和活动的某些内容。

我们不应忽视自然宗教巩固人类平等理念和真理的重要性，每一位成员和全体都不像所有其他动物，而是有着人类的显著能力，是这样一个族群的平等。那些能力就是参与属灵的非物质生活，有意义的、逻辑的、错误与符合真理的生活，关乎过去、现在和可能的生活。印度宪法关于宗教自由一条的分条款之一[34]提醒我们，一个已经成形的宗教可能会歪曲自然宗教在最高、被造的属灵现实下人类平等的意识。但是，对灵魂 (spirit) 唯物主义、科学主义的否定深深威胁了人类平等，尽管我们之间存在各种不平等，然而，我们每个人在尊严上平等这方面的人类现实被这个否定剥夺了。通过将权利延伸到次于人的动物，人们在消耗宗教的、反唯物主义文明的遗产，即我们称之为权利的遗产，(另一面却又) 被显著地发现在否认青少年或残疾

---

〔32〕 *NE* Ⅷ. 7：1158b35，1159a4；see *NLNR* 397.

〔33〕 See Koppelman，"Secular Purpose" at 130 - 1；"Is it Fair to Give Religion Special Treatment?" at 593 - 4.

〔34〕 第 25 条第 (2) 款 (b) 项："(国家可以) 为社会福利和改革，或者打开印度教制度向所有阶级和阶层开放的公共特征 (制定法律)。"

人的平等权利。像纽约州教育委员会祷文那样的祷告（the New York Regents' prayer），认定上帝为我们的依靠，通过思想，向那位看不见的神倾心吐意和祈愿，都设定且加强了反唯物主义的真理，对确认人权是如此必要。

Ⅳ

伊斯格鲁伯和萨格认为，恩格尔诉维塔莱案的规则是将所有这类祷告驱逐出公立学校，即使完全许可并保护了不参与祷告的选择这种情形也同样驱逐，这种做法不能简单地诉诸存在社会强迫压力的危险而获得充分正当性。
他们承认，这类论证当然也不能使诸如 2000 年圣菲独立学区诉多伊（*Santa* 30
Fe Independent School District v Doe）[35] 这类恩格尔案的后继案件获得正当性：毕竟，所有人都能跟一场将会由校方发起祷告的足球赛保持距离。他们接受该观点，即看似“不让世俗匹敌的事物存在这样的单一禁止”让宗教的践行出局，[36] 这些司法禁令在他们看来跟平等的自由不一致。但是，伊斯格鲁伯和萨格严格地护卫这些案件中的规则之绝对性。只是，他们藉着诉诸贬低（disparagement）的宽泛原则来辩护：

> 政府发起的祷告仪式涉及对信仰的公共包容……更准确地说，对于那些信仰跟主流公祷一致的人们的包容。因此，它们的社会涵义包括这个直率的信息：这个共同体的真实成员履行某一派别的基督教；而我们当中的其他人则缺乏完整的成员地位。公共仪式产生一个局外人阶层，因而**贬低**（disparage）了那些归属于那个地位的人们……拥护者……将无疑地反对，他们或者学校当局都没有轻视任何人的意图；他们的目标只是让那些将会感激的人们可以获得祷告仪式……（但）相关的问题不是特定言说者的意图，也不是特定听众的理解，而在于仪式、践行和宗教的社会意义。[37]

〔35〕 530 US 290.

〔36〕 *Religion Freedom and the Constitution*, 161.

〔37〕 Ibid. , 163 – 4 (emphasis added).

对于一个提出脱离言说者或行动者意图和听众理解的“意义”，你有权困惑不解。然而，这个脱离意图却被设定为真实的贬低，如今在宪法和政治论辩中不仅是反对宗教的一个强大力量，或者除了宗教还有婚姻制度，在我们自己的国家内我们语言的首要性，以及我们文化每一个其他方面的首要性，这些文化不是举世共享而且某些人——不论是否为我们共同体的成员——对其不满意。约瑟夫·拉兹提出，要求移民者说我们的语言，是不尊重他们，表达了一个他们的文化位次且要被排除的判断。[38] 这么多年来，作为罗纳德·德沃金的坚定批评者，拉兹在这里却隐含着往德沃金长期持续论证的地界投了一注，当一个论点的先驱双胞胎或者表兄妹被驳斥时，新的论点又涌现，都是围绕着这样的诉求，某一政府明显限制那些行为，或者，那些行为
31 影响人们之间不尊重彼此或缺乏平等的尊重，事实上，限制或影响大概是因为强烈关切保护他们免于他们自己的荒唐事（folly）或者弱点（weakness）。

对于这些跟任何意图分开的不尊重、凌辱或者贬低的归咎，我们应该回答，它们是无理由无根据的，本质上为强词夺理的杜撰（sophistic fictions）。决定一起祷告的意义明显不在于那些回避或者缺席的人不是共同体的完整成员。他们是共同体的完整成员，拥有每一项其他每个人在其中所享有的权利，包括那些从事他们有权不同意的团体活动的人们所享有的每一项权利；跟伊斯格鲁伯和萨格的步调一致，就是说他们跟那些人拥有平等的宪法身量（constitutional stature）。[39] 类似地，就像将某地区割据成敌对小国将会对所有人都糟糕而应避免一样，坚持移民者要学会该国语言的那些国家或立法机关或公民并不必定传递任何移民所属文化是次等的观点，或者有任何磨灭或以任何方式贬低其文化的意图。并且，在那些他们的确判断某一文化综合典型表现不良，从而希望或甚至计划除去的情况中，他们的判断并不比成年男子和10岁女孩之间的性行为不道德、有害这样不公正、不尊重人，相反，对

〔38〕 Raz, “Multiculturalism” at 200, referring also to Raz, *Ethics in the Public Domain* at 178. On all this see essay Ⅱ.6 (2008b) at 110 – 15.

〔39〕 Cf. *Religious Freedom and the Constitution*, 130. 作者没有理由地臆测，一个（假设的?）“主流基督徒”大多数群体将异议者视为缺乏“同等宪法身量”的“我们共同体的不完整成员”。

沉溺其中的男子的敬重要从我们的共同体中除去。

V

现在又到盘点的时候了。我已经组合了首先回答我在题目中所提问题的主要前提。宗教值得宪法提及，不在于它是一个情感执着或者深层执着，而在于它实践地表达了或回应了关乎人类社会、关乎作为政治共同体成员的人，以及关乎任何这类共同体要置身于世界，并且寻得其道路和方法之真理。比起任何无神论或坚定的不可知论，甚至在某些方面有许多严重误导性的宗教也能就宪政的终极自然（超验、超自然）基础讲述更多的真理。

这个论点跟我在《自然法与自然权利》和《伦理学基础》所有章节发展的保留性论证是一致的，认为实践理性的第一原则能够被理解和认识，它们的规范性含义广泛地展开成为丰富、实质性的道德、政治与法学理论，不用依赖于假设或者甚至不用注意到上帝或天意秩序（providential order）的存
在。然而，如同我在那些书每一本的最后一章，包括我的《阿奎那》一书 32
以及今天再次概述的，如果在所有富有成效的思考中引导我们的理性规范并且是内在地（integrally）肯定上帝的存在和旨意，那么，我们应当期待，拒绝这样一个肯定将基于不脱离理性（包括实践理性）、完整无缺和不失真的论证或其他考虑。在对休谟、道金斯和杜威的评论中，我已经提到了这个问题。并且，那些反思能够再迈进一小步。

一个哲学立场可接受性的第一条件是，不仅自我融贯，而且，也跟对其进行批判反思、提出建议、为其争辩和跟他人就此进行推论交流的价值相一致。因此，比如关于法律义务的立场不仅要满足被 H. L. A. 哈特表明、[40]被霍尔姆斯法律现实主义击败的检验，也即要使法官、政府官员和其他规则遵循者运用这些规则产生真实的意义，规则的功能不是预测而是指导和规范。关于法律义务的立场必须对法官和其他人以这种方式对待实证法律规则

〔40〕 *CL* 1, 10–11.

的意愿有意义，在决定的考虑中，规则必须与道德要求和其他可理解的需要（intelligible needs）所应用的有效行动理由相匹配或融贯。像尼古拉·莱西（Nicola Lacey）在传记中所写的，哈特为他知道自己的法哲学未能满足那个条件所折磨。[41] 他深深地不确定道德和其他深层实践原则与理由作为行动理由的地位，从而，阻碍他通往一个令人满意的解释之路；他不能明白，它们如何才能不是某种“宇宙附属的部件”（part of the furniture of the universe）——他正确地认定不可信这个隐喻所谣传的意思——而成为真的，真的属理性。的确，唯一在根本上对实践真理令人满意的解释是：首先要指向诸如我已通过分别指引我们导向真理之善和友爱之善的原则所例证的第一实践原则；其次，将这些理解为我们没有筛选、塑造或者发明的原则，通过参与符合这些原则的行动可能实现的人类实践，从而拥有它们的真理性；并且，最后，注意到尽管这个对实践的预想回应（correspondence）不同于真的意见（true proposition）对非实践语言现实的回应，
33 但既然两种情形都存在着人类思想及其客体跟神圣创造思维之间的交通，故两种真理是类似的。[42] 尽管未脱离奥妙或者对想象力的挑战，但是，实践真理的那个解释是融贯并且充分可理解的；因其在位，我们就能够行走于整个实践思想界域，使实证法律及其“社会事实资源”（social facts sources）的权威和义务有很大意义。我们能够逃避所有那些狭隘法律实证主义沉船的命运，因为它们力图从某种“是”（is）来解释法律上的“应当”（ought）（他们正确地设想为某种行动理由），远在休谟之前——并且也比休谟更加坚定——柏拉图和亚里士多德断定此为错误的解释形式。

类似地，法哲学对订立合同、侵权和刑事法律中代理及其责任的解释，必须跟人类自由与合理性规范责任的事实相融贯，作为确实体验到和至少部分理解的事实，这成为一个人在哲学的这个或任何其他领域进行批判性提问、反思和理性判断的实例。哲思是一项活动，往前就要随时面对自由地收回、退出、躲避或保留对理性规范的忠诚（留意证据及相关的问题、论证

---

〔41〕 Lacey, *A Life of H. L. A. Hart*, 335 - 6.

〔42〕 See 1987f at 115 - 20; *Aquinas* 99 - 100.

等)。这项选择自由受到两个反思的削减:(1)神圣因果关系(divine causality)必须如此,不仅能够解释自然科学寻获与叙述的因果律,而且,还要能够解释那些现实的秩序——在每一项审慎人类活动中像自然科学研究的秩序与现实一样显明的秩序——这些秩序的理解完全不在自然科学的对象之列,是指向选择和自发行动(self-shaping action)的逻辑、实践理性秩序,以及思想对从说话和芭蕾舞到登月计划技术问题的掌握秩序;以及(2)造物主选择创造这个宇宙,而不是什么都不造或者造某个其他宇宙,这个自由确实就是我们真正自由的选择之原型。

尼采在他的《道德的谱系》(1887)中,对罪和惩罚以及良心的著名陈述——当今后现代主义的首要激励——是一连串念头浩劫运作的范例,本来在某种意义上为哲学的一个思想进程,但是又被他用荒谬且邪恶的名号"上帝死了"否定自然神学而截断,把自己推翻了。简单地回忆一下《道德的谱系》的最后部分,他宣称寻求和持守真理的意愿本身是我们称之为良心的那个被诟病的产品。良心是一种诟病,真理价值的唯一根基——上帝又不存 34
在,因此,这样的事实质疑了追求真理的意愿、真理和说真话(being truthful),让它们成为困难。"以试验的方式,真理的价值这一次必须被质疑……"尼采用语"以试验的方式"揭示了他思想的极其轻率的特点,[43]以及他任意的断言和否定驱使他陷入绝境的深度。但是,在这个联结点上,他没有否认,反而的的确确承认了良心的"核心"是对真理和忠于真实(truthfulness)的意愿。再者,如他所说:"这些逊色的无神论者、反对基督徒者、不道德者、虚无主义者……这些人跟自由精神离得很远:因为他们还相信真理!"在这一点上,尼采将自己跟"刺客的无敌秩序、自由精神卓越的秩序"最高级别的秘笈(*secretum*)相联合(什叶派穆斯林在叙利亚、黎巴嫩和波斯北部的一个宗派),按尼采的说法,秘笈就是"没有什么是真的,一切

[43] 不必让我们来决定尼采的特点,或者在他的著作中可以发现什么真理。Voegelin,"Nietzsche, the Crisis and the War"一文第185-186页展示了他是令欧洲文化自杀的真理讲述者。在其他地方,Voegelin也表明,尼采是通过在理性上连贯相伴的无神论和虚无主义进行破坏性造作的一个典型。

都是许可的”。他称此为在“欧洲流传了2000年并演绎了成百出的伟大戏剧……”[44] 会发生的“谜团效应”（labyrinthine consequence）“主张”（真乎?假乎?）。

显然，在这所有当中，我们已经把理性和责任置之脑后，而是在见证一种无神论魔术师的表演，到目前为止，在理性上劣次于宗教思想范式的表演。它对法学理论作品真实影响的证据之一，是波斯纳法官1998年在哈佛大学关于法律与道德的演讲。[45] 在世界更广阔的舞台上，诸如尼采这类演出，这类不幸地拒绝接受合理性提问的论文，拒绝追求以自我批判的、合作的方式四处漫寻真实原因，扼杀了现实，已经有显著的现实影响。埃里克·沃格林（Eric Voegelin）详细追溯了[46]这一点，比尼采早些年间，年轻的马克思给自己（似乎也是给全世界）签发了一道反对提出终极起源问题的命令，将自己让渡于自我创造的幻觉，这是他的人性和社会革命性转变观念的根源，一个附上如此昂贵代价却收获任何好果都甚微的观念。

简言之，扼杀现实对个人和社会都是危险的。按照合理的哲学之认定，
35 宗教在原则上拒绝接受一切确实属于这类扼杀的内容。将宗教作为与合意私人性行为（casual private sex）一样的私人关切来对待，隐射了政治共同体及其法律将自己放在一个对现实严重公共失真（untruth）的位置。[47] 政治共同体负有尊重，也就是不强迫每个人本于良心的宗教信仰和行为之公共义务，甚

---

〔44〕 For citations and some further material, see essay Ⅲ. 12 at 169 – 71 (1999b at 92 – 4) esp. n. 17.

〔45〕 “The Problematics of Moral and Legal Theory” (see the opening quotation).

〔46〕 “Science, Politics, and Gnosticism” at 262 – 5, 268 – 71, 274, 279 – 80, 284 – 6.

〔47〕 这个破坏性的隐射与 Budziszewski, *What We Can't Not Know* 一书第162页中描绘的破坏性隐射（学说）相似：

相当多的父母拒绝给他们的孩子作任何宗教教导，说他们认为“让孩子自己来决定”更好。但是，拒绝教导（宗教）本身就是一种教导的方式……（涉及）8条明确的信条：①让孩子了解任何关于上帝的信息并不重要。②孩子自然地问到“上帝”这个问题时，无需回答。③父母（如果）对上帝一无所知，这种状况就值得传递下去。④若要充分地思考上帝，并不需要什么预备。⑤成年人如何思考上帝，没有什么影响。⑥言外之意，有没有上帝都无关紧要：上帝不是被作为上帝来对待。⑦如果任何什么应当被作为神来对待，那么就不得不成为除了上帝之外的什么。⑧这是真正的信条，其他信念都是假的。……（如此一个人）获得“让他自己决定”地养大……（将会有）不认真对待重大事情的习惯，以及以不比他思考这些事物的那一刻更重要的方式来对待的习惯。

至包括许多错误的信仰以及因此被错以为正当的行为，该公共义务以每一个个人严肃的道德义务为基础：寻求关于现实最根本的原型，提出和追寻那个问题，根据自己对这些问题的发现和判断塑造自己的生活。只有用真实（authenticity）来追寻时，这项义务才获得履行，强迫和心理压力都会使其产生偏差，被破坏，甚至归于无效。[48]

Ⅵ

在我用一条第二位的理由或者一对（pair of）理由得出结论、赋予自由行使宗教以宪法上的保护之前，我应当谈谈那个保护的正确形式和方法。禁止或者使对自由行使宗教的禁止无效，像《印度共和国宪法》第 25 条澄明的权利宣告并不那么令人满意，该条 1950 年 1 月生效于一个制宪会议历时两年透明且有智慧的公共讨论之后：

> 宗教自由权
>
> 所有人同等地赋有良心自由以及自由地表达（profess）、行使（practise）和传播（propagate）宗教的权利，仅受限于公共秩序、道德和健康以及该部分其他条款。

同年晚些时候，《欧洲人权公约》（European Convention on Human Rights and 36
Fundamental Freedoms）澄明：

> 第 9 条 思想、良心与宗教自由
>
> 每个人拥有思想自由、良心自由和宗教自由的权利；该权利包括改变其宗教或者信仰之自由，单独或者与他人组成群体、公开或者私下通过敬拜、教导、行使或者遵循来表明其宗教或信仰之自由。

欧洲（人权公约的）陈述拥有一些优点。它提示了，为什么不只满足于

---

[48] 这是梵二公会在 1965 年《宗教信仰自由宣言》（*Dignitatis Humanae*）中的基本论证。

宣告一项思想和良心自由的权利是适当的。比“思想”和“良心”要明确得多，“宗教”这个术语意味着从个人延伸到团体和社会、从私下延伸到公开的活动，即使在印度共和国宪法删掉了对“传播”的引用时，也是如此。欧洲陈述也明确了改变一个人宗教的自由，于人口流动正在变化的西方，这一点又突然变得重要了；梵二公会对自由[49]的澄明，很有帮助地明确：如果不是在宪法上也是在道德上，该项权利“免受个人或者社会全体以及每一类人类权力的强迫”。[50]

37 当代宪法和教会文件都在竭力明确该权利或自由的界限。比如，《欧洲人权公约》［第9条（2）款］说道：

> 表达一个人的宗教或信仰之自由应当只受到诸如法律所规定的该类限制；还有，一个民主社会维护公共利益之必要，为了保护公

---

〔49〕 当一个人正在运用良心形成、持有其“宗教问题”上的信念或将信念付诸行动时，实质上就是一项不受强迫的权利。这项不受强迫的自由经常被起草委员会描述为一项豁免。虽然不是霍菲尔德在他对权利义务关系分析中规定的意义上的豁免，不反对将“豁免”作为主张一项权利不受干扰或强迫的同义词。“宗教自由”不过是一项在正当限度内个人地或者团体地履行宗教行为不受强迫的权利诉求。随之而来，《宗教信仰自由宣言》（DH）的基本主题实质上不是自由权利而是义务——国家政府和法律、公民社会其他团体与个人的义务，除非危害到了他人、公共和平或者公共道德，否则不得对任何人的宗教行为施以强制。该宗教自由权——免受强迫的自由——不过是那项义务的相关物，而为《宗教信仰自由宣言》的主旨，亦即不过是从（执行）那项义务的益处观点来思考的义务。对于《宣言》及其起草者就该问题的意图，参见本书第4篇论文的第90－95页（边码）。

〔50〕《宗教信仰自由宣言》第二部分：

本次梵蒂冈大公会议宣告，每个人拥有宗教自由权。该类自由以如下内容构成：所有人类应当免受无论来自个人还是社会团体以及每一种人类权力的强迫，如此，在宗教问题上，没有人被迫违背自己的良心来作为，或者受到根据其良心行动的阻碍，无论在适当限度内公开或者私下、单独还是与他人一起的行动。

拉丁文原文如下：

Haec Vaticana Synodus declarat personam humanam ius habere ad libertatem religiosam. Huiusmodi libertas in eo consistit, quod omnes homines debent immunes esse a coercitione ex parte sive singulorum sive coetuum socialium et cuiusvis potestatis humanae, et ita quidem ut in re religiosa neque aliquis cogatur and agendum contra suam conscientiam neque impediatur, quominus iuxta suam conscientiam agat privatim et publice, vel solus vel aliis consociatus, intra debitos limites.

在当前梵蒂冈网站上，是令人愕然的不充分翻译：

本次梵蒂冈大公会议宣告，每个人都拥有宗教自由权。该自由意味着，在适当的限度内，无论私下或者公开，无论单独还是与他人一道，都没有人被迫以与其信仰相悖的方式行为。

共秩序、健康和道德，或者保护他人的权利和自由。[51]

在实践中，尽管《公约》在此用了惯用语“一个民主社会之必要”，但是，该限制原则更像美国在就业处诉史密斯案（*Employment Division v Smith*）而不是谢波特诉弗纳案（*Sherbert v Verner*）（1963）[52] 中所用的早先原则，后者只有当某一重大迫切的国家利益（*compelling* state interest）需要时，才允许限制宗教的自由行使。因此，我们能对史密斯案和第 9 条（2）款提出疑问：它们给出了充分的宪法保护吗？显然，这有很多可说的，但我就省略了，直接谈底线。存在的问题可能的确并不在于界限，而在于立法者或法官的滥用以及道德上的错误，后者很少在宪法上获得合理预防之保护。对于反歧视，一般和（有意的）宗教中立法律可能会不公正且严重强迫了宗教团体或由宗教组织并发起的团体。法律禁止对于公开涉及同性间性行为者的歧视，若该行为者想要被雇为天主教会学校或新教教会学校的老师，或者使用天主教会或新教教会的设施，如收养机构、教会礼堂等，那么就会面临这种情形。认为同性间婚姻是可能的（conceivable）心理，更不用说是可取的（desirable）或者符合理性的（reasonable），都涉及跟人类经验和理性的真实断裂。最好地抵制对于宗教活动和团体或者以宗教为目的的活动和团体这种随之而来的不公正 38
强迫，可能不是指出宗教自由，而是这些强迫侵害了结社自由和父母的权利（parental rights）。同时，它们伤害了孩童的天真无邪，丝毫不顾共同善（common good）和国家民族的未来。简言之，我相当不愿反对史密斯案中的原则，任何限制（宗教）自由行使的法律都应当是中立的这个要求，活生生地影

---

〔51〕 印度限制条款在第 25 条第（1）款的行文中，并且在该条第（2）款中获得详述：

（2）该条内容不应影响任何现行法律的运行或阻止国家制定任何法律：

（a）规制或者限制任何或许跟宗教践行有关的经济的、财政的、政治的或其他的世俗活动；

（b）为了社会福利和改革，或者向印度教徒所有阶级和阶层打开一个具有公共特征的印度教制度。

《宗教信仰自由宣言》第七部分论道，能够让该项权利服从于如下原因引起的法律限制：

为了有效保障所有公民权利的需要，为了权利冲突的和平解决，出于充分保护真正的公共和平的需要，即当人们以良好的秩序、真实的正义生活在一起时带来的公共和平，以及最终为了适当护卫公共道德的需要。

〔52〕 374 US 398.

响了萨泰中阿教动物牲祭案（Santeria animal sacrifice case），[53] 只是说应给予宗教当有的以及在某些时代或许必要的宪法保护。

Ⅶ

当我们提出最后一个问题时，两个判断宗教值得宪法保护第二位的、相当实用的理由进入视野。如果一个宗教在原则上否定宗教自由，比如，像《欧洲人权公约》提到的改变个人宗教之自由定义，以及否定其他我们宪政秩序中的基本因素呢？毕竟，欧洲人权法院在福利党等诉土耳其［*Refah Partisi*（*No.* 2）*v Turkey*］案中一致通过的十八点判决，才过了五六年：

> 本庭认为，伊斯兰教法（sharia）反映了宗教制定的教义和神圣规则，是稳固且不变的。在它当中，像多元主义这类政治领域的原则或公共自由的持续演进是没有地位的。……建立在伊斯兰教法基础上的政体……明显地偏离了《公约》的价值，特别是在它的刑法和刑事程序方面，对妇女法律地位的规制以及它根据宗教信条来干预私人和公共生活所有领域的方式……可拿来推介以伊斯兰教法为目的之政治党派……难以被认定为是符合整个《公约》隐含之民主理念的社团。[54]

据此，欧洲人权法院支持土耳其最高法院，根据党派主导的政府正在准备或可能会推介伊斯兰教作为适用于所有人的法律，或者作为每一位公民分别服从自己的宗教之法律这种体制的一部分，而解散土耳其当选政府及其国家的主要党派。

当代美国立宪主义者深深怀疑这种“激进的民主”（militant democracy）——对民主先发制人的防卫——即使像这里的情形一样，是由法院（最

---

〔53〕 *Church of the Lukumi Babalu Aye*, *Inc. v City of Hialeah* 508 US 520（1983）.

〔54〕 *Refah Partisi*（*No.* 2）*v Turkey*（2003）37 European Human Rights Reports 1 at para. 123（emphasis added）, Grand Chamber, upholding and adopting the language of the Third Section of the ECtHR in *Refah Partisi*（*No.* 1）*v Turkey*（2002）35 European Human Rights Reports 3.

初是土耳其最高法院）来施行。如果为了推翻它，以及为了提供特定的宪法 39
保障和宗教领域界限内不适用的相关道德权利，而要求长期专注于这种可能性，即某一特定宗教的信仰核心对于宪法及其长期欺骗和胁迫之正当性，跟其他所有宗教或许有不同的看法，这些立宪主义者会觉得更有疑问。但是，我不应当掩盖这个事实，土耳其案在欧洲人权法院的情形部分看来就是如此，“为了达到用伊斯兰教法代替现行法律秩序的终极目的，政治的伊斯兰使用了名为‘*takiyye*’的方法，隐藏其信仰直至达到其目标”。法院没有对伊斯兰 *takiyye*（一种似乎没有为被解散的政府和党派之申请成员否认的做法）做出任何具体调查研究，但是，法院的确更加广泛地看到，政治党派及其运动也许会掩盖其目的并表明他们遵从民主和法治，直到阻止他们推翻两者为时已晚。[55] 不过，基于当前的目的，我们确实没必要揣测伊斯兰宗教特定成员可能的秘密意图。我们能藉着研究各国恰好与伊斯兰国家一样的开放公共文献和宣言来公开抵御他们，以及彼此合作，比如，1990 年 8 月被 45 个国家政府采信的伊斯兰世界《开罗人权宣言》,[56] 以及优先于 1948 年联合国大会被采纳的《世界人权宣言》。对这份 1990 年伊斯兰宣言宗教自由条款的解读如下：

> 伊斯兰是纯真质朴性质的宗教。禁止为迫使一个人改变其宗教或成为无神论者而实行任何形式的压力或利用其缺乏或无知。

仅仅模糊的“另一个宗教”使第二句话成了所有被伊斯兰法视为穆斯林的人们不自由的宣言。为了更好地衡量，第 24 条和第 25 条补充道：

> （24）所有该宣言规定的权利和自由都服从于伊斯兰教法（Islamic Shari'ah）。
>
> （25）伊斯兰教法是解释和澄清宣言任何条款的唯一参考资料。

---

〔55〕 *Refah*（No. 1）at paras 48 and 80；*Refah*（No. 2）at para. 101. See 2009e and 2009f.

〔56〕 UN GAOR, World Conf. on Hum. Rts, 4th Sess., Agenda Item 5, UN Doc. A/CONF. 157/PC/62/Add. 18（1993）. 该宣言是伊斯兰会议组织（Organization of the Islamic Conference）的，至今（2009）有 57 个国家（并非所有参加国都是穆斯林大多数或者伊斯兰的宪法体制）为成员国；该文献由一年一度的会议机构即伊斯兰外相会议（Islamic Conference of Foreign Ministers）通过。

40 这些现实对美国宗教自由行使条款正典不只一部分的内涵打了个问号。它们质疑了法律和法院不审查一个宗教的教义，以及禁止宗教间的任何歧视这个被舆论每一个角落的正义视为公理之内涵。假如一个宗教的神学观点包含“跟我们的自由民主完全相左”之政治教导，或者用欧洲人权法院的话说，跟“构成整个（宪政）的基础之民主理念”相左，或者我想更合适地讲，跟我们据之为法律根基的宪政和其他原则相左，那么，又该怎么样呢？如果在边境上，区别对待宗教是否违宪？这么做会意味着错误地贬低已经是公民的宗教追随者吗？将会错误地妨碍他们的宗教自由行使权吗？或者，侵犯那些基于国家公共秩序利益而被拒之国门外的那些人的宗教自由人权吗？

在思考最后这个问题时，我们与宪法上认可宗教自由的第二位理由之一相遇：该保障适恰地与区分（distinction）宗教和政府的正确原则相伴相存，是宪法上或许藉着排除宗教审查和禁止国会建立宗教而确证的原则。[57] 当然，这个区分具有广泛且根本的重要性。这个主题够写另一篇论文了。只在一个意义上，我想提到它，即该区分与控制移民的考虑相关。正是在这个连接点上，我们能够看见它在现任教宗第一份声明中的作用：

> 无论是从哪个国家来，单个信徒都被召向每个人伸出双臂并打开心门、允许当局基于公共生活的责任而强制实行适于一个健康的共存关系之相关法律。[58]

在一个像教宗所属的普世宗教团体内，并不存在公民和外国人的区别。
41 但是，如同他的话所明确表述的，这并不是说，这样一个区分或许跟政治共同体的共同善，（实际上）还有公共秩序没什么决定性关联。

---

〔57〕 该原则以另一种方式体现了《宗教信仰自由宣言》为宗教自由给出的第二个理由。无论是私下的、公开的还是出于个人信念的宗教行为，人们藉此指引他们的生活导向上帝，超越了他们的天性及地上的和现世的（temporal）事物。因此，既然政府的功能效力于公共福利，则政府应当切实考虑公民的宗教生活并且表现出支持。然而，如果政府擅自命令或者禁止宗教行为，则僭越了其权力的界限。（《宗教信仰自由宣言》第三部分。）

〔58〕 Benedict XVI, Address to the Pontifical Council for Pastoral Care of Migrants and Itinerant People, 15 May 2006, AAS 98: 454. 2009 年 6 月 29 日，教宗通谕第 62 部分关于国际移民特别模糊的一段话完全不符合这一点。

因此，一个民族国家——如果不用这个词，那么将是更快就会受影响的一个或更多欧洲国家——也许判定，依据这些人不愿有望成功地放弃其神学—政治的宗教核心以及取决于人口数量的政治和法律控制胁迫，限制或禁止其进一步移民是合理的。[59] 于是，在此，就是我想提到的宪法保障宗教自由行使的又一个第二位理由；也许，你赞同坚定地保护公民自由行使其宗教的权利（包括他们宗教的律法或教义没有认识到的、放弃该宗教的权利）——当然是合格的权利[60]——更为重要。

---

〔59〕 因为，数量——临界的民众（critical masses）——问题随着时间改变。立法机构期待现在或者相当快的将来负责任地决定，以人们不愿作出放弃意愿来作为禁止移民唯一可能的中期建设性替代方法，前瞻性地证明否则就是国家推动引进——法国、德国和英国正冒这样的风险——高度不同的、被削弱的宗教版本，一个为国家工具主义修正的版本，筛选教师和传道者，盼望灌输控制、暴力和驯服，将世界划分成为驯服的世界和战争的世界，妇女公开和私下的屈从，以及（立法机关可以判定）其他使该宗教最佳地不受同化，并且最糟地明显以增长速度危及公共的善之特征。如果后面这个替代性方法（国家支持的宗教形式）在这里被认为是永久性不可取的，因为会成为显然的“建立宗教”，那么，还可以求助于温和派欧洲政府也许会走的路线（a）表明不以对待其他宗教的同等方式对待那个宗教，及其追随者具有重大国家利益；因此（b）越过欺骗与令人惊讶的最高法院理论，不仅歧视某一宗教是不公正的，而且建立所有其他宗教（以及非宗教）同样不公正。

〔60〕 See n. 51 above.

第2章

多元社会中的宗教与公共生活[*]

42 无需诉诸任何神圣的因果（divine causality）思想，更不需要任何我们应当以及不应当选择什么神旨（divine will）理念，就可以确认人类繁荣（human flourishing）的基本方面，并针对反对和误解进行辩护。对于人类繁荣的探究，能够不转向上帝存在问题而继续进行；我们所了解的万物有一个超验且智慧的源头，适当地联系到这个源头的善是理所当然且不需要证实的，也就是说，除非进一步的研究表明必须判断存在这么一个源头，可以在人类繁荣的探索中为我们称之为“宗教”的善留有空处。因而，当有人力求（a）探究指引我们走向人类繁荣基本方面的实践理解原则（principles of practical understanding）时，以及（b）探究人在所有考虑和选择那些第一原则中任何一条的指引时应当敞开的合理性要求；以及同样地（c）探究那些要求的含义（implications），我们称之为道德的含义时，不像自然科学研究，人们可以不转向下述“深入疑问”（*further question*）而进行：是否所有这些原则是真的，我们是否有能力认识这个问题并塑造我们自己从而整个世界，并非仅仅借助“其起因是什么”这样的因果关系作用能够解释的事实，不必进一步去解释。那个“深入疑问”能够推至终点（the end），或至少是我的书《自然法与自然权利》以及《伦理学基础》的终局；显然，如果其答案是积极的，则含义必须采纳并按照适当的方式给予应得的重视。

决定这样来安排我的书，在某些方面怀有方法论上的动机：形而上学的

---

* 2009d（2004年10月在普林斯顿大学关于“宗教在美国公共生活中的地位”学术会议上的演讲）。

研究，对于所有知识和存在的基础最后到来才恰当（如阿奎那和亚里士多德 43
所言）。但是，从约翰·亨利·纽曼，到追随第三世纪的亚历山大教父们，称之为“简约”（*economy*）：将阐释的采纳交给所期待的听众来感受，即冥思（the state of mind）。在这个意义或相关意义上，简约理念获得了一个坏名声：近来牛津大学的一位领袖——在公共生活中曾任内阁秘书长和英国文官队伍（UK Civil Service）的头儿——曾经因为证言他认为，有时候“真相可省则省”（economical with the truth）就国家利益而言是适当的，遭到了公众的批评。[1]因为查理斯·京士理（Charles Kingsley）获得广泛响应的不诚实指责，也正是由于这位最畅销儿童作品家和教士将简约等同于狡猾、规避、欺骗，纽曼写了他著名的《为吾生辩护》（*Apologia pro Vita Sua*）。而且，总是藉着呈现什么是真的，纽曼的教导从一开始就坚持区分那些不诚实的恶习和对真理正当慎重的管理之界限，除了听众的无知或偏见会阻止他们正确地理解和评价，并没有抵挡什么真理。[2] 与我的导师和编辑 H. L. 哈特相比，他所有公开的作品中从不泄露自己的无神论以及强烈地怀疑存在任何、无论何种道德真理，我的工序的确就不简约（economical）了。毕竟，我的《自然法与自然权利》第 8 章为这本书的每位读者触手可及，其中一些篇幅有所探究，提出了这样的论证，即只有通过判断——尽可能简短地设置所涉问题——需要解释上帝的存在与智慧、上帝必定自由选择了创造，才可能符合理性回答我们认识所有事物源头这个“深入疑问”。

在我的《阿奎那》一书中，要实行类似的简约则更加艰难，因为我——越过沉默——从这位伟大神学家的关切与根基里面摘录要点，而且在最后一章中，我开始描述定位和强调“深入疑问”的五种不同路径。这五种被他恰
当认为的路径表明，宇宙无论作为整体还是每一个方面均是一位存有（a be- 44
ing）之创造作为，这是一个纯粹的事实，不存在任何仅仅作为潜在可能的阴

〔1〕 罗伯特·阿姆斯特朗（Robert Armstrong）爵士（后来的勋爵），1986 年 11 月代表不列颠政府在新南威尔士最高法院庭审（禁止《抓间谍者》一书出版）中的证词。

〔2〕 关于纽曼的这个简约（economy）思想，如传统上对希腊术语 *oikonomia* 几个含义的援引、诉诸相关含义、讲述圣经所说的（不要把珍珠丢给猪、压上的芦苇不折断、麦子中的稗子）及其事例（保罗在雅典的演讲）。

影，是一个所是就是（*what* it is includes *that* it is）的现实，为所有自有（the uncaused）和必要存在的一位，即使宇宙碰巧已经从亘古就存在，但没有他也就没有宇宙，这位自有的存在将自己一些智慧的理解力展现于宇宙之中，考虑所有可能的替代性宇宙来自由地带进人类和现实。

> 因而，宇宙的始因、秩序和维续必定是一个智慧作为，一次而且同时是永恒的作为，在每一个细节上（藉着实践知识）计划了这个世界并（藉着意愿）使这个世界带着所有它的因果/解释体系、无法想象的星系、原子粒子和原动力诞生，也是一个富含基因组、细胞和脑力的世界，（即使没有刻意如此）包含适合那个世界的数学和逻辑；拥有忠诚、正义和同情；还有计算机、交响乐、象棋和宪法。[3]

在《阿奎那》一书中，我从上述论点转向力图阐释这些结论如何影响对于前面 11 章内容探索的伦理和政治原则以及美德之理解。部分阐释如下：

> 现在，实践合理性原则被理解为拥有分享上帝创造目的和预备供应（providence）的力量和深度。[4] 实践合理性的善（bonum rationis）被理解为不仅仅是固有和自有（for its own sake）的善，而且也是使人像[5]并与无所不能的创造者实践智慧和选择联合的善之构成。这样，实践原则的真理不仅仅是指引我们走向人类完全（human fulfilment）的期待，[6] 而且，符合所有现实之最真实的神圣创造思想，除了上帝纯粹、简单作为这个现实，再没有其他。[7]

---

〔3〕 *Aquinas* 305.

〔4〕 自然法正是永恒法在理性造物（rational creature）上的分担（participatio legis aeternae in rationali creatura）：*ST* Ⅰ－Ⅱ q. 91 a. 2c. 即这个意义上的自然法，永恒法为人类意志（regula voluntatis humanae）的标准：Ⅰ－Ⅱ q. 71 a. 6c.

〔5〕 柏拉图对达到像神的荣形做出了同样重要的贡献，参见 *Laws* Ⅳ 716；*Republic* Ⅵ 501. 当置于基督教启示的框架时，揭开上帝拥有智慧、自由、自有（self－possessed）和慈爱的一面，也有节制，参见 *Aquinas*，314－15.

〔6〕 See *Aquinas* 99－100.

〔7〕 *Ibid.*，308－9.

顺着这些思路，就这些和类似的讨论到底在于什么，有许多要说明的。不过，有两点要在此做出。第一点，上帝存在这个合理性判断，以及这个判断与更充分理解为什么我们的责任关系重大相关，整个反思过程是一个在公共理性（*public reason*）中的操练。第二点，无神论和激进的不可知论都无权 45
在公共理性、商谈和决定中作为“默认”地位来对待。那些说或者认为存在一个默认地位并且在那些意义（无神论或关于无神论的不可知论）上[8]是世俗的人欠我们一个论证，与神圣因果关系的最佳论证交战并且打败后者。只有这样的某一反面论证成功了，哪怕他们还不能清楚阐明正式的论证，他们才有权搁置数不清的论证。这些论证已经能够判断，这个世界的现实和智慧由彻底超越于这个世界、如诗篇作者描写“诸天诉说他的荣耀”[9]的某种存在从空虚混沌中产生。穹苍是世上最容易让我们思考这个世界到底是什么的一部分，而且，不会掺杂任何我们使用它或者与它相关的个人关切。注目望天，一种思绪油然而生：我们不是在一个被死亡和有限拘禁的世界，而是一个向超验开放——不是指空间上——的现实中。

公共理性商谈实践确实是处理关乎我们的问题，不像上帝，它们因着我们的选择和行动而存在、改变或转变。这些就是实践理性理解的原则所指导、定规的商谈。我的这方面书籍的所有更早篇章是为了表明，如何藉着智慧思考更一般的、第一原则来解释道德的规则和原则——不仅仅是我们毫无争议地运用贯穿于法律中的那些规则和原则，思考当人审慎地形成行动的不同意见并采纳其一来作出选择时，合理和准确地理解人应当选择何种举措。对该整个理念的一般反对是，由于这个理念认定的原则不要求任何共识（consensus），比如好的科学（good science）有信心期待以及一起达成的某些共识。该反对把多元主义的事实作为对自然法的怀疑主义主张，而且事实上（因此）为所有伦理意见的怀疑主义主张。

---

〔8〕关于作为基督教教义一部分的合法世俗主义，参见 *Aquinas*, 322－5；以及第 3 篇的第 56 页。

〔9〕《旧约·诗篇》第 19 篇第 1 节，以及参照《新约·罗马书》第 1 章第 19－20 节，打开了使徒保罗对于自然法的陈述：第 2 章第 14－16 节。（这三处经文分别讲道，“诸天诉说神的荣耀”。——译者注）

该反对无效。评价伦理诉求真理不是藉着看人们是否同意它们这些事实，而是通过思考它们是否正确地认定所争议的行为（或避免该行为）如何跟人类幸福（well - being）（人类繁荣）相关，以及是否正确地评价了该关
46 系。在这些评价中，正确和错误的标准是通过我们称之为伦理学的反思性、批判澄清的实践理解与推理来确认的。围绕这些标准的共识并不能使它们成为真，也不是使那个真理在任何意义上保有这一点的必要条件：在理想的认识论环境下，会对它们达成共识。因为，在理想情形下，对于一个观点的真理性达成共识只是该观点真理性的记号（mark）而非标准。[10] 然而事实上，评价任何以及每个道德观点的情形的确都远非理想。对于保护会被任何符合理性的伦理标准阻隔的特定结果，我们在情绪上拥有强烈的兴趣。为了保护那些兴趣，我们背离符合理性的伦理标准来构想理性化（rationalization）的能力很大。语言、制度和文化形成这类可行（尽管不符合理性）的合理化之倾向很强，导致对歪曲标准和伦理谬误的地方性（然而或许会是广泛且持久传播的）捆绑，对这些标准和谬误往往或多或少具有地方性共识。尽管在某些普遍原则和标准上存在着某些印象深刻的普遍共识，伦理观点对或多或少具体行为类型的整体多元主义恰恰是人们所期待的多元性。

在过去的40年里，有许多例子都清楚表明，从高层次普遍原则至具体的道德规则和判断的滑跌如何被情绪、掺杂的动机与合理化抓住。甚至在1960年代中期，以生育控制作为女性孕前和孕后面临困难与危险的必要缓解，在这个激情高昂的女权主义运动的80年后，母亲拥有一项道德或法律权利选择让她所怀的孩子死亡这个想法实际上从未听闻，在文献上也没有可观测的记载,[11] 并且，曾经作为不符合伦理和不可接受而被生育控制的女权主义倡导者领袖暗中否认。但是，十年之内，这个想法就成为对很多人而言都是平常的了（虽然对其根据和限制未能达成共识），如同它持续如此。然而，在另一些人看来，这始终不过是一个权利诉求的错误。对我来说，接

---

〔10〕 关于这个“记号”的使用，参见大卫·维金斯（David Wiggins）关于真理阐述的总结和讨论，《伦理学基础》第63 - 66页。

〔11〕 参见我对1960年代医疗文献提出的立场调查：1970c。

受这个理念是道德真理渐渐模糊之过程的一个范例，不理想的认识环境（non-ideal epistemic conditions）如何阻隔了达成或者保留道德观点共识的活生生例证。而且，还存在着大量其他范例。在我跟波义耳（Joseph Boyle）、格里塞茨（Germain Grisez）关于核威慑的书中，我们追寻了不能有意地选择老百姓作为毁灭对象这个共识失落的历史过程。在欧洲 1941 年和太平洋地区 1945 年盛 47
行的不理想认识环境下，这个道德真理相当模糊，尽管不是彻底模糊。[12]

不过，认识环境当然从未理想过，即使在自然科学和数学领域，抱负、恐惧、未经批判的惯例和假设以及其他诸如此类的因素能够并且的的确确歪曲了理性探究和判断。在道德推理中，则具有更多这类情形。道德推理总是关心前设和结论、原则和判断，而这些往往深刻地影响着我们的兴趣以及或强烈或冷静的热情，其目的物被这些利益所包裹着。家庭、地方、民族的习惯和偏见之影响特别是我们演绎道德推理中的形成因素。（如亚里士多德所说，[13] 既然你没有能力合理地确定伦理准则是一个无法弥补的弱点，那么，就应当祈祷自己碰巧成长在一个道德上或多或少合理的文化中。）

因而，虽然绝不是没有可能，但很难合理地（soundly）思考道德问题，不只因不关心我们选择和行动实现的人类善之形式这类问题，而且，因为如何妆点人类和赋予尊严或者正确地描述人类行为将直接进入道德判断的领域，并影响着道德判断，尽管它们本身不属于实践的、规范的、“应当的”问题。现在，如果（1）难以获致和实现从头到脚都合理的道德思想，同时，（2）像每一个我们发现而不是制造出来的其他智识（intelligibility）一样，道德上合理与不合理之标准的道德原则归于神圣创造者的智慧和意志，这一点，我早先的主张就已经指出应当如此。那么，（3）这样期待也是合理的，即属于没有足够智慧的我们的超级智慧创造者，可以一种更清楚可行和更可能有保证的方式来交通（communicate）那些同样的道德原则。并且，这个期待作为在耶稣基督处的公共启示（public revelation）的一个方面赢得满意实现。

〔12〕 *NDMR* 38-44.

〔13〕 *NE* I. 4：1095b4-8.

如此，我所反思的核心是公共启示在公共理性中的地位。在公开布道
48 中，藉着复活、否则便无法解释的医治、预言的实现等征兆或神迹来证实上帝本性和旨意的启示时，在重要的意义上（in the focal sense），该启示对我们而言是“公共的”。这些征兆或神迹证实了耶稣基督的真实性，他通过言行的教导本身在道德上具有吸引力，这个进一步的事实不可测度地增强了这一切的证据力。如同我曾就阿奎那所做的总结：

> 基督所做教导的启示力和值得信赖应当也归于（除了神迹和其他公开征兆外）他令人信服的权柄和彰显出来的个人美德，以及他所教导的内容固有的卓越——他审慎地将这些教导留待由那些见证了他公开生活和侍奉的人们的公开布道和公共作品来判断。[14]

换句话说，我们把先前有关人类善的理解运用于我们聆听布道、对教师和见证人的评价。我已经提出，这个理解是自然理性的根基。而且，我们将其作为判断提议和展示在我们面前的神圣起源之真实性的标准。然而，反过来，教师们的布道、见证和典范生活能够并且确实改变了我们先前得到的理解，增强以及纠正它。在这个意义上，存在着自然理性和神圣公共启示之间的相互作用以及某种认识论上的相互依赖，驶向某种（如同罗尔斯[15]所说）反思平衡（reflective equilibrium）的互动或相互依赖。

反思平衡并非在各个方面都有一劳永逸的成就，而是在某一程度上持续发展的，无论对信仰者的生活，还是对有史以来承担了历史启示的共同体的教导而言。这并不排除那些具有相应权威的人来作出决定性的判断。但是，甚至这类决定性判断的含义，以及所启示信息其余的意思和含义也要获得更充分的理解。在这个问题上，经历为实践理性原则，也为启示的信息库以及

〔14〕 *Aquinas* 320 - 1, citing *ST* Ⅲ q. 40 a. 1c and ad 4; q. 42 a. 1 ad 2 and a. 4c.

〔15〕 参见罗尔斯《政治自由主义》（英文版）第45页，他没有用《正义论》（英文版第18、40 - 45页）中传播的表达方式来解释该理念。

依靠与传递启示的教义提供了更具区分性的洞见。[16]

梵蒂冈第二次大公会议《信仰自由宣言》（Declaration on Religious Liberty） 49
（1965）为这个反思平衡发展的过程提供了很好的例子。这份宣言给研究一个回报：确定了一些“公共领域”最合理且最稳固的根基（还有许多其他裨益）。它常常以其拉丁文版本的头两个词“*Dignitatis Humanae*”出现，意思是人格的尊严（dignity of the human person）。[17] 其核心教导能够相当简短地表述。所有人——无论作为个人还是团体——都有一项权利，即不受政府强迫而实行或不实行宗教行为。即使持守错误宗教信仰的人，甚至未给真理以得当注意的个人或团体也完全拥有这项权利。这项权利仅仅受限于公共秩序的需要，也就是保护他人权利的需要，为了支持公共和平与公共道德。《宣言》将对该权利的思考分为两个部分。第一部分单单藉着援引自然理性（也即自然法）来定义、阐述、正当化该权利。第二部分表明，这项权利如何植根于基督信仰的启示和信条之中。从自然理性角度而言，主要的正当化论证如下：每一个根据有关上帝和人的真理——信仰真理（religious truth）——来寻求、发现和生活是如此重要，以至于强制是错误的，因为强制阻止、歪曲或倾向于为信仰真理提供不真实的（inauthentic）寻求。错误结果应当是个人寻求真理的错误，如果没有强制力的实施，他对真理的寻求或许是可靠且以（关乎最重要的事的）真理为抱负、理想或者目标。因此，这个人（从而任何人）拥有对应于政府不犯那个错误之义务的权利。所有这些驱使《宣言》进一步的正当性论证，引起世俗与教会之间的经典基督教区分以及有限国家政府的理念（在阿奎那处已经繁盛）：[18] 宗教信仰问题如此超越于国家政府（*potestas civilis*）的领域，如果控制［领导（*dirigere*）］或

---

〔16〕 参见梵二公会《神启教义宪章》（Dogmatic Constitution on Divine Revelation）（*Dei Verbum*, 8.2）。“从现实来看，藉着信众内心的思想和探究，藉着他们经历的属灵现实的深入理解，传递下来的道不断成熟……因此，在过去的数世纪，教会不断地趋向神圣真理的丰满……”（我简略了援引。）关于教义的不同发展，参见 *MA* 25 – 27.

〔17〕 既然宣言的头三个字是“Dignitatis humanae personae”，整句的上下文中，形容词“humanae”用于“personae”而不是“dignitatis”，所以不应翻译为“人的尊严”（of human dignity）。

〔18〕 See *Aquinas* 222 – 8.

禁止宗教信仰行为，就不得不被认为是超越了它的界限，尽管政府应当认可并支持其公民的宗教信仰生活。[19]

从启示而来的论证如下：上帝创造了具有理性和自由的尊严以及崇高地
50 位的人类，并且，邀请所有人来分享作为他儿子和女儿的属神生活，一项所有人能够选择且只有完全自愿的回应才能被适当接受的邀请：

> 一个人被基督救主救赎，并且，藉着耶稣基督蒙召成为上帝拣选的儿子或者女儿，除非在天父的牵引下，奉献本于信（faith）的、符合理性（reasonable）且自由的顺服，人不能忠诚于上帝的自我启示。因此，在宗教问题上，要排除每一种人类强制，完全符合信的本性。[20]

这份文献重新强调了没有人能被正当地强迫而信仰这个历史上持久的天主教信条，将其作为基本的教导：

> 这是天主教教义中的主要信条之一，个人对上帝在信仰（faith）上的回应必须是自由的：没有人是被迫违背他或她的意愿而接受基督教信仰（引文有删节）。该信条包含在上帝的道中，并恒久地被教会的先辈们宣扬……在上帝子民（the People of God）的生命中，如同人类历史兴衰变迁的天路历程一样，都存在着体现了难以符合福音的精神，甚至与其相反的行为方式。然而，没有人被迫相信一直是教会的坚定信条。[21]

上述文字隐含的思想为：对历史经历的反思引领教会的教师和成员作出判断，该信条（信仰不受强迫），当然包括其根据，且拥有更广泛的含义。

〔19〕 DH 3. 4.

〔20〕 *Ibid.*，10.

〔21〕 *Ibid.*，10，12. 1. 公元4世纪到18世纪，伴随着教会（ecclesiastical）和神学上的支持，“强迫”经常被用以反对离开天主教信仰（区别于异教徒、犹太教徒、穆罕默德信徒等）的那些人，对于强迫的批判性研究，参见 *Aquinas*，292. 异教徒的不信被断定为有害于共同善（*ST* Ⅱ－Ⅱ q. 10 aa. 7c and 10c），但不是像异端邪说那样该受谴责，后者被（错误）认为违背了应许（promise）而遭到惩罚；主张这些立场和方法有别于信仰的强制（compulsion），是内在不合理的。（总要丢弃强制，参见Ⅱ－Ⅱ q. 12 a. 2c 以及 ad 2；*Aquinas*，*Sent.* Ⅳ d. 13 q. 2 a. 3 ad 5.）

寻找信仰真理的可靠性（authenticity）和现实如此地受损于强迫威胁，以至于为了信仰真理的强制性措施是徒劳（self - stultifying），并且违背人性，因为在意志（the willing）及其全人忠于上帝这个基本方面其任意地与人类繁荣相悖。

公会对自然法的教导为文献的第一部分，全面的解释在第二部分，或 51
者两部分结合在一起赢得反思平衡。第二部分有必要吗？没有启示的裨益，自然法和自然权利就不能被肯定吗？当我指点自然理性和启示相互依赖的必要性时，开始回答这个问题。例如，考虑平等。

人类在尊严上完全平等包含于这个启示之中，即我们都是按着上帝的形象被造的，都被唤作儿子和女儿进入他在超验国度里的大家庭。[22] 没有那些启示教训之裨益，我们能否对彻底平等也会已然获得稳固的理解和肯定——特别是确实以此为赋予所有人在基本权利上平等的根据——有充足的信心，或者如果这些教导被放在一边，我们对平等将持久获得维护仍有充足信心吗？[23] 我不这么认为。[24] 没有那些对人们天性和潜在天命的启示性洞见，或者不肯定这些洞见，甚至用柏拉图那样无穷的参透力理解人类意识（consciousness）和特征的人们也会被这类观点的某种版本所吸引，将尊严作为消长变化、可以推断的，从开始作为一个人存在之后的某一时间，又或许是出

---

〔22〕《宣言》没有提到“按上帝的形象被造”这个概念，但在同一时间更有分量的文件《论教会在现代世界牧职宪章》（Gaudium et Spes）中采纳并宣扬了这一点，第21 - 22部分致力于“人格的尊严（The Dignity of the Human Person）”的分析，并在第12部分以“关于按上帝形象造的人类（*Dei Homine in imaginem Dei*）”为标题。

〔23〕肯特·格林沃特（Kent Greenawalt）写到查尔斯·拉摩尔（Charles Larmore）（我想他也会将德沃金列在其中）尊重人们的平等并要求政府对好生活中立这个观念时，中肯地说道：虽然许多为平等的辩护依靠道德能力（moral capacity），但还是不清楚，如果人们之间的能力本身是不平等的，并且获得不同程度的操练，为什么应当赋予人们基于能力（capacity）的平等尊重。这个问题要通过某些整全观点（comprehensive views）来解决，最有名的就是所有人都平等地为上帝所爱、所有人在上帝眼中都是平等这个宗教理念；但是，如果平等尊重的基本原则能够不援引任何宗教理念而找到根据，看起来就令人疑惑了。（Greenawalt，*Private Consciences and Public Reasons*，82.）

〔24〕《论教会在现代世界牧职宪章》第19 - 21部分讨论了无神论，在第21部分中，梵二公会（我认为是正确地）陈述，承认神绝不会磨灭人类尊严，以上帝为根基的尊严使我们在上帝之中完全（perfection），当人们被剥夺了神的支撑（divine support）（对永生的盼望和上帝创造我们成为智慧且自由的存在，并被他安置在这个世界上的知识）时，“他们的尊严被深深地损害，就如今天经常可见的”。这一部分整个都回报了研究，不仅对政府当局在信仰者与不信者之间的区别对待予以了谴责，而且邀请了不信者以开放的头脑来思量基督福音的美善。

生时或出生后的某一时间，到“晚期”衰微或残障时停止。不无奉承或荒
诞无稽的偏见，人类尊严只是属于（ascribed）或归咎于（attributed）生物，其
真正的状态（true condition）就像在一个漠然（indifferent）宇宙中的其他动物一
52 样；对权利的主张与认知真的不过就是为我们可以过舒适并满足欲望的生活
提供运作基础的和平条件。[25]

罗尔斯著名的政治自由主义理论是，在一位公民或公共官员对基本的重要问题做决定时，绝不应利用其“整全世界观”（comprehensive worldview），即个人更深的缘由来赞同（assenting to）形成和指引其决定的原则和意见。一个人应当仅仅按照那些属于交叠共识（overlapping consensus）的理由根据，能够合理（reasonably）期待所有（理性的）人“支持”（endorse）（即“肯定”或同意）[26] 他们。如我和许多其他人[27]已经更好地表明，这个理论因其含糊不清和没有原则的排除法（exception - making）而显为跛脚。主张某种意见为真的任何人认为，或者应当认为，在理想的认知条件下，所有具备理性的人都会同意这个意见。因此，如果谈到理想的认知条件，罗尔斯极其含糊的标准——“能够合理期待所有（理性的）人同意”[28] ——恰恰没有排除什么东西（除了那些认为价值判断为全然相对以及对他们而言没有什么真理之人的意见）。但是，如果这个标准意指事物在现实中占优势的认知状态，那么，仍然几乎或者完全没有排除什么。因为罗尔斯承认，理性的人们可能并且的确持有某些不合理性的观点，[29] 由此，就所有实践的意图而言，不存在所有理性人都同意的耐人寻味的实质性观点。所以，罗尔斯政治自由主义的排除原则依赖于纯粹的双关语（*double entendre*），一旦消除了歧义，就证明是相当空洞的。当罗尔斯设想“理性主义的信仰者”（rationalist believers）与什么能够成为共识相冲突时，对于他理论中专断的排除法，人们能够看到的适当例

---

〔25〕 See *Aquinas* 297.

〔26〕 关于“支持”（endorse）、“肯定”（affirm）、“同意”（agree）的统一性（当罗尔斯澄明作为公共的理性标准时），参见罗尔斯《政治自由主义》（英文版）的第 39、241 页。

〔27〕 See e. g. Hampton, “The Moral Commitments of Liberalism”; or essay I. 16 (1998a).

〔28〕 关于“能够期待”（或者“能够合理地期待”），参见论文 I. 16（1998a）脚注 22 - 23。

〔29〕 Rawls, *Political Liberalism*, lvi nn. 31, 32; 244 n. 32.

子不过就是他们的信仰。为了帮自己达成假设，即“我们”在这个即将达成的共识之内而信仰者在外，罗尔斯说，应当仅仅采用整全世界观来宣告理性主义信仰者的信念错误或者如此无法证明以至于没有资格影响共识（没有信仰者自身不合理性这类我们的自我判断）。[30] 在此，罗尔斯通过强加给理性主义信仰者一个条件以实现他保留“共识”的排除，条件是他没有强迫“我们”，他从未要求“我们”能够向其他人“证明”任何我们的原则和 53
立场。[31]

罗尔斯忘了认真地对待这个事实，他的或者任何其他类型的“政治自由主义”也许需要在一个现存或反自由主义“共识”，或者即将成为的共识——且不说那些好奇者和未表态的人——面前证明它的立场。我们也许会忽略这个不明确性，如果大的穆斯林少数团体，或者甚至稍晚一些成为多数派而出现在欧洲国家，如果这些追随伊斯兰的重要多样性——可能是该宗教真正的核心形式——教导强迫诱使归正（伊斯兰）的合法性，将反伊斯兰主义的观点和践行排除出公共领域，将叛教的首要罪行驱除出伊斯兰。[32] 那么，

〔30〕 *Ibid.*, 152 - 3.

〔31〕 Cf. e. g. *ibid.*, lv：“假如出现僵局，公民们就会援引他们的整全观作为基本理由”（如同他们把理性主义信仰者的想法打折扣一样），“那么就违背了互惠原则（principle of reciprocity）”。在同一段中，罗尔斯谈道，像堕胎这类问题，他不知道是否存在任何“最合乎理性或者决断性的”主张（在公共理性的领域内）。他持续避免碰到这个问题，为什么从人权平等地属于所有人类存在/个体、未出生的孩子是人类存在/个体（这是显然的，不论何时想要孩子）这两个前提来主张未出生的婴儿拥有平等生命权是个在公共理性之外的结论。1993 年，他似乎坚定认为（*Ibid.*, 243）这个主张是典型不合乎理性的；1996 年，他看上去认为这个主张也许合乎理性也许不合乎理性，但无论何种情形，都能够在实践中通过投票来决定，为具有理性的人们支持或弃绝。对我而言，这个主张是合乎理性的，他自己的立场是典型非理性的。[注意：他提出问题关切的不是分娩的紧急情形（参见论文Ⅱ. 13，sec. Ⅲ），而是孕早期未出生者和他们的生命被诸如“妇女——跟男性——的平等权”之类的关切压倒（243n）。]

〔32〕 阿卜杜拉·萨伊德（Abdullah Saeed）（墨尔本大学阿拉伯和伊斯兰研究教授）和哈森·萨伊德（Hassan Saeed）（马尔代夫总检察长）在《宗教自由、叛教和伊斯兰》中主张，谈到马来西亚（因为马来西亚是最温和的穆斯林占大多数的国家之一），对叛教施以死刑并非《可兰经》所授权的。他们评论道，“在马来西亚穆斯林共同体内部，确实看上去存在一个整体共识，认为应该采取某些形式的措施来审查基督教在该地区内持续增长的影响力”（第 164 页），并预测背叛伊斯兰的法律制裁（穿上“改造”和“教育”的外衣）可能会持续，尽管它们与不列颠统治结束后采用的宪法并不一致。他们最后说道，整个伊斯兰世界，“只有少数人在为抛弃违背人之为人的基本权利的叛教法而争辩”。

何来保护宗教表达和践行自由？即使搁置罗尔斯自由主义理论提议的不合乎理性的自我否认命令，我们去哪里找到为那个自由或为男女彻底平等辩护的材料？我想无处可觅，除了已经发展完备的基督教教导，并且，当然也没有更好的可觅之处。关于那个教导以及巩固它的整个启示信条，我们有充足的理由来相信，在自由且开放思想的对话——服从伊斯兰规则的共同体中很少被允许赢得这样的环境——这样一个适当认知的条件下，其真理将会被认
54 识。[33] 如果人应当将那个信念联系到穆斯林和基督教主张之间对于启示真实性的冲突，那么，当然也应当把联系到天主教主张和否认它们的无神论和不可知论联系起来，这些否认产生于一个比穆斯林（还有基督教）论点更不符合理性的立场，否认万物都有一个解释源头，即由一位永恒而全能的创造者（eternal and all - powerful Creator）决定这个论点。[34] 在无神论世俗主义和基督教世俗主义就超验根基的对话中，认知条件不理想的总体原因不是缺乏免于强迫的政治自由，而是来自于基督教立场及其证据的神话、形象和记忆复合体的阻碍与打岔。

这并不是在预测：在我们的世界，那种每个人都有一项参与权利的政治自由主义结果会是什么。[35] 没有人能够预见在这个世纪，[36] 无神论世俗主

---

〔33〕 回想一下反思伊斯兰和天主教会基督教之间的自由对话结果，其核心必定是穆罕默德与耶稣之间的比较：参见本章脚注 14；以及 *SCG* I, c. 6 n. 7.

〔34〕 当然，如何理解那个决定，是在基督教与伊斯兰教各自之间极具差异的教义和神学命题。

〔35〕 圣经是天主教会的经典，巩固了教会的教导。但是，许多个世纪，教会领袖预测：如果圣经成为每个人用自己的语言就普遍可及的，那么，就会广泛误解进而推翻圣经所全面支持、获得整体理解的教义。自 1500 年以来的几个世纪，这个预测被充分地履行。但是，如果以此推断人们没有权利取道公共启示的所有资料就错了。同样地，预测使这项权利生效的长期结果会废掉教会的福音使命（包括教育上的供应、鼓励以及其他方面，对正确理解那些资料的真理和充分引导）也是错误的。

〔36〕 约瑟夫 · 巴特勒（Joseph Butler）比纽曼大约早一个世纪在牛津奥利尔学院，影响了纽曼的哲学神学。巴特勒在《自然宗教与启示宗教之类比》（*Analogy of Religion, Natural and Revealed, to the Constitution and Course of Nature*）的导言中，有一页包含了这段评论：

"我不知道这是怎么发生的，一些人开始想当然地认为，基督教不再那么是被研究的对象；而且，到最后还发现是虚假的。因此，在当下的时代，他们似乎以这是所有具备洞察力的人一致的一点来对待基督教，没有什么保留，不过把它树立为嬉笑和嘲弄的首要对象就如同报复的方式，因为基督教已经如此长久地干预了这个世界的快乐。"

两个半世纪之后的基督教面临着类似情形，这些 1735 年社会和智识精英做出的预测很可能已经是广泛的评论。

义、伊斯兰、基督信仰之间的相互影响会怎样展开。或者，预言教义发展与
原教旨主义或伊斯兰内部匹敌宗派的激进正统观念之间的相互作用。对于侵
犯权利[37]和公共秩序的其他方面，法律和政府的确有责任以审判、衡平和
监控结果来予以约束。但是，我们的反思和探究不应那么多地导向猜测未 55
来，而是实现作为宗教自由、道德自身和所有体面之政治存在与共存之基础
的职责：寻求关于上帝的真理，并且，在发现自己能够判断的最好真理时予
以跟随。

〔37〕 请注意，“任何看上去建议强制或者不诚实或者不合适的说服等行动，特别是当一个人正在对待没有受过教育或贫穷者时……必须认为……侵犯了他人的权利”：DH 4. 4.

第 3 章

世俗主义的实践含义*

I

56 “世俗”（secular）是拉丁基督徒发明的一个词。[1] 在翻译新约圣经时，耶柔米（Jerome）** 用这个词来翻译表示这个世界的事情（the affairs of this world）的希腊文词汇，有时，也中性地指在时间里面而不属于永恒的这个世界，[2] 以及任何人类生活的日常；[3] 有时，又蔑指将我们的注意力从现实与恒久价值的安排（dispositions of lasting worth）上转移开。[4] 阿奎那则按照惯常来使用这个词，并且往往没有消极含义：比如，他会说，对于关系政治共同体之善的事情，基督徒通常应当顺服世俗权威而不是教会权威的指示。[5]

阿奎那指出了代表着社会分化进程、越来越广泛的专业能力区分。现代历史学家和社会学家常常称这种更宽泛的社会进程为“世俗化”（secularization）。从前，很少在人类控制之内的人类事业和条件——身体健康或者庄稼

---

* 1998c，为 1997 年 4 月在圣母大学法学院关于世俗主义与共同善的会议而作。

〔1〕 在古典拉丁文中，“*saecularis*”一词从来没有要求“*saeculum*”的意义范围，后者延伸到我们使用“世界”这个词的大多数含义。

** 耶柔米，生活于公元 4 世纪到 5 世纪的拉丁教会杰出的圣经学者，致力于拉丁文圣经的翻译和修订。——译者注

〔2〕《新约·提摩太后书》1：9；《新约·提多书》1：2。

〔3〕《新约·哥林多前书》6：34。

〔4〕《新约·提摩太后书》2：4；《新约·提多书》2：12。

〔5〕 See *Sent.* Ⅱ d. 44 exp. textus ad 4：“magis obediendum potestati saeculari quam spirituali”.

的播种收割——或多或少开始遵从自然科学的理解和技术控制，试图代替祷告（如同玛丽·贝克·艾迪德的基督教科学会）来管理它们，后者被作为误导而搁置。因此，这个世俗化通常伴随着城市化和工业化进程，反过来又促进了专业细化和复杂共同体及政治所需的组织自治。即使对于并非坚定地由分化指令统管的人们，也越来越清楚神权政治是一剂处置失当的处方，“恺撒的物当归恺撒”……

无论是将世俗从神圣中区分出来，还是世俗化的社会进程，都包含了我 57
们称之为“世俗主义”（secularism）的思维方式或理念群。像任何有重大意义的现实一样，该思维模式不跟任何一个单词或语义学的意外存在着关联。柏拉图没有借助于“世俗”或同词根术语，就为我们提供了一个对世俗主义的深刻分析。他伟大的最后一本著作《法律篇》描绘了围绕着三种意见的一种或另一种而形成的许多倾向（dispositions）：不存在上帝；没有什么神会对人类事务有任何关切；或者，任何这类属神的关切很容易被一个肤浅的敬虔抚平，从而不要求人类恶的改革。[6] 柏拉图描绘的特征类型为更晚近的时代所公认。并且，这三种观点——不存在上帝、上帝缺席以及上帝心软（soft - spirited）[7] ——紧密地符合现代世俗主义的特征形式：无神论；人类历史不知道诸如属神的干预这个自然神论设想，[8] 没有诸如上帝特意赐给我们的启示，以及一种以上帝仁慈为前设的“自由主义的”笃信，无暇顾及在不道德里固有偏离上帝的性质及其潜在终局这些警告（如同柏拉图在先知性地冥思错误行为的报应时发出的警告：《共和国》厄洛斯神话[9]）。

虽然归咎于上帝对待男人和女人那心软、令人鄙视的昏庸，柏拉图强烈的愤慨犹在，但是，他最朝气蓬勃的论证与第一和第二种立场对峙，否认灵

〔6〕 See Laws X 885b, 888c, 901d, 902e - 903a, 908b - d, 909a - b. 柏拉图通常谈到“神灵”（gods）或者“诸神”（the gods），但当涉及事物的核心时，他转而提到上帝（God）或者“那位神”（the god）。*Ibid.* at 902e, 903d, 910b.

〔7〕 See *ibid.* at 901e, 903a; see also *Republic* 365d - e.

〔8〕 调查研究 19 世纪欧洲思想世俗化时，“神迹不会发生，正是这个公理靠近了那个难以捉摸的、我们所探寻的欧洲思想转变之中心”：Chadwick, *The Secularization of the European Mind in the Nineteenth Century*, p. 17.

〔9〕 See *Republic* X 614b - 621d; see also *Laws* 903d; *Gorgias* 523a - 527e.

智（mind）在宇宙中虚无缥缈。无神论唯物主义主张，所有一切在根本上都纯粹属于偶然和基本无法解释的必然，尽其所能地对科学和哲学为可理解性（intelligibility）和解释所作的调查探索进行断章取义。而自然神论否认统管万有的上帝旨意，低估了造物主实践智慧的全有（all－creative）、全丰全足（all－sustaining）和完全浸润（all－penetrating）的力量。

不过，柏拉图断定，三种立场的实践意义在每一种情形中本质上都一样：对上帝的敬重，一种稳固、不献媚、振奋人心的敬畏情怀均消亡了。[10]我们能够轻易地看出来，就一个人正在犯罪的时候而言，世俗主义在实践的
58 内在表现或结果上，甚至为敬畏上帝的信徒之性格（make－up）。在那个意义上，马里旦（Jacques Maritain）能够将教会视为占据信仰者心灵（spirit）一部分的现实，因此，人能想象和觉察到，世俗主义作为一种缺陷或多或少存在于每个人的魂（soul）里，除了那些真正的圣徒。跟我们的朋友和同事一样，我们所有人看上去都活在某种意义的世俗主义者当中；当柏拉图计划通过护法官（Guardians of the Laws）来猛烈处罚世俗主义的逼迫时，我们有同情和慈爱的动机，当然也有原则的理性，立刻转离柏拉图。[11]

我在本篇论文中思考的世俗主义为一种公共现实，即塑造了公共辩论、商谈、倾向和行动的世俗主义，它主导着我们的教育和文化。我将思考该思想而不是人，人往往不那么具有连贯性，也往往比他们的理论要好一些。揣测当今世俗主义的地盘是比柏拉图的雅典大，还是比斯大林的列宁格勒少一些，也没有什么好处。当然，面对西方世俗主义排挤信仰的影响，要采取详细且往往独特之形式进行历史调查，拥有一个丰富的领域。但是，我将力求不延续或者重复吕巴克（De Lubac）、沃格林（Voegelin）、[12] 法柏罗（Fabro）、麦金太尔（Maclntyre）、查德威克（Chadwick）以及许多其他人富有启发的研究。而且，我所做的更不是加入这样的游戏，而是宣告这是一个后现代、后

〔10〕 See *Laws* Ⅻ 967d：“*bebaiōs theosebē*”．柏拉图没有用上主（the Lord）这个词，而是用类似尊贵而神圣的“碎片推动者”（mover of the pieces）（*petteutes*）。*ibid.* at 903d.

〔11〕 See *ibid.* at X 907d－910d.

〔12〕 See Voegelin, *From Enlightenment to Revolution.*

巴洛克或者后基督教、历史思想的后经典主义[13]年代、时期、时代或纪元。相反，我想按照借助理解实践理性（understanding practical reason）本身所能够阐明的来探索世俗主义的实践含义。当我们反思如下内容的基本理由时，即行动、自然法（如阿奎那所称）第一原则、选择、这些理由所指导和形成的意向（intentions）和义务，以及一个人的人格尊严，无论他对智慧性（intelligibility）和指引（directiveness）内在地、合理性地还是武断地、反常地作出回应，我们都在竭力推进那个理解。

Ⅱ

我用“指引”来表达什么意思？这样说吧，如果一个人追寻自己的成就或查验他人的成就，并且，探究获得成就的机会范围有多大，若是追根究底，“为什么？基于什么原因？”这样的问题就揭开了一系列行动的首要理由（primary reasons）。像其他理由一样，这些理由拥有一个命题式的形式（propositional form）。这些命题拣选并且指导一个人趋向基本的人类善，作为值得追求的机会（opportunities - to - be - pursued），值得通过一个人的行动赢得和 59
维护给人所做的一切以指点。因此，举个例子，知识这个基本的人类善就是一个行动理由，相应地也是一个首要原则（primary principle）的内容或对象，“真理的知识是一个值得追求的善”这个形式，就能够澄明其指引。其他基本的人类善，比如生命、婚姻、友谊以及与他人和平相处、工作或玩耍的技能，还有实践合理性（practical reasonableness）等都相似。这些第一实践原则的指引——这些确切值得追求的首要之善的可理解——是原初的；这些善有着自足的原因、正当性而被理解为善，而不纯粹是某一深入的善之途径。

每个基本的善都是人类完全（fulfilment）或繁荣（flourishing）的一个方面，每一个善无论在何人身上，都是或者都能够实化（be instantiated）。因此，理

〔13〕 伯纳德·朗尼根（Bernard Lonergan SJ）从世俗主义历史学家卡尔·贝克尔（Carl Becker）1931 - 1932 年在耶鲁法学院的一系列讲座中提取出“经典主义 v. 历史思想”。关于这个区分的含糊性和错误观念，参见本书第九章第一至第五部分的内容。

性进一步把握了固有的人类完善，即每个人和整个共同体实现所有基本的善。这个观念没有意指一个新的基本善或行动理由，而且，也没有指向一个人类计划和合作赢得的目标。但是，它确实表达了所有基本人类善一起组合指引的目标（或主题）。实践合理性的善——亚里士多德称之为“*phronēsis*”而阿奎那称之为“*prudentia*” ［对象是“实践合理性的善” （*bonum rationis*）］——指示我们接受所有第一实践原则的内在引导，并且，不允许情绪（emotions）和亚理性的感觉（sub - rational feelings）来束缚或偏离它。如下首要或主要的道德原则能够清楚地表达该实践理性第一原则的内在引导（integral directiveness）：所有人的意愿应当跟内在的人类完善——更为家喻户晓的语句“爱人如己”（one should love and respect one's neighbour as oneself）之高度抽象表述——相一致。诸如黄金法则或禁止有意的伤害冲突，这些高层次的道德原则是那个首要或主要道德原则之具体要求（它们在许多情况下又进一步细化）；它们识别出那些跟稳固、不偏离内在人类完善的意愿相背之意愿形式。因此，第一原则的指引既是理性所驱使的（与休谟和康德相对），又是道德上的限制（也是鞭策）。

故此，作为一个智识和理性的问题，个人发现自己受到了指引。在这个意义上，第一实践原则拥有被赋予（givens）的地位——在我们的理解中“被
60 赋予”和把握。无论就这些原则的指引性，还是它们不藉着更高的前提推演而“不证自明”来看，都体现了这些原则有着一种必然性（necessity）。但是，作为个人藉以逐渐了解行动的机会和理由这些洞察行为之命题式内容（propositional content），第一实践原则——主要道德原则（与其细化的次抽象道德原则）同样如此——像其他所有我们经验的现实一样。那些洞察行为是潜在性的信号，取决于解释了从潜在成为现实那个变化的某些东西。所以，像每一个我们不知所以然就能知其然的现实一样，实践原则有一个需要解释的现实性，而且，那个解释只能为一个是什么（what - it - is）包含了所是（that it is）的现实，因而没有纯粹是潜在或从可能性到现实转变的阴影。[14]

〔14〕 See Grisez, *Beyond the New Theism*, 36 - 91; *NLNR* 378 - 88; *Aquinas* ch. X.

既然第一实践原则不仅仅是指引性的，那么，它们的指引不能用任何低于人或任何源于人的东西来解释，得出这样的结论也是合理的：阐释了它们存在的终极解释或第一因也说明了它们的指引性。这个推演跟康德遗作或约翰·亨利·纽曼的论点不相混淆，后者认为一个人良心的或良心里的命令声音要求他推断出一位超验的命令者。康德和纽曼是唯意志主义误解指引和“应当”在终极上属于命令或义务问题这个长久传统的继承人。事实上，第一实践原则将我们导向以人类繁荣（human flourishing）为意向的有智慧行为。因此，我们必须将它们所指引的第一因作为非人类的——我们只能说是有位格（*person*）的——智慧和意愿来采纳，从而将我们引向自己的善，再导向人类完善。

当然，根据实践理性的资料对于上帝存在之论证，跟由变化和偶然性（contingency）更加显然的其他现实更熟悉的论证趋同。所有都汇集至一个理性必然（rational necessity）[15] 的结论，即在我们经验范畴内的一切事物，包括（像第一实践原则）先于人类意志的每个智慧性形式，均以上帝创造依然起作用的行动作为终极解释。在此，我应当回忆圣托马斯的警诫，为杰曼·格里塞茨在对上帝的哲学重述中全然慎重地采纳。我们可能不理解包含着所是 61
（*what* it is includes *that* it is）为怎样的一个存在。因此，“我们不能知道上帝是什么，只能知道上帝不是什么”，[16] 以及“其他事物如何跟上帝相关”。[17] 无论上帝说什么，我们都必须采取一个巨大的转变，从一无所存的意思到必须断言上帝来解释我们的经验中现实之所以存在及其特征。而且，我们必须断言智慧性的巨大结构和范式投射了上帝创造的作为，这些结构和范式的智慧性远远超过了自然和数学科学试图揭示它们的努力。我们必须接受上帝创造是某种程度上怀有目的而实施的作为。并且，这个作为不可能是被迫的。没有任何潜在性、缺乏、不完善或者需要的痕迹，造物主必定是完美的，不

---

〔15〕 这不是一个逻辑必然性的问题，而是寻求解释性知识（“合理性规范”）过程中的合理性（rationality）要求。See Grisez, *Beyond the New Theism*, 132－6, 168－72; essay 9 at 150－4.

〔16〕 *ST* I q. 3 prol.; see also *ScG* I, c. 14nn. 2－3 [117－18].

〔17〕 *ScG* I, c. 30 n. 4 [278].

能想象再加强的完美。因此，宇宙的创造——这样还是那样（创造）——是不可能以任何理由被要求的。也就是说，创造和维系我们宇宙的意图必定是，真正没有某种程度上被迫采取什么建议，而是自由的选择。柏拉图的《法律篇》坚持并且简要证明，灵智（mind）是宇宙的首要解释。阿奎那的"五个证明方法"以及约翰·霍尔丹最近跟斯马特的对话[18]关于为上帝存在的辩护中，都重述了该主张。一个为基督教哲学深度阐明、关于创造的重述：宇宙的首要解释涉及理智（intellect）和意志（will），不仅仅为冥思且完全是实践的理性。

在反思上帝的创造时，能够进一步理解我们实践理性第一原则的给出（givenness）。它们为我们勾勒了人类繁荣的各个方面，作为智慧行动的目标［object（ive）s of intelligent action］。而且，如同阿奎那不厌其烦地提醒我们的那样，我们理解行动是通过行动目标，只有通过行动才能了解一个存在的能力（capacities），只有通过了解其能力才能够理解其本性（nature）。因此，我们对基本善的实践理解，以及所有有智慧的行动（intelligent action）之首要目标（primary objects）是我们理解人类天性（human nature）必不可少的资源。但是，反过来，我们因具备能力而拥有的天性，能够为我们的活动所能达成的繁荣形式（*forms of flourishing*），做我们能够做的事情，这些显然都纯粹是被赋予的。这是一个结果——经过了哪种演进过程对于反思这些根基无关紧要——上帝自由选择创造的结果。内在的人类完善将是同样的自由选择结果，伴随和维系着我们自己并非被要求的（unnecessitated）自由选择，无论多么琐碎的任何人类完善都是如此。

62 即使对于完全分化、按照技术来组织生活的城市化人群而言，这些有效的推理也是可取的。那些依靠自然给予生活的人们，比如耕种（farming）或渔业，能够更加迅速地领悟我们能力的条件和限制，成功的人类工作积极并且恒久地依赖于与自然的合作，也就是上帝的预备与供应（providence）；今天跟大爆炸的时候完全一样，是上帝的预备与供应引起和形成了我们的物质、

〔18〕 See Smart and Haldane, *Atheism & Theism*.

我们的努力及它们结合的多产（productiveness）。在这些理解和裨益当中，进一步的基本人类善最容易，即与每一个其他人类善超验源头以及与丰收多产（fruitfulness）的每一种形式和谐的善。心灵（minds）与意志跟超验智慧（transcendent mind）与意志如此和谐合作不亚于一个共同体（community），不比位格（persons）彻底不平等的存有（being）不真实。该意义上的共同体，处于常常被称作“自然宗教”的核心。

人对于上帝和人类自然共同体的理解被犹太和基督信仰翻转，显示并谴责了“外邦神”（strange gods）的虚幻性——是灵智（mind）在自然界无所不在的意识的产品，诸神灵在性和其他方面散漫映射了以不道德为惯常，这些既不能被拯救又不会被谴责的偶像对此从无异议。这样，人的理解、科学和技术领悟的被造世界被强烈地去神圣化（de－divinized），因为对我们的理解和每一个经验范围内的现实来说，上帝——追求真理之理性会肯定的独一神——原本是彻底超验的，尽管上帝藉着非被要求的因果律（unnecessitated causality）的所作所为对于每一个属世的（this－worldly）结构和实践在某种程度上是完全密切的。这个世纪（*saeculum*），这个风云多变的世界及其时代，有别于它唯一的源头和不变存有的永恒作为。我们不再像柏拉图的演讲那样给异邦神灵位置，我们不能想象一个与祖先或其他附有物质身体的灵异属世共同体；新纪元（New Age）的出炉不可能现在就更令人置信。

然而，人类与上帝的自然共同体及自然宗教所祈祷的富有成效的神圣合作，展开并深化于基督成就的启示中。因为这个启示不仅仅传递了万事万物的本质这个信息，并且首先是盟约（covenant）的一个要约（offering），在我们人这一边是在信心里的接受（accepting）。在这一点上，法哲学或许有所贡献。当然，真神提供的盟约极其不同于协议达成的契约（bargain），盟约使我们关于承诺（promise）和合约（contract）的理念与制度变得高尚。而且，世俗主义的氛围对上帝与人类之间的盟约这些事漠不关心，让我们费劲地为合同是一 63
个不能简化为侵权、恢复原状或福利法的有效类别而解释和辩护。我想，我们能通过重温阿奎那的洞见来获得进展，即承诺跟祈祷和立法一样，根本上是一个实践理性行为。采用立法：本质上是一个理性行为，为未来行为及随之而来的利益规划一个清晰（intelligible）且符合理性的（reasonable）秩序；多数情况也是为着一个纯粹的决定（*determinatio*）。借此，为共同善（不仅仅是友情和正义）的缘故，用创造性的选择（意愿）采纳两个或更多“同等”（equally）[19] 符合理性的选择（提案）之一。通过要约和接受达成一个承诺，更根本地属于理性作为而非意志（will）之为。[20] 为着每一方可理解的利益（intelligible benefits），典型地建立了有效合同的要约为参与某一行为过程各方的关系规划了一个清晰理智的秩序（intelligible order）；藉着相应的接受，这些合同的一系列相互义务因而产生，跟要约一样，接受就是同意该关系秩序（the order of relationships）以及同意作为秩序明确对象的行为过程，同意从此刻起，所有各方能够（有权）将整个未来的关系（特别是任何一方未来的行动、义务）作为他们当前利益储备、他们“自身”和权利的一部分。

除非我们说，缔约的人缺乏将这些权利的当前利益授予彼此进行未来受益的经营之能力，上述同意肯定就不是徒然的。肯定的确不是徒然的。因此，如果不是纯粹无能为力的荒唐事——或者是一个谎言这样的其他情形，割裂了外面的己和里面的人的和谐以及言者和听者之间的融洽——要约和接受的同意必定带来、产生其规划与肯定的权利及忠诚与委身的义务关系。还有，包括履行这些义务、所表达的承诺、预定的行动基本理由、相关的基本人类善（友情和/或正义）以及公正（黄金法则）要求的意思。无论何时人们都知道，一个人意思的表达会引起另一个人的期待，个人有公正或友情方面的某种责任——相当独立于承诺的实施——不要让那些期待失望。当作出一个承诺时，个人集中关注于其不让他人失望的责任意识，从而大大地增加
64 所涉友情或正义的程度，也就有意地增加了自己对他人的责任（义务）。[21]

上帝的应许（promises）甚至比我们的承诺更加强烈地致力于作出承诺者的信实（truthfulness），因为应许实现的整个事件都依赖于上帝一方，他的

---

〔19〕 正确地说，是“不能比较地”（incommensurably）而不是“同等”，See Raze, *The Morality of Freedom*, 第 13 章，特别是第 325 – 326 页。

〔20〕 *ST* Ⅱ – Ⅱ q. 88 a. 1c.

〔21〕 *LCL* at 412; see also *NLNR* at 298 – 308.

"我愿意"（I will）排除了在未来情势中任何主意的改变。任何肯定或宣告的欺诈跟真实（*Veritas*）的美德相违，是如此邪恶，所以，神性的完美必定排除这一点。现在，在上帝盟约中，无论旧约还是新约，上帝所应许的福祉被认定为依赖于我们自己忠于这种关系及其要求我们的行为——在本质上，如新约清楚表明的：这个要求已经在自然法里固有，与愿意参与主耶稣基督自己的拯救之举相伴，藉着他的教会（*ecclesia*）的生活，主的拯救贯穿于历史。[22] 柏拉图特别讨厌不信（impious）的第三种主张，即上主对于最后的审判之警告全然或大体上只是吓唬人的这个主张，相信上帝能够带过去，这当然也是当今基督徒中间广为流传的设想之一。

事实上，在这个问题上，世俗化了的基督教摇摆于柏拉图关于不信的第二和第三种形式的演变版本之间。无论上帝所应许的福祉还是警告的损失都是无法送达的（undeliverable），都在其全能与全备之外，或者，在传达他盟约的条件时，上帝应当十分谦恭，对道德完善（moral integrity）问题漠不关心。无论我们是靠边站，还是相反地做我们喜欢的，其应许都会实现。因此，他们对待盟约关系就像上帝那边是空头警告操作一样。冯·巴尔塔萨（Van Balthasar）在对地狱的粗略争辩中，将这些错误地描述为"威吓"（threats），并将它们作为吓唬人来对待。[23] 他的思想陷入了以乖谬唯意志论为代表的翻版，误解了法律、承诺、实践理性，因而误解了上帝和被造的人之间的关系。冯·巴尔塔萨加入了世俗主义者可理解地逃离唯意志论上帝之列，这样的上帝选择将地狱的痛苦惨加给那些不听从神旨的人。但是，依然深受近几个世纪唯意志论律法主义在基督徒当中如此广泛的传播这个影响，像世俗化基督徒的设想一样，他发展的论证没有认识到上帝真实地关心那些真的让我们受益的，也没有明白神圣法的智慧和良善，因为与内在人类完善不一致的选择会伤害自己和彼此，所以，神圣法引导我们如何将自己从中拯救 65

---

〔22〕 On the old and new covenants, see Bouyer, *The Church of God*; *CMP* at 507 – 16.

〔23〕 See Balthasar, *Dare We Hope "That All Men Be Saved"? with a Short Treatise on Hell*; and essay 24 below.

出来。[24]

站在我们这边来看，世俗主义者掏空盟约会有超出一种的实践含义（practical implication）。一方面，导致在每一种错误行为中即使独立于启示和盟约都会发现的滥用。就像自然宗教或多或少意识到的，当错误地行为时，人就抽走了上帝供应所预备的善，并且，不关心实践合理性原则的内在引导而剥夺它们，（如我们所见）这些原则甚至引导自然宗教认识上帝的供应。[25]在某种基督徒的思想中，这个剥夺被推广并升级："让我们吃、喝并快乐吧，想做什么就做什么，因为明天我们永远活着！"但是，掏空盟约的条件还能有不那么剧烈和持续性的后果。自然法写在心版上的实践合理性被这样一个启示所充分表明：存在一个上帝国度彰显了内在人类完善（integral human fulfilment）的自然理想，具有拓展并深化了天生爱人如己（natural love of neighbour as oneself）* 的公民权条款。一旦启示被弃绝，或者在世俗化的"教化"（enlightenment）中被强烈误解，那么，该启示的光照（illumination）就邀请我们作出意志上的回应，让意志轻松地心甘情愿（持守），而不是退却。因此，则冒出了极度世俗的基督教，很难跟世俗人文主义区分开来；因为在两者中，天堂的盼望与对地狱的畏惧都同样彻底地从实践生活中消失了。

如此实际地删掉超验盼望应当没什么惊奇。如果不论人做什么，X 都会发生或不发生，那么，一个人就不能为 X 做什么打算。因此，如果有人认为，每个人不管怎样都可以到天堂，或者天堂是一个纯粹的神话，那么，一个人不能够为天堂做什么打算。不是与实践考虑和选择无关的梦想，而是按照盟约的要约，被造以期形成符合内在人类完善——属天生活（the life of heaven）——的选择和行动这个稳固意向（standing intention）的盼望，就成为不可

---

〔24〕 参见巴尔塔萨对地狱的立场之分析与批评：*DMQ*, 21 - 28.

〔25〕 See 1987f at 141 - 7.

* 由于以自我为中心是我们最大的特点，我们每一个带着罪性的天然人是不可能爱人如己的。或者，可以徒有表面的形式却缺乏里面的实质，是努力"做"出来的而非"是"；只有认罪悔改、接受了耶稣基督救恩以后，耶稣基督永恒的新生命在人里面，这个生命就具有爱人如己的天性（nature），所以，只有进入上帝的国度里才可能"天生爱人如己"。——译者注

能了。[26] 故而，在所谓的自由主义基督徒（和犹太教徒）当中，或许特别是那些碰巧为神学家或宗教官僚阶层的人们，不可避免地从不畏惧地狱（却 66
确信天堂）的“基督教”转向不盼望天堂（却带着某些属世期待）的基督教，这是实践理性自身的逻辑。

在美国，既然公共理性是由一个归信新约或旧约的文化背景下塑造的，那么，这种宗教世俗主义对他们的共同善就有着深远的实践结果。

Ⅲ

我已经勾勒了几个理由（还有其他理由），说明为什么实践理性建立在上帝的根基上这个认知，澄清了基本人类善的裨益、自由选择的自由、意向（不能简约为愿望或预见）的现实，从而增强了第一实践原则的指引、道德原则的连贯性和固有力量，并完善了作出和实现承诺上的个人间合作。

在转向世俗主义的实践含义之前，我应当说明为什么那个认知也澄明和增强了所有人的平等尊严。

思想在创造与从无有生出万物的全备和维续中涉及的自由和智慧，就想到了灵的现实（the reality of spirit）——这个我们最可领会却又最费解的现实。藉着思想者自己智慧且自由的作为，就最直接且牢固地把握[27]了世俗主义未能领悟的东西。在理解位格人（human person）时，世俗主义摇摆于二元论和唯物主义之间。二元论和唯物主义以各自的方式否认人是统一体（我/身体的己），这个统一体作为有生气的身体、有理性的生物而活着、向往、选择、努力、理解、体会、感觉、动和被牵动。二元论和唯物主义各自都与它们力图解释的材料（data）不一致，与思想者自己选择力求并提出解释的表

〔26〕 在基督徒的生活中，正确整合盼望和畏惧之非常重要的分析参见：LCL，91 –94.

〔27〕 在它所有的考虑之前，我多层面作为的自我对于我自己的可理解存在（intelligible presence）是一个理解的基准；本人（one）和同一个我——这个人的存在——我正在理解、选择和实行我的选择并感知自己。比方说，是一个我已经真的理解的现实，尽管不完全。See *ST* I q. 76 a. 1c; q. 87 a. 4c; q. 86 a. 1 and 3; *Sent.* Ⅲ d. 23 q. 1 a. 2 ad 3; *Aquinas* 176 –9.

现不一致。[28] 唯一跟我们选择、追寻、发现和交流解释的能力一致的解释
67 是，像亚里士多德与阿奎那对人类灵魂（human soul）的考虑，确定一种形式和一生之久的行动表现（实际），我身体的组成方式（bodily make - up）借此构成了统一、活动的主体（我自己）。正如做一个选择或实行一个选择时会经历到的，比如做这个演讲从而让这个句子可以清楚地被听见，统一和激发人的鲜活个体现实的一个因素是同时为生物性（感觉与自我动因）和智力性（理解、自我理解甚至在思想行为中通过判断和选择来自我决定）的。[29] 虽然这些身体和理性力量的多重激活依赖于个人身体的成熟与健康，但是，在他或她如此存在的一开始，灵魂（soul）的现实和力量（作为一个未开发的、根本的能力）就完整地给予了我们。[30] 藉此，我们拥有了作为人类的尊严（dignity）之根基，不是一个被授予或者可收回的“地位”，而是我们族类中每一个成员公认的现实。这的确是人们理解选择和行动的基本理由时隐含的真理。因为这些理由中的每一个都向我和任何像我一样的人——任何共享我所拥有的天性之人、任何人类存在——指示了对我们良好的善。

尊严意味着优越性（比如在权力、卓越、地位方面）和固有、不具有依赖性的价值。[31] 每个人藉着他或她的个体理性灵魂（individual rational soul）而拥有的这个积极能力和现实，在明确的意义上使我们每个人具有优越性，从而，我们拥有并且具象化每一个层面的存在——身体的稳健和活力、化学和生物的复合物、自我引导和更多方面：理解所有这些其他现实的能力，就它们进行推理和自我推理，复制和转变于所有这些现实层面上的其他存在，以

〔28〕 See Braine, *The Human Person*. 阿奎那论证那些主张只有一位是智慧之人的自我驳斥，参见 *De Unitate Intellectus contra Averroistas* Ⅲ 62, 79 (see McInerny, *Aquinas Against the Averroists* at 80 – 1, 94 – 5).

〔29〕 因此，我们理解的原则是智性……这个必须作为形式（form）联合进我们的身体，而非理解能力是某一器官的行为来理解，因为它是一个灵魂的力量，是身体和有机体的行为。*De Unitate* Ⅲ c. 3 (McInerny, *Aquinas Against the Averroists* at 96 – 7).

〔30〕 藉着我开始存在的创生，智性（包括有感觉和植物人状态）的灵魂本身不是一个人而只是我（独特、有组织的部分并且正是形式和行动）的一“部分”。*ST* I q. 29 a. 1 ad 5; q. 75 a. 4 ad 2.

〔31〕 “尊严”意味着某些基于自有的缘由（*propter seipsum*）而具有的善：*Sent* Ⅲ d. 35 q. 1 a. 4 sol. 1c.

及选择这些活动作为选择如何生活的成分这个自我把握的自由。就固有价值而言，其范例是我们的生活（living）、知行（knowing）、游戏（playing）和钟爱（loving），以及从我们每一个友人（因而在每一个人）的生命中把握的善。

简言之，唯物论世俗主义对灵魂和物种的否认或断然的不可知论错误地 68
体现了我们作为选择者的经验——一个内在且私人的经历，但在哲学反思和讨论的公共领域这个意义上，具有某种为我们所有人共有的性质。这种唯物主义同样使如下公共和私人的判断不可理解：“所有人生而平等”，并且有人权和正义的需要，不分男女性别，不论智慧还是愚拙，不管什么种族，无论年老还是年少、健康还是虚弱。在我们的周围，尽可找到人权的言谈。但是，这不能掩盖，在唯物主义的假设之上，平等对待、平等机会或者平等关怀和尊重这些权利的空洞和脆弱性；这些假设是世俗主义在哲学上最受欢迎的根基——或者是其结果？

从还未出生者——其现实和天性比过往已经更为我们所知——作为彻底无宪法权利来对待的意志，仅仅因为他们的身体还在或甚至未成形地在母体腹中就可被随意处置，我们可见这种人类平等基础的损失之要害。在世俗主义哲学家的著作中，比如彼得·辛格（Peter Singer）的著作中，美国最高法院在堕胎判决中无耻的规避竟然成为坚定宣告的论点：存在着非人类的动物，它们比新生儿和其他非常幼小的人类后代，在地位、尊严和权利方面具有更高的地位。而且，思想观点向安乐死的大幅转向也部分基于该前设——在特征上是世俗主义兼具唯物主义和二元论的不稳定混杂——带来一个意识上无法挽回的损失，不只是剥夺了人生命的全部价值，而且，实际上也结束了所有价值。

Ⅳ

对解释的哲学追寻产生出这个推论：我们的宇宙，包括我们的实践理解及其原则，乃至我们称之为意志（will）的、对所理解之善的与生俱来的回应，均由一位创造性的实践智慧和意志作为第一因。上帝在基督成全的历史启示中的自我启示，教导我们理解自己的实践理性和意志，还包括我们作为上帝理性、意志和生命之形象的整个生命（却因受身体依此行动的敏锐度影响而未被反映出来并且因分歧和争论被改变的一个存在），藉此，作为身体基本行为的合理性灵魂（rational soul）赋予我们肉身的每个方面以生气。像上帝的那样，我们的自由包括藉着盟约的约束，展望并且带进一个个人间关系
69 的新秩序。世俗主义理解的世界不向这些现实开放，或者至少是把它们看得太轻而无关紧要。

约翰·霍尔丹提出，他适恰地称，“这是个有趣的问题，那些否认因果律现实的人们在什么程度上这样做来关注阻挠”上帝存在的特定类型证据。[32] 我不寻求以动机（“关切”）的假设作为神学立场的理由，只是想提到特定的实践立场——包括理论或哲学或真正在道德上有重大意义行动的神学之内的立场——这些看起来是世俗主义否认或忽视上帝的存在以及他的旨意（providence）或者圣洁（holiness）（清洁、坚贞和肃穆）的结果，的确是自然而然的结果。

如我已经建议的，实践理解的第一原则筛选并且指引我们导向可理解且固有的（intelligible and intrinsic）基本人类善，以一个属神的智慧（divine mind），设想并且使必不可少的、涉及构成性人类自由选择合作的人类完善成为可能。相应地，对于人类完善，否认任何神的智慧或者至少存在任何有效的神圣关怀，显著地伴随着且受助于这样一个否认，或者至少受到了该否认的护卫，即不认为基本人类动机（basic human motivation）是一个知性、理性的问题并且根本上为真理问题。说到底，实践理性成为忙碌而天才的奴隶，关心以聪明且有效的途径达到我们情绪化（emotionally）、有欠理性（sub - rationally）而想要的结果。在近来的哲学领域，这个聚焦于动机叙事（the account of motivation）的休谟式命题转化为道德话语的情绪主义叙事（the emotivist account of moral discourse），不再作为正确或者错误的判断，而仅仅是有欠理性的欲望（sub - rational desires）或者厌恶（aversions）（也许还包括让其他人做你想要实

〔32〕 Haldane and Smart, *Atheism & Theism*, 136.

现的愿望）的一个表达或投射。作为心理学叙事或我们话语的叙事，这些情绪主义论题缺乏可行性。但是，凭着严肃有礼（polite）、教导的形式，它们几乎被每一个新生认为是理所当然的，或多或少掩盖了主张或者假设的根基是实践理性为价值判断，并且，价值判断——至少基本价值判断——仅仅作为主观的“观点问题”（a matter of opinion），而不是一个人可能因此犯错误的真理问题。这个被灌输的教师智慧之教授级对应物是自我反驳的新尼采哲学话语，认为一切都是解释以及视角或观点的问题。

基本价值判断没有真理，这个思想缺乏与宪法宣告和保障基本权利的一 70
致性。在世俗主义不情愿认为基本人类善属真的语境下，采纳严肃有礼的形式（polite form）是一种宪法上对它们中立的要求。在宾州东南部计划生育联盟诉凯西案（*Planned Parenthood v Casey*）[33] 中，美国公民自由联盟（American Civil Liberty Union）一方律师的口头陈述以如下问题定位开场：“我们的宪法是否授予政府以强迫妇女违背其意志而继续或终止妊娠的权力……”[34] 而法院的判决反复地援引隐含的同一中立前设：既然她显然拥有一项不终止在她身体里面的生命和不被迫违背自己意愿而终止妊娠之权利，那么，她必须藉着不被阻止堕胎这项权利而同等享有终止那个生命的权利。为了支持该价值中立的自治权，法院指出了一系列案例，开始于 1923 年迈耶诉内布拉斯加案（*Meyer v Nebraska*），[35] 贯穿 1925 年皮尔斯诉姐妹会案（*Pierce v Society of Sisters*）、[36] 1942 年斯金纳诉俄克拉荷马案（*Skinner v Oklahoma*）[37] 和 1961 年波诉厄尔曼案（*Poe v Ullman*）[38] 中大法官哈兰（Harlan）的反对意见，一直到 1965 年格里斯沃尔德诉康涅狄格州案（*Griswold v Connecticut*）[39] 和 1972 年艾

〔33〕 505 US 833（1992）.

〔34〕 New York Times, 23 April 1992, at B10. For the origins of the argument, see *Griswold v Connecticut* 381 US 479, 486（1965）（Goldberg J, concurring）.

〔35〕 262 US 390（1923）.

〔36〕 268 US 510（1925）.

〔37〕 316 US 535（1942）.

〔38〕 367 US 497（1961）.

〔39〕 381 US 479（1965）.

森斯塔德诉贝尔德案（*Eisenstadt v Baird*）。[40]但是，挨个地阅读这些案例就会瞬即明朗，1972 年以前的判决被彻底否定，政治、政府和法律必须对教育良好的、有用的知识（1920 年代以来案例中颂扬的善）或者婚姻［在斯金纳案（*Skinner*）中以生育为荣、哈兰在波案（*Poe*）的反对意见中甚至在格里斯沃尔德（*Griswold*）案中则尊荣其家庭生活和友情］这些基本人类善保持中立的观念。突变来自于极端世俗化大法官布伦南在艾森斯塔德诉贝尔德案中的判决，该判决采取了价值的双重中立和规范判断的相应对称：若对表达、实现和支持一个为孩子提供良好环境的相互委身的性关系为真，则必须同等且显然地对甚至最随意的肉欲行为为真；若对想生和怀上一个孩子的决定为真，必须也对阻止生孩子（或者如布伦南秘书所理解的，[41] 他的意思是一旦怀上孩子后再堕胎）的决定为真。就是这么单一的中立范畴（neutral category）：“（无论是已婚还是单身的个人）决定……生或者怀一个孩子。”[42] 关
71 键词是“是否”。根据法院这个新的、史无前例的、无可辩驳的理论，关键在于决定是否……做——或者相反为破坏、损害或者阻止——某些早先、前世俗主义信心十足地认为属于基本人类价值的什么。

在“协助自杀”［华盛顿州诉格吕克斯堡案（*Washington v Glucksberg*）[43] 和瓦科诉奎尔案（*Vacco v Quill*）[44]］中，写给最高法院的《哲学家意见书》（*Philosophers' Brief*）从艾森斯塔德案中提取了关键句，从善与恶之间的对称与必要中立（obligatory neutrality）展开类似的论证：既然必须允许病人和他们的医生竭力保全生命到最后一刻，那么，也必须允许他们选择终止生命，至少

〔40〕 405 US 438（1972）.

〔41〕 See Garrow, *Liberty and Sexuality* at 542.

〔42〕 *Eisenstadt* 405 US at 453（Brennan J, for the Court）.

〔43〕 521 US 702 （1997）.

〔44〕 521 US 793（1997）.

允许选择终止渐衰的生命（degraded life）。[45] 最高法院在迈耶诉内布拉斯加和皮尔斯诉姐妹会案中似乎已经说过：既然父母有权选择不属于政府的教育，那么，他们必须有权为他们的孩子选择不接受教育。

当然，有一群哲学家，诸如约翰·罗尔斯、罗纳德·德沃金、托马斯·内格尔和其他人，这些哲学家意见书的作者会否认，他们正在提出一种情绪主义、主观主义、视角主义或者任何其他形而上学伦理学的怀疑主义。他们会说，他们关于中立的主张纯粹是关于政治权利和政府统治者的适当职能，以及个人自治的价值或者尊严。而在表面上，就是如此。但是，这些哲学家提出正当化他们关于个人权利和政府职能的所有主张之弱点，足以得出结论，他们立场真实的根基是“放任”地做一个人确实感觉喜欢去做的。

例如，罗尔斯认为，人们在无知之幕下——（在其他事物之中）对内在的、非工具的人类善无知——会选择自由主义的政府中立原则（state - neutralist principle）。然而，即使按照其术语，论证也将取决于：假设人们不愿意冒风险，即使是自利的“谨慎”（prudence）所要求的也不愿意。并且，没有为这个重大的罗尔斯主义假设给出什么理由：在充满固有的、“浓厚的”（thick）并且可理解的人类善的现实世界中，无知之幕下不会被选择的原则，就是不公正的原则。[46] 而其同样建立在一个无法护卫的假设之上，罗尔斯后期提出，我们应当“认可”（endorse）——闪烁其词于“接受为真”和 72
“选择”之间——该原则，即如果主张的可接受性依赖于其是真的，依赖于所有被认为（也就是在哲学上被认为）是真的事物，那么，就没有什么好

〔45〕 就像政府命令绝不允许医生竭力让某人尽可能地活着，是无法容忍的一样。当病人的愿望是这样时，政府命令医生在任何情形下，都不可以帮助认为自己未来的生活只意味着恶化的他死去，这同样是无法容忍的。

Dworkin et al.，“Assisted Suicide：The Philosophers” Brief at 44n. 1 [The Philosopher's Brief]. [The amici curiae were Ronald Dworkin, Thomas Nagel, Robert Nozick, John Rawls, Thomas Scanlon, and Judith Jarvis Thomson; the brief is signed by Dworkin and dated December 1996.]

〔46〕 See essay Ⅲ. 2 (1987c), sec. Ⅱ esp. at n. 12; essay Ⅲ. 3 (1973a).

与坏或者对与错的主张应当在关于基本问题的公共对话中被提出来。[47] 自然地，为什么那些认为存在着人类善和权利的真理的人们应当判断他的“合法性原则”（principle of legitimacy）为真，他对此不能给出什么理由。但是，他的确为该原则的地界提供了一个说明：他说，“原则”产生结论，没有人能够有任何可接受的理由反对妇女堕胎的法律权利，至少对于她们处在生命头三个月的未出生的孩子；甚至不考虑那些为此争辩的论据，即主张这些未出生的孩子体现人类生命的善，也就是说，确实拥有人类生命和权利。[48]

罗纳德·德沃金为基本价值的政府中立所提供的根据是同样微弱的。如果政府没有对生活方式固有的好或坏（intrinsic goodness or badness of ways of life）保持中立，就会否认平等。当该第一论据藉着表明平等尊重要求而不是禁止政府推动好的生活形式并消解坏的生活形式来争论时，德沃金转向了一个新的论据。区分好或坏的生活方式要求人们接受一个不放弃自己的自尊就无法接受的看法。然而，这恰恰是没有道理的（unsound）：因为以这样一个区分为基础来限制、禁止或者课税，没有要求那些不同意接受一个善的看法的人们失去自尊，而的确允许他们保持自己的自尊。正如边沁所引以为傲的，一个人能够一面顺服，甚至是迅速顺服，一面又自由地谴责他认定为受了误导的且非正义的法律。[49]

话说回来，有一些论证忽视了立法者的行动理性而将法律归类为纯粹“诉诸大多数人偏好（preferences）”的论证。[50] 游戏是从一个外在的视角来陈述这些偏好，似乎关注到那些碰巧凑成大多数的个人每一个都只是在“追

---

〔47〕 See Rawls, *Political Liberalism*, 225（“公共理性探究的指导原则及其合法性原则，拥有跟正义的实质性原则同样的基础”）。For illuminating critiques of Rawls's “principle”, see e. g. Raz, *Ethics in the Public Domain* at 60 – 81.

〔48〕 Rawls, *Political Liberalism*, 243 n. 32. For comment, see George, “Public Reason and Political Conflict: Abortion and Homosexuality” at 2486 – 95, which also refutes a similar argumentation by Judith Jarvis Thomson. The similar principle of legitimacy advanced by Nagel, “Moral Conflict and Political Legitimacy” at 221, is vulnerable to the same critique. [See also essay I. 16.]

〔49〕 On this Series of Dworkinian arguments and their refutation, see essay Ⅲ. 2 at 51 – 3 (1987c at 437 – 8).

〔50〕 See the analysis of Dworkin's equivocations on this theme in essay Ⅲ. 1 at 24 – 6 (1985a at 309 – 11).

随或者强加大多数意见”，并非这样一个个体意见所关乎的善与恶、正确与 73
错误。中立主义者的自由游戏是不对称地把“大多数意见/意愿/偏好”（未陈述的内容与合理性根据）与被危及的权利或者价值内容放在一起。因此，在哲学家们的安乐死意见书中，病人寻求自杀帮助是从他“相信接下去的生活只意味着衰亡”这样一个内在视角来陈述，而法律反对帮助自杀（和仁慈杀人）则是从一个外在的视角来陈述——“只因为那是某些大多数人认为正确的。”[51] 在罗默诉埃文斯（*Romer v Evans*），[52] 即针对《科罗拉多州宪法修正案（二）》（Colorado Amendment 2）的案例中，立法的“大多数”举措不是按照理性而仅仅是依靠次理性的偏好、情绪、偏见和权力欲，这个前设创立为决定的“原则”。按部就班地，大多数人的判断和决定否定了这样一种尊严，即藉着“自治”（autonomy）的荣誉，个人有机会做他们喜欢做却会受到多数人法律阻碍的事。

哲学家意见书像念咒一样重复凯西案（*Casey*）中的“奥秘”（mystery）：

> 涉及一个人一生中可以做的最亲密和最私人的选择，位于个人尊严和自治核心的选择问题是宪法第十四修正案保护的自由核心。自由的中心是阐释个人自己关于存在、意义、宇宙和人类生命奥秘的观念……阐释为人之道（attributes of personhood）的信仰。[53]

现在，也许有人想知道，在那段话和哲学家意见书中，自治是否被赋予情绪主义、休谟和尼采的形而上学会对所有其他价值予以否认的客观性（objectivity）。并且，也许在诉诸它的某些人的思想中，自治的确拥有那个地位。毕竟，如我们所知，世俗主义住在不仅仅是“打扫”干净而且为犹太和基督教信仰所“修饰”的房间里——清除了属世的神明，但是，用关于善恶、自由选择的意图（freely adopted intentions），以及被邀请作为宇宙存在、意义与价值之源头的合作者的人格尊严等知识来修饰。[54] 在这个房间里，人不仅

〔51〕 Dworkin et al.，“Assisted Suicide：The Philosophers’ Brief” at 44.

〔52〕 517 US 620（1996）.

〔53〕 *Planned Parenthood v Casey* 505 US 833，851（1992）.

〔54〕《马太福音》12：44，《路加福音》11：25。

发现了自治，其欲望（desires）获得艾森斯塔德或者凯西或者埃文斯案中保护的那些人的自我意志（self－will），以及从55至60年以前引来的非议中恢
74 复起来的尼采之权力意志，而且，还有一个最热切却彻底不同的康德自治版本，康德理解的自治是除非脱离了情欲规则（rule of passions）否则没有尊严的自治。不过，康德也断定，他错误地将其与纯粹理性联合起来的世俗主义必须给实践理性对上帝“无法避免的设定”（inevitable postulate）让路，以上帝为所有道德指引最神圣的来源，以及幸福和道德价值最终“平衡”的全能荫庇之源（omnipotent providential source）。[55] 因此，康德的自治概念打开了一条世俗主义拒绝步入的路，特别是当康德清除了自己粗糙的经验主义、享乐主义心理学，驱逐了对未知物自体（the noumenal unknown）的人类自由选择，忽略了基本人类善及其实践原则时。世俗主义没有转向通往关于人类的神圣存在、神旨（providence）及意图——神学和实践理性可及的真理——的道路，而是包含了自己愿意做的这个无原则自由，这恰恰是康德正确地认为属次人类（subhuman）和非理性的。

V

正如世俗主义模糊了基本人类善的真理、行动理性、第一实践原则区别于次理性的取向（inclinations）和情欲，所以，它也就显著地歪曲误解了意图（*intention*）。创造、盟约和救赎作为意图即目的（purpose）的最高彰显。反思上帝的完美就可以清楚，在被造的世界中，道德与不道德的恶（包括人类对盟约的瑕疵）不是有意计划的，而是可预见和许可的，因为阻止它们将包含着伟大的善的损失。耶稣也没有故意地或者说选择了在十字架上死，并不是以自杀的途径终止生命来成就救恩或者其他的任何方面；相反，他是自由地

〔55〕 Kant, *Religion Within the Limits of Reason Alone*, 4－7（preface to first edn）.

接受自己忠于教导与和好（healing）* 使命的副效应（side effect）。世俗主义显著地瓦解了该区别。在一个新激进世俗伦理学胜利建设的全盛时期，功利主义无神论者亨利·西季威克（Henry Sidgwick）以独特的率直说道："为了严谨的道德或者法理讨论之目的，最好把所有预见为肯定或者可能的行为结果都包含在'意图'术语之下。"[56]

尽管这个人为的造作（artefact）技穷于跟现实、法律与专业伦理学的搭配，将意图瓦解为预见和因果关系却对世俗化的时代具有强大的吸引力。第九巡回上诉法院在见善助死（*Compassion in Dying*）[57] 案中的意见就完全依赖于它。该意见嘲笑美国医学会（American Medical Association）关于以镇痛为意图 75
和以杀人为意图给止痛剂所作的区分。宣称尊重病人放弃维持生命治疗决定的医生只是加速了他们病人的死亡，授权人们拒绝接受治疗的法律就是授权自杀的法律，并且，阻止自杀甚至怀有一个延长垂死者的痛苦之"目的"。第二巡回上诉法院在奎尔诉瓦科（*Quill v Vacco*）[58] 案中追随同样的路线。当然，在现实中，纽约州立法机关宣告拒绝接受治疗合法时，并无意推动或保护任何病人加速或决定死亡时间的意思，而是保护免于不想要的负担和结果之意图，即使病人死亡为一个可预见的结果。的确，立法机关预见该法案的一个后果将是某些人会以加速死亡的动机来运用这项权利，也就是滥用。但是，如同一份立法宣告所澄清[59]的，并不是立法意图的一部分——就像当我们授予法律正当程序时，我们无意逃避罪恶；当我们授予律师—当事人权利时，也无意让律师串通撒谎。当我们授予或者认可一项宪法上受保护的举

---

* 首先是使人与神和好，因罪破裂的关系获得恢复，当然由此也带来人与人之间的和好。参见《新约·以弗所书》第 2 章第 13－17 节：你们从前远离神的人，如今却在基督耶稣那里，靠着他的血，已经很亲近了。因他使我们和睦，将两下合而为一，拆毁了中间隔断的墙，而且以自己的身体废掉冤仇，就是那记载律法上的规条，为将两下藉着自己造成一个新人，如此便成就了和睦。既在十字架上废了冤仇，便藉着十字架使两下归为一体，与神和好，并且传来和平的福音给你们远处的人，也给那近处的人。——译者注

〔56〕 Sidgwick, *The Methods of Ethics*, 202.

〔57〕 *Compassion in Dying v Washington* 79 F3d 790 (9th Cir. 1996), rev'd sub. nom. *Washington v Glucksberg* 521 US 702 (1997).

〔58〕 80 F3d 716 (2d Cir. 1996), rev'd sub. nom. *Vacco v Quill* 521 US 793 (1997).

〔59〕 *Quill* 80 F3d 734 n. 7.

证自由（*liberty to testify*）时，我们预见，某些或者甚至大多数被告会利用他们的权利来以欺骗陪审团为目的而撒谎。我们的预见并不造成以那种欺骗为目的，或者以其宪法保护自由的一部分——似乎那项伟大的自由能够准确地被理解为“撒谎的权利”（*the right to lie*），似乎在听完当事人清楚的认罪之后，辩护人却可以拥有把当事人放在恰恰是为了撒谎这个立场上的宪法权利。

在其他对我们文化具有重大意义的语境中，也能发现这种把握意图现实状况的失误，比如在天主教神学家之间。在这些道德家中，世俗主义惊人地迅速和深远地渗透首要采取的是相称主义（proportionalism）的准功利主义伦理学形式：行动因其结果（end）而获得其道德特征，也即由人类行为所导致的事态（a state of affair）而获得道德性特征，即当行动被判断为有望成就总体上更大比例的预道德的善（greater proportion of overall net pre – moral good），或者有望导致更少比例的总体预道德消极价值（lesser proportion of overall net pre – moral negative value）时，行动就成为正当的。带着同样惊人的彻底和随意，在这个群体——苏勒（Schüller）、福斯（Fuchs）、白舍客（Peschke）和其他人——中，领先的神学家开始宣称他们正在弃绝的道德规范是关于“直接”（directly）而
76 非“间接”（indirectly）因素造成的，导致的副效应是一个人藉其行动寻求达到的结果之途径。“意图”实际上从他们的话语中消失了。在他们正力求丢弃的传统中，“直接意志”意味着“意向为目的（end）或者选择、意向为途径（means）”，“间接”则通过否定该意图而有一个相应的意义，想要的（what is willed）作为途径成为意向。然而，诸如此类对这些神学家都已经简单地成为不可理喻了。[60] 站在它面前，他们就跟罗纳德·德沃金解读斯卡利亚大法官对克鲁赞案（*Cruzan*）[61] 的判决一样不能领会（因而表现为如此），评论斯卡利亚否定不作为和积极作为的区分具有道德决定性，从而可以推论，斯卡利亚认为拒绝为挽救生命而截肢的病人必须作为自杀来对待。[62]

---

〔60〕 See 1991c at 74 – 7. For a recent example of such incomprehension, see Porter, “ ‘Direct’ and ‘Indirect’ in Grisez’s Moral Theory”, esp. 621 – 7. [And see now essay Ⅱ. 13.]

〔61〕 *Cruzan v Director*, *Missouri Dept. of Health* 497 US 261 (1990).

〔62〕 See 1993e at 565.

Ⅵ

功利主义（结果主义、相称主义）尤其是世俗主义反对基督信仰，却带着其余晖的符号。它是一种“主义”（ism），一种理念，想要的比“吃、喝并快乐着”，或者作为不信的不受教结果之机会主义权力意志（*libido dominandi*）更多。对于马基维利亚政治学，或者让一个无辜的人被杀“以免该人惨死（perish）”为更好的思想，并没有什么新东西。但是，在这过去的两百年，伦理学有新事物，就是功利主义，或者更普遍地说是结果主义（或更狭义地说是笃信的相称主义）。

结果主义跟对于神旨（divine providence）的信念极其不和谐。因为结果主义最高或者确实单一的实践原则是，追求总体上更大的善。但是，神旨论认为，只在由善或者更多善而引起时，上帝才允许不好的。因此，吸收了该论的原则产生这样的实践规范：尝试一切！做一切你喜欢的！（因为无论你的计划成功还是失败，依照天意，结果都是推动了总体上长期的善。）然而，结果主义只是被提议为一种伦理标准。故为了避免归谬法（*reductio ad absurdum*），必须压制或者漠视对神旨的信念。

反思结果主义现象，我想，人会逐渐看到：它有意无意地企图用人的意思（human providence）代替神旨，不是零售（如同将农业、污水处理或者医药 77
的专业技能分化一样，从神圣区分出世俗并带着特定技术能力）而是批发地强行登台。尽管作为伦理准则被提出来，但是，其考量的概念（conception of deliberation）并不属于亚里士多德与阿奎那认定为伦理或者道德的实践推理，后者在“人类作为整体存在”（human existence as a whole）的无限范围内追求人类人格繁盛的每个方面，各种各样必不可少的基本善。相反，结果主义采取技术推理（technical reasoning）的形式，基于它们各自的成本—效益率（cost－benefit efficiency）来考量每一个行为对抗可选择的其他行为。

为基本善之间固有的不可通约（incommensurability）问题、未来的不可预见性以及风险和价值的不可通约所困扰，结果主义必须做在现实中可能的、合理性的公度（rational commensuration）与总和（aggregation），打开道德上意义重大的选择界域（horizon）。于是，它首先的特征是竭力删掉实质性基本人类善的多样性，并代之以经营单一的最大值，诸如快乐或者以没有痛苦代替，或者以任何每一种“偏好”代替，或者货币价值，或者无论其他什么。但是，仅仅这个公度还不够；在结果主义考量中，总和要求一个底线，并且显著地阻隔人类存在真实的、无限的界域（unbounded horizon），藉着采取某种受限制的界限（delimited horizon）：在我以及儿女的有生之年，我们国家的生存与繁荣或者诸如此类的某些东西。

我们应当不惊讶于发现，基于两个理由，结果主义还阻隔了自由选择（free choice）这个现实的意识。第一，自由选择总是在可替代的、不相容的提议（proposals）之间，每种提议都提供了某些对实践理性具有吸引力的东西。然而，如果能够做成结果主义集合（consquentialist congregation），那么，它将确认有望赢得所有其他提议的好处而且外加某些更多（包括更加确定的）利益的意见；于是，选择任何只能提供更少（包括不那么确定的）利益的提议，就不具有可能性了。人将会简单地同意最大总和的善的提议，同时，自然就开始付诸实施。因此，结果主义跟它自己引导道德上意义重大的选择之考量这个任务失去了连贯性。

第二，如果存在善的总和之计算，至少是总和性的体现，结果主义将不得不忽视道德品质（moral character）的自由选择意义。因为通过自由选择形成品质，可谓一个成就自由选择的属灵方面（spiritual aspect）之固有的、不可传
78 递的附带效果。这类选择不仅开辟了它们自己的可传递效果——它们的施行——而且持续、坚持、维持和固守选择的灵魂与品德，直到这样的时刻，如果有，就是它们被一个新的、不相容的选择颠覆，比如对它们失望而决定不再选择它们。这个品德选择的继续——也许是卡罗尔·沃耶蒂瓦（Karol Wojty-la）自身哲学著作中最有价值的主题——为选择的一个结果，在意义、价值或者这些选择传递的结果带来的反面价值上，都清楚地不可通约，也就是说，是行动者意愿和品德之外的结果。因此，功利主义的奠基人是决定主义者，并不是一个意外。

世俗主义也是如此。对一类世俗主义者，整个结果主义方法或伦理方法群都具有吸引力，因为它有望瓦解所有道德规范，这些道德规范拒绝欺骗和谋杀，并阻止我做想做的。对另一类世俗主义者，结果主义具有吸引力是因为，它似乎意味着关怀“总体的”人类善或知悉的善。对于世俗化的宗教人士，相称主义兼具这两方面的吸引力。

结果主义的吸引力当然被其文化语境极大地增强：它本质上是一个外推法（extrapolation），当然是无保障的，并且，有时显然具有从技术的成功与真实效用中带来的傲慢。准技术经济学、博弈论（game theory）等，都为所有的实践思考提出了一个简化模式。推断的、简化的模式在我们文化的许多领域都可发现。比如，《标准刑法典》（*Model Penal Code*）和一些法律重述有意识地按照功利主义关于行动与价值的假定来塑造。而且，在相当另样的语境下，我们发现一位绝不世俗主义的哲学家比如马里旦一样，宣告基督徒拥有一项由“属地的盼望”（terrestrial hope）点燃的“今世使命”（temporal mission），这个属地盼望必定“以建设一个更好或者新的基督文明理念为综合目的”（comprehensive aim）。[63]

存在任何人的今世召令（temporal vocation）要求一个“综合目标”的情况吗？在我看来：除非为一个能够通过有效人类努力来构建广阔未来事态（states of affairs）的、如此远大的设想所引导，否则实践思想就是无能的，这样的设想是错误的。对于我们为关怀（家庭、邻舍、文化与政治的）社群的共同善所引导和激励，涉及尊重权利和——如我在反对“中立自由主义” 79
时所提——个人与公共（communal）繁荣的实质性概念或范围的一组善，设想或想象这类事态不是一个前提条件。为了力求使自己免于沦落为虚无主义，世俗主义者的思想——（如我竭力表明的）背负着所有它对人类善和人类行动的误解——将总是通过这些来吸引人，宏大“目标”或者“综合目的”的设想，以及为达到它们而进行技术努力的煽情经历：十年计划，为辛

〔63〕 Maritain, *On the Philosophy of History*, 122. 他继续说道：“在每一个人类历史的新纪元（在我想来，我们自己的时代则谈到中世纪和巴洛克纪元），基督徒期冀一个新的基督教世界，为了指引他们的努力而猜测一个适合特定时代氛围的具体历史观念，这是正常现象。” *Ibid.* at 123.

勤创造千年王国（Thousand - Year Empire）的生存空间而战，诸如此类。这些和所有其他这类属世的盼望，似乎模模糊糊且偏差性地回应了唯一确实可能且值得的“综合目的”，即我们被召要“先寻”（Seek first）[64] 的那个国度（the Kingdom）。

如果我们正确地接受此为真，即天命（providence）包含神圣启示和上帝在历史中非凡人格化的行走，那么，我们有权盼望那个国度将会包含——如梵二公会将其赋予原有圣经与圣传（Scripture and Tradition）的新鲜阐明——人类竭力为顺服真理与正义、爱与和平[65]的规范来达致此生所望的全部良善果实，即使这些顺服并没有综合世俗目标且似乎以失败告终，或许甚至彻底走向失败。

〔64〕《马太福音》6：33。（内容是“你们要先求他的国和他的义，这些东西都要加给你们了”。——译者注）

〔65〕 Vatican Ⅱ, *Gaudium et Spes*, sec. 39.

第 4 章

宗教与国家*

I

本文将从哲学、历史学或事实上进行思考，而非进行神学层面的探求。80
这些反思将运用并提出在原则上为每个人可获得的思考，并不依赖于任何由超验资源做出的交流内容，也不采纳某种程度上脱离属于经验自然科学或社会科学话题的范式途径。

然而，该哲学意图和方法并没有许多人所设想的那样会有或当有的结论。很多人认为，并且其中有些人是带着论据和坚持认为：在一个智慧且无偏歧地探求研究中，任何现实和价值的超验资源不过是——或者至多是——虚无的可能性。对任何由这类资源产生或也许属于这类交谈的启示有所期待或判断，他们就断定为无根据且一概不可能的。但是，是否我们宇宙的存在和特征为肯定这类超验解释的存在提供了令人信服的理由，这是一个哲学问题，未经仔细且开放地考虑支持这个肯定的所有论据，就不能在哲学上给出一个符合理性的答案。它们属于哲学论证，强过许多被广泛认为是哲学上可接受和有保证的哲学领域的诸多论证。关于上帝的存在，我已经在两本主要

* 2006a. 2006 年 9 月 15 日发表于华盛顿哥伦比亚特区的纽曼讲座。

的政治哲学著作中作了许多详细的论证。[1]

81 实际上，每个认真的人都会采用两种论证，只是具体阐述和清晰度因不同的人、不同的文化背景存在着广泛的差异。这些论证的第一步始于注意到每个人观察或推理的运作方式（patterns of functioning），现代科学成功地对此进行了描述和解释，认为总是涉及从一个状况（state of affairs）（简称 P）向另一个状况（简称 A）转换、变化或者运动；因此，A 事实上是构成 P 或者 P 所表达的潜在运行，从潜在可能（potentiality）到表现（act）的变化需要解释，即藉着某些进一步的因素 X 来解释，由于 X 对于 P 的作用，从而带来了 P 到 A 的改变。（如同自然科学繁多的例证）要注意任何这类 X 本身是一个实在（actuality）（称之为 A_1），也是藉着另一个 X（称之为 X_1）从潜在可能（称之为 P_1）转换而来；以此类推，这个思维的路线得以行进。如果不事先否定这种可能性，即宇宙已经存在了无限长久的时间（阿奎那已经为这种可能性作了严格而反复的辩护），那么，这条思维路线就会得出这样的结论：除非存在一些十分不同类别的解释因素，某类能够有助于解释每一项 X 的现实（因而每一项 A 和诸多 A 的全部经验领域），并且无需转变或者曾经需要从潜在可能到表现——一个纯粹的表现（实在）——的转变，不需要任何潜在可能就能够带进现实和存在；否则，就不可能有现实中的任何事物和每一项事物，宇宙便极其待于解释，并且的确也是不可能存在的。

从状况（state of affairs）到存在这样一个创造性的引入，也使指明第二条思路所寻求的解释成为可能，这条思路也是任何一个认真的人都会寻求的。这条思路寻求解释事物的有序性（orderliness），我们所了解的世界有一个如此彻底的特征，就是状况［事件（affairs）和实物（things）］的有序性和方向性（directionality）（并非偶然和无序）。寻得和提出的解释表明，该方向性理解为一项管理，源于某些就像我们有意图地实施一项有智慧的行动计划之类的东

〔1〕 *NLNR* 378 - 88; *Aquinas* 298 - 304. 对于每一个路径，该章余下部分展开了一些相关的含义，力求加强空手起家的论证（bare initial argument）。杰曼·格里塞茨特别为这两种论证提供了早期基础的名作、以一个新的题目以及从实践理性切题来进一步论证上帝的导言性解释已经再版：*God? Philosophical Preface to Faith.*

西。通过表明需要考虑到有智慧且自由的超验纯粹现实［transcendent pure act(uality)］，尽管这个现实一定程度上全然超越了我们的智识和自由，第二条思路加强了第一条论证思路。因此，两条思路交汇于这个判断：存在着一个现实（reality），诸如藉着“上帝”之名处处谈及的。

第二条思路还有一个进一步的结论。既然我们拥有智识，包括展现（以及表达）和分享意义的能力，以及在我们或多或少可期待的替代性理解之间进行选择的一定的自由，如此设想和期待也是合理的：存在着一些某一时刻 82
对我们来说是关乎意义和共享目的之投影，来自于无尽伟大的智慧和旨意，需要以此来解释我们宇宙的存在，包括我们自身奥妙却普遍共享的意义和目的。在此，如果存在一些历史证据，则哲学禁止我们搜寻这些超验启示的历史证据。不过，这样的同时，哲学并没有让我们把问题打发给神学。某些特定事件最好理解为超验启示交通的例子，这个判断建立在哲学（以及普遍共识）所肯定的存在一位创造者这个根基之上，并且，创造者曾宣讲某些特定的道以及行了怀特定旨意的一些事，这个认定是历史上有依据的。该判断引出了形成个人确信的预设和洞见的复杂范围。也招致（或者需要在此引出）对一系列神学主张的评价，这些主张表明了启示的内容，或者不与理性相矛盾的启示信息。但是，这些并不等于将个人思想和意志降服于启示的上帝[2]这样的信仰举措，或者是在搞神学，或是支持神学这个将神圣启示的内容作为公理的学科。

然而，关于上帝的哲学论证确实包含了更广的意义上属于神学的判断，并为其提供了保证。传统上所称的自然神学，就属于一脉言说诸如上帝的存在和本性及其智慧、自由等方面的哲学，而且，保留了严格意义上的和完整

---

〔2〕关于信仰与上帝存在、一系列具体事件传递了创造的神圣目的这个理性判断的相互关系，参见 *LCL* 第一章。我同这个丰富且深邃的研究的不同之处在于第 C. 3 部分，说到伊斯兰教是三大“圣经为基础的宗教”之一，为上帝和人类提供了合理的思考，真正具有人文主义，预设了自由选择和客观性这些现代思想问题，回应了人类的盼望和期待。这一点，我认为是不合格的。在我看来，伊斯兰教没有提供关于上帝和人类的合理思考，而且是示范人文主义的，关于自由意志也含混不清。首先，伊斯兰教只是部分地认可圣经，根本没有接受圣经的依据，穆罕默德偏离了圣经启示，提出了一个上帝与救赎的替代性思考，就其与新约圣经创建和教导的教会对圣经的解读本质不同而言，其教导缺乏哲学上、道德上和历史上的优点。

的哲学性。相似地，不管人们怎么说，如上推测的历史性判断不会仅仅因为肯定了特定不寻常的事件最合乎理性的解释是神圣启示的作为，而停止其真实的历史性。

进一步来看，在哲学和历史之间能够存在（并且存在着）相互独立意义
83 上的彼此扶持，每一方都能在一定程度上明确和肯定另一方，离了对方就不能获得这一点。从约翰·亨利·纽曼的第12篇《牛津大学演讲》（1839），到他的《论基督教教义的发展》（*An Essay on the Development of Christian Doctrine*）（1845），再到《同意的语法》（*A Grammar of Assent*）（1870），他对先在可能性（*antecedent probabilities*）的深入讨论在这方面呈现了良好的考量；为了接受在各个方面超越仅仅为感知所保证的假设，进行彼此支持的思考、推测和究根溯源，这个美德螺旋式上升，走向负责任的、批判性的和有保障的确认，不仅肯定先在的与神圣的（首先为哲学上的确认），而且，也肯定人类事件中或多或少超自然的、具体启示性的神圣干预（首先为历史上的确认）。从期待智慧创造者与其他宇宙被造智慧之间进行某些对话具有先在合理性入手，这个思考如此地趋同，（如同纽曼所展示的）[3] 以至于颠覆了大卫·休谟的先验论证：一个显然的神迹之为神迹的概率，必须总是低于自然法则无一例外地盛行的概率。基于自然法则对于创造性智慧具有特定的依赖，而现实的意旨也不仅仅受纯粹的潜在性所限，期待人类历史过程可以很好地包括具有对话意义的事件，越过通常架构人类事件的法则或与此相反，都不是有悖理性或者超越理性的。判断这样一个对话性事件（a communicative event）在某某时间、某某地点实际地或者非常可能发生，也不必定就是不合乎理性的。

负责任地作一个这类判断时，人们会碰到另一类或另一种具有合理加强的互相依赖：在道德特征（及评价它的道德判断）和见证与预言的可信度（及评价它的事实/历史判断）两者之间。对于是否相信一位先知宣告的神圣启示性话语或行为这个问题，人们的确应当考虑哲学上的说服力和历史证

[3] *An Essay in Aid of a Grammar of Assent*, 199. 我竭力把这一点放在合理性规范的更广泛框架内：essay 9 at 152 – 3.

据，还要求问有证据的见证人的道德公信度；也许更加重要的，是要求问做出神圣对话或启示性行为的预言性见证人的道德公信度。无论其神学教导的某些方面多么令人印象深刻，当一位预言家暴露其道德上的缺陷时，这位自诩的预言家就失去了信赖度（credibility），特别是如果他的宣告首要地承担了 84
新启示、建立了一项通往永恒的新制度或安排时，或者，如果他的道德瑕疵使人有理由判断所提出的信息是自私的，比如，他说他是上帝差来传递信息，免除他受特定的性别限制，或者授权他和他的跟随者，要求他人以死亡或奴役的痛苦来采纳他们的信息[4]对于站出来为主要的先知和创立者做见证的那些人，在道德上评价他们的特征和方法也是如此。想要杀人，或不然就施以强迫，或者（对那些他们手中的妇女）怀着肉体上的诱惑动机的“使徒”，要支持他们的见证和先知性信息，就要跟那些没有这些胁迫的使徒作比较，而且，在残忍的人面前，这样的使徒甘愿牺牲自己也不愿放弃他们的见证或信息。如果这些不同系列见证所传讲的信息各自怀有内容不同的启示，那么，这个比较就具备重大意义了。该道德比较与认知有很大的相关性。对于如此是或者曾是、是或者不曾是神圣启示的例子，这个首要的历史性判断具有决定性意义的证据力和实质可接受性问题，该类比较直接地提供了最具合理性的（reasonable）回答。这些道德比较也为“是否采纳启示性信息指导个人行动”这个随后发生的任何道德决定（选择）产生了直接影响。

Ⅱ

因此，我指出哲学和神学之间、理性与信仰之间的交叠来开始思考“宗教与国家”。并不纯粹因为分类学问题，或者出于一个方法胜于实体的纯粹学术关怀。任何关于宗教和国家的讨论从一开始就脱离了轨道，假使这个讨

〔4〕 See also Aquinas, ScG I, c. 6 (on which Van Riet, “La Somme contre les Gentils et la polémique Islamo – Chrétienne”).

论如同布赖恩·莱特（Brian Leiter）一样，认定“宗教是与理性相对的”;[5]如果莱特同意，他这个理论可以说是《韦伯斯特新通用足本辞典》（*Webster's New Universal Unabridged Dictionary*）（纽约，1992）对“宗教”下的第一定义的一个支持性证据。同样地，如果认为没有什么神与人、世界和社会之间的宗教诉求是符合理性的（reasonable），或者甚至没有什么宗教诉求是可以在公共理
85 性范畴内讨论，即人们在大学、校园、立法和其他政治集会中碰到的商谈（discourse），包括在法律和公共政策采用的商谈中进行讨论，那么，这个宗教与国家的讨论也偏离了轨道。再者，若认为讨论宗教和国家在哲学上中立的、默认的底线或基础为：没有什么宗教诉求给道德哲学或政治哲学、自然科学或社会科学或社会理论的确立增加点什么——无论在内容、确信（certitude）度还是可能性方面，那么，该讨论也偏离了轨道。

如同计划生育联盟控告凯西（*Planned Parenthood v Casey*）（1992）一案，主张或者设定宗教的地位不过是一项基本的、“处于自由核心”的“权利”之途径，“界定个人对于存在、意义、宇宙和人类生命奥秘的自我观念”,[6]也偏离了轨道。或者像德沃金所说，也是如此，认为（美国宪法）第一修正案保证宗教自由的根基只在于：“在一家主张有权为个人决定、其自尊认为要求自我决定之事情的风险机构，没有人能将自己视为自由而平等的一员。”[7]如我们将会看到的，这些对“自我决定”权和“界定自我观念”的赞歌不公正地利用了一个重要的真理。当他们宣称，问题所涉可理解且基本的善并非与驱使人的智识和意志成为可能的超验智慧和意志联合，甚至也不是发现关乎意义的重量级问题之真理，而是自我决定或自尊（self - respect）时，他们放弃了理性。因为若非一个人自己决定的善为真（true）而值得尊重，这些就不是真正的善，自己感兴趣也并不能使它为真。

---

〔5〕“Religious Reasons and State Power”, 26 July 2006, http://leiterlawschool.typepad.com/leiter/2006/week30/index.html.

〔6〕505 US 833 at 851. Celebrated in the *amicus curiae* brief of Ronald Dworkin, John Rawls, and others submitted to the Court in *Wahington v Glucksberg* 521 US 702 and *Vacco v Quill* 521 US 793 (1997): Dworkin et al., “Assisted Suicide: The Philosophers' Brief”; see essay 3, sec. Ⅳ.

〔7〕Dworkin, *Justice in Robes*, 134.

按照我在《自然法与自然权利》[8] 中的一些评论解读，约瑟夫·波义耳（Joseph Boyle）关于宗教在实践理性中的地位之重要文章提出，甚至“不怀宗教信仰[9]动机的个人也可能意识到寻求与神圣和谐（harmony）的理由（reason），能够看到寻求的意义（the point of seeking）”，[10] 和谐为波义耳对“宗教是什么”采用的定义，跟西塞罗的和谐概念不一样。就其指出了能够和不能认识到宗教的善两造的界限并不追随于一个有道理的有神论信仰和含糊的
替代物之间的界限而言，我赞同波义耳的说法。但是，实际当中存在这样和 86
那样的不信者，对于某一逻辑上可能的选项，他们对“看到意义”（seeing the point）会有截然不同的感觉。有人想，“如果存在一个现实和意义的神圣来源，与之和谐会是人类善的一个基本形式，但是没有理由让人相信存在任何这类源头”，可以很好且合理性地得出结论：宗教不是一个基本的善，并且的确无善可陈，保留为一种——相当不完美、被歪曲的和失真的——自我决定，即运用个人自我观念的凯西案型定义也许符合人类原初的某些愿望和规避。理性不得不对宗教诉求如此言说，对所有持这种看法的人而言，宗教在宪法或人权框架中的地位不过是以历史为根据的。他们也许无意让国家或政府反对宗教，更不藐视宗教有时（或者经常）屈让的工具性个人裨益和社会福祉地位，但是，他们主张相关的唯一固有、有价值的目的是：将其定位为这个世上个人自己的事情。[11] 跟波义耳一样，我认为，不要将人们对宗教和国家的反思引向这个错误的前设是重要的。不这样做的重要性是重中之

---

〔8〕 See *NLNR* 90；cf. 410.

〔9〕 波义耳在此首先想到的是那些没有宗教信仰的人，并且他们还可能怀着这样的信念，认为所有宗教诉求都是虚假的、不存在什么关于存在和意义的超验来源。

〔10〕 Boyle，“The Place of Religion in the Practical Reasoning of Individuals and Groups” at 10.

〔11〕 波义耳的设想及其论文力图检验（并肯定）的是，在对于上帝的准确信念（诸如上帝是可能与之合作的有位格的存在）之前，宗教的善拥有合理性的诉求（rational appeal）：同上引，脚注 15。在抽象、特定的语境里，那样假设是合理的，尽管处在对理解亚伯拉罕、以撒的人格化上帝和耶稣已经实际上是人人可及（并非全体不充分）的语境里，那样假设是不合理的。否定那样理解上帝的人，随时准备着否定这样的论点：通过敬畏和敬拜，认为自己跟自己所设想或假定的存有（a being）相和谐是好的。因此，如此多的人反对或者困惑于《自然法与自然权利》将宗教信仰包含在基本善的名单里。正如“宗教信仰以对某些神圣及其他现实的一些看法为前设（p. 5），接受宗教信仰拥有显著的可理解/智慧之钥也在于以其对于神圣的观点并非简单为缪（和可鄙视的）为条件。

重，因为自我决定本身现今已作为一种框架形式（form）而被广泛地认可，不仅在我们宪政律师当中，不仅仅作为个人尽其所能地形成个人良心判断所要求的理由，而且，是个人的强烈欲望（*strong desires*）、个人的“深层关切”（deep concerns）之大集合，越是充满激情的（*passionate*）越受关怀。在这条思路下（成形于凯西案的一两年之内），[12] 宗教受到了双重的不信任：首先，
87 由于这个随意的假设，认为宗教在理性的地盘之外；随后，敌视宗教对于“深层”欲望不受欢迎的批评和限制。基于宗教通常给人们彼此和每个人的“良心”（重构为澄明他们的“深层关切”概念）带来的威胁，极不情愿地接受宗教作为历史遗产和丰碑在宪法框架中的地位。

如果他们将确证（affirming）上帝视作我们称之为哲学的批判性训练推理（critically disciplined reasoning）完全可及，并且，认为确认政治共同善（包括政治上认可的人权）也是批判性训练的实践理性（critically disciplined practical reason）至高点即政治哲学完全是可以达致的，那么，我们的反思就会可靠地（soundly）持续。肯定上帝和一个真实的公共利益或者共同善，每一项都与公开的怀疑否认、信仰主义不能患难与共的友情或纯粹传统的赞同相冲突，也跟如罗尔斯的“判断的负担”（burden of judgment）和“多元主义事实”（fact of pluralism）这些概念传递的隐蔽怀疑主义相抗。确证两者或其一不可避免的争论特征只是挑战我们更加坚定的思索，而绝不是剥夺它们作为事实真理（the truth of the matter）（或意义重大的一部分事实）之特权地位。这个地位均是它们在理性上的稳固（rational soundness）所赋予的。

Ⅲ

在我们转而思考所有这一切如何承载现实生活的政治共同体之前，我们

〔12〕 Eisgruber and Sager, “The Vulnerability of Consciences: The Constitutional Basis for Protecting Religious Conduct” at 1266. ［该题目可能会给人对作者的论点以一个错误的印象；他们否认（at 1263, 1268－70）作为实践判断的理性官能，良心对于宪法特权甚至只是保护拥有任何诉权；宪法保护的正确客体是任何“深度关切”，任何以及所有“深度”技法和自我塑造的态度和行为，无论是否属宗教的甚至不论是否出于良心的，都同样有权获得“平等关怀”（equal regard）。］

可以反思一下这样一种论调，认为除非提出神圣启示的团体愿意以历史主张（historical assertions）为其诉求的核心（虽然不是诉求的全部）来为自己辩护，否则就不能将神圣启示提升到哲学上值得考虑的地位。大约在约翰·亨利·纽曼归正后的120年，无论是在人数，还是曾经很好地建立起来的政治及在世界上许多方面的其他影响力方面，他所加入且为之增色的天主教会在信仰上经历了一个严重且持续的亏损。尽管主要原因是复杂的，而且，天主教会的道德训导极其严厉，但是在我看来，原因集中在对一个真理失去了信心：一个人严重错误和不悔改的选择将带来彻底且无止境的死亡这个一贯的福音教导。相应地，我相信，信心的失落很大程度上源于我们对四福音和《使徒行传》所怀的信念削弱，以神学反思的形式，在真理上严肃考察一个人的实际言行，他的神圣权威和本性不仅仅藉由其道德可靠性与美德来检验，也通
过他对时间和自然法则的超越性来证实。在许多天主教会圣经学者当中，对 88
使徒及其信众见证的史实性信念的减弱是首要原因之一，因而他们所教导和告诫的人也采纳了一个哲学上不合理的假设，反对超越自然法则、反对神迹。

即使福音书是在主后70年左右写的，福音书上记载的一切也都是可信的见证。但是，如果圣经学者断定福音书是主后70年之后追溯的原因在于，若不是这样，福音书就预言了耶路撒冷的沦陷〔13〕超出了人类领悟和对未来的无知，那么，学者们就伤到了树根。〔14〕若是这样，因为否认这些记载意在宣告或陈述任何实际事件的发生及其内容，那么，耶稣预言那些事件的宣告以及将它们从错误地位挽回的努力，从历史角度就成为不可信的了，这些段落与变化就殃及——影响——了福音书（和《使徒行传》）叙述的所有其他部分之解读。用当代布道者的含糊术语讲，所有部分就成为“故事”

---

〔13〕《新约·马太福音》第23章第37－39节、第24章第1－2节；《新约·马可福音》第13章第1－2节；《新约·路加福音》第13章第34－35节、第21章第5－6、21－24节。

〔14〕当然，像约翰·A. T. 罗宾逊（John A. T. Robison）的《重订新约成书日期》（*Redating the New Testament*），以及约翰·温翰（John Wenham）的《重订马太福音、马可福音和路加福音成书日期》（Redating Matthew, Mark & Luke），从新约圣经对主后70年耶路撒冷沦陷的情况和结局保持沉默这一点，得出福音书和《使徒行传》是在此事件前写成的结论。

而非记述或者纪实了。当然，每一项历史调查都应从一个确定的设定开始：所审查的事件秉着自然法则发生。但是，一旦一系列的综合考虑（包括这些事件的前提、相伴物、内容和后续）使这些事件属于神圣交通介入（divine communicative intervention）成为可能，那么，这个设定（经由适当的考量和应给予的注意）就能够合乎理性地并且应当合格地被搁置。因为一旦这一点成为可能，在哲学上有保证，的确有说服力，那么，方法论上的持续性原则要求：包括反对神迹的调查初始假设应当被修正和丢弃，直到全部的判断依据都适当。如果拿撒勒人耶稣在任何意义上都属神，或者甚至是神自己的真正明证，那么，他就能够说出耶路撒冷未来的奇妙预言。因此，假使推测他没有预言，不能预言，那么，据推测他就不是神。（如果我们稍微了解耶稣的所言所行，知道他所宣告的都属神，那么，“纯粹神的人间使者”这种归类
89 就不适用于他身上。）当然，许多学者（和追随他们的主教）并没有连贯且细心地运用。我认为，他们无意像我刚才那样运用一般原理。然而，无论是否喜欢听，这样的确彻头彻尾地毒害了启示的宣告。保留了这种不连贯性的宗教将跌到哲学底线之下，不能够符合任何热切探求的头脑。也就辜负了公共理性的要求。[15]

Ⅳ

政治共同体未就这个世界是否依赖于一位神圣创造者达成共识，是否这样的创造者曾与我们人类有什么交流，以及若存在，那么，是在哪里、以怎样的方式，则更加缺乏共识。对于这样的政治共同体，合理的（sound）政治哲学该言说些什么？在政治哲学中，甚至认为（如我们本当认为的）无神论和不可知论都没有合理地失去地位，那么，对于宗教在政治共同体中的地位该说些什么呢？因为许多共同体成员认为，无神论或不可知论在他们的日

〔15〕 对公共理性连贯性、批判性的理解，参见笔者如下文章：I. 16（1998a）或者 2000c 或者 2005e；以及 I. 2（1999a）.

常生活和政治考量中缺乏地位。

首先，藉着考虑遵循合理哲学——无论是政治/道德哲学还是宗教哲学——的社会拥有程序上正当且合宪的权威来制定和实施法律，这些问题能够得到很好的回答。这样一个国家的法律和公共政策应当如何对待宗教？回答问题的第一部分将为回答问题的第二部分提供合理的根据。当下社会，如果政治和个人道德还不是那么多样，宗教信仰却是深度多元主义，第二部分问题现在愈加引人注意，然而总是被置于次要地位。尽管对于存在更深分歧的社会，所涉及的争议更加明显，我的讨论仍集中于问题第一和基本的部分。

V

政治哲学凭借经验，包括只是处于泛泛意义层面的“为所有人所及”，
以及最好称之为“历史的”经验。因而，美国宪法第一修正案保护的“宗 90
教自由”(the free exercise of religion) 条款所澄明，欧洲人权公约第 9 条第 1 款所保障的：

> 人人均有思想、良心、宗教自由之权利；该项权利包括自由地转变其宗教或信念之自由，以及单独或与他人一同聚集公开或私下里表达宗教或信念之自由，敬拜自由，教导、践行和遵循宗教或信念之自由。

[该款受制于第 9 条第 2 款阐明的公共秩序考虑]，还有第二次梵蒂冈公会（下文简称公会）《信仰自由宣言》(*Dignitatis Humanae*)（下文简称《宣言》)，认为这些条款所保障的宗教与国家之法律地位，实质上为政治—哲学的（而不仅仅是实证法的），这并非不可能，而且的确也是适当的。公会对宗教自由权的认同仅仅追随着欧洲公约。然而，比公约更加清楚的是，它不是将权利确认为霍菲尔德的“自由权”(liberty - right)，而是作为个人和团体享有宗教信仰及其所有表达或者将其宗教信仰付诸实践的其他行为不受——包括个体的或者群体的——强迫的豁免 (*immunity*)，这些信仰、表达

与行为跟以关怀支持公共秩序为目的的法律相和谐，即涉及（如公会《信仰自由宣言》第七部分所澄明的）他人权利、公共和平与公共道德之法律。

为了表明免受强迫是一项自然法权利、违反这项权利是“本质上非正义”（*intrinsically* unjust）[16] 的，公会提出了两条论证思路。获得更为全面论证的第一条思路的大前提是：“每个人负有就信仰问题寻求真理并持守其寻得的真理之道德义务。”接着，小前提为：“除非不受外在强迫而心理自由，一个人不可能以符合其作为合乎理性（rational）且负责任的主体性来履行该义务。”如同实践三段论中的一般情形，小前提本质上是一个事实（虽然不是基本的事实），从“不可能”这个词中推断出来的事实，这个事实就是公会在第九部分指出来的，它说：“经过了几个世纪的经验，人的尊严之紧迫需要已为人类理性更全面地知晓。”政治哲学必须而且能够不停止地是哲学的，这就是其中的历史经验之一。

也许会有反对者说，强迫对宗教问题确实起作用。事实是，在那些立即
91 顺服于强迫的人身上，除在属灵上毫无价值地屈服于权威强制要求的行为或者弃权之外，强迫并没有引来什么。然而，反对者继续说，经验[17]表明，被父母或其祖宗强迫践行一个真宗教信仰或受其限制的孩子和后嗣可以生活得很好。对此说法最重要的回应是，一个好的结果或最终状态不能使本质上错误的方法和途径正当化；也就是说，根据目标即直接意图而不是它们进一步的结果来推断。就施予 P_1 的强制而言，目标是改变 P_1 对宗教问题的思想，即使结果上 P_2 和 P_3 经过真正的调查和反思过程选择其为真实的信仰，强制依然在本质上是错误的。当强制的目标是阻止侵犯他人权利、公共和平或公共道德时，这个回应就不适用了；如果强制 P_1 的意图不是改变 P_1 而是 P_2、P_3 的宗教信仰，那么也不适用。即使用检察官的眼光来看，回应需要观察

〔16〕 *Acta Synodalia Sacrosancti Concilii Oecumenici Vaticani II*, vol. Ⅳ, pars Ⅵ（Vatican City, 1978）761（reply to modus 3 to sec. 10）.

〔17〕 想一想伊斯兰王国，或英格兰自 1558 年伊丽莎白女王退位后曾经超过 250 年生机勃勃的天主教主义，或者藉着 1862 年摩利尔法案（Morrill Act）和 1890 年 9 月摩门教会的一系列条款，联邦持续使用强制力转变摩门教一夫多妻制信念。这里考虑的问题是这些抑制是否有效，而非是否正义。

到，运用强迫的最终结果的平衡表还没有填满。所有的空处都留给了对人们的超验创造者观念及其错误观念施以强迫的效果，如同教皇本笃十六世于 2006 年 9 月 12 日在雷根斯堡大学的演讲中含蓄提到的：

> 在强烈地表达了自我之后，皇帝［曼努埃尔二世（Manuel Ⅱ Paleologus）于 1391 年与一位知名穆斯林辩论］，[18] 接着详细解释为什么通过暴力传播信仰是非理性的。暴力跟上帝与灵魂的本性都不和谐，“……不是理性的作为……跟上帝的本性相违。信心是由灵魂而非身体生发出来。任何人想要带领他人接受信仰，必须能说得好并能适当地推理，没有暴力和威胁……要劝说一个有理性的灵魂，一个人必须要用铁腕或者任何武器，或者以死来威胁一个人的任何方法……”
>
> 反对暴力归正的这段论证最主要的陈述是：不按照理性行动违背上帝的本性。

因此，如同雷根斯堡演讲所建议的，信仰使用暴力会有非常糟糕的结
果，破坏了人们了解正在探究的对象（主体），而不要对其产生错误理解恰 92
恰又是最重要的。如果有人反对说，暴力和非理性不跟上帝的本性相违，而是跟信仰作为人类共同善的性质相反，那么正确的回答是，与两者都相抵牾。宗教作为人类善，是跟创造世界的超验机缘解释理由相契的条件；没有关于超验和个人的某一本性概念（睿智还是非常态的暴力），就不能正确地理解和推定这个和谐关系。因此，公会用关于上帝智慧与爱的一些总结性提醒来开始宗教自由（宗教作为人类善之需要）的论证（基于其——属于人类的——客观的善和价值而成为真正的人类善）。[19]

强制宗教信仰、宗教表达和怀有宗教动机的行为是“本质上非正义的”，公会加了远没有那么清楚的第二个论证：

---

〔18〕 此处教皇引用了皇帝的一段评论，从圣经启示和信念的角度强烈表达了对伊斯兰立场的评价，与上文脚注 2 以及脚注 4 从 *ScG* 援引的章节十分相似。

〔19〕 See DH 3. 1, and note the parallel use of *suaviter*（“without force”）in 1. 3 and 3. 1.

> 借着通过个人判断建立的信仰行为，人们私下或公开指导他们向着上帝生活，按着属性，是超验于属地（earthly）和暂存的（temporal）事物秩序。因此，以参与世俗共同善为责任的政府权力应当切实地认可和支持公民的宗教生活，并且，如果政府权力敢于指导或抑制宗教行为就超越了它的界限。[20]

此处的重复和关键词是“暂存的”，带进了整个思想传统，我在阿奎那政治理论一书中这样总结（我已作缩略）：[21]

> （阿奎那判断）上帝的自我启示包括人实现永生当中的成就，还有耶稣建立以传递永生应许并帮助人们藉着自由意志为永生（实际上某种程度已经进入）做好预备的共同体……
>
> 由此，人类社会属于两大根本不同的类型。一边是“暂存的”（temporal）或者“世俗的”（secular）：这些名号意味着有时间界限的联合体（association）和角色；在相关的语境，阿奎那将它们作为“属世的”（worldly）、“政府的”（civil）或者“政治的”（political）之
> 93 同义词。相对应的，是一个源自上帝的“属灵的”（spiritual）联合体，为着在永恒里进入上帝非肉身的（non-bodily）（属灵的和如同思想的）生活。[22]完美的属灵联合体范例就是教会（拉丁文为*ecclesia*，跟拉丁文中的*congregatio*一并音译为希腊文的同义词），它是信徒的社群（the faithful）……
>
> 天主教会唯一的组织目的是让所有人、每一个家庭、每一个联合体、政府和人民都尽可能在永生里完全（*beatitudo perfecta*）。没有任何“世俗的”目的。因此，人类事务的责任被划分为两部分：一边

〔20〕 像梵蒂冈网站上的标准英语翻译就特别糟糕。原义是（没有给译者展现出真正的问题）：Praeterea actus religiosi, quibus hominess privatim et publice sese ad Deum ex animi sententia ordinant, natura sua terrestrem et temporalem rerum ordinem transcendunt. Potestas igitur civilis, cuius finis proprius est bonum commune temporale curare, religiosam quidem civium vitam agnoscere eique favere debet, sed limites suos excedere dicenda est, si actus religiosos dirigere vel impedire praesumat.

〔21〕 *Aquinas* 321-2.

〔22〕 See e. g. *ST* Ⅱ-Ⅱ q. 183 a. 1c; a. 2 ad 3.

> 是教会，而另一边是世俗社会即众所周知的政府和家庭……
>
> 对父母而言，世俗权威的根本是管理一个家庭，教养、保护、公正地对待孩子，通过教导和管教来教育孩子，期待他们能够获得永生；对立法者和政府的其他统治者而言，则是在领土内保障和平与正义的世俗使命。[23]

阿奎那本人在原则上十分清楚，暂存的政治权威之强制管辖权仅仅覆及外在和人们相互间的行为，即涉及共同体和平与正义的行为。[24] 不过，如同阿奎那提出的比任何人都要好的解释，外在行为当然是由我们称之为意图和选择的内在行为形成并付诸行动的，如果他全部的解释不是都清楚，那么，阿奎那至少明确肯定了下文的三点。其一，意图和选择这类内在行为是人类权威不可及的；[25] 在《宣言》全稿包括结尾中，涉及阿奎那该处见解的主要文字位于宗教行为豁免的第一论证的脚注部分。[26] 其二，诸如是否结婚、跟谁结婚、是否要做信仰誓言等自我意向的"个人"行为，[27] 远在国家政府和法律的管辖权之外。其三，诸如"信心和属神的事情，敬拜以及其他相似的事"，即使每个人应该以同样的方式做，也会获得不同的益处，并且"不以共同体为主，而是属于每一个单个的人自己（ad unum aliquem perti- 94
net secundum seipsum）"。[28] 从这些行为本质上的内在性和难以把握，到政府强制管辖的限度在于公共的而非纯粹私人的行为，阿奎那对这些立场的哲学论证就是《宣言》展开的论证，不过，阿奎那还诉诸人人本质上平等，《宣

---

〔23〕 如此，"根据世俗的政治之善（ad bonum civile），人类社会按照正义来管理，能够通过适用于每个人的自然权利原则而充分赢得"。Aquinas, *De Veritate* q. 12 a. 3 ad 11.

〔24〕 *Aquinas* 222 – 45.

〔25〕 *Aquinas* 241.

〔26〕《信仰自由宣言》（三）第三部分第四句（"在本质上，信仰的行使首要是自愿和自由的内在行为，个人借此使自己转向神，这类行为不能纯粹由人类权威来命令或禁止"）的脚注是：

Cf. S. Thomas, *ST* Ⅰ – Ⅱ q. 91 a. 4c. "人类能就他所能判断的问题制定法律。但是，对于隐藏的内在行为不能判断，只能针对显扬的外在行为。" cf. Ⅱ – Ⅱ q. 104 a. 5c："对于那些属于意志的内在运作的问题，人类不受服从人的限制，只是顺服于神。"

〔27〕 *Aquinas* 239 – 41.

〔28〕 *ScG* Ⅲ, c. 80 nn. 14, 15; *Aquinas* 226, 253 – 4.

言》则提出了一整套新层次的论证，将追求终极真理并根据探索真理而形成的个人判断塑造生活作为首要的个人严正任务，只有怀着真实的态度追求，才能履行这个义务，强迫和“心理上施压”造成伤害、破坏都将使之无效。

《宣言》关于神圣启示和上帝指引下的教会传统命题，即“恺撒的物当归给恺撒，上帝的物当归给上帝”所隐含的管辖权划分，以及从最早的使徒时代以降不容置疑地否定容许任何强制某人违背自己的意愿接受基督信仰，[29] 为阿奎那和公会的哲学论证增加了清晰度和确信度。的确，公会宣告宗教自由为自然权利、人权吸取了传统上和阿奎那的要素，没有违背任何一个阿奎那所护卫的原则。如同起草委员会向公会神甫们口头提起，并在《宣言》最后表决前两天书面提出的建议，旧的错误思想没有权利不受挑战。从（霍菲尔德的）严格意义上——无义务（absence of duty）——来理解“自由”，并不存在宣告一个虚假的宗教之道德自由（moral liberty）。[30] 然而，就个人的宗教或以宗教为动机的行为而言，存在着免受来自个人、团体、政府或者法律的强制之人权（human rights）（霍菲尔德所说的权利），只要这些行为尊重公共秩序；因此，这些行为豁免包括遵循和宣扬个人相信是真但实际上为虚假的宗教。在最广的范围内考虑共同善，是为了政治共同体成员的共同善：找到上帝创造和救赎的真理，并按照该真理生活，从而进入和保持从今世直到永远的神家团契中。但是，政府只负责暂存的共同善，相应地，政府和法律的强制管辖明显违背了也许包括救恩本身的最广泛之共同善，公
95 会称之为“共同善的基本要素”，换句话说即公共的秩序（*public* order）。[31] 藉着转而强调一系列真正亘古不变的原则，澄明和重新调整秩序，翻转了从中世纪到近代教会支持或引发的政府强制宗教信仰和行为。

---

〔29〕 DH 10.

〔30〕 *Acta Synodalia Sacrosancti Concilii Oecumenici Vaticani* Ⅱ, vol. Ⅳ pars Ⅵ（Vatican City, 1978）, pp. 720 – 2, 725［回应了“总体方案”（general *modus*）之二（ no. 2），在后来对方案（*modi*）的回应中相互参照着重复了 20 次］。（关于霍菲尔德的权利分析，参见 *NLNR* 192 – 201.）

〔31〕 DH 7.

Ⅵ

从哲学上来评介，因为对创造和启示没有哲学上不合理的无神论和不可知论前设，《宣言》澄清了自然法命题，就像美国宪法和《欧洲人权公约》中的实证法先例一样，构成一个合理且真实的文明核心。在不合理的世俗主义和神权政治的替身之间，树立了一个定心杆（centring pole）。

虽然假设或断定宗教不可能在真实的判断上以合理性审查为基础，但世俗主义可以依然保留社会传统，在“以正当性为宪法上的前设，具有各种关系（relationships）、联系（affiliations）、活动（activities）和情感（passions）的宏大多样性”中，接纳宗教关怀和行为［如同伊斯格鲁伯（Eisgruber）和萨格（Sager）］将宗教置于其中一样；如此，“现代、多元主义的社会”的成员在其中找到他们的地位并形成他们的价值观，度过他们生活最有价值的光阴”。[32] 伊斯格鲁伯和萨格认为，宗教行为与所讨论的“各种关系、联系、活动和情感”拥有同等的尊严和宪法地位……他们的论文没有说这个类目更广的外延有多么大，但是，看起来，他们会涵盖鲍威斯诉哈德维克案（*Bowers v Hardwick*）[33] 和劳伦斯诉德克萨斯州案（*Lawrence v Texas*），[34] 以及罗伊诉韦德案（*Roe v Wade*）[35] 和计划生育联盟诉凯西案（*Planned Parenthood v Casey*）纷争中[36]所涉的活动；如此说并非不合乎理性，这些活动往往被视为过往理性的抱歉对象，作为非常强（深度）的情绪欲望，通常没有多少表达了

〔32〕 Eisgruber and Sager, “The Vulnerability of Consciences” at 1266.

〔33〕 478 US 186（1986）（合意同性鸡奸）。

〔34〕 539 US 558（2003）（合意同性鸡奸）。

〔35〕 410 US 113（1973）（选择性堕胎）。

〔36〕 505 US 833（1992）（选择性与生活方式堕胎）。

良心或对真理的其他关切。[37] 如我们在20世纪过去几十年从许多地方看到的，各处世俗主义者作出的结论经常不利于在宪法上尊重宗教，甚至不利于对宗教的宽容。

96 相对于《宣言》所站的中心位置，该领域的另一个极端，则是神权政治。近代早期，伊丽莎白和詹姆斯时代的英格兰是神权政治的典型，引导公民践履与国家有紧密联系的敬拜共同体之宗教行为，国家政府直接明确地提出由谁带领和具体仪式。今天，神权政治典型地体现在两个主要的伊斯兰形态，逊尼派（Sunni）（像英国圣公会一样由政府任命宗教领袖）和什叶派（Shi'ite），在什叶派里，政治共同体及其所有成员服从于宗教领袖的强制性控制与管辖。存在着各种方式的激进，并没有令人信服地表明不忠于伊斯兰误传的神圣交通（purported divine communication）核心文本或传统，这两种政体可以一起被称为伊斯兰主义，从外在方面来看，经常自称为吉哈德主义（Jihadism），具有各种形态，在此就不必罗列了。

对于文明阵营（blocs）、团体（groupings）或者力量（forces）的现存安排或者结盟，值得进一步实际观察。如天主教会宗教自由信条的明显目标，一个方向是针对贬低了热切寻求关于宗教和生命的真理之世俗主义（如美国），与逼迫宗教的世俗主义（如共产主义），另一方向是针对反哲学和反基督教（不是反犹太）的神权政治；教会成员也是如此，在政治和日常涉及这些生命和自由的法律保护之基本问题时，会发现自己不是与这一系列的某一方联合，就是反对另一方，各种情形都有。这种情形属于文明核心的一部分。

Ⅶ

因此，国家政府和法律体系拥有一项消极义务：除非伤害到他人的权

〔37〕 的确，有时所涉的这些行为（非婚姻间亲密性行为、选择性堕胎）被诉诸良心的理由，而信仰行为在很多时候甚至相当经常性地基于理性而不仅仅是良心。但是，伊斯格鲁伯（Eisgruber）和萨格（Sager）的论证只看到了这些活动被保护阶层关切的“深度”（deepness）以及含义意义上的真实性（authenticity），置任何要求（无论解释性原则还是宪法审查层面的要求）于不顾，（终极上是对真理从而也对人）负有关切和自我决定的责任，应当注意良心和宗教蕴含的固有价值。

利、公共和平或公共道德，否则不得强制宗教行为。它们是否还有其他消极义务，也许有在一个宗教的遵循者和另一个宗教的遵循者之间无歧视的义务？是否他们拥有任何积极义务，（如我们在《宣言》中看到的）鼓励公民的宗教行为，或者履行公会[38]称之为人与社会对真宗教和属基督的教会之道德义务？

就消极义务以及公会从确实性（authenticity）与权限（jurisdiction）角度对
其的论证，约瑟夫·波义耳给出了如下积极的陈述。通过翦除对一个特定宗 97
教的任何偏好、偏歧，偏好宗教超过非宗教，或者非宗教超过宗教，他的阐述看上去加强了义务的消极意义：

> 政治社会负有道德上的义务，为人们实现他们在宗教问题和生活中寻求真理创造相应的社会空间。如果政治生活的安排似乎对——特定类型的信或不信是正确的——这样的问题给出了一个肯定答案，那么，就不能这样安排。该类政治行动阻碍而不是促进了这个探寻，从而歪曲了政治生活，不可避免和不公正地强迫一些人支持基本原理（rationales）并不跟他们世界观深层因素相合的行动。然而，政治社会必须认识到，既然这个道德义务探寻的结论有待个人、家庭和自愿的团体而非政治社会来决定，那么，其正确举措就不能基于探寻的任何特定结论。[39]

波义耳此处运用的强迫观念比《宣言》中的广泛得多，因为不仅仅包括怀着强迫任何人的动机，还包括了怀着支持动机的政府行为，所以任何强迫效果都是一个附带产生的效应（side effect）。但是，作为政治哲学或自然法或自然权利问题，这样也许是不对的，（如波义耳似乎正在说的）宗教行为免于强迫延伸到政策，特别是对那些实施或者也许实施宗教行为的人们拥有强制性影响的政府政策？尽管这只是一个附带产生的效应。这一点也不一定正确，即政府支持一个宗教超过其他，或者超过非宗教也许包含政府正在作宗

---

[38] DH 1.

[39] Boyle, "The Place of Religion" at 22 (emphases added).

教判断、某些在其适当范围和责任之外的事？本演讲所属的整个系列之纲要，看起来是采纳了波义耳那样的观点："对个体人自治原则上的尊重，以原则上中立于多元宗教共同体冲突诉求的形式表达出来。"

对应于波义耳和纲要的反思可以从2006年《平等法案》（Equality Act）s. 52（4)(g）目着手，对英国法律禁止基于宗教信仰（或者不信）的区别对待，公共权威对如下类别的决定享有豁免：

> （g）跟申请进入的门槛，或者许可进入，或者保留在英联邦境内相关的一项决定，或者任何以此为目的或推行这类决定……如果该决定按照如下根据作出——
>
> （i）个人拥有的职位或占据的位置跟宗教或信仰相关，或者提供与宗教或信仰相关的服务（或者）——
>
> （ii）某一宗教或信仰没有受到与特定其他宗教信仰同等方式的对待，或者——
>
> （iii）联邦排除（i）所适用的人有益于公共的善……

98 尽管在移民决定中区别对待宗教的授权是狭窄的，更不用说缩手缩脚了，如果理解它只覆及宗教领袖（a religion's functionaries），而不是任何或者所有其他非国民成员；然而，该条款为我们验证波义耳的论题提供了一条路。

假设英国当局采纳了一项一般性决定，依据某一特定宗教"没有"像大多数或者所有其他宗教一样"被对待"——被认定、被评价或者采取举措，而排除其领袖，因为其领袖教导或者倾向于让跟随者相信如下内容：（i）传讲反对该宗教先知的任何人，或者拒绝特定归正邀请的人可以适当地被威吓、攻击或谋杀；或者（ii）不列颠政府和制度应当服从于该宗教的法律，这些法律授权强制宗教行为、一夫多妻或其他违背不列颠宪法以及不列颠当局认为属自然法和自然权利的行为。虽然只是限制这些领袖的移民或者驱逐出境，但这样一项决定恰恰成为涉及宗教内容（至少以那些领袖和他们的跟随者确定持有的形式）的政府决定。每个人都会合理地作出这个判断，至少在某一程度上（*pro tanto*），这样持守和宣讲的宗教是错误的。它将会以某些方式歪曲反对该宗教的公共生活，开始对追随者和潜在的追随者施以压力，波义耳的论证中将其作为强迫来对待的压力，如果不是有意的也是一种附带效应意义上的压力。不过，我建议，这个判断可以适当地成为完全合乎理性的决定，并且，这也许是法案称之为“公共的善”（the public good）和《宣言》与《欧洲人权公约》所称的公共秩序（public peace），即众所周知的他人权利与公共和平所迫切需要的。

因为它严重地破坏了公共秩序和暂存的共同善（temporal common good），恰恰是近来侵入我们政体的宗教胁迫（religious intimidation），可以察觉到正在延伸至媒体的运行、学术机构、诸如此类文章的写作，以及许多其他国家生活制度。我提议，拒绝或者驱逐那些公开、秘密支持或默认这类宗教教义和胁迫的施行之非本国国籍人士，跟真正的宗教自由权在原则上是和谐的。

因此，我不认为，必须说英国最高法院在 2006 年莎宾娜·贝古案（*Shabina Begum's Case*）中解释《欧洲人权公约》有误，法院驳回了这个诉求：公
立学校禁止学生不穿任何学校规定的衣服或穆斯林款替代性校服，而穿着穆 99
斯林更军事化形式要求的更严格的服装上学，违背了宗教自由。上议院高级法官们（Law Lords）在大多数判断中将土耳其宪法法院的事实与法律发现作为决定性前提，欧洲人权法院[40]也采纳它们：（1）在伊斯兰（显著地区别于其他宗教）具有社会影响力的地方，即使选择穿着显著穆斯林款式的衣服上学或上大学，通常可预料会是胁迫压力（intimidatory pressures）的理由和机会；（2）因而，为了保留包括他人宗教自由（有时甚至——或许往往——打算穿着者自身的宗教自由）在内的公共秩序，国家政府、法律和其他公共制度有权排除和禁止宗教自由在服装方面的实行。[41] 高级法官们的决定含蓄地接受了这个前设：（只要它的信念和实行——或许甚至是核心信念与实行——对公共秩序、公共道德或他者的权利有不利影响）一个宗教可以而且

〔40〕 *Sahin v Turkey*（2004） 41 EHRR 109; see *R*（*Begum*）*v Headteacher & Governors of Denbigh High School*［2006］UKHL 15 at paras 32（Lord Bingham）, 59 – 65（Lord Hoffmann）, 91（Lord Scott）, 98（Baroness Hale）. See 2009e and f.

〔41〕 *R*（*Begum*）*v Headteacher & Governors of Denbigh High School*［2006］UKHL 15.

应当受到不同于其他宗教的对待——被理解和处理。[42] 高级法官们的决定提醒我们，个人宗教信仰免受强迫的权利是这样一项权利，不仅能赖以对抗国家及其政府和法律，也能藉以针对所有其他个人和社会团体。如果许可一个宗教以强迫来对待其追随者、潜在的追随者或任何其他人，任凭其施以强制，那么，就会长久地煽动触犯他人的权利、公共秩序；对于一个认可宗教自由权的政治共同体，在道德上可能的情形下，在原则上，让那些忠心遵行这个宗教的人负有适当保持必要距离的义务。

Ⅷ

然而，约瑟夫·波义耳也许会回应道，我把重心搞错了；并且，夸大了他所关注的范围，无意的社会压力可以对该压力下所选择宗教行为的真实性和价值产生强制影响。他关注的并不是政府力图保护公共秩序免予真正的宗
100 教胁迫。虽然对于公共秩序的这些合法护卫预先假定特定宗教信条部分的错谬性，但是，他们不必要有意地教导或宣扬该错谬性，或者有关真理的任何东西，不然就是该宗教或其他宗教的真理性问题。波义耳也许会说，他关心：宪法或者政府的陈述对于是否存在一个真宗教（true religion）这样的问题认定了一个正确答案。这类陈述不能够可行地成为公共秩序诉求的理由，并超过了国家政府和法律关系权力的适当限度，而且，制造了对追求宗教和信仰的真实性（authenticity）不利的社会压力。因此，他也许会得出结论（我想他确实已经这样暗示），不存在国家政府和法律对于真宗教的积极义务是正确的（只存在对所有宗教共同体一般的消极义务，尊重公共秩序的公正界限，不强迫他们的宗教信仰或实施之义务[43]）。

探寻是否一个国家的法律和政府能够公正地采信某一宗教为真，看起来

〔42〕 如果有人接受哈贝马斯《在自然主义与宗教之间》(*Between Naturalism and Religion*) 第六章脚注 20 的主张，即“教会与政府分离的原则要求，政府制度要严格公正地与宗教共同体面对面来运作”；那么，只要也仅仅在这个程度上，跟在不同宗教之间适当的区别对待也就相一致。

〔43〕 在此与早先一样，我搁置了美国宪法学说讨论很多的问题，即是否推测（presumptively）宗教行为免于法律规定或禁止的实施一般地同等适用于宗教和非宗教行为。

并没有什么紧迫的实践重要性。但是，将紧迫性放在一边，澄明我们的政治—神学反思会把这个问题摆在面前，像一个远距离山峰的顶端，要从山脚开始取道而上。

第一，我反思的主线包括国家政府和法律不可能公正地教导没有宗教为真。因为这样一个教导将会产生错误，在一个密切影响人类幸福基本方面的问题上错了。如果一个国家没有那样教导，然而由于国家政府主张没有宗教为真，作为附带效应，其安排引起了政府采纳的信念之广泛传播，那么，该政府就负有一项重大义务，合理地尽它所能来驳回（rebut）该推论。通过遵循公会“承认和支持宗教”的训谕，以各种政府所决定的方式，这一点能够最容易地做到。很难看到政府如何可以反作用于破坏性的附带效应和错误推论，除了采取含蓄地承载相抗衡信息的办法，即某一宗教也许本质上为真；如果是这样，其他宗教就它们的错误来说，至少具有冥思存在一个智慧和价值的超验源头这个重要真理的好处。

不用我详细论述，美国宪法禁止“建立宗教”（establishment of religion）条款的解释就产生了这里所说的问题。没有包含这类条款的英国和其他欧洲宪政框架则遇到了不同于此处的问题。它们能够在正义必需的范围内支持宗教 101
——意味着只要不宣称某一宗教也许是真的——并且能够要求或许可在政府经营或资助的学校教导或表达宗教信仰（藉着合适的自愿退出保持宗教自由）。但是，某些宗教信仰（因为授权或煽动胁迫而本质上）呈现出对公共秩序的威胁，表现出对实行宗教自由权的宪法秩序长期的危害，以至于有必要明确阻止这些信仰——结合数据资料的考量——原本跟其他宗教同等享有的权益。这种区别对待如此强烈地背着“法律的平等保护”这个广为传播的设定而运行，以至于政府很想撤回对所有宗教的支持，而不是制造“引起愤恨的比较和选择”。即使只是一个附带效应，但屈从于该试探又会产生另一非常坏的结果，看起来像是在表达：没有一个宗教为真这个信念。慎重地考虑，招致这样的结果是非正义的。因此，区别对待应当在预测到所有应关注的正确和程序公正因素后作出。

第二，无论我们应当如何来回答这个顶尖问题（如果可以就真宗教在宪法和法律上作任何规定)，肯定存在一项抵制主张任何实质上非真的宗教为真之义务。

第三，不存在以捐助一个特定宗教或者许多宗教之一的义务，来作为获得公共职位或福利之前提。因为倾向于失真（negative authenticity)，这类正面“宗教检验”（affirmative “religious test”）的确具有约瑟夫·波义耳指出的强制效应，僭越了政府的适当界限。只有当维护公共秩序这样的要求时，才可能正当地接受实施负检验（negative test）所致那些坏的附带效应，让一个危害公共秩序的宗教团体成员不具有获得公共职位的资格。

第四，存在一项义务，即不藉着主张一项任命某一宗教领袖（如主教)，或者授予抑或阻止批准其教义声明或传道计划，来力求指导真宗教。

第五，无论我们应当如何来回答这个顶尖的问题，假如一个宗教是真的，那么，只要其严格的道德教导与法律和政府的问题紧密相关，每位选民和立法者就能够正当地，并且，应当考虑其道德教导。只要这些教导不依赖于本质上为现行事实问题与结果预测这类前提，该义务就得以扩展；因为不
102 能够设想宗教权威对这类问题有什么特别胜任之处，也就没有权威来做具有决定性影响的教导。谈到投票者和其他公共权威承担者拥有该自由和责任，我认为，真宗教自身要呈现其道德教导为一个公共理性问题，也就是为纯粹哲学探究可及和可接受的，并且，通过神圣启示或启示的神学理论评定而澄清或更加确定。进一步，我认为，这个呈现不再是嘴上说说或者虚张声势的自夸，而是真心地愿意承担起使其道德和政治教导在哲学上更可行的论证负担，并维持如此行的教育和学识资源。

第六，话说回来，对于顶尖问题，我想我们至少能够给出这个回应：基于肯定地确认第三点义务，排除了投票或者获取其他公共职位中的积极宗教检验，坚定地持守免受强制的消极义务，认为在建构宪法框架时，国民可以用真宗教信仰和团体的身份和名字来记录他们庄严的信仰，看起来并不违背经验表明宗教探寻中的真实性迫切需要，也不违背启示和哲学在政府强制管辖和世俗权威的限度方面之结论。

第七，即使在政治上可能的时候，做出这样一个宣告在许多情况下拥有

如此糟糕的负面效应，以至于如此行会不公正或不合理。如果被如此认定的宗教遵循者没有接受我前面提到的责任并遵照它们来行动，表明他们的信仰如何包容，并且与公共哲学、历史和道德的理性相一致，那么，这样宣告就是相当不合宜的。

第 5 章

政治中立与宗教论辩[*]

103 （基斯）这篇明晰、锐思的论文令人瞩目的许多方面之一为如下见解："回答规范性政治问题"（normative political questions），政治理论必须符合以这种方式提出问题、持续探究和研究答案的实践可能性（practical possibility），即寻求政治体制推理的合意"伟业"（enterprise）要遵从逻辑与道德上的规则。长久以来，我认为对政治理论（包括"元伦理学"的政治理论同源词）的一个最基本限制（即符合理性的要求）是，它提出的原则（tenets）、规范（norms）和制度（institutions），要跟提出重点关注的任何和所有问题、为这些问题有序合理地寻求经得起批判的满意答案以及采取和这些答案一致的个人与社会行动等方面的建议，保持连贯性。每个人都能够参与该项伟大的而不是工具性的人类善，只要可行，就应当有权承担这项事业，并在物质上、智识上、道德上和文化上予以帮助和鼓励。我想，这些建议和限制不仅仅与实践性真理（practical truth）（比如关于实践性建议的客观性或认知地位）的激进怀疑主义相对而且也跟权柄、政治义务和法律理论的唯意志论者（voluntarist）（强制论者或激进契约论）针锋相对。当然，那是另一个漫长的故事，并非雅诺什·基斯（Janos Kis）所追寻的（至少在这篇论文中不是）。

在这篇论文中，提出问题的逻辑和道德性首先最紧密地联系于论文的主

* 本文为 1993 年 7 月在牛津大学一次会议中，对雅诺什·基斯（Janos Kis）未发表的论文《政治中立：一篇辩护》（"Political Neutrality: A Defence"）的未出版评论。未标明出处的引文均来自基斯论文的打印稿，页码已省略。

要论点：政府政策和行动必须以并且仅仅以“每一个正常人可及的”（accessible to every normal person）论证和概念为根据，即“每个人在理论上都可获得 104
的相关论据”。这就要求，在我看来，以公众名义获得正当性的法律和其他强制力之调度是完全合理的（sound）。力求自觉地不辜负该要求的理论拥有“自然法理论”（natural law theory）这个旧的时髦名字，该标签隐含的用意是，只有运用我们固有的能力（native capacity）来提出问题、思考问题和智慧地回应，而涉及或者所确认的可理解要求，是人们可以合理接受的限制，也就是我们的理性（reason）。[1] 因为对“自然法”（natural law）这个标签存在太多的误解，所以，我不那么推崇使用。然而，更不建议基斯（和其他人）谦逊地采用“自由主义”（liberal）这个相媲美的（并且也是不相抵牾的）体制性术语。我提议，应当绝不推崇或者反对政治理论成为“自由主义的”，而是说，政治理论应当是符合理性的（reasonable）、有道理的（sound）、为真的（true）、适当的（appropriate）、体面的（decent）、正义（just）且公正的（fair）。[2]

对于政治制度如何能够以“中立的方式”（in a neutral way）获得正当化这个疑惑，基斯在这篇论文中提出，使最终解决成为可能的方式是公共的正当性（public justification）或者“可及性”（accessibility），即该论文的主要论点。在一个“多元主义的社会”，正当性应当中立这个要求如何与善、正确（right）以及政治上的正当概念具有很大差异之事实保持一致呢？中立性要求必定不会自持地（self-referentially）陷入失去连贯性或自我破坏吗？或者，如果说中立的要求以平等——每个人应当受到平等尊重的对待——这个更基本

〔1〕 按照理性（reason）从而根据天性（nature）来行动，参见 *Republic* Ⅳ 444d；Ⅸ 585-6，更详细的参见 *ST* Ⅰ-Ⅱ q. 71 a. 2c：

人类之善是跟理性一致的，人类之恶则在理性秩序之外……因此人类美德……跟人类天性一致，只要美德基于理性，恶习则与天性相反，因为恶习与理性秩序相违。

〔2〕 求问一个理论是否为或者不为“真正地”（genuinely）自由主义（或社会主义或保守主义），很少有所得，或者往往一无所获；自 1830 年代“自由主义”这个术语开始运用于政治以来，这类探究令自充的理论家陷入政治运动或者计划的翻云覆雨，几乎没有或实际上没有任何意义，无论在平时还是运动时期，没有足以认定一个核心情况或者中心意义的原则。用自由主义术语的框框来对待哲学诉求，诸如自由主义的政治体制，唯一明智的方式是将它们视为“合理的”（sound）、“真的”（true）、“有保障的”（warranted）等词汇的修辞代码。

的需要为根据，那么，如何能够认为政府或国家尊重了那些政治观点否定或者忽视中立要求与平等尊重的人们？答案是：只有并且除非在（一是）政府采纳中立主义政策和制度时，是以（二是）为公众可及，而且仅仅以公众可及的论证为依据，那么，政府才尊重了这类人。

该答案所表达的论点显然由两方面构成，我标为第一点和第二点。第一
105 点依赖于这个前提，若没有在此或者其他可行的意义上，那么，中立的政策就否认了人们平等的利益。当然，该前提已经为德沃金论证并修正，如果他没有在反面论据的压力之下丢弃。〔3〕基斯在这里并没有真的要为此辩护，或者加入反面论据的一边。因此，我稍稍提一下就可以了；以其他前提为基础限制政治共同体运作的理论，是十分不可行的，甚至跟坦诚的家长主义，更甚是不怀好意的家长主义禁锢相关。人们表达他们对那些由于愚蠢的选择而正在破坏自己的团体（甚至成人）真正尊敬的一个方式是，阻止那些选择的实施。〔4〕在任何情况下，该论点依赖于其第二个组成部分：仅仅以公众可及的论据为基础的制度和政策能够有效地称为“中立的”（neutral），并且，不包含不同“好生活概念”（conceptions of good life）的任何等级划分。

为什么我们应当接受认为某一生活概念高过另一种生活概念这样的论点不是公众可及的（accessible）呢？就我所能看到的，基斯并没有回答该重要问题。的确，他面临着这个反对意见，即公众可及性也许要排除“没有、缺少宗教启示或隐秘的经历”，他在论文最后一段所思考的看起来与此问题相关。他的回答将我们带到这篇论文的界域之外；在此，他只是建议这个反对不是：

> 有说服力的。我会建议，比如，终极伦理价值属于私人领域（private domain）而政治原则属于公共领域。

不论有没有越界，我想要着手于该最后的建议，整篇论文在某种意义上

〔3〕 See e. g. Raz, *The Morality of Freedom*, 151; *NLNR* 221 – 3; essay Ⅲ. 2 at 51 – 3 (1987c at 437 – 8).

〔4〕 See *NLNR* 222; Hart, *Essays in Jurisprudence and Philosophy*, 214.

已经为我们有所铺垫。首先，认为“政治”能够合理地被认知为一个不同的“领域”，这个建议是引人注目的。在我看来，这显示了许多“自由主义”思想的“计划经济”（statist）特征。“政治共同体…… 覆盖个人的全部生活”，然而，作为明显的对比，“只有文化共同体没有对他们成员的整个生活主张权威”，该论调显著地给我们铺垫了计划经济主义的色彩。这一点在我看来是严重错误的。政治共同体是但只是每个过体面生活的个体人会参加的许多共同体之一：比如友谊、家庭、宗教共同体、国家和全人类。只有由柏拉图—亚里士多德政治思想[5]不太牢固的部分、近代早期西方国家理论 106
站不住脚的绝对主义及随后实践无意识形成的专制计划经济思想，才能够心平气和地接受“政治”（国家/政治共同体）是一个这样的“领域”：拥有独立于规制其他共同体的原则（不像政治，其中一些原则直接为基本的人类善的实例，因而也不像国家，原则并不仅仅是工具性的），并且，跟这些原则有极其不同的认识论或合理性（rational）地位。为着得体、美好的关系和共同体内的相处，每一个共同体必须有其适当的标准。在该意义上，每一个共同体都必须有其“政治的”原则。但是，如果这些原则也像国家政治原则一样，能够在公众可及的范围内，那么，还有什么原则留给纯粹私人和不可及的（inaccessible）领域呢？

藉着谈到政治原则可以是公共的，但“终极伦理价值”属私人这个观念的第二个显著特征，也许能够更清楚地体现这一点。每位政治参与者（actor）或代理人（agent）不能脱离团体领袖或其他成员的个人行为而存在，或者至少在团体（国家、公司、团队等）的社会行动情形下是这样。每个人履行某一政治行为所选择的理由（reasons）必定对他来说是终极的或基本的（即不需要进一步的合理性动机就足以使理由获得正当性），或者必定基于某些更加终极和基本的理由；所有这些理由必定跟行动者其他的理由或行动原则相一致。一个人公共的（public）行为同时是他私人的（private）行动——个人唯一真实的生活部分。承担这样那样“政治的”行为理由必须不仅仅在逻

〔5〕 See *NLNR* 148 – 50，160.

辑上与一个人的“好生活”概念一致，而且，必定在理性上实际以那个观念为动机（除了成为个人行动的好理由，好生活概念并不能做什么）。一个人行动“公共的”理由必定也是其“私人”的理由［尽管并不是说个人所有的行动理由必须“被公开化”（made public）也即公开发表］。政治行动往往对行动者和其他人具有最严重的后果。因此，除非公共理性使行动从头到尾都具有正当性——让行动者正当地这样做，否则就不是好的（充分的）理由。这幅图画让人想起论文倒数第二句，谈到所有基于公众不可及理由的政治举措呈现这样一幅政治秩序图景，拒绝为其参与者提供任何好的（充分的）理由来参与或容许公民权的负担。［因此，它必须用面包和马戏来诱惑
107 公众服从，或者用喋喋不休的唠叨来分散他们的注意力，直到野蛮人打破大门或激进的改革者出现，才会恢复健全正直（integrity）的政治生活。］

（此处，自持的不一致或“不连贯性”的幽灵带着复仇再次出现。一个有志于基斯所建议之中立、遵行行动的终极理由不属于公共这个理论的国家，完全赞成基斯对于非中立国家的定义描述：以除非某些公民——诸如正在写这篇评论的人——将自己的世界观作为错误而抛弃，否则就不能同意以基斯所说的“现实的哲学解释”为根据来提出主张就是非中立的国家。）

但是，当然整篇论文都在为我们铺垫对非中立的反对，不过是重演如基斯自己所提到的德沃金和拉兹的反对意见。确确实实，整篇论文的核心主题是新罗尔斯主义（弱意义上的）独立论（independence thesis）：

> 假如一个政治理论可能不依赖包含于更广的道德、哲学或者宗教的教条（doctrines）而获得正当性，那么，就能够称该政治理论为弱独立的（weakly independent）……政治理论被嵌在……整全论中……对政治理论的辩护并不是必要的。

然而，我的问题是：这篇论文为我们提供了任何相信这种“可能性”的理由吗？就我所能看到的，没有。它没有给我们支持该结论的理由：“独立的”政治理论是没有根基的理论，拥护者（如果持续地按照他们的独立论而行）只是轻易地放弃了他们作为理论家的责任，比先前诸如宫廷神学家

（court theologians）等人在哲学上承担了要求更低的角色。

基斯接受这个独立或无根基（ungroundedness）的理由是："公共政治文化理念隐含着一个独立的政治理论正当性之可能性。"但是，按照基斯的弱独立论定义，"独立正当性"不过是一个自相矛盾（oxymoron）：政治行动的独立"正当性"主张，行动恰恰不需要充分满足批判性良心所要求的公共正当性。我想基斯一直在两个不同的事物之间打转，所以没有注意到这一点：

（A）正当化一个政治的"概念""原则""陈述""制度"或者"信条"；

（B）正当化整个"政治理论"。

只藉着显示它们在逻辑上与大众接受的同一"公共领域"中其他政治概 108
念、陈述等一致，来为特定的政治概念、原则、制度或信条提供某一正当性是可能的。[或许当拉兹讲政治理论的"浅根基"（shallow foundation）时就怀着这个想法，同罗尔斯的不具有可比性，否则拉兹的说法大半都太宏大了。]然而，这样对"理论"，或者能够满足行事认真者批判性良心的正当性并不意味着什么。

在基斯对拉兹和德沃金的回应中，基斯着手于政治理论能够主张"独立正当性"（independent justification）的第二个理由：

> 弱独立性（weak independence）跟两种方式表达个体人并非不和谐：第一种方式，根据公共的政治文化……并且也根据他自己更广的信念……表明他拥有纯粹政治理由接受的原则包含于或者至少与他更广的道德（以及哲学或宗教）观念相一致……同时，如果能够给予政治理论一个独立正当性，那么，它就在相匹敌的道德观念之间保持了中立……

如果最后一个句子的意思是加在整段句子之上的，那么在我看来，这不过是回避了拉兹和德沃金提出的问题。就整段话的主要部分而言，人们要问：是谁在做这个"表达"？谁来"表明"包含的关系或者至少公共的原则与假定为私人的原则之间一致，或者怎样意味着包含或一致？在上下文语境中，看上去是认为“政治理论”在做这些事。但是，既然“公共领域”是一个“公共可及”（publicly accessible）理由（信念、信仰、表达）的领域，我不能明白“政治理论”如何能够进入假定为非公共可及的领域。当政治理论发现公共领域接受的某些东西跟假定应该属私人领域的东西不和谐时，会发生什么？毕竟，“政治理论”没有自己的生命或者活动，不过是正在探究者的思想。因此，当你我在追寻我们的问题过程中发现，公共领域中的某一政治信条（political tenet）不符合一条非共同享有但于我们看来在理性上（rationally）是有根据、有保障、合理（sound）且真实的（true）原则，我们应当让哪一条居上呢？回答必定是：理性应当获胜。并且，要注意：我在这个例子中发现的，恰恰是某些被认为属于私人领域的东西实际上应当在公共领域（为共同接受的意见领域）里，而且已经处于公共领域（人们正常智慧可及的原则领域——那些如此精英主义以至于坚持正常智慧的人们不能够，甚至“在理论上”不能够理解合理的、有理性根据且真实的道德或其他实践原则吗?）中。

109 或许，我们应当更加具体，同时，又开始着手于我们提出的问题。究竟什么是一个陈述或者信条（tenet）为公众可及的（publicly accessible）（包括处于“不可及”和“有限可及性”，即可及性太有限而没有国家行为的适当基础）？基斯只是给出了两个例子。

第一个例子并非明确作为这类不可及性的情况来呈现，而是作为“缺乏社会合意（social consensus）的信条”。我认为，这并不只是一个失误；对于该论文核心部分的负担，我想会降低到这个层面：在一个政治信条（松散地讲）为现代性社会学条件所支持并因而享受广泛公共合意的地方，不需要公共可及论证的支持（与批判性探究和判断相关的这个意义上的“支持”）；提供公共可及论证的负担在那些挑战已经存在“社会合意”——也许无论是什么——信条的人们身上。特别是在谈平等主义设定时，基斯阐释了这种论证负担的不对等（举证责任的再分配），如我们应当会看见的，平等主义设定跟不可及论证的第一个例子有相关性。

那么，来看如下第一个不可及论的论证：“（1）天主教会教导，怀孕那一刻就是授灵（ensoulment）的时刻；（2）因而，从受孕的那刻起，胚胎就是一个人；（3）拥有任何其他人同样的生命权……”（可以说，有资格享受平等主义设定的利益）。现在，我不愿花很多时间审查是否提议（1）和相随的隐含见解即天主教会所教导的值得相信的确为不可及的（inaccessible）；基于后面提到的原因，我不认为它是，但为了讨论的缘故，我承认是不可及的。我之所以愉快地这么做，是因为事实上没有人把这个意见作为一个前提提出来，众所周知这个很好的理由是错的。天主教会没有教导，受孕的时刻也是授灵的时刻。教会唯一的教导在 1974 – 1987 年间由最高的教师们明确地重申，教会关于堕胎的教导“搁置授灵时刻问题”。[6] 因此，如果我们想要一个不可及的现实主义候选者，就必须删掉子虚乌有的第一点，考虑政治论辩中真实的部分：“（2）因而，从受孕的那刻起，胚胎就是一个人； 110
（3）拥有任何其他人同样的生命权……”这一对主张显然需要辩护，并且，有现成的一套公共论辩体系可以运用。[7] 这套论辩体系驳斥了流行看法支持者（proponents of the ruling consensus）在公共领域中提出的每一个论点；流行看法认为，在母腹中或者正常情况下将以在母腹中的人不享受平等主义设定，如果他们的母亲认为杀害他们对自己有利，那么，就能够怀着毁灭他们的动机去损害他们。我毫无疑问地并且乐意在任何温和的公共领域提出，支持赋予母腹中的人以平等主义设定裨益的论点不仅至少跟主流的反平等主义（或有限平等主义）原则一样是公共可及的，而且，根据所有标准以及单凭合理性标准来看，它还优越于后者。

因此，基斯所举的第一个例子没有阐明可及性问题。（并且，它同时还碰巧给基斯核心的假设抛洒了相当诡异的光，历史发展产生了他或许是轻度决定主义和欧洲中心主义的历史社会学之“现代性”，也把我们带到流行看

〔6〕 Declaration of the CDF, *Quaestio de Abortu* (1974), n. 19. 教会“没有特意地委身于肯定哲学上的属性”（如授灵）。它还说：当然，没有什么实验数据自身能够充分地带给我们对于属灵的魂之认识；然而，对于用理性确认一个人作为人类生命第一次呈现的那一刻，关于人类胚胎的科学结论提供了一个有价值的指引：一个人类个体（a human individual）怎么能够不是一个人（human person）呢？（第一部分第一节着重论述。）

〔7〕 See e. g. Grisez, “When Do People Begin?”

法支持者的立场，向相对弱势的群体阶层运用实际上不受约束的权力，使享受新自由成为可能；并安全且的确是符合理性地免除了举证责任的承担，而这个责任恰恰是他们想要施加给他们的批评者的。)

第二个不可及的例子是被约瑟夫·拉兹辩护为可及（基于公共和政治论辩与行动目的为“可接受”）的一段陈述。[8] 我以如下稍有调整的形式（比拉兹和基斯给出的更加现实）来摆出：“耶稣从死里复活；如此认为的根据包括一张兵丁贴在他的坟墓外、看见他从坟墓出来的一张布告。”基斯反对这个陈述的可及性，（实际上）认为兵丁[9]（如果确实）看见耶稣从坟墓出来，并没有回答是否存在福音书和天主教会至今一直提的、赋有神学意义的复活。而这个看法是十分正确的。但事实上，福音书（天主教会也认为
111 福音书对耶稣在复活前后和复活过程中的真实言行给出了一个历史上有信心的陈述[10]）成就的主张是：当你采信该证据时，结合关于耶稣言行的所有其他公共可及论据（publicly accessible arguments），结合以色列先知启示的公共可及证据，结合相信存在一位可以与有智慧被造沟通的创造者的公共可及论证，那么（只有这样），你就有一个公共可及的理由认为：在这个意义上存在着复活，与相信耶稣死后的生命、不朽与三位一体等相并存。基斯的立场是，只有那些已经相信复活的人能够理性地将这些事件的见证人陈述作为证据来对待，但在我看来，这是令人疑惑的；尽管天主教会权威的教师不这样认为，[11] 许多新教徒和一些天主教神学家却都像基斯这样认为，忽视了各种各样诚实的根据[12]累积起来能够为接受和解释事件提供理性的依据。即使有人最终或者逐条否定了所讨论的证据，也应当赞同拉兹的看法，许多人

---

〔8〕 Raz, “Facing Diversity” at 40 (now *Ethics in the Public Domain* at 90 - 1).

〔9〕 拉兹和基斯说到一位百夫长，但是，看来把这个人物从周五钉十字架错换到了周日的园子，参见马太福音第27章第54节、第66节，第28章第11节。实际上，福音书没有清楚地肯定耶稣被兵丁看到从坟墓里出来。他们（兵丁）是从其他的见证人处得知。

〔10〕 Second Vatican Council, Constitution on Divine Revelation, *Dei Verbum* (1965), sec. 19.

〔11〕 天主教会也不会这样认为，因为如果像基斯这样认为，那么，教会就涉及否认其福音，因为福音只是简单地传递那个复活的见证来让人相信，不论对复活的预言及其发生的报道有什么先在的疑惑。

〔12〕 [See now the Note to essay 12, with citations to works of N. T. Wright.]

"只是根据可接受的理性和一般的推理方法"，就判断犹太人或者基督徒基本信仰在理性上是可接受的。[13]

因此，看来基斯最糟糕的担心将会实现："没有缺乏宗教启示或者隐秘经历的东西会落入个人信仰之列"，更糟的是，基斯关于天主教神学家长期以来称为"公共启示"（public revelation）的主张失败了，只有天主教神学家们所称的个人启示跟狭隘意义的隐秘经历一起才会落入个人信仰之列。

总结一下。我们中间的完善主义者（perfectionists）应当毫不犹豫地[14]采
纳这个要求，即政治行动应当只是建立在基斯所定义的可及性论点而非他所 112
说明或例证的论据上。同样地，对于"政府不应当对个人的伦理信念强制更多"，按照"更多"为不加质疑、不加辨别、没有公共可及理由而持有的道德信念问题来理解，我们能够支持这个观点。那么，更多是一回事，伦理信念则相当于另一回事。如我曾提出的，看来在基斯的文章里找不到什么理由否定这一情形：那些所作决定算为国家行为的人能够根据具有公共可及理由的伦理信念来行事，向那些持有不同信念而且（只要政府能够运用公共可及理由进行判断）在理性上几于错误的人强制实施这类判断。像基斯所说，政治理论不必"向错误主张寻求妥协"，比如在关怀和尊重的适当范围方面。

但事实是，国家像每一个其他个人与团体一样，能够正当且应当实行完善主义原则，而完全不包括柏拉图、亚里士多德和阿奎那[15]过于简单的主张，即像他们一样认为，用强制性禁止——甚至是成年人——沉溺恶习来带领人们走向美德是政府的适当功用。进一步，这个不包括只能通过我所描述的如下论据来表明：比起朋友圈、家庭或者严肃的宗教共同体，国家政治共同体在某些重要方面并不那么重要，更具纯粹的工具性和辅助共同体性质。

---

〔13〕 Raz, "Facing Diversity" at 40（now in his *Ethics in the Public Domain* at 91）.

〔14〕 或者说，几乎是这样。然而，某些"自由主义者"，比如马塞多（Macedo）在《自由主义美德》（*Liberal Virtues*）第 43、46、63、212 页认为，正当性必须对人们是可及的，必须没有艰涩或者复杂的论证，必须排除任何因为它们的所是（也许是败坏的、有偏见的、狭隘的、欠缺教导的）而不为大多数人接受的原则或者信条。换句话说，他"在理论上"放弃了基斯重要的合格说法，把"可及性"降低为"处处可能被接受"。他为此提供的正当性是：在政治理论中，人必须不是"精英"。然而，这不过是有助于"更多"和偏见的放弃理性。

〔15〕 [Not Aquinas; see now *Aquinas* 222 – 54.]

如我前面提及的，这显然是另一个故事，根本不是基斯的。如果有人能表明，根据那些我提示的前提，当国家对成年人的恶习实施家长主义的禁止时，越过了其适当的功用，那么，才可以开始一个这样言说的情形，即牵涉到的成年人未受到适当尊重的对待。如果带有以关切成年人的幸福（well - being）（或者完善）为动机的禁止，属于不尊重、侮辱或者不符合平等主义的这种思想，那么，人就不可能为确定国家的正确功用来符合理性地找到一个前提。

第 6 章

自由主义论辩中的天主教立场*

I

“自由主义者”（liberal）这个术语，并没有什么足以在一般政治哲学或 113
理论中运用的充分稳固且清晰的核心含义。我们能够承认，第一个自由主义者（“第一个辉格党”）是托马斯·阿奎那；同时，也接受教皇庇护九世（Pius Ⅸ）在《谬论举要》（Syllabus of Errors）中正确的核心判断，它弃绝了教会必须简单地“跟现代自由主义和好”这个主张。弃绝该主张是适当的，因为从那时（1864 年）到今日，现代自由主义都为此辩护，包括约翰·罗尔斯的观点：没有人应当以“某某意见是真的（true）”这样的思想为基础在公共生活中行动。[1] 阿奎那是一位自由主义者，因为他虽然适当地（rightly）以“制度和措施是特定道德和形而上学真理的要求或者授权”为根据来为公共生活中重要的制度和措施辩护，同时他也坚持，国家法律和统治者的适当职能不包括：通过义务性要求人们禁戒不道德，来使他们在道德上全然为善。根据阿奎那的观点，国家政府和法律的作用为支持和平与正义；国家政

---

* 1999d（“The Catholic Church and Public Policy Debates in Western Liberal Societies: The Basis and Limits of Intellectual Engagement”），为利纳克尔医疗伦理中心（Linacre Centre for Healthcare Ethics）组织的关于“天主教生物伦理问题”（Issues for a Catholic Bio - ethic）会议预备。

〔1〕 Rawls, *Political Liberalism*, 61, 127, etc. 他认为，真理应当被“合理性的”（reasonable）理念替代来作为正确的（right）政治行动标准，意味着许多公共政策的概念虽然不十分为真，却为“合理性的”。

府和法律强加、督导和施行的要求只是那些外在的、影响他人的选择和行动。[2]

尽管我们不企图像框架性范畴“正义”（just）一样来运用“自由主义”术语，能够并且应当做一般性批判政治反思，但是，我们能接受“西方自由（主义）社会”（western liberal societies）这个词，就像我在文章题目中的用法，
114 仅仅是筛选出一些国家、政治共同体、民族政治组织，它们特别允许天主教会及其成员自由参加公共商谈和选择，像许多团体和个人一样参与公共决策过程。因此，我的问题以及我的题目是：我们作为天主教徒参与那些公共商谈，应当以什么为根据来遵从或拒绝它们的结论（诸如立法、判决和行政措施）？

我对该问题的反思有三个主要部分。第一部分关注藉着上帝的恩典和我们的决定能够形成和指导我们所有选择的信念（faith），包括我们现在正反思的那种选择（参加公共论辩、接受或拒绝其结论等诸如此类选择）。第二部分关注合作（cooperation），以及在促进他人不道德行为方面，什么时候是错误的、什么时候选择这样做能够成为适当的。第三部分关注（比如说）教会通过其牧者（pastors）严格地以教会身份行事的作用。

Ⅱ

作为天主教徒参与公共政策商谈和论辩，第一个条件是应当十分清楚信仰和理性的关系。有许多信仰主张是自然理性不可及的，也即对未意识到特定历史现实即集于基督生命与教导中的启示的人来说，这些信仰主张是不可及的。教会相信它们是上帝启示的道的一部分，以此为基础，教会提出这些主张——比如这位独一的神具有三个位格（persons）——为我们和每一个人所接受；这也是我们接受它们，并向其他人提出来的唯一根据。但是，教会也建议我们接受很多的确是自然理性（独立于启示的理性）可及的意见，

［2］ See *Aquinas* 222 – 54.

比如上帝的存在，每个人藉着有智慧的灵魂而拥有有生气的、统一的身体，或者，选择杀一个无辜的人总是错误的。的确，这些主张（包括前一句中的三点）本身是信仰的观点，也是自然理性的观点。

如果我们清楚信仰与自然理性之间不同类型的关系，我们就能够避免教会内外的共同错误。在教会外，广泛地认为与声称的是，凡天主教会实际上为接受而提出来的任何意见都是“宗教的”，是一种天主教徒只是作为信仰问题而持守的观点，因此不可能真正地愿意作为自然理性问题来辩护。在教 115
会内部，相当多的道德神学家主张或者预先设定20年前杰拉德·休斯神父（Gerard Hughes SJ）的小书《道德中的权威：基督教伦理简论》（*Authority in Morals: An Essay in Christian Ethics*）（1978）中护卫的立场，特别是，启示及其看门人即天主教会教权（magisterium）绝不能决定性地解决一个伦理问题，因为赋予其该类权威将会导致采纳非理性的信仰主义（irrational fideism）——因为不能不预先设定可靠并且正确理解的启示及其资源必须满足的道德标准，也就是说，标准必须独立于启示而让我们可及，合理性地（reasonably）决定接受普遍启示，或者合理性地解释特殊启示的资源。[3]（通常在这些哲学家头脑中的独立标准是他们使之合理化的规范，他们从哲学环境或大众文化中吸收，无论是什么结果主义或相称主义的版本。）

但是，当天主教信仰在教导如下两方面时，它是条理分明的（coherent）：（1）存在着优先于启示且可及的道德真理，包括以此为我们义务的真理，即寻求关于上帝的真理，并当我们判断自己已经发现时遵循它；（2）这些真理藉着启示获得阐明和决定性的肯定，启示也让某些否则无法清除和确定知晓的道德真理成为可及的（accessible）（比如关于恩慈，或者在基督徒之间解除一个有效的、已经达成的婚姻关系的不可能性）。像皇家学会会员福斯（Frs Fuchs）、休斯、沙利文（Sullivan）那样主张是十分错谬的：因为没有道德前设，单单启示不能解决所有问题，从而（得出结论），启示不能解决任何

〔3〕 See *MA* 92 – 3.

问题，即使当道德上不可抗拒的理由为理性可接受时。[4]

很久以前，圣托马斯就已经陈明了这种区别，而且，在传统中，已经为圣保罗与爱任纽（Irenaeus）所建议，又为梵蒂冈第一次与第二次大公会议重提，使我们作为天主教徒能够并且有权参与公共政策商谈，在许多不用诉诸启示或者信仰为根据才接受的问题上，按照事实上为启示和信仰观点内容之组成部分的真理而行。比如，分配正义、致死（killing）、奴役（enslavement），这些真理能够根据理性上为人们可及的论证得到护卫，人们没有接受天主教会提出的相关启示只是因为无知或者错失。按照“自然法”或者“自然理性”的传统原则来称呼，这些论证是相当令人困惑的，可以在比约翰·罗尔
116 斯或斯蒂芬·马塞多（Stephen Macedo）更合理与更持久的意义上，称之为“公共理性”（public reason）。罗尔斯运用“公共理性”意指在一个筛选真理（truth－bracketing）的“交叠共识”中辨别观点真或者假，马塞多的相关运用则指那些无需任何复杂论证就可以获得的真理。

我们能够将新的与时尚的辞藻——“公共理性”运用于天主教所护卫的自然道德法和自然权利或者人权，并采纳那些公共理性是独立于神圣启示而可及的这个事实，不应当导致得出这样的结论：启示本身不是一种公共理性。相反，天主教传统与第二次梵蒂冈大公会议所称的“公共启示”（public revelation）确实为所有人可及，就像使徒彼得在逾越节那天站在耶路撒冷，提醒他的听众们：“神借着拿撒勒人耶稣在你们中间施行异能、奇事、神迹，将他证明出来，这是你们自己知道的”（《使徒行传》2：22）；并且，如使徒保罗在雅典面对着“亚略巴谷（Areopagus）的全景”，告诉他的听众“上帝所设立的人（要按公义审判天下），（藉着叫他从死里复活）给万人作可信的凭据”（《使徒行传》17：31；2：32）。如果说保罗在雅典有听众信服，那么数量也是相当少的，但是，彼得的听众却有成千人信服。对所有人来说都容易理解为信实可靠的（accessible as creditworthy）事实，在实际中，也许为大

〔4〕 See 1980 b; essay 19, sec. Ⅱ; and *MA* 92－3. [And on Hughes see now the endnotes to essay 16.]

多数人、许多人、一些人或很少人影响和接受。伊丽莎白·安斯库姆（Elizabeth Anscombe）曾经称为[5]人类思想无止境的扭曲（twistiness），部分地解释了这个实际变量（de facto variation）。但是，证据与论证的理性可及性、信实可靠以及合理性判断的其他前件都独立于实际接受的事实。

我们应该拒绝将天主教信仰简化为一种私下的情感（private sentiment），碰巧与其他人共同享有。即使许多政治共同体成员不接受这些根据，并且谴责为不当，我们仍应当将信仰的真理考虑为行动上好且正当的根据（good and proper grounds），包括一个人作为投票的公民或者公共官员。这并不意味着"强迫天主教教义"；信仰的真理之一是：每一个人，甚至那些不合理地弃绝天主教而支持某一虚假宗教，或者对上帝每一项真理的某种错误否认的人，以及与此相关的信念，都有权不受强迫，只要由那些信念而来的行为尊重（1）他人的权利，（2）在真实的正义中一起有秩序地生活的合宜公共和 117
平（3）应当保留的公共道德。[6]

在此，回想圣托马斯在原则上否定限制成年人真正私人的活动的家长主义法律，[7]也是有帮助的。就设法采取国家权力惩罚离弃天主教信仰而言，他自己并没有一贯地遵循这个否定。因为他对这个举措的辩护依赖于这个前提，异端邪说不仅是易传染的，而且腐蚀那些没有经验或者摇摆的人[8]真实的信仰，因而与共同善相悖——如其他不信者（如异教徒）可能的那样——但不像那些不信的其他形式，也因为违背承诺或者类似于违背承诺而构成了应受到处罚的不忠。[9]这个类比总是没有道理的：信仰通常被婴儿洗礼代替，即使当这个签名被在合理年龄或者之上的明确归正行为成就时，认定它拥有向他人作出委身承诺的特征还是不准确的。如阿奎那自己在其他地方所说的，虽然信仰是一个不仅仅让一个人而是许多人受益的善，但它并非以社群为主要部分的善，而是"单独附属于作为个体的每个人"（ad unum

〔5〕 Anscombe，"War and Murder" at 60.

〔6〕 DH secs 2 and 7.

〔7〕 See *Aquinas* ch. Ⅶ；essay 9.

〔8〕 *ST* Ⅱ－Ⅱ q. 10 a. 7c and a. 10c.

〔9〕 *Ibid.*，a. 8c.

aliquem pertinet secundum seipsum）（*ScG* Ⅲ, c. 80 n. 15［2560］）。对异端的“治疗”惩罚与强迫信仰的区分太空洞了，阿奎那（跟教会一样）严厉弃绝对信仰的强迫，但是他不知不觉地说——也跟他自己对信仰的认同（assent）性质的考虑不一致——对异端的惩戒作为“迫使他们归回信仰”问题而获得正当化，“有形地迫使他们实行他们所承诺的并且持守他们曾经接受的”（*ibid.*）。

信仰应当自愿以及不受强迫压力，这个要求是宗教这个基本的善之含义，按着个人所能领受的，对实践上帝真理进行个人化的寻求、拥有和遵循。接受信仰的举措和性情如此地附属于个体的人，而不那么影响公民社会正义与和平（civil justice and peace），那个举措应当是对自由的要求产生了梵二公会所陈述的结论：只要尊重了公共和平、公共道德与他人和谐的权利，针
118 对公共权威，所有人对他们宗教信念的所有表达就拥有一项免受强迫的自由权利。该项权利不是阿奎那主张的那种只是宽容错谬的宗教践行（*ST* Ⅱ-Ⅱ q. 10 a. 11c）。

我们应当并不怀念柏拉图和亚里士多德护卫的家长主义，或者中世纪和后中世纪天主教（就不用提新教了）国家的宗教不宽容。我们也不应当接受其他一揽子提议，让天主教负保守主义的恢复政治之轭，或者社会主义或者国家资本主义的自由主义政治，再或者其他无论什么轭。正如任何人能看到的，天主教会还处于它向着时代末了的漫漫长路之开端；其奥古斯丁派、中世纪与随后利用国家权力的经历不过是一个过去的阶段，信仰与慈善在其中被一起利用，而没有充分注意到信仰本身所提示的区分以及发展之后被证实的区分。在我们自己的反思中以及在适当的公开场合，如果我们做出并且坚持那些区分，那么，我们就能够平静而不隐含任何威胁地肯定，人类历史的中心是耶稣基督的生活与教导，以及他的教会所传递的真理，即使按人们的说法是腐败、混乱和愚钝的时期，就像现在，这依然是文化的真正中心，能够并且应当指引西方自由社会与任何其他类型政治社会的政治商谈。罗马天主教会内部紊乱的确是这些社会内部混乱的一个实质性肇因（也是后果），即使许多世纪以来，那些社会没有理由地将天主教视为形同陌路（或者以此为它们的职责）。

如果我们寻找当前教会内部混乱与非道德化的根源，我们则会发现我所提的两个显著可能因素：那些不经批判就接受启蒙哲学的一些不合理信条与前设的圣经学者压抑了启示公开的、历史的特征；实际性剔除了超验盼望即对天堂的盼望。在其他地方，我提了一点第一个因素；[10] 关于第二点，容许我在刚才杰曼·格里塞茨已经对我们说的再加一点。[11]

地狱论在情绪上是令人厌恶的，比如，对圣托马斯·莫尔（St Thomas
More）来说是这样，对我们来说也是如此。[12] 但是，它是耶稣基督的生平和 119
教导如此清楚地启示的部分，所以，要在基督徒意识中颠覆这一点，必须期冀于混淆或否认启示和理性之间的真实关系。我已经提到这类混淆和否认的一些例子。然而，许多人相当没有必要地讶异于地狱的亏损对于天堂盼望的影响力。他们的惊讶是没有必要的，因为如果不论一个人做什么，X 都将发生或者不发生，那么，人就不能够对 X 做什么打算（intend）。因此，如果有人认为，无论如何每个人都会到达天堂，或者天堂纯粹是个神话，我们知道什么是“不”，那么，人就不能够为天堂做什么打算。盼望（hope）不是作为跟实践商谈和选择没有联系的梦想，而是作为以适合必需的人类完善——属天的生活（the life of heaven）——为期望来形成个人选择和行动的坚固意图（standing intention），就成为不可能了。[13] 所以，使没有地狱畏惧（却确信天堂）的“基督教”不可避免地转变为没有天堂盼望（却带着某些属世盼望）的基督教，这是实践理性自己的逻辑，这个世俗主义转变在所谓的自由主义犹太教徒和基督徒之间传播得如此广泛。

一个人抱有鲜明的盼望、对盼望持有清楚和肯定的前设，显然是可持续性地在公共政策论辩中论战的一个前提。大公会议重申了教会亘古不变的信

---

〔10〕 Essay 9.

〔11〕 Grisez, “Healthcare as Part of a Christian’s Vocation”.

〔12〕 See More, *Dialogue of Comfort against Tribulations*, 249. Cf. 莫尔写的最后一篇祷文：“良善的主，请赐给我恩典，……让我走通往永生的窄路，跟基督一起背负十字架，铭记末了的事情，把我已经握在手中的死摆在我眼前，让死亡对我不陌生，预见并思索地狱不灭的火，在审判到来之前祈求赦免……” *Thomas More’s Prayer Book*, xxxvii. [See also essay 10.]

〔13〕 正确整合基督徒生活中盼望与畏惧（fear）的非常重要的分析，参见 *LCL* 91 – 4；also *DMQ* 21 – 8.

仰，以充分理解参与这个世界或大或小的事务的方式来陈述那个盼望的内容，即使在那个参与看起来是注定失败的时候。因为它用了温宁主教（Cardinal Winning）所唤起后来又为杰曼·格里塞茨在此恢复的术语，唤起并且重述了盟约的应许：如果我们遵主的命令而行，那么，当基督把真理与生命、圣洁与恩惠、正义、爱与和平的完整国度交到天父手中时，我们将在某种程度上再次发现所有我们的天性和努力——但是经过了洁净和归正——的良善果实。[14]

Ⅲ

如果我们自己的头脑很清醒，那么，我们参与公共商谈（public deliberation）就大大地受益，并能够使其他人也清楚，道德反思之目的不是要确认特定的人及其行为应受惩罚。其目的是对个人自己的良心来说解决这个问题：我应当做什么？我可以做什么？我可以采取什么选择？哪些选择无论它
120 们多么吸引人，我都必须不做？基于许多原因，这个澄清是重要的。公共论辩经常被是否 X 类行为跟 Y 类行为一样坏这样的问题打岔而毫无结果，比如，以意图让无辜者死亡作为核威慑策略的部分，（如同核威慑所有与军事相关的政策的确都）包括袭击城市与最后的同态复仇选择与在一次夜间袭击城市或最后的复仇行为中杀害他们都同样低劣。在真理上，唯一有成效和有兴趣的问题是，能否合理性地（道德上可接受地）形成该意图。我们不必同“实施该意图将会多么恶劣”这个问题交战。

相似地，商谈的重要问题从来不是，对于一个人做他选择做的，是带着厌恶的感觉还是“不赞同的”思想。问题总是在于，这个选项是否值得选择，或者因其非正义或以另一种方式与人类善相对而将它从正直的选择中排除，圣托马斯将其描述为任何人实践思考的第一原则，通谕《真理的光辉》（*Veritatis Splendor*）（1993）经常援引为行动的基本理由，并称之为基本的

〔14〕 Vatican Ⅱ, Pastoral Constitution on the Church in the Modern World, *Gaudium et Spes*, sec. 39.

人类善。[15]

如同通谕所澄清的，只有从这个角度，即正在对行动进行权衡（deliberating）的人的角度，才能够为了道德判断之目的而理解人类行动实际上是什么：

> 人类行动的道德性首要且本质上依赖于商谈意志合理（rationally）（不论有理性地还是没有理性地）选择的“客体”……为了能把握在道德上明确该行为特性的行为客体，因而有必要将自己放在行为者的视角上。意愿行为的客体（the object of the act of willing）事实上是一种自由选择的行动。……那么，藉着一个已经给予的道德行动客体，根据其带来外部世界已有事态的能力进行评价，人不能够计划有一个纯粹自然秩序的过程或事件之结果。相反，那个客体是决定着行动者方意愿行为的一个权衡决定之最接近结果（*Veritatis Splendor* sec. 78）。

在我们的社会，大多数人很容易把握给止痛药来杀死病人和给一定剂量来止痛之间的区别，这个限度是很好理解的。难以理解的是，人们宣称，通过剥夺营养和氧气让一个病人死亡不能作为谋杀；[16] 或者，人们考虑这样 121
的事实，炸弹将一个军事目标作为其攻击点就解决了它是否有意杀害非战斗人员的问题。

配合（cooperation）不道德行为（wrongdoing）问题，首先取决于坚定地把握这个人类选择客体的理解。其次，理解存在着支持我们预见和作为原因的道德责任，即使那些效果不属于人正在选择和行动的客体或者意图（intention）的任何其他部分范围之内。正式的配合（formal cooperation）根据客体和意图来界定，也就是一个人选择和打算的一整套方法和目的（包括那些为通往进一步目的之途径的目的）；实际的配合（material cooperation）根据可预见的附带影响（side effects）来界定，也就是不在人意图之内的影响（同样意义

〔15〕 See e. g. *Veritatis Splendor* sec. 48. 3; see also secs 13. 3, 67. 2, 78. 2, 79. 2.

〔16〕 See essay Ⅱ. 19 (1993c).

上的意图：一个人选择和打算的一整套目的和方法）。约瑟夫·波义耳带领我们熟练地了解关乎此的所有。[17] 让我来使用跟我关于天主教徒参与部分腐化的社会之商谈论题相近的一个例子。

在《生命的福音》（*Evangelium Vitae*）（1995）通谕第73节，你可以发现两个表述：（1）投票赞成允许堕胎的法律绝不是正当的（licit）；（2）众所周知，当选为立法者的天主教徒个人绝对反对设法堕胎，能够正当地支持许可堕胎但比现行法律或者一旦被通过并成为法律的法案许可程度更少的法案。这两个表述前后连贯吗？也许有人说，它们不连贯，因为第二个表述宣告为正当的投票是支持许可堕胎的法律，尽管许可的范围比现行或可能的替代性法律要窄；但是，第一个表述精确地判断支持许可堕胎法的任何投票与每一个各类投票都是不正当的。

但是，我想这个反对是错误的，两个表述为前后连贯的。如《真理的光辉》第78节阐明的，通过其客体来界定，这些类型的行为总是、无一例外非正当的。总是非正当的投票是支持许可、确实许可堕胎的法律。即使个人反对堕胎，并且投票支持堕胎只是为了保留自己的位置来阻止安乐死或者种族灭绝法律，或者只是为了贫富的平等地位，这类投票总是不正当的。第二个表述判断的那种投票能够正当，因为其客体不是：许可现在为非法的堕胎，而是禁止现在为合法或者否则迫切可能成为合法的堕胎。即使是一个投票支持确实许可堕胎的法律，立法者选择该投票为一个支持限制堕胎的法律。该限制性法律也许可堕胎只是一个负面效应（side effect）——当我们从
122 行动者的角度考虑投票行为时——即使许可的负面效应跟反对限制同样紧迫（新法说16周以内堕胎是合法的，而旧法或者正受危机的替代性法案则说24周以内都合法）。

《生命的福音》第73节包括如下语词："这（第二种投票）实际上不代表不正当地配合了一部非正义的法律，而是一个限制其罪恶方面合法且适当

---

〔17〕 Boyle, "Collaboration and Integrity: How to Think Clearly about Moral Problems of Co-operation".

的努力。”因为这个句子一次处理了两件事情，所以措辞上有点不谨慎。其一，它隐含地说了我已经说过的，那样一个投票不必是正式配合许可 16 周内堕胎的恶劣选择——第 74 节接着讲正式配合道德上的恶绝不是正当的。但是，其二，第 73 节最后一句也说，立法者非正式而显然为真地实际配合实施，事实上许可了‡16 周内堕胎的新法能够成为正当。措辞上的不谨慎是双方面的。一方面，句子中讲的，不是“确实能够”（does can be）而是“实际上代表一个合法且适当的努力”诸如此类。实际配合的合法性（legitimacy）依赖于许多因素，该段落并没有考虑所有的因素。“确实”（does）应当解读为“实际上能够，如果所有相关条件都实现”。另一方面，这段话说到众知他们“个人绝对反对设法堕胎”的立法者。“个人反对”（personally opposed）这个词汇有着似乎孤立的不幸副作用，给特定类型的天主教政治家以某些支持，不正当地正式配合颁布允许堕胎的法律以及恰恰便于获得堕胎的安排之需，用这样的口号准确地辩护：

> 我个人反对（或者绝对反对）堕胎，但是，因为在一个多元社会或者一个自由民主社会，对于正处个人存在之中心等类的问题，没有人有权利将他们的宗教信念或他们个人的道德信念强加于他人，所以，我投票允许或者为其提供便利或安排，等等。

当然，从《生命的福音》第 73 节总体上不支持并且不给这类政治家留有余地来考虑，我认为不用他们“个人反对”这样的口号会更好。“个人”这个词唤起一个跟《生命的福音》第 73 节思想相反的歧义，可能存在着仅仅属于私人的、关于正义的真道德判断，该判断却不是对行动有效的公共理性。真正的问题不是正直的天主教立法者是否个人反对堕胎，而是他们是否公开反对堕胎并且绝不投票允许堕胎，比如使堕胎更加可能，并且总是采取
每一个合理的机会投票限制它，包括如果可能，则绝对禁止所有通过堕胎的 123
有意谋杀。这种对行为以客体为中心的分析，也许会太心理学，并且的确二元或者笛卡尔主义，从而跟健康的亚里士多德主义或托马斯主义（如约翰·霍尔丹所论，或者将身体行为作为灵魂的最好表达）不和谐吗？我认为不

会。无论《真理的光辉》还是《生命的福音》，还有我自己对它们的立场之陈述，都不是以二元或者任何其他令人反感的方式为心理学的。在霍尔丹教授演讲的进程中，当他挥手并将其重心从一只脚转移到另一只脚时，是灵魂的身体表达之例证，我们都确实如此来理解挥手：用这个情形来达成哲学上的要点，就是表明在希望如此时审慎地控制身体的功能。在这个情景中，他的意图是清楚的。否则，重心的转移也许就成为一个生物性反应（animal reflex），对他就其灵魂想要向我们表达的没有什么相应关系，他挥手也可能是将要丢一个炸弹的示意，或者（在另一个场所）吸引计票人的注意力来肯定并因此扔掉一个支持堕胎的投票，或者取消那个投票来表达即刻后悔，或者问候一个朋友，或者我们不知道的意图。如圣托马斯经常说的，一个并且同类的行为（*actus in genere naturae*）可能成为一种或更多不同类型的道德上有意义的人类行为（*actus in genere moris*），[18] 一个人就这类行为所作的道德判断，第一情形依赖于他这么做的客体（也即行动的对象），其次依赖于他这么做进一步的意图（行动的目的或意图），然后依赖于详细情况（circumstances），包括这么做的附带影响（the effects *praeter intentionem*）。所审查的外在行为是作为带出人意欲和选择的内在行为并且使自己做选择做的行为来评价，跟可预见的附带影响相关，表明了一个人有德行的或者马虎和恶劣的性情。

推陈出新，格里塞茨的《主耶稣的道路》（*The Way of the Lord Jesus*）之卷三《道德难题》（*Difficult Moral Questions*）追溯并阐明了实际配合各种可能的坏的附带影响[19]（如他指出的，它们也是正式配合坏的附带影响，但那并非当前的问题）。这些坏的附带影响包括推动另一个人错误行为的基本或者首要的负面作用；然后，是大量其次的配合带来的负面作用。（1）人接受首要或者基本的负面作用带来的坏影响——投票支持这样一条法律对人的感受
124 和倾向方面的影响，也就是说，实际上允许 16 周以内堕胎跟那些认为堕胎应当自由可得的人是相附和的，只是因为他们不能达致更多许可，所以投票

〔18〕 Essay Ⅱ. 9 (1991a).

〔19〕 See *DMQ* 879 - 82.

支持 16 周以内的堕胎。（2）这个配合为实际配合颁布需要人合作的、限制 16 周内堕胎的其他不道德计划提供了机会；（3）主要加害者（principal wrong-doer）可能因某人的配合而受到安慰，理解成认可错误行为（wrongdoing），类似地，引起以同样方式理解某人配合行为的第三方反感，以及在配合者与第三方之间其他形式的不和，并且削弱了人对于道德真理的见证，比如就杀害无辜者而言。

反思教会自身藉着其领袖和代表——尤其是主教们——进行争战时，如第三点那样，所有我所罗列的负面作用都具有特殊重要性。因为准确来说，教会的使命乃是为真理做见证，特别是关系着耶稣关于悔改和过一个与主相配的生活呼召的道德真理。

Ⅳ

这样，就到了我的最后一个话题，即教会通过其教牧领袖确切地作为教会来行动（如讲话）在当代自由社会中的作用。我对“自由主义”的评论还有一点没提及，这一点如我们实际所知，是这些社会的首要特征之一。我对基督徒当中失去实际盼望做了一些评论，在这么做时，我含蓄地分辨了柏拉图很久以前在他最后的著作《法律篇》分析过的实践无神论三种型态中的第三种。[20] 上帝容易对人类行为满意或容易安抚和买通这样的假设，柏拉图视之为实践无神论或者世俗主义的第三种类型。至少另外两类是无处不在的：没有上帝，或者任何兴许存在的上帝并且关心人类的事情。《真理的光辉》通谕在第 88 节着手于这个主题：

> 处于世俗主义上升的环境，（信仰与道德的）分离代表了教会最尖锐的教牧关切之一。在这个时代，许多人、的确是许多人以“似乎上帝不存在一样”思想和生活着。我们正在谈一种心态，这

〔20〕 See *Laws* X 885b, 888c, 901d, 902e - 903a, 908b - d, 909a - b. Plato usually speaks of "gods" or "the gods", but when getting to the heart of the matter switches to talk of God or "the god" (see 902e, 903d, 910b). [See also essay 3.]

> 种心态经常以一种深远、广泛并且包罗一切的方式发挥影响力，甚
> 125 至影响了基督徒的态度与行为，那些信仰脆弱且失去了以信仰作为
> 个人、家庭和社会生活中思想和行为崭新和原初的标准……那么，
> 迫在眉睫的是基督徒应当重新发掘信仰的更新及其判断一种盛行且
> 全面侵蚀的文化之力量。

如同大公会议所澄明的，与整个传统一脉相承，在彼得与保罗以及其他使徒的后继者所有的主要责任之中占支配地位的是宣告与肯定那个信念。[21]如果负宣告与肯定该信念责任的那些人及有扶助他们义务的人，没有仔细地评估和仔细地再评估，并且严厉地回应世俗主义“深远、广泛且包罗一切”地侵入教会的神学院、教师培训学院和学校（还有大学），以及它的书店、出版社和报纸——如果牧师对天堂和地狱落入沉默，从而对其他不受欢迎的教导也保持沉默，还有对于接受耶稣基督启示的公共善之理由保持沉默——那么，就会发现教会停止成为世俗论辩中哪怕是有兴趣的参与者，彷徨于他将人们引向救恩的首要且不可替代的目的，也是不足为怪的。

在我看来，对复杂的可能的事实进行评价，这不只是教会自身（诸如主教的责任），而是就社会福利政策或核威慑策略达成审慎判断所必要的。无论得时不得时，教会、主教的角色是教导：如果任何这类政策在道德上为天主教徒或者怀有善良意志的任何人所接受，那么必须符合所有的道德原则和规范。因此，教会关于道德方面的教导、教会对公共商谈的参与，应当与严格假设框定的许多问题相关。举个例子：如果一项核威慑政策涉及危害非战斗人员的意图，那么这就是不道德的，在任何情况下都不可以通过或者予以正式配合，无论这样做会带来什么结果；诸如该意图是有条件的，或者带着善良动机，或者在面对敌人和避免战争方面已经并且看上去很可能成功，这些事实都不能挽救这个结论性判断。威慑政策涉及那个意图吗？我相信，那个问题应当留待那些责任为决定是否作出和执行那项策略或政策的人们来决定，对于这项责任的重要性和紧迫性，教会不应落入沉默。多年来，带着世

〔21〕 Vatican Ⅱ, Decree on Bishops, *Christus Dominus* (1965), sec. 12.

俗宣传的全部光辉和奔忙，美国主教们试图就核威慑达成一个非假设性的判断，从一开始就偏离了他们委员会的决议：首先私自让他们对公共论辩的贡献不会谴责他们的国家之威慑，接着，又受到公共官员意志的拦截，他们向主教们不太刨根问底的调查设法以巧妙的方案掩盖国家政策意图的事实。[22] 126

世俗自由社会和它们如此这般的公共官员有一个关切的界限（就像每一种世俗主义和结果主义的界限一样），[23] 受到情绪利益的武断限制。在那个界限内，教会及其成员集体以微不足道的参与者形象呈现，被任何感受到的、当前正在推行的短期目标所对付。如我已经竭力建议的，教会及其每一位忠心成员的界限是远远不同的。这个世界转换成新天新地不是藉着任何人类工程或者计算的成功来成就，而是上帝会采纳为建造那个新世界时有用材料的每一项符合理性的人类事业、每一个爱人如己的行动，跟这个世界不连续但又以奇妙的方式具有连贯性。即使没有启示帮助的哲学也能将这个久远的目的辨别为一个理念，实践理性唯一可接受的理念，能够整合行动基本理性的唯一原则。每一个有价值的公共或者私人论辩，力求追溯和跟踪的理性自身的轨迹驶向同样的目的。如果我们从事推理这个苛刻的学科，那么，我们应当怀着那个信心来如此行为。

注

† 在实际上许可了堕胎的一部法律（*A law which does in fact permit abortion*）…（p. 122）。如我在论文卷Ⅳ. 22. 459（2004b）的脚注49中所作出的解释，这个句子表达严重不准确，该篇文字澄清了本章第三部分涉及的对于立法的整体处理。

---

〔22〕 See essay 21 at 326 n. 73; essay 20 at 277-8; *NDMR* 23-4, 36-7, 160-1.

〔23〕 See e. g. *FoE* 126; *MA* 43-4.

第二部分

接受启示的基础

第 7 章

质疑（Questioning）的意义[*]

I

如你所知，律师们有一种合理怀疑（reasonable doubt）的观念。相应地，129
他们也有一种不合理怀疑（unreasonable doubt）的观念。既然这对观念是常识（common sense）的一部分，则那些不是律师的陪审团成员就可能被要求决定“超越合理怀疑”的犯罪行为。

当然，最不明智的是，毫不质疑地依赖于常识来处理人碰到的所有问题。难道不是这样吗？我们遭遇的问题之一是：对于不合理的原教旨主义或不合理质疑，常识并不是无辜的，更不用说集体无意识（common - nonsense）。我可以告诉你，毫不质疑地依赖于律师们仗势提供的观念，则是更加不明智的。

而且，看起来，不合理怀疑的观念在任何批判性智识（critical intelligence）中都将扮演一个角色。因为如果有人疑惑在特定情境中，到底什么被宣告为或设定为案件事实，才总能在那些疑惑上再加一个怀疑，也就是：“在这些特定情况中，我怀有这些特定的疑虑合乎情理吗？有必要吗？”这个问题往往拥有一个清楚正确的回答：“不，那些怀疑是不合情理的，没有必要的”——因此，随着这个问题得到回答，疑惑释然，其他疑惑也消散，也就

---

* 未公开出版：1973 年 10 月 28 日在牛津大学童贞女圣玛丽亚教堂的讲道。

合理了。

16世纪以来，当塞克图斯·恩皮里科（Sextus Empiricus）古代经典的怀疑论纲要被重新介绍进我们的文化时，“怀疑论者”（sceptic）这个术语，像“怀疑”（doubt）这个术语一样，带来了这样的建议：信仰、宗教信念和神学站在理性、批判主义和科学面前，就像傲慢站在智识关怀（intellectual concern）
130 面前，又像幻觉和一厢情愿的规划站在清楚可见和被冷静接受的现实面前。然而，如今再提出，关于这些建议的综合（equations）、类比（analogies）和对比（contrasts）就合乎情理和可能了。比如，可能探究是否休谟对知性（understanding）及其客体的解释有任何纯粹理智（sheer intelligence）的考虑，超越一种印象和形象的比较与联合，通过理解的行动将那些合理性判断的可理解内容加入经历的资料库，藉着那些判断，我们将逐渐知道事实是什么。因为休谟在不小的幅度上展示了这类理智，尽管他自己有相当明显的疏忽。或者再之，可能究问是否存在任何理由接受最近关于“神学主张”（The Claims of Theology）的吉福德讲座提供的解释：任何解释必须产生一个“我们能够成功展现”的前设（hypothesis），一个“事件进程的范式”（pattern），“与在逻辑上可能的其他范式相对比的实际范式”。[1] 的确，通过成功预测进行解释甚至是一种解释的重大形式，这并不是最明显的，当问题为如下时：根据什么基本条件，我们能够理性和批判地肯定确实存在一个事件的进程、事件的任何进程、一种范式、任何范式、一个现状（actuality）、任何现状，可以跟纯粹逻辑可能性或者貌似真实的表象相对比？当人们开始赏识需要对解释的可能性进行解释，而不会被“符合问题被限制的范围”这个限制性解释所耽延，还要求适合他们自己现实且具有批判性的问题之答案，并且，他们坚持这个问题——因为没有坚持就不可能给出连贯且完全并在任何情况下都是事实的（factual）、经验的（empirical）、符合现实的（actual）或真实的（real）解释；如果最后到了某天，他们用“上帝”或者“创造”这类术语来预示，如果一切在根本上都是现实的，则他们做出的判断也必定是现实的，那么，他们这

〔1〕 Ayer, *The Central Questions of Philosophy*, 216－17，222.

些人不会被指责为自满或者对常识不采取批判态度，或者怀有贵族言谈习惯那种墨守成规的顽固。

但是，如何能让我们对这些古老术语的赞同成为不只是一个观念上的认同，而对我们来说是真实的呢？在怀疑论者对“这个世界”和我们的“知识”洋洋自得持有的教条主义（dogmatism）之可质疑性确实开窍之前，存在着一种怀疑论者的教条主义，同言说上帝、创造、因果律、无所不能，甚至将这一切哲学化的信仰者的教条主义相平行与相对应。就目前来说，怀疑论对信仰不加质疑的教义模式之回应是相当合适的；对怀疑论唯一适当的回应是，在怀疑论者武断叫停的地方继续带着问题进行下去。这样追问的回报是 131
一个可理解的暗兆（intelligible intimation），圣徒保罗称为上帝的“永能和神性是明明可知的，虽眼不能见，但藉着所造之物就可以晓得”（《罗马书》1：20）。

古代和近代许多学科与科学的方法彼此非常不同，成就也截然不同。然而实际上，你发现它们共同拥有的一种语言：根据诸如貌似真实的（plausible）、合意的（elegant）、富有成效的（fruitful）、有正当理由的（warranted）此类依据，它们都表达了它们最终传递的假设性判断。注意到这个共同语言的一些人也许会设想，所有学科和科学共同享有某一种合理的或为真判断的检验或标准。然而，并非如此。在一个学科内，要知道什么是符合条件的或可信的，以至于能够在那个学科内明智且批判性地运用“合意”和“可信”，除了让自己服从介入那个学科资料、赏识该学科提出的疑问、享受其假设、反思其标准这类训练，就没有其他替代性出路。因此，类似地，除非一个人首先让自己听从神学和信仰宣告提供了答案的问题，否则不可能理解神学和信仰谈及上帝时的各种术语——甚或“上帝”这个术语本身。一个人基于其他目的、回应其他问题而了解如何使用诸如“原因”（cause）、“权柄”（power）或者“善”（good）等术语，是不够的。正如“可信的”“合意的”“富有成效的”“有正当理由的”含义从一门学科到另一门学科、一组问题到另一组问题系统地改变，“原因”“权柄”“善”的含义也是如此。在我们的经验和所有其他学科与科学中所了解的这个世界，我们发现它有可质疑的、不充分的、取决于具体情况和不可解释的方面，只是在这个程度上，我们能够知道是说到上帝之处了。

像“貌似真实的”“合意的”等术语的含义转变是一种含义的系统性转换，而不是纯粹的语义含糊或者我们使用语言的意外，原因在于：有些超越于纯粹语词的东西是所有学科和科学共有的——学者和科学家并且也是所有人类“与生俱来”（in possession of their faculties）（如俗话所说）的意识的互动结构。当圣徒保罗说到藉着所造之物“明明可知”造物主时，他以他自己的强烈方式相当地简化了问题。只是通过睁开眼睛看，就的确会发现真理吗？当睁开眼睛并且观看时，当然，他所看见的不是作为纯粹与现实相反的表象而丢掉。但是，为此，这不就是一个理解（intelligence）的起点吗？如果
132 一个人很敏锐，那么，问题就来了。为什么事情看上去如此？猜想和假设将会产生。进一步的提问迫使修正。只有当一个人断定存在充分的证据或充足的理由以保障那个判断，并且进一步质疑将不合理，这样负责任地做出判断，那么，人才能最终知道穿梭于其中的判断，实情的确是如此这般（起初问题模模糊糊，但属于有认知地趋向该判断）。

Ⅱ

于是，疑问将我们引向及时施行的一份劳动、一项工作、一个项目。如同我们其他的工作和项目，有一个看得见的目标（我们贴上真理或知识或其他什么标签）：存在于策略和方法之间、捷径和我儿子所称的曲径（longcuts）之间、安全的方法和未经检测的直觉（hunch）之间诸如此类的选择：你非常熟悉这些问题。而它们是一个实践的问题。

这样，一个发问和属于学识与科学的伦理准则进入视野——不是从已经接受的或一般伦理准则或道德（在现今的世代还有什么比存在一般伦理准则或道德这个观念更加模糊不清）演绎或“应用”（application of）之中——不！我的意思是：任何人亲历或间接感受好奇心、疑问，只是跟知性毫无关系的欲望和动机的纯粹冲动，都能在那个经历中领受真理并了解它以及明事理的

善和价值——的确具有普遍性的善和价值，在意义上，即它们不只因碰巧具有吸引力的任何特定问题获得一个令人满意的答案而实现，而是由自己或任何人和每一个人在任何时间或地点能够赢得什么是事实的答案、知识而实现。同样地，任何人都能够了解固执压抑疑问与蒙昧主义企图的恶，一个人想要揭示的是试图让自己跟他人肯定谬误和一半正确而不是在具体情况下批判性质和反思将会揭示的真理时，也是如此。我能够这样继续下去，不过很明显，这个愿望、领受善的普遍形式以及从那些善滑跌的任性或粗心大意的复合体，何等需要超越于纯粹工具性来运用“应当”这个表达，就像我们说“如果你想成为一个好的化学家，你应当学会一些数学”里纯粹的工具性运用一样。但是，我们如何不只在观念上认同“应当”“伦理准则”“道德”这些术语，而是对我们来说真实地（real - to - us）认同它们？

质疑的张力和推力突破了我们对目的（ends）和方法（means）、想要的 133
（wants）和必需的（needs）、“应当”（oughts）的和“能够”（cans）的普通概念。或许，照着我们先前的了解，我们想要的真理结果却是我们不想知道的。我们不能满足于一个仅仅令人满意的判断，因为一个不受欢迎的质疑悄然潜入，我们想知道那个判断是否也是真的。我说过，在理论的实践中，可见存在着一个目的（end）。不过，那是掩盖我们窘境的话语形式。目的并不是可见的，它的确光鲜诱人，然而，却是看不见和未知的。因此，当柏拉图年老的时候，他从政治学进阶到法律，修改了为追求真理而活着的人生符号。我们不再拥有《理想国》里从洞穴的黑暗和阴影到阳光的上升之符号（即使如此，柏拉图也注意不描述任何看见的东西、没有陈述善的形式或理念）；取而代之，在《法律篇》里，我们得到了理解和判断的金线（golden cord），文雅而没有强权地向我们来描绘。很清楚，与次于理性激情的铁或铅的情绪链相比，金线是可爱而值得的（worthwhile）。但是，在我们为未知所引导之处，金色流耗进黑暗之中。柏拉图说，跟随它是我们拥有的唯一严正目标，但这个我们追求的目标似乎与游戏时一样；比如，在一个游戏中，对位

于其终局的是什么，我们无话可说，因此我们不能说出追随游戏的要点所在。〔2〕

与此恰好相似的是，哲学家们就自爱（self - love）和友情（friendship）确切指出的悖论。如果一个人爱自己，就会希望给自己好的东西；而一个对任何人都显著为善的是友情，因此，友情对个人自身发展（flourishing）必不可少；然而，为自己的缘故寻求友谊，根本不是真正的友谊。从另一个目的开始：如果你爱一位朋友，你想保护对他好的东西，但是在各种好处中，你的朋友珍惜的是你；因此，你必须开始保证你自己的好处。在两种情形中，友情都可能要求一个人因他的朋友之故，而牺牲所有自己属世的好处。所以，个人符合理性的利益在哪？友情的核心问题是什么？

那么，探索真理和友情诉求一起将我们引向对我们作为与不作为的责任感，我们以义务的语言，即所谓道德上的应当来表达这个观念。探索真理和
134 友情诉求也使任何认为良心只能是父母建议或者父亲的后像（after - image），或者是族群或阶层或宗派等更多其他因素的产品。真理和友情均促使我们修正功利的框架，从想法（wants）到方法、从目的到途径的实践推理。我们发现，我们不得不介绍“值得的”这个范畴，既然它超越于所有利益和满意程度的可理解计算而明智地被向往，就不是纯粹的方法，而且也不是一个普通的想法。最后，探索真理和友情诉求都要求藉着采纳特别的第三视角来进行到底。因此，友情要求一个人采纳恰恰不是自己或者他的朋友的视角，而是从与自己和朋友的利益保持张力的视角来看，从这个视角能够谋划一个策略，在不偏不倚的善意所提示的考量中认识到双方的利益。虽然是从另一个方向，但也带着趋同的意思，纯粹没有利益的质疑冲动揭示的不过是自我偏好的任何与每一个专断形式，一个对于人类场景（human scene）不偏不倚、善意的观察者，不时在各处观察所有的生活、行为和结果，将其认为是不公正和没有保证的。故而，友情不偏不倚的善意在一个更广的视野内取代了它的位置；为自我偏好要求一个理由的质疑，可能没有把家庭和朋友圈放在一

〔2〕 *Laws* 644，803b - 804c；[*NLNR* 407 - 9].

个人的实践利益的视野，而是将家庭和朋友圈置于许多交叠和同轴的圈子之一，对我们每个人而言，后者扩张并退出人类族群自身的眼界。这就是为什么，我们看到柏拉图在他最后的年月，把任何伦理学、政治学、正义或者法律的可能性建立在介入神圣视角的可能性和吸引力上，这超过了一个纯粹观察者的视角，他将人类事务的神圣对待表达为“上帝是万物的尺度”(God is the measure)。[3]

〔3〕 *Laws* 716.［And see essay Ⅲ.3 (1973a) at 75.］

第 8 章

伦理与启示札记*

135 在本纪元最初几个世纪的基督徒看来，不只是第一部分第 5 章已经讨论过的那些，柏拉图的整个著作都跟他们相信已经在基督中成就并揭示上帝存在、本性和意志的启示高度趋同。因为如此趋同，所以，设想柏拉图和先知耶利米之间有过会面或其他交流。公元 416 年，圣奥古斯丁最终得出结论，通过日期的准确计算，排除了那种特定联系。[1] 不过，令他印象深刻的是，柏拉图及其后继人（首先有亚里士多德）穿过并超越自然科学、认识论和伦理学，进而认知上帝作为有组织的宇宙之动因、领悟真理的光源、人类幸福和成就的泉源。[2] 奥古斯丁在两种想法之间摇摆，认为柏拉图一定对以色列的圣书有些熟谙，或认为柏拉图这位哲学家受到了上帝启示从而知晓有关神与人的存在和美德（goodness）的教导，即使徒保罗在他给罗马人的书信接近开头时提到的广义启示："神的事情，人所能知道的，原显明在人心里，因为神已经给他显明。自从造天地以来，神的永能和神性是明明可知的，虽然眼不能见，但藉着所造之物就可以晓得，令人无可推诿。"[3] 在下一页，保罗又说：

> "没有（启示给摩西和以色列先知的）律法的外邦人若顺着本性行律法（总结于《十诫》）之事，虽然没有律法，然而自己就是

---

* 2008a, sec. Ⅲ; for secs Ⅰ–Ⅱ, see essay Ⅰ.5 ("Bernard Williams on Truth's Values"); for secs Ⅳ–Ⅴ, see essay Ⅱ.7 (Cosmospolis, Nation States, and Families').

〔1〕 Augustine, *De Civitate Dei*, Ⅷ, 11.

〔2〕 *Ibid.*

〔3〕 *Ibid.*, 12; Romans 1: 19–20.

> 自己的律法。这是表明律法的功用刻在他们心里，他们是非之心同作见证，并且他们的思念互相较量，或以为是，或以为非。"[4]

在这里，"心"和"良心（是非之心）"两个表达指向同一个现实—— 136
人类理性的活动，前面的段落称之为"可知"（understanding）。

本章题目中的"启示"是上帝向一个特定的人传递的教导体系，藉着我们称为摩西和众先知的一系列中间人，为拿撒勒人耶稣所言所行所见证的一切而成就，为他的使徒所见证。肯定这个教导和实践体系根基建立（*demonstr*[*ata*]）在理性上是一种信心（faith），[5] 它对耶稣的生命和行为之陈述是真的、诚挚的（sincere），尽管保留了布道形式的历史特征，[6] 教导的道德训诲却是对各地所有人有效，并且为每个人的理解力可及，可以完全理性地接受。就没有启示和信心即可凭理性知道的信念真理（包括道德真理）而言，神圣启示所做的是，在可及性、确定性和免于谬误方面，让那些问题以一种优于独立无援的理性之方式被知晓。[7]

道德（如果你喜欢，也可以说伦理准则和良心）以两种重要的方式走在信仰前面。藉着对真理的热爱——对我在早先[8]文字中称为求知欲（desirability of knowledge）的回应——人能动地对世界存在的源头、令人震撼而有序的演进过程及其稳定且科学上可及的秩序提出问题；并且，对这些存在与井然有序的重要现实，还有科学与历史研究更具体的现实寻求一个确实充分之解释。寻求这类知识的道德义务，或者至少当遇到这类知识时乐意接受它，并且在任何一种情况下，按照自己理性判断为真的来行动，证明是接受启示的强有力动机；启示的内容部分肯定了理性发现，但毫不矛盾地，在另一部分又远远超越了没有启示援助的理性所能够知道的。因此，这个义务是先于

---

〔4〕 Romans 2：14 – 15.

〔5〕 Vatican I, *Dei Filius*（Dogmatic Constitution on the Catholic Faith）（1870）, c. 4（D – S 3019）：只是根基，当然不是全部内容（D – S 3041）。

〔6〕 DV sec. 19.

〔7〕 *Dei Filius*, c. 2（D – S 3005）.

〔8〕 Essay I. 5 at 98 – 101（2008a at 30 – 3）; see also essay 3 at 59, above.

宗教信仰的自然道德的一部分。[9]

而且，伦理准则以第二种方式先行于信仰。在我所关切的意义上，启示已经藉着特定的人群获得传递，最著名的就是这位耶稣。他，他的先锋们，以及那些传讲和描写他的人们是忠于真理的人而非骗子，这个必要的判断是
137 一个具有各种基本依据的判断，如同阿奎那对那些因素的评价所澄明的，这些依据不限于他和他们彰显的个人美德、他向我们提议的生活方式之内在卓越等。[10] 如果一位先知的信息混杂了许可献身于情欲、仇恨和复仇行为，那么，不仅把不道德、非正义和恐怖威胁钉进他/她发现的任何信仰的固定内容，而且，表明他的信息是不值得相信的。[11]（这里，值得回想的是，在基督建立的信仰共同体的教导中，公共启示止于使徒的时代，因此在那之后“没有新的公共启示可期待”，[12] 含有任何宣扬向着所有人、后来随之发生的启示这种信念教导必定是谬见或者欺骗。）

那么，启示是一个对所有人具有意义并且适用于所有人的、普遍真理的显著证据。对于这些证据的合理性评价和挪用，无论哲学如何合理地做，都不过是一个预备，在各种其他方法中，对于“增进理解从使徒那流传下来的话与现实”是澄清、概念上的贡献的一个辅助途径。[13] 这个传递的过程涉及将启示的真理吸纳进具体的人类文化，或多或少有些变动但不至于被抹去。有些改变的元素本身是文化上的，因为启示的某些成分本身就是文化的即人类选择的结果，这些选择能够在道德上正当地存在着差异性。这样既具有文化性又具有普世性的启示典范是主祷文（*Pater Noster*…），由特定个人的选择确定，并且联系到一个自然世界并非固有、非理性所要求和非普遍的文

〔9〕 As is stated in DH sec. 2. 3.

〔10〕 See *Aquinas* 320 - 1. 阿奎那罗列的其他首要因素是基督所行的神迹、他的使徒以及其他见证人自我牺牲的英雄主义。

〔11〕 See *Aquinas*, *ScG* I, c. 6.

〔12〕 DV sec. 4.

〔13〕 DV sec. 8.

化现象（饮食/面包*）。

启示与理性之间两种方式的相互依赖包括：天主教信仰的道德规训也被天主教会同时作为——而且也的确是——公共理性的真理来理解，是为任何有理性的人们可及的，即使在实际上被广泛弃绝的时候，也是如此。像信仰的理性前言，比如柏拉图、亚里士多德或阿奎那关于上帝存在的证据，[14]或者休谟关于神迹的可能性和可知性的诡辩论证，[15] 这些伦理立场和它们 138
的政治运用是开放的公共辩论问题，不用诉诸启示的权威或其作者，就可以被提出来并作为正当有理和可接受的来进行辩护。那些信仰者缺乏能力、教育或者无暇用独立的理性来支取它们，只要简单地基于信仰而接受，不必求诸约翰·罗尔斯迟到的“附加条款”（Proviso），当罗尔斯说“经由适当的流程（*in due course*），我们赋予扶持我们（宗教的）整全论（doctrine）据以支持之原则和政策以（他所称的）正确的公共理性”时，将这个条款引进他“自由主义”但又具有高度限制性的公共理性理论。[16] 处在正统核心的基督徒不必期待“经由适当的流程”，这类公共理性才成为可及的；如果一项道德训导在他们的传统中是作为教义问题提出的，那么，包含和支持那个立场的公共理性就已经可及了。

我表述的如上立场为启示的一般立场之组成，阐明并肯定了与上帝相关的意见和理性判断，包括关于人类善的道德/伦理判断。至少在事先料想的框架内，这正是柏拉图哲学命题所建议的，关于神的原型和所有人类善（cause of all human good）的观念[17]能够使那些拥有该观念的人更好地判断个人、社会和政治生活。

---

* 英文圣经是“面包”（bread），而中译本圣经为“饮食”。主祷文全文是“我们在天上的父：愿人都尊你的名为圣。愿你的国降临；愿你的旨意行在地上如同行在天上。我们每天的饮食（daily bread），今日赐给我们。免我们的债，如同我们免了人的债。不叫我们遇见试探；救我们脱离凶恶。因为国度、权柄、荣耀，全是父的，直到永远。阿门！”参见《马太福音》第 6 章第 9 – 13 节，《路加福音》第 11 章第 2 – 4 节。——译者注

〔14〕关于阿奎那提供的许多证据中的一些主要线索，参见 *Aquinas* 298 – 304.

〔15〕See e. g. “Hume on Miracles” in *FHG* 40 – 8; and essay 9 below.

〔16〕Rawls, *The Law of Peoples*, 144.

〔17〕See essay I. 5 at 94 – 7（2008a at 26 – 9）.

第 9 章

历史意识与神学基础*

I

139 许多神学家都采用伯纳德·朗尼根（Bernard Lonergan）关于历史意识（或者历史思维）和经典主义世界观的区分。比如，理查德·麦克布莱恩（Richard P. McBrien）和理查德·古拉（Richard M. Gula）就受到朗尼根如下权威说法梗概之吸引：经典主义世界观视整个世界为完全的，直到永恒永远不变，据说是以使用抽象普遍概念明确定义了要素的和谐客观秩序为标志；历史意识则视这个世界为充满变数的（dynamic），随着历史发展而演进，以进步性发展和改变为标志，以具体的、历史的概念来言说个体性特征。经典主义方法始于抽象，从普遍要素衍生原则出发，首先是演绎的（deductive），认为其结论总是一样且有保证的，只要演绎的逻辑正确。历史意识观始于经验，从累积的经验衍生原则出发，首先是归纳的（inductive），给不完全和可能的错误

---

* 1992d, Etienne Gilson Lecture No. 15, in the Pontifical Institute of Mediaeval Studies, University of Toronto.

留有余地，意识到其结论将随着经验证据的变化而得到修正。等等，诸如此类。[1]

有一些问题出现。第一，这个影响相当深远的区分为朗尼根和其他人在 140
有关道德问题的论文、章节和书籍中宣告，此举意义重大吗?[2]

第二，所谓一种世界观向另一种世界观的转变，实际上发生于什么时候？在麦克布莱恩和古拉那里，回答相当清楚：始于“启蒙时代”(the Age of Enlightenment)；在天主教神学内，该转变发生在与梵蒂冈第二次大公会议相当近的时期。[3] 在朗尼根那里，事情并不那么简单。有时，他将经典主义神学展示为 17 世纪晚期的产品，似乎从其不充分性中开脱了亚里士多德和圣托马斯。[4] 在其他时候，他更显著地提议麦克布莱恩/古拉解释，比如藉着陈述该区分涉及立场、观点、世界观之间“极大的”差异，“差异体现在它们对人的理解、对善的阐释、对教会在这个世界中的角色归位……在基点上、在整体思想（total mentality）上的不同”。[5]

---

〔1〕 Gula, *Reason Informed by Faith*, 32 - 3, codifying McBrien, *Catholicism*, 941 - 3 (Catholic Moral Theology: From Classicism to Historical Consciousness). 一个人或许可以将“已作修正”(*mutatis mutandis*) 用于朗尼根所说的这段话。这段话出于他接受的如下理念：传统的伟大领导者们充分地免于经典主义的指控。“尽管……希腊哲学家不通晓晚近的解经与历史学家发展的技术，但是，从希腊哲学家转向人文主义者、演说者、学校教师，到那些简化、削弱哲学思想并以夸大他们的智慧与知识的愚钝意见来兜售的人们，依然对规范（如经典主义者的）路径持有一种更准确的理解。”(Lonergan, *A Second Collection*, 234.)

〔2〕 Notably, Lonergan, “The Transition from a Classicist World—View to Historical - Mindedness”, *A Second Collection*, 1 - 9; “Natural Right and Historical - Mindedness”, in Crowe, *A Third Collection*: *Papers by Bernard J. F. Lonergan, S. J.*, 169 - 83; Gula, *Reason Informed by Faith*; McBrien, *Catholicism*; Himes, “The Human Person in Contemporary Theology: From Human Nature to Authentic Subjectivity”, excerpted in Hamel and Himes (eds), *Introduction to Christian Ethics*; 在该书第 7 页，编者们谈道：

或许历史如何形成我们的自我理解之评估，是今天理解道德神学的更重要的因素，没有一个因素比它更重要。这正是米歇尔·海姆斯（Michael Himes）文章的主题。文中，他描述了历史意识——一种受时间限制的人类存在性质的意识——如何藉着修订人之为人意味着什么来影响当代神学。

〔3〕 Gula, *Reason Informed by Faith*, 30 - 1.

〔4〕 Lonergan, *A Second Collection*, 57, 67, 234.

〔5〕 *Ibid.*, 2 (address given in 1966). 尽管受理性主义影响的新士林学派（Neo - scholasticism）被区别于圣托马斯及教父们的哲学和神学向不适用托马斯的重要批评开放，但是，主张拥有这段话所宣称的这些差异之特征就不可行了。因为若存在这些整体思想上的差异，那么，如果经典主义思想包括新士林学派，就必须包括亚里士多德和圣托马斯（如麦克布莱恩和古拉的建议）。

第三，就各个世界观中持守的立场之真相，什么将会被宣布呢？历史意识的支持者没有明确地提出这个问题，他们只是做出含沙射影的回答。显然，他们在告诉我们要用历史意识来看这个世界。但是，当一个人考虑是否采取他们的意见时，进入脑海的是：他们还留有几个未回答的问题。在探究或者知识的任何领域，真的不存在普遍性原则吗？从感知、想象和情绪倾向的数据库里，不可能存在确保认同这类原则的归纳，这一点的确是如此清楚吗？

141 第四，难道提议的区分术语——“世界观”“观点”“意识”“思想”——不会或许几乎共享了前苏格拉底感知（或想象）和理解的混淆吗？比方说，我们在洛克或者休谟含糊不清的“理念”（idea）中就再次发现了这种混淆。这一点对真相的质疑不是有所涵盖吗？

第五，该区分是否自我指涉融贯（self - referentially consistent）？毕竟，一种主张不会因为它抽象地援引了某种倾向于“抽象化”（abstractness）的抽象“具体性”（concreteness）而成为“具体的”（concrete）。

总的来说，该区分或许在哲学上具有混淆性而且在历史上并不准确。但如果是这样，一定还缺乏一些量定其具有可行性的相关真理？我想是如此。它们还要对历史信息的大量增长、神学资源对该信息的承负以及梵二公会前天主教道德神学和哲学的专著，还有这些专著凭借的哲学著作之方法、内容和表述，有所作为。

Ⅱ

反思历史关切和神学之间的关系，谈及非历史思维（a historical - mindedness）向历史思维的转变，一个人也许会直觉地用某种怀疑主义来回应。也许像吉尔松（Gilson）一样，怀疑历史的无意识，比如对中世纪——

那个时候所有的头脑（minds）活在一个历史事实的记忆中，一个引领所有先前历史的事件，从该事件是一个新纪元的起始；一个独一无二的事件……耶稣基督的道成肉身以及降生。中世纪的人们可能没有意识到，希腊人本来的穿着跟他们的穿着不一样；更可能的是，他们充分地知道，却十分不在意；他们的确在意希腊人的所知以及希腊人的所信，更在意他们所不能够知道或者不能够相信的。[6]

在吉尔松的“吉福德讲座”（Gifford Lectures）50年之后，人也许会怀疑20世纪中期和晚期的历史思维及其激发的教理问答。1970年代末，马丁·亨格尔（Martin Hengel）在其早期基督教史一书的序言中，警告当今历史和批评方法的原教旨主义的排他性与“从任何值得认真对待的历史研究中”广泛且重大的“撤退”这个令人不快的汇聚：“当今的神学家们越来越缺乏历史知识和对历史的兴趣。”[7] 同一年，本·迈耶（Ben Meyer）提到，在自由 142
主义的主流中，多么少的解经对理解古代巴勒斯坦的耶稣有深入兴趣或者以任何诸如此类的历史为乐；[8] 更近时，他注意到，文学批评时尚甚至更远地从历史中偏离出去。拉徒莱（René Latourelle）近来伤感地评论道，更少有解经认真地对福音书里的神迹进行历史评论。[9] 对于最近圣经研究的一个非常广泛的领域，可以合理地延伸到拉格朗日（Lagrange）在1904年对巴蒂福尔（Batiffol）的讽刺性评论：“在文献中（M. Loisy）深入挖掘以提取其中蕴

---

〔6〕 Gilson, *The Spirit of Mediaeval Philosophy* at 384.

〔7〕 Hengel, *Acts and the History of Earliest Christianity* at vii, viii; quoted with approval in Hemer, *The Book of Acts in the Setting of Hellenistic History* at 13.

〔8〕 Meyer, *The Aims of Jesus*, 19.

〔9〕 Latourelle, *The Miracles of Jesus and the Theology of Miracles* at 40.

含的理念”，但“当讨论转向历史或者地貌事实时，（他）就迅速过去了”。[10]

事实已经足够充分了。然而，还应该考虑一些直觉的反应，仅仅 60 年前，一个针对美国学龄儿童的标准天主教教理，还能够像 17 世纪最笃行不倦的学者一样，追溯宇宙和人类的创造至大约公元前 4000 年。今天，人类历史跨越了许多年或者成千上万年，而宇宙则有几百万年，这一点对我们理解事物而言是基本的，当然，对 20 世纪开始前的拉格朗日也是如此。[11] 教宗庇护十二世的《圣神默示》（*Divino Afflante Spiritu*）毫不夸张地说道，许多事情，“特别是属于历史的事情，根本鲜有……被过去的注释者所解释”，既
143 然他们几乎缺乏“准确阐述那些事”需要的所有信息。[12] 现在可以获得的年代、顺序、前件等可靠信息，令许多本来合理的文本事件和解释假设不合格，包括许多曾经普遍为人接受的假设。几个世纪以来，特别是最近两个世纪，关于信息量的加强以及获得人类历史信息的途径几乎成倍地扩大。

信息量如此大，以至于我们可以试图对历史知识的必要性和作用进行一个站不住脚的推断。一个垂手可及的例子：朗尼根将“历史思维”名词的

---

〔10〕 Lagrange, *Historical Criticism and the Old Testament* at 226. 比较使圣经影响更广泛的神学共同体的著作之近来的连续版本，比如《热罗莫尼圣经诠释》(*Jerome Biblical Commentary*) 和《新热罗莫尼圣经诠释》(*New Jerome Biblical Commentary*)；比如，在这些著作中考虑对如下问题的处理，耶路撒冷沦陷的大体预言，特别是更详细、更引人注目的路加预言是否要求甚至建议路加福音至少追溯至公元 70 年之后。新近的处理方式表明了任何考虑实际的围城与破坏的历史和人类学记录之迹象？没有人能够像路加福音的作者或修订者一样对耶路撒冷和圣殿感兴趣，可行地回想建立一个详细的“预言”，而此预言看来只是预说耶路撒冷沦陷的方方面面，并不追寻约瑟夫关于围城的历史？在成千上万力图逃亡的人都在城墙外被钉死或恐怖地被杀这样的事件中，看来只是劝告飞离包围的军队？并且，还彻底删除了一个关于耶路撒冷命运最令人震惊和核心的事实，约瑟夫在他历史书的第 1 页强调了这个事实，并在极妙地、戏剧化地描画罗马公民和帝国于人头攒动的街头展示公元 71 年帝国的胜利中，记载在适当之处，唤醒了犹太教法师资料中令人惊惧的迷惑：伴随着成千上万民众在柱廊间寻求庇护，的确是跟耶路撒冷的大多数人一起在烈火中消亡——不仅遭破坏而且是被火所火？See Staudinger, “Die Zerstörung Jerusalems bei Flavius Josephus und im Evangelium des Lukas” at 179 – 80. 关注这类问题是必需的，即使只是带着历史思想来理解文本的文学特征，或者，藉着各种形式的福音传道以及对耶稣真实且诚恳的阐释（*Dei Verbum*, 19; Instruction Sancta Mater Ecclesia AAS 56 [1964] 713 – 16)，教会以关切福音书的历史性和可靠性以及作者意图进行神学上精确的阐释交流。

〔11〕 See e. g. Lagrange, *Historical Criticism and the Old Testament* at 190, 203, 206 – 9.

〔12〕 Encyclical, *Divino Afflante Spiritu* AAS, 35 (1943) 309 at 313 (emphases added).

起源归于圣公会神学家黎加生（Alan Richardson）。但是，黎加生事实上取自不信派美国启蒙历史学家卡尔·贝克尔（Carl Becker）——在吉尔松吉福德讲座的同一年——向耶鲁法学院作出一段解释的话，这段话解释了为什么他或者任何美国人不能理解圣托马斯的自然法定义。[13] 该说法的历史事实绝不会削弱朗尼根命题的历史或者哲学有效性。黎加生受贝克尔启发的历史意识解释如下：

> 因为我们当今是关怀历史的，所以只有当我们跟历史联系起来时，才能够理解一个理念或者理论；只有不把概念作为静态的……而是活的、发展中的实体，我们才能够识别一个概念。[14]

黎加生的推断让他自己宣告了两个自我反驳（self - refuting）的理论：只有当联系其历史时，我们才能够理解一个理论，并且只有将概念视为发展的，才能够识别一个概念。如果这些理论只有通过跟它们的历史相联系，才能被理解，那么历史联系将会把我们带回到其他理论，的确，只有回到其他理论才能够获得理解，而理解该其他理论又只有……以此类推：成为有双重缺陷的回归（regress）。如果只有将概念视为发展的，才能够识别，当黎加生在25年前讲他的陈述，或者贝克尔在35年前讲类似的陈述时，我们现在则 144
不可能确认他的意思是什么。当然，该陈述不只是跟自己的可认知性（intelligibility）主张不一致，而且还会跟许多其他的科学与哲学实践不一致，更不用说启示藉以传承与神学所传递的布道了。

我关于“历史意识”术语早期倡导者的这些论断具有自我反驳的不连贯

---

〔13〕 Richardson, *History, Sacred and Profane*, 253; Becker, *The Heavenly City of the Eighteenth - Century Philosophers*, 19.

〔14〕 Richardson, *ibid.* at 256. 接下去的一段话说，“当贝克尔因此描述在历史意识中涉及什么时，贝克尔是对的”（在历史编纂史上，黎加生的书比这一点更好）。Cf. Becker, *ibid.*：

“历史意识如此是现代思想的先入之见，我们只有通过指出在一个特定事物之前持续所是而现在予以停止的各种事物，才能够识别该事物。”是否黎加生和历史意识的阐释者，意思是宣告贝克尔陈述中隐含的近似赫拉克利特式的泛演化主义（universal - evolutionism），这一点并不清楚。

性这一说法，也必须要谈到威廉·狄尔泰（Wilhelm Dilthey）的论断，我设想[15]朗尼根从他那里吸取了"历史意识"这个术语："……历史意识的发展破坏了任何想要借着一个概念系统来有力地表达世界秩序的哲学之普遍有效性的信心。"[16]

Ⅲ

朗尼根自己对经典主义世界观的描述最突出的是，将"必然的""不改变的""抽象的""规范的"这些术语跟"可能的""可改变的""具体的""经验的"这些词汇相对。[17]

在此，我不必在这个研究所详述的这类描述中忽略传统这个事实。对亚里士多德和阿奎那而言，"必然"和"科学"是相似的术语。在他们看来，科学在原则上超越必然而延伸至大部分情形（*ut in pluribus*），并且，超越大部

〔15〕 当然，朗尼根在各种问题上直接援引了狄尔泰，但倾向于像伽达默尔（Gadamer）所描述或促成的那样来阐释自己的观点（see e. g. Lonergan, *Method in Theology*, 212）。伽达默尔在 *Wahrheit und Methode* 中广泛地使用"历史意识"这个范畴，与朗尼根类似但更加偶然且未显题（unthematic），用了一些"经典主义"［see e. g. Ⅱ. I. 1 (b) (i)］。

〔16〕 Rickman (ed.), *Wilhelm Dilthey: Selected Writings*, 135 (emphasis added). 想要量化，该陈述是难以捉摸和含糊不清的："表达世界秩序……"是指关于这个世界的任何而且是每一个主张吗？或者，单指黑格尔或其他理性主义的全套系统吗？如果是前者，就是自我指涉不连贯。

〔17〕 在许多表述中的一段精简构想：首先，因为经典主义者相信，他能够逃避历史，能够把文化封装在普遍的、规范的、理念的、不改变的之中，也就是说，尽管时代将会变换，但这些改变将是微小的、偶然的，没有重大意义。其次，经典主义者根据亚里士多德的科学观来判断现代科学，并且藉着那个标准来发现它需要必然的原则，因为现代科学不是不证自明的。（Lonergan, *A Second Collection*, 112.）

分情形进深之本质（*per se*），后者包含了甚至是一次性有意行动中的意图。[18] 因此，科学能够将整个科学、神学建立在首先是确认历史文字的意义（*sensus* 145
litteralis seu historicus）之上，即见证了启示、藉着历史实际上力图传递启示为真的一系列建议。[19] 对阿奎那来说，尽管科学有一个不变的、反历史的主题，但是它将一切联系都归于上帝，因此与救赎的历史相关：堕落、福音的预备（*praeparatio evangelica*）、道成肉身（incarnation）、耶稣生平、圣事的构建与教会的成立……许多涉及改变、基本的具体性（radical concreteness）、一次性事件、只是属于自由选择意图的必然的事物……

对于经典主义者着力于“从抽象和普遍的到更具体和特定的”[20] 这个主张，并且，认为任何充分的知识来自于不证自明、必然的原则，[21] 你就想要明白为什么在此没有提到，一个亚里士多德派的科学第一原则藉着智者（*sapientes*）、[22] 从具体情形的经验进行归纳而得；在概述亚里士多德的推理法时，圣托马斯指出了辩证法或说逻辑创造，即指引我们在大多数情形下获得真理的理性过程，即使不是必然的，也是完全出自血气地进行立场选择的

---

〔18〕 位于朗尼根对经典主义一系列阐释中心的是这个评论，“每一个好的亚里士多德学派人知道不存在偶然的科学（Aristotle，*Metaphysics*，Ⅵ. 2，1027a19f.）”：*Second Collection*，3. 但是，从《形而上学》（*Metaphysics*）的同一页能够了解到，科学包括大部分情形（*ut in pluribus*）发生的情况，根据下一页，不存在科学的偶然只是根本上无因、无解释的。并且，甚至对于一次性实践，按照亚里士多德的观点，尽管它们没有表示事件本身是藉着必然发生的，也存在为什么发生该事件的真正有因的知识：*Metaphysics* Ⅵ. 3：1027a29 – b16；Aquinas，ad loc.；Aquinas，*Commentarium in Libros Perihermeneias* I lect. 14，nn. 187，194：如果有人因吃了辛辣食物而干渴，因此出去喝东西，在那里遇到暴力而死亡，因为劫匪埋伏在那里等他；在这个事件中，我们不仅拥有过去发生的一切某种必然，因为如果这种必然没有发生，现在的情形就不会如此，而且还拥有由辛辣食物引起干渴这个本质的、非偶然的因素，以及无论想要什么的本质的、非偶然的特征。

〔19〕 *ST* I q. 1 a. 10c；*In epistolam ad Galatas*，c. 4 lect. 7；cf. Vatican Ⅱ，*Dei Verbum*，12：“…interpres Sacrae Scripturae … attente investigare debet，quid hagiographi reapse significare intenderint…”

〔20〕 *A Second Collection*，3.

〔21〕 *Ibid.*，112.

〔22〕 *ST* I – Ⅱ q. 66 a. 5 ad 4（“… Sapientia non solum utitur principiis indemonstrabilibus，quorum est intellectus，concludendo ex eis，sicut aliae scientiae；sed etiam iudicando de eis，et disputando contra negantes.”一个人需要用智慧来判断，在这类原则中，容许哪些术语，智慧在于“洞见的累积站立在宇宙前，就像常识站在特定的、偶然发生的、相对的和可想象的领域前一样”：Lonergan，*Insight*，306；see also Lonergan，*Verbum*，66 – 94）.

理性判断，然而，并不排除修正甚至推翻所有的可能性。[23]

于是，那里所存的是经典主义的“规范性”（normativity）。据称，作为对比的是历史意识的“经验主义”（empiricism），首先（在朗尼根的阐释中），是意识到我们的世界是藉着人有意图的、由意义——包括共同意义（common meanings）——形成的行动构成。历史意识就是意识到文化的多样性、发展和衰落；[24] 经典主义的文化理念不是经验的而是规范的。[25] 你不需要再次详
146 述这个被忽略的事实。圣托马斯在他的《伦理学评论》（*Commentary on the Ethics*）序言中，区分了人类科学或说哲学的四个伟大领域，其中，道德上意义重大的行为领域和文化形式的各类领域，这两个领域完全由具有意义的有意行为构成。[26] 20世纪对文化进行纯粹“经验的”“价值无涉的”阐释之可能性的伟大辩论，为一个跟亚里士多德几乎无差别的认识论立场进行辩护，我在其他地方谈到过去150年的法学理论时解释过这一点。[27] 并且，还留有经典或者历史意识之间的纲领性区分所造成的问题，一个关乎真理的问题。的确不存在文化的排序，被选择的社会生活、政治或法律秩序形式的次序问题吗？确实不存在大公教会，的确没有由其建立者所选择（如同主祷

---

〔23〕 *In libros Posteriorum Analyticorum*, proem, 5 - 6. 在这个辩证法的领域，看上去尤为存在那些确定性概率（*certitude probabilis*）的判断，在阿奎那看来，是依情况而定和可变的（*circa contingentia et variabilia*）——如我们可以说的，为法院和事实的其他法官、历史学家可及：*ST* Ⅱ - Ⅱ q. 70 a. 2. See Gardeil, “De la ‘certitude probable’” at 236 - 66, 441 - 85.

〔24〕 *A Second Collection*, 4, 51, 61, 141; *A Third Collection*, 170 - 71, 177.

〔25〕 *A Second Collection*, 92, 141, 160, 181.

〔26〕 *In Eth.* Ⅰ lect. 1 (nn. 1 - 2); lect. 2 (n. 31).

〔27〕 *NLNR* ch. 1. 如果存在一般社会学，或者任何人类文化或文化产物（如法律体制）的理论，那么，一定存在理论家们形成的解释性概念，这个形成过程与筛选必定受到人类生活中什么重要、什么不重要观念的影响——藉着逻辑必然规范的观念。这也不必要涉及，理论家们在该资料库盲目地强迫施行他们个人的或者“柏拉图‘理想的’”观念（Lonergan, *A Second Collection*, 4）；敏锐的解释者在资料库中发现形成的资源或人类机遇的提醒，帮助他们转变对于正确的与好的偏见，做出真正符合理性的判断。因此，这是一个在规范和经验之间来往的必不可少的运动；少了这一点，可能就没有一个合理的伦理学或对人类事物的合理描述：*NLNR* 16 - 19. 反思平衡或许可以分别在一门伦理学和描述性人类科学中各自表达清楚，或者可以或多或少统一的形式表达清楚，比如亚里士多德的《政治学》，亚里士多德收集的大量经验历史信息以归纳呈现，在某些方面，由后来的历史经历表明是不成熟的，但持续适用的另一些方面还对人类社会长期存在的问题具有未被超越的穿透力。See Voegelin, *Plato and Aristotle*, ch. 9.

文，或者与曾经在各个他山上所献同等真实且正式的牺牲一样的弥撒）、同时“经验地”“规范地”被造的普遍文化吗？

Ⅳ

将经典主义从历史意识中区分出来，朗尼根和其他人试图在描述一个转变，而且，也催促我们加入他们，转换到后一个、更好些的观点（而且更高的观点）。它们的区分既是经验的又是规范的。对此，还需要一些论证，而已被提供的论证值得关注。

在朗尼根对该区分最后的重要阐述中，探索了他所称的历史对话与经验。（研究非历史的说法“对话”和“经验”，从而对历史过程的理解要服从于它们。）该进程根据发展人类意义的一连串平稳时期，第一个时期与所
做所行（doing）有关，第二个时期（其间发现了经典意识）[28] 主要与言说 147
（speaking）有关，而第三个时期则与引起发展的人类理解（human understanding）有关；[29] 这个最高的层次看来是藉着作者自己展开“归纳的经验方法”而达致。[30] 整个过程源于“成熟人类意识”（adult human consciousness）的张力。[31]

现在，“成熟人类意识”成为人们能够像经典主义者一样向往的范畴，已经相当仔细地被传统所探讨。根据传统，位于个人和社会发展核心的是，缺省且拒绝理性与情感、智识与情绪或者情感作用（affectivity）之间的张力。在传统上，美德就是不存在对一个人情感性的抑制或专横控制。每一个有智慧和好的行动将受到某种情感的支持，在一个内心秩序良好的人身上，即使是冲突与不和谐的情绪也会被内在的和谐代替或得到解决。对于这个传统的

〔28〕 *A Third Collection*, 181.

〔29〕 *Ibid.*, 177.

〔30〕 See *A Third Collection*, 176 – 8, especially the last paragraph of 177.

〔31〕 *Ibid.*, 178.

核心话题，朗尼根只是略有涉及，因为他认识到价值的领悟在于情感作用，[32]“价值和反面价值的领悟不是理解（understanding），而是有意回应（intentional response）的任务”，属于“感性”（sensibility）和“情感”（feelings）。[33]于是，罪的根基是愚昧：不关心、忽略、非理性、不负责任[34]——这个阐释是含糊的，但它的动向是清楚的；罪的根源在于智识的失败，没有做好整合与服务情感（integrating and serving the feelings）的工作，而在这个阐释中，这是正当行动的终极原则。现在，《顿悟》（*Insight*）第6章和第7章对于追溯这类实践智慧（practical intelligence）失败的起源是微妙而有裨益的。它们是否抓住了罪与衰败的根源，还是有疑惑的。我在此的要义只是，相关的问题存在于“经典主义”哲学方法内，朗尼根以彻底经典主义的风格予以对待，
148 只运用了他分派给历史对话第二个时期的某种哲学工具。在我看来，形成朗尼根对话阐释所运用的方法，并不比亚里士多德在《政治学》和《形而上学》中追溯各种各样的社会、政治和哲学发展范式所欲用的方法更具有历史意识或历史批判性。

的确，在重大的方面，朗尼根的方法甚至更不具有历史意识或者历史批判性。智识发展和方法的研究被分配给第三时期，不是通过任何历史知识或者论证的美德，而是通过一种论辩的形式（form of argument）进行推断，像外推法（extrapolation）一样，（无论正确还是错误）直接（经典地）属于哲学的论辩形式。现在，推断而来的论辩形式是卡尔·拉纳（Karl Rahner）谈到某种“即使在他们拒绝的行为中也受到超验必然含蓄肯定”的“人类本性的客观

---

〔32〕 *Ibid.*，181. See the analysis of texts in *FoE* 42－4，49，54. 即使在更早、更偏重理智的时期，对朗尼根而言，可理解的“秩序之善”（good of order）也不过是“薄的”，即善的经验主义概念，保证所有有效的可欲情形的重现，这些情形为满足任何人每一种需要的具体目标或行动。在 *A Third Collection* 的第179页，提到一次“满足”与“价值”之间的区别；在 *Insight* 的第630页和第631页，未予以详尽说明地提到了一个人的智识、理性与意愿站在“忠于、有兴趣、具有狭隘敏感性和主体间性”的“敏感的、主体间的爱慕、利益和排他性的对立面”。但是，这个问题并未加以探讨。

〔33〕 *Method in Theology*，67，115，247. See also *A Third Collection* at 173（“Feelings reveal values to us”）and 141（“On affectivity rests the apprehension of values”）.

〔34〕 Lonergan，*Method in Theology*，117.

结构”时提出来的。[35] 当朗尼根在《顿悟》第11章主张，对他关于知识的解释性阐释进行修正的努力“必定会犯错”，[36] 示意的就是这种论证形式。在拉纳那里，该论证形式的外推法跟在朗尼根那里一样拥有很多相同的意义，因为拉纳使历史性（historicity）（在历史意识这个意义上）与人类中心论（anthropocentricity）（比如当代明确超验的视角）相同。[37] 但是，把外推法放在一边，柏拉图、亚里士多德、斯多葛学派也采用论辩形式，奥古斯丁也相当广泛地运用，圣托马斯则用得没有那么广泛[38]——在每一种情形中，通过表明其自我指涉的不连贯性来驳斥一些怀疑论或者还原论的主张，即所主张的观点跟自己或其自身的衍推不一致，或者跟怀疑论者做出主张的表现所涉及的不一致（或跟两者都不一致）。第一种自我指涉不连贯主张的例子是：“能够证明没有什么能够被证明”“所有的观点都是假的”“所有的观点都是真的”；第二种的例子是：“没有人能够用语言交流”“我不存在”“不追溯其历史且没有概念能够被理解”“知识是没有价值的”“没有人能够做出一个自由选择”，诸如此类。

现在，自我指涉不连贯角度的论辩逻辑已经在最近几年获得冷静且很好
的探讨，不是只有约瑟夫·波义耳、杰曼·格里塞茨、奥拉夫·托勒夫森 149
（Olaf Tollefsen）等人进行了研究（详细地表明如何运用该论辩形式来护卫诸如自由选择的现实性之类的各种形而上学立场）。[39] 该研究使这一点成为明朗：驳斥形而上学立场的所有势力［以奇妙的结果（*consequentia mirabilis*）这

---

〔35〕 Rahner, “Natural Moral Law”, 305. Lonergan speaks approvingly of this essay in “The Transition from a Classicist World – View to Historical – Mindedness”, *A Second Collection*, 6.

〔36〕 *Insight*, 336. 但是，朗尼根没有试图带着必要的严厉来解释该论证摆脱了自我指涉的不连贯性，事实上，他未能表明这类修正会成为自我反驳的——特别是未能表明的，他对知识的阐释不具有严重缺陷，比如没有忽视推理（reasoning），他对知识的阐释不能够还原为顿悟和判断，没有他的阐释就没有任何事物随时的解释性阐释。（See Grisez, *Beyond the New Theism*, 121 –9, 230 –1.）

〔37〕 Rahner, “The Historicity of Theology”, IX at 73.

〔38〕 See the citations in essay I. 3 at 70 –2 （1977a at 257 –8）.

〔39〕 See Boyle, “Self – referential Inconsistency, Inevitable Falsity and Metaphysical Argumentation”; Boyle, Grisez, and Tollefsen, *Free Choice: A Self – Referential Argument*, 122 –38; Grisez, *Beyond the New Theism*, 111 –13, 133 –4, 172 –80.

个旧标题为信号］都错误地否认了现实某些重要成分,[40] 这类论证都对它们所护卫的某些现实成分的特征预设了不可修正的观点，而且，要求通过某种另外的补充见解来构建一个充分的形而上学、认识论或者伦理学。认为做出断言所涉及的哲学解释没有特别的方法；可以达致的真理没有特别的形而上学必然，没有“超验的”必然，即使它们的辩护专门地受到了以否认形式赋予的特别接近的（可以这么说）事实之帮助。[41] 因此，失去了一个最可行的理由，来主张人类理解力或者“方法”研究拥有一个尤为“超验的”特征和一个不寻常的“具体性”（concreteness）。[42] 从而，也就失去了主张确认在“历史对话”中第三时期的一个显然根据。关于人类理解力与方法的哲学反思是有价值的，但是，必须愿意使用在设想为超验的“第二时期”中所找到的哲学反思那样的同类方法。[43]

V

尽管如此，还是有一些重要的事实给予针对传统有瑕疵的历史主义批评以可行性。

150 圣托马斯提到了“发现”（*via inventiva*）或者“辩证法”（*dialectica*），但是，在《论题篇》（*Topics*）中没有加以评论。的确，圣艾伯特（St Albert）做了评论；但是，真正需要的是决定性地超越亚里士多德将作为“通往所有需

---

〔40〕 i. e. one or more of the four orders discussed in sec. V below.

〔41〕 Cf. Lonergan, *Insight*, 342：“最后，认知理论不同于其他理论；**因为其他理论只要大胆进入仅仅是设定的**（merely supposed）**就可以获得解释了**；而认知理论没有任何这类冒险；既然它不含有纯粹假设的因素，所以不服从于激进的修正。”该主张包含一个对“纯粹假定”（mere supposition）这个术语武断、站不住脚的运用，贬低了认知理论主题之外相关问题的知识，如果没有这种知识，认知理论本身就不能被正当地肯定或沦为唯我主义（solipsism）。

〔42〕 Cf. *A Second Collection*, 6. 朗尼根在此声称，比如，已经说清楚了一个“对人的具体且历史性的理解……在运行意识主体的结构特征中具有适当的具体根基，运用了一个被称为超验的方法”。基于文中建议的理由，人应当避免戏剧化作为“智识转变”的经验主义错误得胜。

〔43〕 Cf. Rahner, *Theological Investigations*, Ⅸ, 46：“modern philosophy (seen as man's transcendental and existential - ontological interpretation of himself).”

要的原则之路流程”的辩证法[44]跟作为一个人与他人之间论辩该非哲学过程的辩证法相混淆。[45] 一个人逐渐认同那些只有智者才能知晓其可断言性（assertibility）的基本原则之理性过程，依然没有成为主题。归纳的逻辑和方法被忽略了。历史知识被认为是完全依赖于可靠的见证人见证，[46] 没有主题关注各种类型的间接证据，见证人的可信度应当受到这些证据的检验，藉着这些证据，我们或许无需任何见证就能有保证地推断过去的动机和其他事实；也不涉及从任何证据进行任何推断的预设（presupposition）范围。最重要的是，传统未能调查研究合理的历史思维术语：比如，能够从行动的迹象或者效果进行推理，以及从行动到动机进行推理；但是，这么做时，不可以得出与前件概率（antecedent probabilities）相矛盾的结论，除非拥有很强的依据。

我刚提到的准则（norms）跟许多其他合理思考的规范（norms）共享一些有趣的特征，比如奥卡姆剃刀（Ockham's razor），或者在所有人的思维中要持守的逻辑原则——即使这么做要求放弃某些基于经验的信念时，或者任何无法解释的都不能接受为可能的，等等。[47] 我认为，诸如此类准则必定涉及一个人藉以确认一个知识体系基本原则之断言性（assertibility）与有正当理由性（warrantedness）的智慧；对那个智慧的解释必须比亚里士多德在《后分析篇》末了成功阐明的（经验加上未具体说明的理智）涉猎更多，必须不仅仅是愿意追寻朗尼根在《顿悟》中谈及的理解力和判断问题。[48] 智慧也涉及，遵循每一条不是直接在观点上（诸如形式或演绎逻辑的原则）而是在肯定和证实观点上产生影响的规范，并且，不是藉着描述会肯定观点的事实来指引做出肯定，而是藉由确认正当与不正当地从理由或证据中推出结论。这类规范不是“人心灵的”（human psyche）物理“法则”，也不是逻辑上必然

[44] Aristotle, *Topics*, I. 7: 101b3.

[45] e. g. *Topics*, Ⅷ. 1: 155b5 – 15.

[46] See e. g. Gardeil, “De la ‘certitude probable’” at 462.

[47] For lists, see Boyle, Grisez, and Tollefsen, *Free Choice*, 144 – 5; *NLNR* 68 – 9.

[48] 合理性规范（rationality norm）与朗尼根“经验方法准则”（canons of empirical method）中一切合理的相关，并且超越这一切（see *Insight*, ch. Ⅲ; cf. 586 – 8 on “canons of methodical hermeneutics”）.

151 的真理，也不是通往怀着某一目的拣选形成的任何目标的纯粹技术方法。因此，它们不是圣托马斯在《伦理学评论》序言就理性运行领域的粗略分析所确定的四种秩序中的第一、第二或者第四种规范。而是看起来被包括在第三种秩序中的规范，即理性带进思考（deliberation）和选择（choice）的秩序，藉着确认基本的善——在这种情况下是真理与知识之善——以及实例化、破坏或者未能实例化这些善的方式。第三种秩序中的规范以审查和判断的工作来规制选择，比如历史学家、哲学家和神学家的工作；这类规范内在于所有合理的历史、哲学与神学工作。[49] 这样来理解，可称它们为“理性规范”（rationality norms）。

一个重要且非常强的合理性规范，是担负我已经讨论过的那种论证形式的规范：淘汰自我指涉不连贯的主题，而不只是通过巧妙的逃避条款、对话的形而上学层面假设之类将它从形式逻辑矛盾中拯救出来的这样一条规范。朗尼根没有反思该合理性规范在他反驳经验主义和其他情形下脱离自我指涉不连贯的论证中起的作用，也未能反思诸如此类的其他合理性规范，这使得朗尼根不但大大地夸张了（如我已经建议的）关于人类理解力与方法的哲学工作之哲学特殊性或超验特征，而且，也给出了一个最终令人惊讶的“外在的”（*external*）解释方法。

在我的记忆里，其《神学方法》（*Method in Theology*）中许多部分能够作为“外在的”例证。我从1975年的一篇文章中举一个例子，“当今的基督论”（Christology Today）：“虽然更早的历史时期是一个相信见证的问题，当代历史却是一个理解证据的问题。”如果将见证（testimony）作为证据（evidence）的一部分，到此为止还好。[50] 但是，朗尼根继续说：

> “任何过去的遗迹或者追溯都可以成为证据，但是，可以为什么作证据只有书写历史的共同体所积累的鉴定（expertise）才能体现，经由胜任的研究者实行调查研究，并交由胜任的审查者细查之

〔49〕 See Grisez, *Beyond the New Theism*, 168–72, 392; Boyle, Grisez, and Tollefsen, *Free Choice*, loc. cit.

〔50〕 在朗尼根后续的讨论中，许多都将见证作为似乎根本没有证据力来对待。

后达成一致意见。对见证的批判前信念与证据的批判理解进行对比，具有重大的神学意义。”[51]

但是，该比较依然缺乏支持力，因为批判性判断的规范内在于在朗尼根关注的领域之外一切事物的任何理性合意（rational consensus），也就是为任何理性合意的指令。在过去的125年，新约的历史研究史就是一部对“批判主义的肯定结果”，即“胜任的研究者和审查者”的“合意”相当经常地颠覆的历史；一些在那个领域最胜任的研究者，评论了由合意的压力而对研究和理解造成的严重破坏。[52] 当然，必须有一个规范或者一系列合理性规范使任何对真理感兴趣的人加入关怀胜任者的合意之列，而不是无理由（without reason）地背离它。但是，那个规范受到一个必不可少的资格条款的限制，即“无理由”，并且，这只是适用于所讨论的领域的许多规范之一；要批判地判断什么理由将确保对合意的离弃，是藉着援用一整套可适用的规范。 152

在与新约注释有关的历史领域，任何合意必须已经审视启蒙运动以来史学所正式或非正式提议的理性规范。一条非常重要的规范被休谟最认真地详述与护卫，但是，自斯特劳斯以来才成为历史批判诠释主流的中心规范；即除非见证的虚假甚至将会比其真实成为一个更大的神迹，否则，“没有人类见证能够拥有证明一个神迹这样的力量”或者甚至是让见证可信赖这样的力量的这个“公理”（maxim）（休谟的理性规范用语）。纽曼的回复（尽管没有表达一个注释家能够合理期待的所有细节）接近问题的中心。休谟的理性规范表达得太绝对、太不受限制了：

“问题不在于泛泛地谈神迹，或者泛泛地讲人，而是确切地，是否这些特定的神迹……更可能已经发生还是没有发生，是否它们为不可能，设想存在一种外在于这个世界的力量（Power）能带出这些神迹；设想这些神迹只是他（He）能够将自己显现给那些需要一

[51] *A Third Collection*, 80.

[52] See e.g. C. H. Dodd, letter of 19 June 1972, in Robinson, *Redating the New Testament*, 360; Hemer, *The Book of Acts in the Setting of Hellenistic History*, 352.

> 个启示的人们的途径；设想他能够将自己启示出来，他这么做拥有一个伟大的目的；正在讨论的、已公开显明的神迹就像他很自然的工作，正如假使他想让神迹发生，他就可能做的一样……[53]

诸如此类的表述。但是，这个对于前设的诉求——像迈耶在他的《耶稣的目标》[54] 方法论部分表达为朗尼根讨论模式的相当诉求一样——能够在
153 哲学的说服力上显著胜算，如果纽曼——以及迈耶——站在一个一般理性规范的反思阐释立场，漏掉合格条件或例外而错误提供的其他理性规范的例子。(什么例子？好，从理性主义者而不是经验主义阵营里举一个与真正批判的历史意识十分相关的例子：充足理由原则，为莱布尼茨和结束于黑格尔的整个理性主义传统以十足形式所陈述并运用，适当地理解，以充足理由的理性规范引导我们期待和寻求非正式的解释性阐释。然而，存在着只是不能被解释的特定现实：比如自由选择的情况，无论是上帝的还是我们自己的自由选择，为什么恰恰做出这个选择而不是其他选择。如果这一点可以获得阐释，那么，就不存在自由选择了。因此，莱布尼茨和理性主义者设立充足理由的理性规范为原则是一个划时代的错误。）不过，我在这里的观点只是：理性辩证法或归纳逻辑或非正式的推理都在传统上未获得充分探讨，这个忽略还没有获得充分的修补，对于如何在技术和其他文化条件达到一个飞跃点从而可获得大量集中的相关历史信息中真正批判地进行吸收，任由它不充分地给出指引。

如我先前所说，理性规范的意义远超过历史研究和判断。正是一个强的理性规范之规范性，为一个自有之因（uncaused cause）的论证构成了非逻辑却令人信服的必然性。不同的理性规范引导我们得出判断，自有之因是人格化的，可以试图与人建立个人的交流。启蒙哲学家遵循这些探寻真理原则的广泛失败有许多后果。在这些后果当中，存在着自我指涉的矛盾（self - referential inconsistencies），使康德哲学作为对反思的一般指引而毫无价值。另一个后

---

〔53〕 *An Essay in Aid of a Grammar of Assent*, 306 - 7.

〔54〕 Meyer, *The Aims of Jesus*, 101.

果是，否认存在不能被合理解释或除了神圣交通（即神迹，按照启示适当地
说是征兆）之外没有任何其他解释的事件（言语和行为）。[55] 再有，否认任
何拯救人灵魂的意义与价值源头。简言之，就导致了我们生活于其中的各种
各样后黑格尔相对主义（都带着它们各自使之无效却又漫不经心地被容忍的 154
自我指涉矛盾）。认为意义与价值只有人类角度的渊源，造成一个看似荒谬
却实际上可以理解的结果，就是绝对化当前合意的重要性……这是当今学术
界的典型现象。

理性规范有不同的类型。弱一点的理性规范会藉着看起来确定的证据，得出看似合乎理性却在这种或那种情形下为错误的结论。理性规范在经验和累积的知识背景中被理解和接受；在历史和自然科学判断方面错误的经验以及依赖于那些错误判断的哲学推断，对推理过程适用的资料要更加谨慎地给出理由，一种比圣托马斯在处理各种神学推理和判断资料过程中所表现的更大的谨慎。他倾向于解读他能获得的资料，似乎它们携带的主要问题不过是它们不完美的统一体，似乎它们是拼图玩具，不需要重大的重复劳动就可以整个拼凑在一起。但实际上，他的资料不仅包含了在一个历史信息非常有限的背景下，理性追随弱理性原则而导致的错误，而且包括藉外推法（extrapolation）——轻易地逃脱了实际上可以为系统化思想家与任何处理它的真正或可适用的理性规范获得的证据的外推——来系统化这个普遍存在的人类欲望。简言之，人类知识需要并且毫无疑问地需要比圣托马斯所展望的更多发展。因此，尽管他研究神学的方式在他的时代符合理性，但是依据我的判断，历史意识的支持者是对的，认为当今合理的神学不仅必须使用更复杂的方法，而且，需要辨明且修正即便是天主教神学传统中最伟大的著作的重要缺陷。

---

〔55〕 See *CMP* 479 – 80. 对否认神迹可能性之彻底的批评，参见 Grisez, *Beyond the New Theism*, 326 – 42; Nicolau and Salaverri, *Sacrae Theologiae Summa*, 156 – 71; see also Charlton, *Philosophy and Christian Belief*, 46 – 54, 95 – 9.

Ⅵ

如我在接近开篇时所说的，那些宣告历史意识并且放弃经典主义的人已经就道德问题如此杰出且广泛地有所作为。因此，为举例说明在纠正和发展天主教神学及“历史思维”已经阻碍而不是推动了必要工作之方式这两方面必须做点什么，我应当概述一下梵二公会前的道德文献及“具有历史意识”的著作均忽略了某些类型的多变性或相对性。

让我从后者开始。经典主义和历史意识之间的区分，作为两个拉纳最显
155 著澄明的主张之背景而在过去和现在被提升，即具体的人性是在改变的，并且，这些改变剥夺了特定道德判断和曾经（被算作，如果不是被承认为）真实的前设教导（teachings of the premises）。

这两个主张令人混淆。因为：其一，经典道德神学的主要阐释者（尽管许多新经院哲学家们不是）清楚，道德判断拥有勾勒出人类完全（human fulfilment）基本方面的实践理性原则（顺便说一下，由于人性在决定性和开放性两方面的充分概念因而成为可能），而不是关于人性（human nature）或存在（超验的、具体的或者其他）的观点为其前件。[56] 其二，拉纳的人性概念（一个朗尼根明确倡导的概念）做出了错谬的界分，我在支持“超验性”（transcendentality）主张的外推讨论中预示过这一点。在第一个层面上，被安置了一个不变的超验性（transcendental nature），只包括那些正是因为思想和行动（即表达怀疑主义的行为）概念而成为必要的性征；第二个层面，安置了纯粹“普遍的”（categorical）且“具体的”（concrete）人性，假定为大多数道德规范的渊源，但这样的人性不是超验的，必须服从于变化。[57]

对此，拉纳加了一个听起来富有经验的主张；“时下”，他说道，“人自

〔56〕 See e. g. 1987f, 99 – 151 [also 1991d, vol. 1: 236 – 89]; essay I. 9 (1987a).

〔57〕 显然，超验性与普遍性之间的区分和相对具有自我指涉不融贯的问题（就像康德的前件一样，超验或本体的自我与现象的自我）：拉纳主张告诉我们，在经验方面，人性如何实际上不变地服从于变化，比如因着自然与社会文化环境的恩惠，等等。

己在具体的人性上”服从于“迅速的变化”，的确“处在一个最广泛的变化过程中”。但是，对那些喜欢证据的人，他只是回复，“到目前为止，在只是由一个人一生之中构成的短暂时空，我们没有能在‘位于我们自身人格内的’具体人性上经历很多改变”。[58] 从他的历史意识中，甚至没有冒出一个具体的例子。

任何他可以提供的例证将需要仔细的哲学解释。在历史实际中，人性当然会变化，从更坏处讲，是罪与堕落文化的方式，从更好处讲，是在恩典中穿上新人。但是，在历史上从未遇到的相关问题，在哲学上被拉纳、朗尼根和道德神学中的历史意识阐释者搁在一边；这个问题关注的不是人性在实际中的实现，而在于人性在完全（fulfilment）方面的基本可能性。对此，注重我 156
们把握基本行动理性过程所理解的人类繁荣的基本方面才能够充分了解。那么，有没有这样的人，对他来说，生命和健康、真理与美的知识、极致的工作与休闲、与他人友谊的和谐、婚姻中与另一半生儿育女的深情、内心的正直与平和以及外在真实的人格和谐、与所有意义和价值渊源的和谐，这些过去不会或者现在不会或者将来也不会成为他行动的基本理由？这些不是他或她希望享有的人类完全的基本形式，并且，除此之外没有看起来确实有价值的利益和目标吗？不。不可能找到这样的人，而人性可变性的说法——在现实化的人性与作为完全的基本可能性的人性之间模棱两可——未能影响道德的基础。[59]

然而，变化的多种形式需要为道德哲学家或神学家理解。比如，设定在基本的善中间，人们及其共融团体/团契（communion）所固有的是婚姻的善。如此理解的婚姻不改变；对于每一个我们知晓或者能够介入的时代，它都是这样一个内在的人类善。不过，将婚姻理解为社会倡导、双方之间缔结的约定，因而作为一个生活现实，是在文化中塑成的。婚姻的现实不仅存在于第一秩序（属于自然本身，独立于所有的商酌与选择），也存在于——向其他

〔58〕 Rahner, “Basic Observations on the Subject of Changeable and Unchangeable Factors in the Church”, 15.

〔59〕 See *CMP* 182－3.

法律或惯例制度的现实——第三秩序（关乎商酌与作为）和第四秩序（关乎制作与技术），因而随着时间和地点各异（尽管变化绝不会像语言那样广泛和强烈）。做一个文化决定的形式，为共同体成员可及的婚姻制度既体现了那个共同体的智见又体现了其相关错误和疏忽。许多社会，尽管理解一体婚姻（marital communion）之固有的善，但是，没有领会排他性（exclusivity）是实现这个固有的善所必不可少的要求，并且，几乎所有的社会都未能领会永续性（indissolubility）是另外一个要求。在这类社会中，轻易地选择不把天主教会内认可的全部婚姻现实拿出来采纳。这类共同体的成员（除非授予异乎寻常的个人创造性）只能同意不完美的婚姻，无论什么是抑或什么不是
157 （适当地理解）婚姻；比如，非法同居像婚姻一样，尽管不完美，但这类关系并不是简单的无效；因为不完美并且如此地不像婚姻，这类联合体——尽管有试图作为婚姻的善意（不完美地理解）——是可以解除的。当一个人理解每一个法律与习惯制度的历史性时，甚至是直接作为全人类基本的天然之善的例证的制度也具有历史性时，就能够正视旧约中的婚姻与因心之刚硬（*ad duritiam cordis*）而允许离婚（《马太福音》19：8），* 以及婚姻制度在不信者、清教徒与其他人中间的历史兴衰之神学阐释。[60]

或许，更多为人知晓的，是那些并非直接例示（instantiate）的基本善而纯粹为工具性善的法律和习惯制度之历史性，比如财产和钱财、租赁、信用、未来的选择这类形式，与这些财富形式联合的市场，由这类市场限定的现实，诸如价格等。谈到真实的婚姻，在各种历史赋予的形式里获得完美或不完美的理解和体现，这么说是对的；但是，谈到一个债权债务关系的真实性质，只有说在特定的当前社会以及在特定其他时间和地点类似组织的社会中，特定的法律或者其他习惯制度才适当。当然，仅仅拥有“历史相关”性质的制度有待于服从关乎公正、尊重基本善之类的不变的道德原则之检验。不需要某财产的人利用另一个人的需要而向他收钱，是错误的——不公

---

* 马太福音第 19 章第 8 节为“耶稣说，‘摩西因为你们的心刚硬，所以许你们休妻，但起初并不是这样’”。——译者注

[60] Such an account is offered in *LCL* ch. 9, questions A and B.

正的，这个原则是不变的，因为通过债的形成本身收取这个债的利息［而不是因为与债相关的某些事实，这些事实为公正的补偿提供了基础，比如交易成本，针对不支付、税收、通货膨胀的保险费（或作为自保的相当补贴），以及该财产也许已经获得的其他利益］，在所有历史情况下都是错误的。当一个资本市场发展起来，以至于资金能够轻易地拿出来为生产性行业的股份或与生产性行业回报相关的债券，货币的性质就变化了。货币从作为持有者在交易中典型地为消费而使用的一个物质标的，[61] 成为至少是等同于资本的途径，共享生产性行业在一个非平稳（非平衡）经济中的风险和报酬。因此，尽管道德规范指示何处情况下因债取利是不公正的这一点不改变，但是在一个社会形式内，以年利率 12% 出借是不道德的高利贷，而在另外一 158
个社会体制内却不然。外面类似的或一样的行为在 1292 年和 1992 年可能涉及本质上不同的对象（均在第三秩序和第四秩序），以及涉略其中的那些人的意愿和相关的人类善与合理性原则之间不同的关系：同样的行为，甚至相同的文化词汇（“债息”），但因着不同的动机和选择从而属于截然不同的行动（acts *in specie moris*）；因此，不同的道德判断可能准确地运用了完全相同的道德规范。

再者，概念的澄清并非不常改变受关注的道德判断和选择，特别是当选项介入社会生活的复杂形式时。因此，处于将宗教自由与对宗教的故意冷淡混为一谈[62]的立场，一个正确但未经区分的道德判断就可能被转化为两个替代性的正确道德判断，从而成为充分具有区分性的。[63] 再者，情绪偏见和已建立的社会结构阻碍了区分，比如作为刑罚的奴役（penal servitude）和奴

---

〔61〕 但不总是，高利借贷的这个普遍性征不是高利贷的本质：Langholm, *The Aristotelian Analysis of Usury*, 134 - 48.［On usury, see now *Aquinas*, 200 - 10.］

〔62〕 或者这样的观点：宗教自由包含不具有道德约束力甚至道德上不适当的宗教誓言；或者：形成和公开表达意见的自由必须绝对不受束缚（e. g. the teachings of Lamennais's liberal Catholic newspaper L'Avenir beginning in 1830 and condemned by Pope Gregory xvi's *Mirari Vos* in 1832; see Harrison, *Religious Liberty and Contraception*, 34 - 42）.

〔63〕 简言之，基于错误信仰的宗教践行跟他人的权利并不冲突，跟公共和平与真正的正义中有秩序的共存一致，跟公共道德相和谐，那么必须被政府允许；不符合这些前提条件的宗教践行不应当被允许：Vatican Ⅱ, *Dignitatis Humanae*, paras 2 and 7.

隶制奴役（chattel *servitudo*）之间的区别，可能因社会环境改变而挪开这个阻碍，从而允许潜在的道德洞见获得清楚澄明，又比如排除奴隶制这个明确的道德绝对。或者崭新的行为形式，或者看起来是新的行为形式，诸如口服避孕药，可能提出这样的问题：它们是否属于熟悉的或者或多或少充分理解的行为方式的实例，就像节育行为；这样，就能够澄清和深入了解那个行为，以及确切理解为什么想要这么做是错误的。最后，根据分析，其他新的行为或许证明的确属于一种新的行为形式，诸如（“在试管中”生产婴儿），但是，结果表明在道德上具有同奴隶制（相当近期才澄清的）那种恶一样的决定性特征。[64]

隐含在这些具体概念发展之下的，是有意（intending）与许可（permitting）
159 之间的区分。那个区分的历史对神学与神学资源之间关系的任何反思都有意义。有意与许可之间的区分为罗马的希玻律陀（Hippolytus）和俄利根（Origen）所赏识，只是几乎没有讲清楚，奥古斯丁和弗尔根修斯（Fulgentius）将其呈现出来，约翰·大马士革（John Damascene）持守了该区分，圣托马斯清楚了解该区分但未将其命题化和一般化，天特会议教导了这一区分，晚近和新经院神学家将其命题化，但是没有充分注意行为和行动之间的区别。[65]在旧约时代，如同斐洛（Philo Judaeus）一样，对此全然不知。因此，误认为既然上帝创造了一切，所以旧约似乎在宣告它制造出了罪恶。但是，不应解读为作者在宣布他们还未清楚概念断定的是什么。正在讨论的表述意味着既对又错的东西——是未加区分（在中立的历史描述上），令人混淆的（在哲学阐释上）。对启迪人的圣经与信心大小程度（*analogia fidei*）均予以认真对待的注释和诠释，将不会压抑资源中存在混淆这个历史事实，而将允许正确意见来调解，这样的正确意见呈现为作为整体被采纳、用梵二公会在《启示宪章》第8节中说到的“不断增长的理解力”（*perceptio cresc* [*ens*]）来理解的启

---

〔64〕 See *Donum Vitae* (Congregation for the Doctrine of the Faith, Instruction on Respect for Human Life in its Origin and on the Dignity of Procreation, 22 February 1987), Ⅱ. B. 4 – 5 (AAS 80 [1988] 70 – 102 at 90 – 4); see also 1988e (ii) at 95 – 7; [and essays Ⅱ. 16 (1993a) and Ⅱ. 17 (2000b)].

〔65〕 See 1991c, 74 – 7.

示的含义之一。

Ⅶ

我刚刚提到并简单举例说明了道德问题中的历史发展，需要澄清一个合理的道德哲学与神学最基本的一系列区分。我已经提到了它们中的大多数区分：（1）理性与情感的区分，特别是作为行动理由的可理解的善与以情感的纯粹情绪为动机的目标；（2）人类及其团契（communion）固有的可理解之善，与作为基本善的实化途径、间接地有其清晰吸引力的可理解之善间的区分；（3）每一个基本行动理性、每一个基本人类善，与那些选择能够被称为“内在人类完全”——健全人格和所有人及共同体的善——的理性联合体之至少为启发式（heuristic）理想；（4）实践理性第一原则与进一步的“居间性”（intermediate）原则（比如黄金法则、不可以善为由而行恶的保罗原则），根据这类居间性原则，藉着所选择的行为追求基本人类善就拥有和内在人类
完全即道德正确一致、彻底符合理性的特征；[66]（5）通过物理特征或者纯 160
粹习惯性的描述、标准或者分类规定的行为类型，与行动者实践审思（practical deliberation）描述所确切规定的行为类型，也就是通过选择采取意见过程中作为目的和方法的行为类型；[67] 以及（6）有意选择的与会意发生、许可、接受但不是有意图之间紧密相关的区分——有时表达为（尽管这样会冒看似

〔66〕 关于保罗原则的各种陈述，参见 *FoE* 109 – 27；进一步辩护该原则归于（在其他人中）圣保罗（在《罗马书》3：8）的贡献，参见 1991c 59 – 63.

〔67〕 最近，该区分对于正确理解圣托马斯伦理学和基督教伦理学的重要性获得了正当持守，比如 Rhonheimer, *Natur als Grundlage der Moral*, 61 – 2，81，91 – 7，327 – 45，352 – 3，367 – 74，375 – 7，398 – 400. 举例说明（参照黄金法则），被一位同事猛拍一下背部——以失礼的方式打趣而居高临下地“恭喜”对方而拍；或者，也许过急，但怀着友好意图引起对方注意而不是失礼。公正的黄金法则不能适用于一般性的行为：同事猛拍一个人的背。但是，能够而且必须适用于我通过叙述它们分别实行的选择所描述的两种不同行为。

涉及物理性质之险）“直接”与“间接”意愿之间的区分。[68]

反思这些结构性的伦理概念使我们不仅能够理解道德学说的连贯性，而且，还能够理解甚至今天还用其主要论证提供道德相对主义或怀疑论的道德文化多元性。既然应当做出这些区分的智识必须在一个混杂形象、情感、文化上形成的观念以及既得利益（从自身开始）的语境中，那么，就容易受到混淆和错误之害。然而，在个人和社会选择的许多特定情形中，基本法则哪怕是轻微的混淆或偏离，都将导致实践理性得出有残缺的结论，并且这些残缺将反过来模糊整个时代和文化的基本法则。

161 但是，一部典型的梵二公会前道德神学文献，比如福斯（Josef Fuchs）的《伦理神学通论》（*Theologia Moralis Generalis*）第一卷（1960）[69] 就没有展开六个区分中的任何一个，没有审查我所提及的道德理解与道德问题中的发展和变化。这样的文献在神学基础上是非常有缺陷的。它们的第一实践理性原则概念是令人混淆、含糊不清、循环论证（question - begging）的；它们从第一原则进深至进一步的原则、规范和判断的理性阐述几乎不存在，所作的努力既不融贯也不一致（一系列没有跟随前提的不当结论）。归纳真正的基本实践原则、辩证地针对反对意见为它们辩护，辨认在实践原则和分析道德上有意

〔68〕 在这个语境中，对于“直接”与“作为一种目的或途径”的相当，参见 Pius Ⅻ, Discourse to the St Luke Medical - Biological Union, 12 November 1944, *Discorsi e Radiomessagi*, Ⅵ（1944 - 5）191 - 2, cited in Paul Ⅵ, *Humanae Vitae*, n. 14, and in the Congregation for the Doctrine of the Faith, *Declaration on Procured Abortion*（1974）, para. 7 at n. 15（“庇护十二世”明确排除了所有直接的堕胎，即作为目的或途径的堕胎）; also Congregation for the Doctrine of the Faith, *Donum Vitae*, 22 February 1987, at n. 20 举例说明这个区分（参照保罗原则），比如考虑镇痛药特定剂量的管理——其使用只能以减少疼痛为唯一目的，尽管知道这样使用有缩短寿命的副作用；或者，也许为了缩短生命致死亡从而达到镇痛的目的来使用。其中，并不存在人的作用，但两类不同行为都是根据实施两个不同选择的认同行为，后者（不是前者）是以善为目的而选择行恶——摧毁或破坏，或阻碍人生命的延续。[And see essay Ⅱ.13（2001a）.]

〔69〕 称之为典型，并非否认福斯的文献有一些其他个人的、的确或多或少有疑问的特征：比如，强调“上帝在具体情境中的呼召”（*Deus vocans in situatione concreta*, 40）；宣称相当普遍地，一个人的具体情境拥有从上帝而来并且为那个人在此时“认识到”的“意义与目的”（*sensus et intentio*）（40 - 1）；主张在良知里“整个人向自己呈现于灵魂深处（“*scintilla*”）”（154）；主张我对关于将被我做的行为（the - act - to be - done - by - me）这个前件良知的判断（他认为某种程度属“理论的”判断）以及我对关于我正在做的行为（my - doing - the - act）（他认为，真正为“实践的”判断）这个前件良知的判断之间存在一个真实且重要的区分（164, 152）。

义的行为中的道德判断的真正前提，从这些前提条件中展开有效的推论，所有这一切工作都要重新再来。这项事业（进行之中）说明了道德理论传统的睿智及其邀请进一步发展之处。

为使道德神学富有成效地工作，正确理解历史意识在许多方面保有第一位的正确性。我已竭力提出了一些。但是，还有一点我几乎没说到。一个硕果累累的天主教道德神学要认真地对待一位人物，而这位人物实际上已经从那些标榜自己为具有历史意识的“道德神学”的书籍中消失了。[70] 我指的是拿撒勒人耶稣，他忠于救赎与圣事使命的历史选择贯穿历史，他的道德完全启示了人类完全的可能性，否则这种可能性只是不确定地被知晓而且掺杂谬误；他的应许和复活确保了我们相信内在人类完全不只是一个探索理想而是一个王国，我们自己的选择甚至当下就在建造这个王国（或者让我们离开它），不仅以这些所有的方式认可自然道德法，而且做出可理解的特定选择和否则无知的规范，比如怜悯和爱仇敌。耶稣被认为拥有人的属性，因而可以一种特定的基本方式与每个人联合；藉着完全地成就了那种性情，他是人 162
类历史的钥匙、焦点和目的，亲自向人显现（discloses）了人是怎么样的。[71] 这个显现不像一些人所企盼的，通过“超验推理”来找到薄的、形式的、不完全的性情；而是，若没有运用我们在道德之善上的人类完全的所有知识资源，无论自然的还是被启示的，就不能在神学上知道其内容和含义的显现。并且，除非拥有教会经久不衰所证实的其历史性的福音，向我们传递关乎道（Word）的人类生命、死亡与救赎，关乎信心（faith）与历史的耶稣基

〔70〕 一个极端的例子是：O'Connell, *Principles for a Catholic Morality*. Gula, *Reason Informed by Faith*, 172 – 97 就耶稣对于道德神学的意义作了一些讨论；通过跟一个长度相当的作品相比较，可以公正地认识到这种处理的贫乏：Grisez and Shaw, *Fulfilment in Christ*, 222 – 90. 当然，还要丰富得多的是：CMP 459 – 626.

〔71〕 Vatican Ⅱ, *Gaudium et Spes*, 10, 22, 45.

督，这个恳切而真实的叙述，否则我们就与该启示性显现隔断了。[72]

注

在2009a 第五部分中，报告了安斯库姆的观点（参见现在的论文卷Ⅱ.3 第72 页脚注17）之后，我说道：

她说，那种障碍的消除是“一位有学识的聪明人唯一可能的运用”（像她一样），将其他一切事物留给启示和信心之类，她这样讲对吗？她还问道：“按照他所知的威望，一位有学识的聪明人可能告诉我证据就是上帝已经说的？不。”（*FHG* 18）她对传统证据关于信心的检验力与序言性持怀疑主义态度，而这种态度跟纽曼在其《信仰的逻辑》（*A Grammar of Assent*）的最后一章有许多共同之处；还有，她通过旧约作为“通向天主教信仰”的“庄严道路”，也跟纽曼的那一章有很多共性。但是，即使有学识者不是站在一个真实地（truthfully）说“证据就是……”（所有的证据指向这一点或至少证据的分量排除了任何理性怀疑）的立场，难道一定还没有这种情况：他们或者他们当中有关的专家应当（并且）是处在这样一个立场，即真实地说“存在健全的证据证明上帝已经说了，并且所说的是证据的因素”？

---

〔72〕 *Dei Verbum*, 19（译文参见本书第19 章“道德与第二次梵蒂冈大公会议”脚注26）：

…Ecclesia firmiter et constantissime tenuit ac tenet quattuor recensita Evangelia, quorum historicitatem incunctanter affirmat, fideliter tradere quae Iesus Dei Filius, vitam inter homines degens, ad aeternum eorum salutem reapse fecit et docuit, usque in diem qua assumptus est… Auctores… quattuor evangelia conscripserunt… formam denique praeconii retinentes, ita semper ut vera et sincera de Iesu nobiscum communicarent.

Cf. Instruction *Sancta Mater Ecclesia*, AAS 56（1964）at 713 – 16.

第 10 章

信仰、道德与托马斯·莫尔*

1534 年复活节后的一个礼拜，4 月 12 日星期日（Low Sunday）下午，托 163
马斯·莫尔（Thomas More）被召第二天早上出现在兰贝斯宫（Lambeth Palace）宣誓，一份要求所有成年人服从新《王位继承法》的公开誓词——誓言遵循并且维护《王位继承法》（Act of Succession）的“完全效力与内容”，宣布亨利八世与西班牙阿拉贡（Aragon）的凯瑟琳（Catherine）的婚姻违背上帝的法律而彻底无效，尽管这桩婚姻在 25 年前有教皇的特许。那个星期日的晚上还有第二天早上，莫尔去忏悔。早上之后，莫尔告别了他的家人，去兰贝斯宫，现在为坎特伯雷大主教的官邸。那个星期一的早上，管理宣誓的专员召了许多伦敦的教士和一位普通信徒——莫尔。而第一个被叫的是莫尔。他默默地读完了《王位继承法》以及国玺下草拟的誓词，并且拒绝宣誓该誓词。在设法让他陈述理由失败后，专员把他送到另一个房间去反思。

从宫殿另一个房间的窗户往外看，看到下面的花园，他能够看见——“毫无疑问他鄙视——伦敦的教士穿过花园；大多数都相当高兴，彼此拍拍背，并相约在坎特伯雷的酒储藏室喝啤酒。”[1] 所有人都宣誓了，只有一个人匆匆穿过花园向伦敦塔走去，他将要在那里焦思三年之久，直到接受《改革与新教》（Reformed and Protestant）令。

为什么莫尔拒绝宣誓，招致终身监禁的自动刑罚（那天早上就开始生效

---

* 2003c，1989 年 8 月在墨尔本“托马斯·莫尔学会”（Thomas More Society）的一场演讲。

〔1〕 Kenny, *Thomas More*, 72. 肯尼的概览紧密地依据莫尔 1534 年 4 月 17 日在伦敦塔写给他女儿玛格丽特（Margaret Roper）的信中的记述；参见 Wegemer and Smith, *A Thomas More Source Book*, 311 – 15.

164 并实施），并让他所有的财物充公？我相信，他的理由不是那时或者后来能够解释清楚而不导致因叛国立即执行死刑的。一年多之后，当他被认为有叛国罪并因此获得一个自由表达的机会时，后来控告他应处死的法律《至尊法案》（Act of Supremacy）已经转变了焦点问题。因此，莫尔从未直接解释他起初且确实的决定性决断，拒绝宣誓的决断。并且，历史学家与传记作者们经常对此含糊不清。然而，我认为理由是清楚且不令人疑惑的。莫尔相信，在1534年跟他成为大法官（Lord Chancellor）的1529年时一样，亨利跟凯瑟琳的婚姻与神圣法一致，是完全有效的，无论从教皇特许还是从凯瑟琳与其兄弟阿瑟的婚姻从未圆房来看。莫尔不认为，亨利跟凯瑟琳婚姻的有效性是一个问题，所有诚实与胜任的人都会同意这一点；但是，他亲自作了神学问题研究并得出结论：婚姻是有效的。（如果他需要证明，那么他可以耽延几年后终于在复活节前几个礼拜传达的教皇敕令：婚姻的确有效。）接受誓言就意味着，当他自己的思想认为婚姻有效的同时，宣誓他——莫尔——认为婚姻无效。因此对他来说，接受誓词将会公开地并且以上帝为他在众人面前的见证人而宣称一个蓄意的假话，要就自己信念的状况欺骗他人——简言之，就会撒谎。

所以，莫尔因着道德这一点走向伦敦塔，即相当普通且普遍（尽管是特定）的道德规范，拒绝谎言，最显然地是排除谎誓，因为这个道德规范具有绝对性、无条件的真理与力量。

如果我们跟莫尔站在一起，往下看花园，或者时光倒转我们又跟他一起面对专员，就能看到一股正在兴起的新教改革运动潮在其他事物间成为一个道德危机——1989年在伦敦刚刚庆祝了诞辰500周年的圣公会大主教（Chief Commissioner）托马斯·克兰麦，是温和但足够真实且具有代表性的形式。作为坎特伯雷大主教，一年不到之前做了公开服从教皇的誓词宣誓，他选择坐下（正如莫尔选择站着一样）却私下先发誓并非有意或想要做那个伟大的公开誓言——换句话说，为了保证在英格兰决定性地推动新教的机会而公开地在誓言中撒谎。

莫尔自己对他称之为“路德的结论与最羞辱的意见”的罗列记载，草拟在他 1529 年《关于异教的谈话录》（*Dialogue concerning Heresies*）中，对路德教 165
导开创的道德危机给出了骄傲的定位：

> 他教导，只有信（faith）满足了我们藉着受洗得救，跟善行（*good works*）无关。他也说，力图用任何工作而不是单单因着信讨上帝的喜悦是令人恐惧的。
>
> 没有人能够做任何善工。
>
> 在行善上，好且义的人总会犯罪。
>
> 没有什么罪能够让任何基督徒一直被定罪，这只是一个缺乏信心的问题。因为他说，无论我们的罪有多大，我们的信都销毁了它们。
>
> 而且，他教导没有人没有（任何）自由意志，没有自由意志也不能做任何事，尽管有恩典的帮助，也是如此；但是，我们所做的一切，无论是好是坏，并没有在自己身上做什么，而只是经历上帝在我们身上所做的一切，无论好的还是不好的，就像蜡被加工成蜡像或一个人手中的蜡烛，没有对自己做任何事。
>
> 他说，上帝是犹大背叛耶稣的恶意（evil will）的始作俑者，正如他也是基督经受十字架的苦难时善良意志的创造者（author）与因果（cause）一样。[2]

20 年后，天特会议（Council of Trent）挑出路德上面的最后一个陈述，当然跟许多其他陈述一起，做出了明确的谴责。今天，普世合一运动（或译大公运动）（ecumenical movement）可以设想类似莫尔或者特伦特或者路德的错误名单是一串令人遗憾的误解名单，并以此鼓励我们。但是，这样一个设想将是轻率的。在基督徒之间进行调和这个值得称许的愿望导致那些重温改革运动的人误解历史资料，这个可能性至少跟另一个可能一样，即分歧与争议之激烈与令人震惊让那些异议的参与者误解了他们的反对意见之根基。某些具

---

〔2〕 Campbell, *Erasmus*, *Tyndale*, *and More*, 150 – 1, quoting More, *Dialogue concerning Heresies* [*Tyndale*] [1529], bk Ⅳ, ch. 2, where the list of items continues.

有托马斯·莫尔那种智慧、理解力、自律和平衡能力的人比大多数20世纪晚期的神学家更好地理解了路德，更加准确地代表了他的观点，这个可能性为此不争的事实所大大地加强：诸如路德、慈运理、丁道尔和艾科兰巴迪这些早期改革者的主要立场，在接下来的几个世纪以及在接下来几个世纪的某些情形下，或多或少地被主流新教教会彻底丢弃。今天还有谁在预定论、完全没有自由意志、全然败坏、单单因信得救，甚至圣经的独立完全充分性这些方面持有完全如路德一样的立场？

新教改革运动首先是一场为基督徒信仰与生活的真实与单纯的运动。为
166 何招致一个基督信仰与生活非常真实、亲密、清白单纯、脱离空洞形式的人极大的反对？容我暂停玩味这个问题，而提一下莫尔最新的传记作者理查德·马吕斯（Richard Marius）在他非常有趣、某些方面颇有洞见且值得考虑的传记中几乎反复嘲讽的评论所提议的问题——认为莫尔针对新教徒的几千页争议文字是徒劳且不得要领的。为什么莫尔这么写呢？为什么他以恐怖来理解改教者与他们的动机，以至于推动他跟每一条教导进行辩驳的庞大工程？

这不是一种保守人士的爱或者尊重，对他和他之前的父辈们所接受的教导，或者他所成长的社会形式；这种爱和尊重羞于刨根究底以及对他人本意寻求准确的理解并针对他人的弱点来进行批评和改革。比如：1530年代中期的英国天主教阶层有一个同样糟透了的缺点，在过去的几十年反对将圣经翻译成本国语言的计划；但是，莫尔却热诚地支持这个计划（并且在改教运动的很多年前被法国、德国和威尼斯的天主教徒成就）。再如，莫尔在其《乌托邦》中对社会组织的道德、政治与经济基础进行了反思性检验，就不必在此多说了。

莫尔对改教者们的回应并不是保守人士的态度。不像英国的主教们（不及他的学识），也不像伊拉斯谟（比他更博学），他理解，清教徒们在信仰和道德上的改革要求或多或少不经意地将基督教的根基放在一个受质疑的地位，这个信念是从虚无中创造万有的一位神，在人类历史中启示了自己，藉着拿撒勒人耶稣道成肉身、生平与言行构成了明确的公共启示。莫尔反对的是一种信仰的主观化，反对在个人内在经历（inward experience）之中来寻找信

仰标准，也不是接受上帝藉着使徒及基督教界共同的身体在历史中传承的启示，教会从使徒的后继者领受并受他们引导，就如同受耶稣基督的引领一样。

改教运动成功地颠覆了天主教信仰、圣礼与敬拜，只是在这个意义上，它说服基督徒把信仰和圣礼秩序置于经历的检验之下，感受它对你做了什么或没做什么。如丁道尔在其《回答托马斯·莫尔先生》（1531）中提出的，
是否教皇和主教们与他联络在一起就是具有决定性教导权威的教会，被置于 167
个人自身经历的检验之下：

> 判断是否可能，应当有任何善从他们无言的（dumb）仪式与圣礼中出来进入我的灵。判断他们的苦修、朝圣、赦免、涤罪（purgatory）、祈祷词、无言的祝福、无权的告解（absolutions）、无为的轻拍与哀号、无用且怪异的神圣姿势，还有他们所有无益的装扮（圣衣）以及他们的补赎（satisfactions）和称义。因为你发现他们这么多的谬误，以至于对他们毫无信赖。[3]

（丁道尔期待他的读者同意）天主教圣礼是无言的（dumb），用今天的话说，因为它们没有对我说什么，对我无所作为。丁道尔说，天主教给他的只是“历史上的信仰”。他定义该信仰为紧紧依靠“叙述者的真实与诚信或者共同的声望（意见）与多人的同意”。（他说）他想要以及能够拥有的是一种“能感受到的信仰”——“一种确定的感受，因而是永远收获颇丰的。”[4]

莫尔接受，天主教信仰的确是一个历史上的信仰，信赖那些见证基督的言行、基督的神迹、基督的祷告、基督的受难、基督的复活的人们，他们藉着传讲这些信息见证了这些的真实，甚至为此殉道；通过传递教会不成文的传统与成文的圣经整个存储的信仰，将他们在历史中至上的信仰传给我们。

---

〔3〕 Campbell, 203 quoting Tyndale, *Works*, Ⅲ 8 – 9; for More's response, see his *Confutation of Tyndale's Answer*, bk Ⅵ, 631 – 4.

〔4〕 Campbell, 204 quoting Tyndale, Works, Ⅲ 50; for More's response, see More, *Confutation*, bk Ⅶ, 741 – 63, 780 – 3.

改教者们或许相信，他们对信仰的感受是真实的、客观的、共同的并且可交通的（communicable），因为它是藉着圣灵来交通。但是，离开耶稣的教导，他们不能了解圣灵；并且，他们也承认这些，离开圣经，他们不能了解圣灵；而对于圣经，许多世纪以前，教会作了判断，确定各卷的作者，并断定尽管无数关于耶稣的其他歪曲见证是误导人的且错误的，但圣经各卷所有的宣告都是可靠且真实的。而且，正是同一个教会对圣经的法则（cannon）作出了明确判断，同样地，为那些经卷的释义提出了明确判断，以及那些圣经没有明确说的问题（如堕胎），甚至在新约写作成书一半以前，教会的传统就对这些问题有所发表。

168 那么，鞭策莫尔的是一种纯粹愚蠢的感觉，一个不认为自己不融贯性（incoherence）的运动之糊涂、智识混乱，虽然否定教会曾经能够确定判断任何真理却又依赖教会关于什么合乎圣经、什么不合乎圣经的明确判断。类似地，在莫尔看来，路德及其追随者否定自由意志及他们的其他主要立场，完全是糊涂的。

莫尔也很清楚，这类糊涂可能是引人注目且有效果的，仅仅因为在整个不具有融贯性的教导中，每一个智识成分、每一种意见都是为了合理化一个立场而成为必要，这个立场不是为达到或持守理性，而是为满足、表达感觉。

莫尔写啊，写啊。他之所以这么做，是由于为出版而写作就是在公共领域（public realm）行动，就共同领域内的事物在福音信仰终极上的所是，来参与理念上的普世对话。符合理性的能够与感受结合，如果不是由感觉、个人经验所主导，而是表达任何理性的存在根据可获得的证据包括见证人的证明，将会作出的洞见与判断。天主教会的信仰与敬拜传承表达了接受、检验、传递整个传统（包括圣经）的有理性的人大量承继的洞见与判断，在这个传统中，神为众人可及的启示（publicly accessible revelation）直到人类历史的结束都有功效（effective）。除非听见且支取（appropriated）耶稣所教导的，注意到且支取耶稣所行的，否则，那个作为就是没有功效的。使徒们花了一些功夫，支取他们所听见、所看见的。但是，当使徒们支取启示完成时，换句话说，当最后一位使徒离世时，神圣启示的作为已经完成了。从那个时候起，或多或少，我们是通过支取使徒们已经支取的来获得神圣启示；只有跟整体保持连贯，一个启示的解释才是可以被接受的，耶稣言行的首要主题之一是这个共同体的更新，藉此，启示伴随历史而生。

对于那个共同体的每一位成员，信仰的宝藏都是可以被利用的，的确对于藉着自由选择成为成员的每一位都是如此；但是，如果跟那些受托付在整体上传承的人——教会那些完整支取的圣徒们、先祖与博士们——明确接受与提议的理解不一致，那么，每个人私下的理解将是非理性的（irrational）。
藉着圣灵的力量，整部福音都在对个人的心说话，而且，莫尔坚持说，不是 169
“不结果子”（fruitlessly）地说话，而是它本质上属于每个时代有忠心的人（the faithful）所居住的庞大公共领域。于是，每个时代有忠心的人彼此参与一个庞大的公共且公开的对话，还跟福音（如同圣保罗向雅典的仁人智识）传到或多或少不信的世界，以及“新兴人士”（the new men）——落入我们称为异议者和莫尔称为异端的基督徒——的世界。

我回到那个四月的星期一早上，在兰贝斯宫的莫尔。当被要求宣誓誓词时，他对专员说了什么？几天后，他给自己女儿写信道：

> 我向他们表明，我的目的不是要将任何错误的名号加在法案或任何制定者的身上，或者誓词本身，或者对它进行宣誓的任何人，也不是要谴责任何其他人的良心。而是，对我自己的诚信（good faith）而言，我的良心如此地被这个问题牵引……以至于我不能不畏惧我的灵魂遭到永罚而做出宣誓。[5]

在 20 世纪晚期，“良心”这个术语可能以一种深深受到清教徒诉诸内在经历、同时受到这个世界启蒙后的观念影响的方式而被听到，许多人也是这样来使用它们，在这个启蒙运动后的世界中，意义和价值的唯一来源是人类思想，藉着自己的、自治的、自我建构与被建构的行动、表达自身内在经历

〔5〕 Wegemer and Smith, *Sourcebook*, 311 – 12.

的行动、个体性与自我的感受来界定意义和价值。那个良心观念被罗伯特·鲍特（Robert Bolt）在戏剧与电影《四季之人》（*A Man for All Seasons*）中归于莫尔。但是，正如安东尼·肯尼（Anthony Kenny）在其小书《托马斯·莫尔》最后一章所提的，这种良心概念是与莫尔的良心概念彻底相反的。对于莫尔，就跟圣保罗、圣托马斯·阿奎那和约翰·亨利·纽曼以及梵二公会一样，良心无非如下：（1）一个人对于固有善与恶的基本形式、实践合理性的基本原则、对与错的智识领悟与理解；以及（2）在具体情况下，一个人对那些原则如何真实地运用于该情况的判断。当一个人对善恶、对错的理解藉着教会传讲的神圣启示稳固化、澄明化与补充时，人们就将这些原则理解为神圣法的诫令或规范。如托马斯·阿奎那所说的，当然圣托马斯·莫尔也会赞同：

> 良心的约束力，甚至是出于错误的良心，跟上帝律法的约束力
> 170 是同一回事。除非一个人相信，Y 跟上帝的律法相反，或者符合上
> 帝的律法，他的良心不会说应当做 X 或者避免 Y。[6]

在拒绝宣誓上，（我相信）莫尔依据两点本着良心的判断：（a）（亨利八世）跟凯瑟琳的婚姻是有效并且符合神圣法的；（b）当一个人断定事实是如此，依然宣誓说事实不是如此，就是撒谎，撒谎总是违背神圣法的。说到他没有谴责他人的良心，他所讲的不过是：有人并没有不诚实、不忠心、良心败坏却就凯瑟琳的婚姻得出一个错误的结论（即凯瑟琳的婚姻无效），这是可能的。这样一个人宣誓，将不会撒谎或表明蓄意腐化良心——尽管在莫尔看来这个人是错误的。当然，莫尔没有一刻否认，一些宣誓的人无疑是在撒谎、在有罪的不忠心（bad faith）里，而另外一些人则不是在撒谎，由于有倾向的政治便利，或者类似地，特别是对凯瑟琳的婚姻进行了真理上仔细的、不偏不倚的调查研究，或者在一般意义上，就教会对婚姻的神学与管理进行了这类调查研究。

---

〔6〕 *In epistolam ad Romanos*, c. 14 lectio 2 (ad v. 5).

莫尔在伦敦塔受监禁的最后几年的精彩之作《关于苦难之慰藉的对话》(*Dialogue of Comfort against Tribulation*) 中最辉煌的故事之一，是用熟悉的语言让人想起一个人的良心多么容易受影响从而被腐化，无论是雷纳（Renard）爸爸（狐狸爸爸）和狼先生的讽刺与自爱，还是可怜小心的驴先生瞎眼的愚拙。[7] 对于那个时候带头的改教者（Reformer)，莫尔实际的意见是，尽管他期望不是如此，但改教者中的许多人并不忠心，罪恶地“把自己冠上良心”(cf. *Dialogue*, 187)，实则迎合骄傲、不满或贪婪的指令。但是，谨记莫尔关心的意见，不是那些对亨利婚姻的有效性持跟自己不同见解的那些处理争议问题的人，而是那些把自历史以来的基督信仰放在一边的人，而保留偶然符合自身感觉和他们过于轻易地设想为圣灵引导的个人直觉灵感。

在我们的时代，信仰与道德的危机在某些方面甚至比莫尔生死的危机更加深刻与邃远。明证之一，是跟基督徒道德教导有关的良心观念遭受误解与滥用，特别是那些关于性以及尊重圣洁的人类生活教导，跟非基督徒与半基 171
督徒文化环境的道德准则截然相反。当然，如同阿奎那最直言不讳所说的，这是真的，如果有人在最慎重的反思之后断定应当避孕或应当堕胎（阿奎那举的例子是私通和否认基督的神性），那么严肃地说，不这么做就有罪了。但是，如果有人得出这样一个判断，就犯了一个严重的道德错误，纠结于跟伦理不一致（ethical incoherence）与破坏伦理，偏离了上帝的法则，并从而失去上帝的智慧以及与上帝做朋友和做蒙上帝拣选的儿女这个神圣的要约；如果有人已经听了纯正传讲的福音，没有一种因未能持守信心、盼望和爱心而怀有的罪恶感且不在根本上危及救恩，而犯这个错误则不大可能。原因是，重复地说，形成一个人的良心与其说是寻求形成自我或保护个人的诚实与真实，不如说更多在于：分辨关于意义和价值的真理，即人类存在从其创造者处获得的意义是什么？无论健康还是疾病，无论拥有天堂般的安息还是遭遇患难，在每个人的生活中确实拥有的意义和价值是什么？

---

〔7〕 *Dialogue of Comfort Against Tribulation*, 93－8 (in the very readable, modernized but not "edited" edition by Monica Stevens).

但是，跟当今在道德神学与教牧实践危机中的其他表达和资源比起来，律法主义道德神学与教牧神学认为个人道德好像就是在教会的律法，或者认为个人道德提出了良心持有查出了漏洞的执照（license），这两者之间摇摆，它们的愚拙是相当肤浅的愚拙。

那些表达与资源中的一些，在内容上，很有趣地跟莫尔及不久之后的特伦特会议所要面对和否定的道德教导相近。路德渴慕救恩的感觉，将在信心层面从经验上降服于基督作为基督徒生活的荣耀和中心，一种不是被选择的、可以感受的信心，在其中，赋予道德善与恶、正确与错误方面具体的自由选择最无关紧要的地位。对此，令人怀想起当今那些公开表明天主教是这样一种神学的教导，即没有一种罪是致命的，能够将一个人从与上帝做朋友的恩典中排除出去，无论这个罪是多么自由而且在明知的情况下故犯，除非撤销所谓的“基本选择”（fundamental choice），这个情况也许是：一个人全部自我转离神的倾向，这个倾向（按照一个在神学上广泛传播的理论版本）神秘地在意识和反思性自我意识层面之下发生，它本身的确不是替代物之间的自由选择。当然，天主教神学知晓一种根本选择（fundamental option），足够清楚地确认：这种根本选择是信仰的选择，有意识地接受相信上帝的建议，
172 并且接受成为上帝家庭成员的要约，在地上就是教会中的一员。当一个人自由地、有意识地做出严重不道德的选择，诸如奸淫、堕胎或节育时，这个信仰并不因此就被抛弃，而是失效（ineffectual）了——“死”是特伦特的术语（《雅各书》2：20[*]）——因为做了一个那种不道德的选择，人就背离了其存在与可获得行为信仰所认识的神圣友情（divine friendship）。只有因着上帝的恩典选择悔改——有一个并不深奥的具体自由选择——才能使那种友情得以重续。因此，特伦特、约翰·保罗二世、教会的千禧年圣礼实行以及新约，两条道路的传统——生命与死亡——我们比大多数的新约传统发现得更早……

但是，（我敢说）在你们当地天主教书商的神学和教理问答书柜里，你会发现大量新人士（new men）教导的范例并且实际上未被反对，根本选择的

---

* 经文是：“虚浮的人呐，你愿意知道没有行为的信心是死的吗？”——译者注

新路德观（neo－Lutherite）只是供以替代天主教道德准则的立场之网中的一根丝线，无论公元2世纪先辈们的作品还是梵二公会和约翰·保罗二世文献中的道德准则，莫尔都会认为是他自己的道德准则。围绕着一个经历的特定状态以及经验在信仰现实中基本作用的一个特定概念，辐射出这个替代网的所有丝线。

根本选择作为道德上之罪的唯一实例这个广泛传播但未经证明的理论，澄明了一个情绪上从不愿意到接受的回跳（recoil），活在一种单一的、简单的选择做朋友正在做的就可能关系破裂的张力中，而通过悔改、和解的单一选择便得以恢复，比如藉着一个标准的、寻常的圣礼行为。不存在具体的道德绝对，没有毫无例外的消极规范或训令，但是，犹太人和基督徒先前每一代领受为无条件、毫无例外的所有训令，确实不过是对这种道路的归纳，即服从于个人良心确定的例外，一个真的道德原则应用——（包括）一个人应当带给这个世界更大的善、更少的恶的事态（states of affairs）原则吗？这个理论在教会传统或者圣经中并没有得到支持，遭到世俗哲学家和基督徒哲学家精心发展的灾难性哲学反对，不过，的确受到“当今信众的经历”（experience of the faithful today）这个诉求的支持，还有那些觉得在堕胎、尝试婚
前性和谐、执行或计划屠杀平民来打赢战争或保障和平、在婚姻失败后找一 173
个新的性伴侣、节育以阻止眼下拥有一个新生儿的不好结果等这些情形中，能够行更大的善或避免更大伤害的基督徒们。

当代基督徒的这些意见被神学“新人士”归于圣灵的一个运动，引领信众忠心地以那些富有的西方和马克思主义东方的异教文化道德意见为鉴，并没有引导教皇或教士们在这些问题上忠于圣灵的教导。他们确实将神圣启示定位于宗教经验和良心判断，以设想中的当代“合意”（consensus）或“信仰感”（*sensus fidelium*）为证，只是不完美地在圣经、传统教义以及关于信仰和道德问题的原则（doctrines）中被表现（*symbolized*）。教会的教权（magisterium）附着于一个启示的不同概念，因而，正是在传统——都说一样的话并且一心

一意（*eodem sensu*，*eadem sententia*）[8]——拥有的意义上并且怀着同样的内容（判断）重申旧的原则，包括道德原则，所以就此而言，（他们说）教权比起“合意神学家意见”（*consensus theologorum*）是对启示次真实（truthful）的见证，那些神学家的合意反映了“当代基督徒的经验”，并且直接给予以及为“当代天主教徒”来阐明，从而纠正教权（部分表达而主体则广泛删节和予以心照不宣的否定）。

如果这种歧视与信仰的观点不能在梵二公会或传统中找到支持，那么无论如何，也能够在约翰二十三世于那场公会的开幕演说中找到，（他们说）教皇在演说中宣称（只有）传统中的实质（*substance*）是重要的。（他们说）教皇从未在《宗座公报》（*Acta Apostolicae Sedis*）和《论教会在现代世界牧职宪章》第62节（公会最终文献）的记录中，像对公会所说的一样，教会公会、信众必须持守——说一样的话，一心一意（*eodem sensu*，*eadem sententia*）——传统教旨之正意及其肯定的立场。在艾伯特（Abbott）和加拉赫（Gallagher）编撰的《梵蒂冈第二次大公会议文献》（*Documents of Vatican II*）第715页（第4段；同时参照本页第1段），你会找到受新人士青睐的约翰教皇的演说版本。[9] 彼得·赫布尔思韦特（Peter Hebblethwaite）占据广大市场的约翰二十三世传记据此为真，认为后来梵蒂冈官僚机构通过插入梵蒂冈官方刊物《宗
174 座公报》的言论，篡改了教皇的开幕演说，那些话在那里、在《论教会在现代世界牧职宪章》中被归于教皇约翰。当一个人发现，《宗座公报》中的版本没有什么改变；在演说发表后的第二天，梵蒂冈报纸《罗马观察报》（*L'Osservatore Romano*）对约翰二十三世演说的报道（*Oss. Rom.*，12 October 1962，p. 2 col. 3）正是几周之后《宗座公报》所说的（并且正是梵蒂冈电台教皇演说录音带所记录的）；因此，赫布尔思韦特关于后来存在重大篡改的故事本身就是一个粗心的错误；而且，约翰二十三世的神秘版本比他实际上发表的

---

〔8〕 1Corinthians 1：10（Vulgate）；More，*Dialogue concerning Heresies*，Ⅱ，9；GS 62.

〔9〕 该版本起初是一份（演说早期的草稿）意大利文翻译，由《罗马观察报》跟教皇自己的拉丁文讲稿一起在那天演讲后出版的。［关于赫布尔思韦特对历史大量的编造歪曲，参见如今我给1991年12月14日以及1992年2月1日和8日《板讯》（*The Tablet*）写的文字；该通讯跟许多其他的努力一并呈现了赫布尔思韦特的书所诉诸的录音带的真实内容。］

版本（准确重申了第一次梵蒂冈大公会议关于启示和教义所认可的内容之不变性的教导）更广泛地被援引与知晓；那么，人们就能略微体会莫尔对改教者著作篡改天主教教导那种恼怒之情，以及对藉用神学货币流通中取道进入每个人口袋或者钱包的微小改变，劣币在驱使善上获得成功的恼怒。

要反对启示、信心的概念与提出的教义，或者更多的是新人士们预先设定的教义，可以说的有很多。但是，要与它在所呼吁和诉诸的层面上相遇，莫尔经常反复重申的呼吁最有帮助——他对真正的感觉（*sensus*）与信仰合意（*consensus fidelium*）的呼吁。对它们的判断，不是令我们生活于世俗性文化的这一代基督徒多少感到舒服的判断。而是在我们之前许多代基督徒们的判断，非常多的像莫尔一样的人从心底知道的大量圣经之道，不是祷告几分钟而是几个小时，而且所面对的道德问题的复杂性不亚于今天的文化背景。

这个呼吁既没有否定也没有忽视基督徒教义的发展。道德教导的发展可能涉及为道德上正确的选择识别新选项，比如除了过去高利贷的不道德选择，又出现新的或新近显明的选择，以资本市场确立的利率收取利息，该利息公正地反映了贷方风险以及放弃参与其他经济企业的股市、利益的补偿权利。或者，一个不加区分且错误的立场或概念被两个概念代替，从而带来这类发展。比如，法国大革命所说的“宗教自由”概念跟宗教誓言、任何无条件的宗教表白不相容，跟宗教言论或行动的任何道德限制也不相容，因此受到教皇的谴责，渐渐被两种区分的立场代替：一种立场还是错误的、受谴责的不加区分的“宗教自由”，宗教义务或誓言的理性主义否定的“宗教自由”，或者不受每一个道德限制的“宗教自由”；另一种则同第一种立场清 175
楚地相区别，作为梵二公会宣扬的宗教自由而被肯定。尽管这类发展或许涉及一些词汇提法的修正甚至推翻，但是，没有同任何基督徒必定持守的意见和立场矛盾或颠倒，诸如排除蓄意谋杀任何无辜的人，无论作为目的还是手段，奸淫或者在婚姻之外寻求性满足的任何其他方式，或者阻止也许已经发生怀孕后果之性行为。对于上述提及的几种问题，在所有人力所能及的实质范围内，我们所处的情形跟我们的基督徒先辈们一样；然而，无论在技术层面多么尽心竭力，我们的选择都是依据意向（intentionality）即同样的选择；

对它们作出的道德判断，可以在基督里成就的公共启示以及使徒们对他言行的接收和基督所建立的使徒共同体在存留于人类历史传递的那些言行中找到所有要点。

在莫尔为之而死的天主教信仰概念中，个人藉着圣灵恩典所怀的信仰只是对那个恩典完全充分且正确的回应，教会在信心中共享这个恩典。而且，那个信心是（a）对耶稣在历史上言行所成就的神圣启示的领受；以及（b）传递上帝因此给在信心中接受耶稣的使徒们的托付。所以，在他最后的著作《基督之哀伤》（*De Tristitia Christi*）中，莫尔试图着手建立（a）福音叙述事实上的真理性，反对怀疑论者的质疑，为福音叙述的历史可信性辩护。并且，在他的所有信仰护卫中，他竭力（b）将我们放在早先每一个年代的基督徒同仁这一伟大群体之中：在我们一生的路上，如同“穿越一座伟大恒久的城市之宽广的高街”,[10] 一边，伴随着我们持异议的同代人的声势，但另一边，沿路是更多数目且荣耀的同伴，那些在我们之前往天上去的同伴的交流（communion），我们能在教会圣徒与博士的著作中、在大公会议的举措中听见他们的声音，大公会议转而引领我们步入彼得的后尘。

176 像莫尔时代的危机一样，信仰与道德的当代危机围绕着教士们——他们的信息、他们的团体精神（*esprit de corps*）、他们的讲道。我最近一次听到一场为他们通常误导地称作圣经“故事”的事实真理性进行解释和辩护，或者以此为真实的布道是什么时候？或者，解释所读的指定圣经，把我们放在一位或更多先辈的冥思与解释面前，或者，给我们显示那处经文在大公会议中的解释？或者，把一段或一页或一章放在一边，真正地解释梵二公会宪章中的任何一句——从未被传讲过的一句——甚至许多相当博学的教士们实质上没有读过的一句？今天，任何要从托马斯·莫尔身上学习的人能做得更好的是阅读且反复阅读（理想的是阅读带有精确脚注援引的文本）梵二公会20页关于神圣启示的教义宪章——《启示宪章》（*Dei Verbum*），不为远处或近处那些误导人的主张的偏歧所影响，那些主张让人关注早先文献（他们大大夸

〔10〕 *Dialogue of Comfort against Tribulation*, 237.

张）的差异，而不是更多地对文本本身印象深刻。

如果说莫尔竭力把我们带到拿撒勒人耶稣的面前，拿到在我们之前的圣徒与博士面前，他也竭力向我们展示我们于地上存在的真实界限，我们在道德上有意义选择的真实广度与深度。他想要把天堂和地狱一直放在我们心里，这是已经从新人士的道德/神学文献中消失的，大多数情况下当代布道只是以空洞、未经检验的假设形式出现，人站在上帝面前不必圣洁敬畏，他会永远延长我们的繁华舒适，怀着一位不负责任的 20 世纪晚期父亲那样的宠溺。

很少有事物比新人士们的这个主张更愚蠢，认为圣经重新向我们这一代天主教徒打开；事实上，再也没有比神学和教理问答（catechesis）使圣经获得更大量的审查、默默覆及了创世记和末日（Apocalypse）、开始了时间的创造以及在历史时间结束后的永恒里最终完全的救赎这些最重要的主题。如果我们不活在转移了我们注意力的眼界，那么，托马斯·莫尔的信与异象就是与我们相近的。

现在，我们过河从兰贝斯宫到威斯敏斯特去。1535 年 7 月 1 日星期四，在将近 60 周的监禁之后，莫尔站在 18 位法官——包括新女王的父亲和兄弟——面前。他们只是谴责他为当处极刑的叛国者，（跟副检察长在伦敦塔随
便谈了一下就宣告了罪名，同时枢密院的臣仆拿走了莫尔所有的书，）试图 177
“完全剥夺我们统治的君主国王在地上英格兰教会的尊严、头衔和最高首脑之名”（该头衔为 1534 年王位授权法立法授予，还包括判断谬误与异端的最高尊贵权利）。在那个点上，莫尔受到谴责，要被挂在绞刑架上，活着被开膛剖腹，被分尸。* 他被允许有一个最后的说话机会：

> 尊贵的大人们，莫尔我不得不说，就像蒙福的使徒圣保罗，如我们在使徒行传中所读到的，保罗在现场并且支持让司提反殉道，替那些用石头打死他的人看管衣服，但如今保罗和司提反在天家同为圣徒，而且在那里做永远的朋友；因此我非常相信，并因此全心

* 叛国罪通常要受到这样残忍的刑罚，但是，亨利国王后来将他改为砍头处死。——译者注

祈祷，尽管你们的管辖权是我的审判官*所谴责的，然而我们可以在此之后因着我们永恒的救恩喜乐地相会于天家。[11]

在他们共有的基督徒意识里，未言明却悬在莫尔及其法官们之间空中的，是保罗得救的前提：他的悔改归正。在他的《基督之哀伤》中，莫尔曾祈祷新人士们将会悔改并回到神家，如同犹大即使在出卖耶稣之后仍然可能选择悔改。在他于伦敦塔的拉丁文祷告书上面和下面的边缘地带，莫尔用钢笔写了一段祷告："给我你的恩典，良善的主"，以此开头，接着是各种其他祈求："给我你的恩典，良善的主……

引导我走通往永生的窄路；
与基督一同背负十字架；
常记最后的那件事；
把总是在身旁的死亡摆在我眼前；
让死亡对我而言不是陌路人；
预见且思考地狱那不灭的火；
在审判官来之前祈求宽恕……"[12]

这份祷文末了的反思是，"对每个人来说"，祷文祈求表达的思想比这个世界众君王收敛的"所有财宝"堆积在一起"更可羡慕"。

对我们所有人来说，一个真正的基督神学和信仰与道德教理问答最紧迫的任务是，恢复耶稣这么多话语传递的真理中的珍宝，他愿以承受可怕极刑为代价而对他的使命保有忠贞所预定的真理之圭臬：生命是身体和灵魂一同向着一个天命（destiny）而活，远超我们知晓的所有其他肢体的存在，亦远
178 超在我们看来正在膨胀的宇宙的全部问题；对能够自由选择的人而言，这个拣选进入创造者大家庭的天命是有条件的，依赖于个人的选择。之所以有条

* "我的审判官"指基督。圣经启示，"审判要从神家起首"（参见《彼得前书》4：17），当主耶稣基督再来的时候，所有接受耶稣救恩的人要在基督台前接受审判，而不信的人则接受白色大宝座前的审判。——译者注

〔11〕 *A Complete Collection of State Trials* (3rd edn, 1742), I, 62.

〔12〕 *Thomas More's Prayer Book*, xxxvii.

件，不是根据一个意志和司法判决以及决议、判决的命令，也不是人类立法者和法官的命令或要求（无论这样的命令或要求多么公正），而是由于造物主和被造的人之间个体关系（一边是上帝救恩的应许，另一边是自由选择中断个体间关系的固有权力）框架的适恰性、合宜性与不可避免性。那个框架是一个宏大系列的关系，完全并且永久活在其中就是天堂，中断则已经被证明会是损失，在不受搅扰的看清和感受时，耶稣摆在我们面前的只能是地狱的烈火。（主的叙述在这里并不像一些神学家说的“威吓叙述”，而是警告叙述，彻底严肃但没有威吓。上帝做出应许且从不威吓。）[13]

莫尔的《关于苦难之慰藉的对话》表明，他知道反神论者（atheists）并不少，[14] 他也知道不相上下，信众对于观望地狱的反思往往以反感来回应。[15] 在莫尔死后的四个半世纪里，不仅让反神论者更接近于基督教意识，也大大加深了那种反感，对在天命的框架内任何挽回专断、神圣唯名主义更不宽容，从而让认真对待福音的这一部分成为更加紧迫且必要的责任。信仰和道德危机的核心是认真担负起这项责任的失败，有许多甚至比我在此能够提及的更多方面与缘由。只有确实理解并关注那项责任，我们才能够超越纯粹的语言，从而有望喜乐地到达天堂，比如与圣托马斯·莫尔相会。

〔13〕 See now essay 24 at 373, below.

〔14〕 *Dialogue of Comfort*, 194.

〔15〕 *Ibid.*, 249.

第 11 章

论创造与伦理学*

I

179 伦理学的神学反思始于实践理性的知性（understanding）——“惯常的”（habitual）良心、良知（*synderesis*）——我们藉以知道并且将我们引向基本人类善的首要原则。这些善在实践理性中作为关乎可能的人类完全（human fulfilment）之真理而被知晓。作为不证自明的原则，它们的真理和它们的引导具有一种必然性（necessity）。但是，当以人类理解（knowing）的方式——以意见（propositions）的形式——被知晓时，这些真理及其引导也存在着一种偶然性（contingency）：它们作为知性和理解行为的意见客体而存在。在后一个方面，它们像所有那些我们所经历的其他现实一样：偶然性是在这个确切的意义上，即并不理解它们的所是（that they are），一个人就能够知道它们是什么（what they are）。像每一个偶然的现实，它们的存在需要一个超验的解释：只有藉着提及一个事态（a state of affairs）——让我们称之为创造的作为，其内含着一个现实——上帝这位创造者——这个现实无需解释，因为这个现实是什么即它需要存在的所有理由（以至于知道它是什么就等于知道它的所是），

* 1989c.

该偶然性的存在才在终极上可解释。[1]

故此，像每一个关于知性的反思性学科，伦理学在其第一原则中发现了一些深入问题的主题，这些深入问题引向对神造现实的理性肯定。并且，这些深入问题在推进伦理学方面具有特殊的意义。

原因在于：在哲学上反思偶然现实产生的原因，很难能够不设想造物主 180
是有智慧且自由的。创造的作为不可能由完全不具偶然性的造物主现实中的任何因素所迫使，更不可能由被造的现实自身性质所驱使。因而，哲学反思以这样的方式来设想造物主：有智慧，自由并且是积极的，也即亲力亲为的（*personal*）。但是，依照前面与实践理性第一原则相关且具有依赖性的现实角度论证，这个结论具有独特的力量。作为导向人类完全（human fulfilment）的可理解指针（intelligible pointers），那些原则拥有它们固有的指引力。因此，我们不能不认为它们的超验来源是一位期待着人类完全为可理解之善的创造者，并且，正是藉着有智慧地引导人类行动向着完全从而（或多或少）实现创造者的意愿。

简言之，在被造（*res creatae*）当中，伦理学第一原则具有一个特别的意义，即造物主藉着被造为我们提供了他自己的证明（DV 3；《罗马书》1：19－20），天然的人类理性能够有把握地知道上帝是万物的源头（*rerum omium principium*）［DV6；Vatican I, *Dei Filius cap.* 2（D－S 3004）］。

Ⅱ

伦理学不仅有实践（*praxis*）作为其主题，而且，其起源与目的也是实践性的。[2] 在伦理学的内容中，知晓真理（knowing truth）这个基本善不只是根

〔1〕 对于上帝存在的该论证，由阿奎那（*De Ente et Essentia*，c. 4）尽可能从安瑟伦的（Anselmian）“本体论”论证勾勒出来。参见 Grisez, *Beyond the New Theism*; shorter versions: *NLNR* 382－7；*FoE* 145－6；Grisez, *CMP* 65－6. 该论证适用于第一实践原则的可能现实，第一次在 1987f 第 141－142 页也已表明；第 143－147 页探索了本文第一到第三部分涉及的其他命题。对本文涉及的大多数问题深刻的神学处理，参见 *CMP* 42－5，50－2，151－5，460－1，586－7.

〔2〕 See *FoE* ch. 1.

本要素（primordial elements）之一。作为一个人类完全方面的善，它也具有鲜明的吸引力，引导我们进行探究与反思，包括探究与反思伦理学自身。

然而，还包括更多其他善。经验现实存在的偶然性与派生性（derivativeness）、对超验解释渊源的需要以及超验无肇之因可能的人格特征是如此明显，实践理性在其首要原则中把握了如下显著的基本善：与所有意义与价值的人格化渊源相和谐。该基本善即宗教（*religio*），跟其他关于和谐的基本善一并占有一席之地：个人情绪与理性能力之间和谐的善（作为魂之中的秩序的实践合理性），个人判断、选择与行为之间和谐的善（实践秩序中的实践合理性），人与人之间和谐的善（*pax* and *amicitia*）。

181 不过，跟意义和价值超验渊源相和谐的善涉及什么以及要求我们什么，并非显而易见（evident）。在人类生活所处现实的整个可理解的秩序内，很容易体现出缺乏显而易见的和谐：技术失误、不道德的选择、混乱的推理、农业歉收、疾病、伤害、死亡。跟秩序与现实的创造渊源相和谐并非轻易可发现，而是要去追求。因此，就出现了一项基本的人类责任：寻求关于该超验渊源的真理，将包容人的最佳判断视为真理，并且，按照该真理来生活。

该项责任是自然道德法的首要真理之一，梵二公会怀着充分理性追根溯源，认为除非设定《宗教信仰自由宣言》（二）（三）所说的免于外在强迫这个心理自由为条件，否则实现该责任是不可能的。[3]

Ⅲ

有一个事实正如人类需要与造物主和谐一样显而易见，这个事实在“原始”社会不像在技术发达社会那么含糊：无论一个人希望成就什么，并不在

---

〔3〕［H］omines cuncti…personali responsabilitate aucti，sua ipsorum natura impelluntur necnon morali tenentur obligatione ad veritatem quaerendam，illam imprimis quae religionem spectat. Tenentur quoque veritati cognitae adhaerere atque totam vitam suam iuxta exigentias veritatis ordinare. Huic autem obligationi satisfacere homines，modo suae propriae naturae consentaneo，non possunt nisi libertate psychologica simul atque immunitate a coercitione externa fruantur（DH 2）.

See also GS 22.

自己的把握之中。人类完全依赖于人类选择和行动，但是，若没有或多或少在一个人自身或者任何其他人力量之外的其他因素同时发生，则人类选择和行动并不能够成就它。在具体行动中，人总是盼望最好的。

若完全（fulfilment）被理解和明晰，这个盼望就是对怀有一个恩赐（gift）的盼望。人已经认识到，被赋予的现实是被造的——天赋的——并且，明智地将人引向人类完全所固有的基本方面之原则本身就是另一个恩赐。现在，人也认识到，无论赢得什么成就，都属于引导我们完全者的恩赐，造物主通过创造那些原则来指引我们，对于行动者而言，这个引导正是善的智识渊源。因此，就完全本身超越一个人自身的知识和能力来说，在计划一个所期待和盼望的益处时，每一个行动中的人都希望该益处同时来自于所计划的举措和其他所需要的无论什么随机因素。但是，人也意识到，所有那些其他必 182
要因素的存在和同时发生也是偶然的（contingent），只有当那个同样终极的渊源想要它们这样时，才会成为现实。所以，简言之，人将自己的行动视为：配合（*cooperating*）那个指引我们完全并帮助我们成就完全的源头。

这个同造物主合作的基本自然意愿就是上帝根本的自然之爱。上帝创造的因果律与人类选择和行动合作来赢得人类完全，因此，那些人类行动推动上帝的“完全”（fulfilment）。但是，既然对于上帝，自然理性的主张认定他并没有什么需要和缺乏的现实，那么，必须以排除任何缺乏的方式来理解上帝的“完全”。换句话说，人必须将之理解为上帝的荣耀，即他的善（他的彻底无瑕疵）之表达。[4] 因此，不是将个人与上帝配合作为上帝用以达到某一隐秘目的之途径来理解。我们的完全是上帝创造意图中自我表达的一部

［4］ What reason itself requires, revelation confirms:

…Deus bonitate sua…non ad augendam suam beatitudinem nec ad acquirendam, sed ad manifestandam perfectionem suam per bona, quae creaturis impertitur, liberrimo consilio…condidit creaturam… [Vatican I, *Dei Filius*, cap. 1 (D–S 3002); and see can. 1 (D–S 3025).]

See also AG 2:

…Principium sine Principio…, ex nimia…benignitate sua libere creans… bonitatem divinam liberaliter diffudit ac diffundere non desinit, ita ut qui conditor est omnium, tandem fiat omnia in omnibus, gloriam suam simul et beatitudinem nostram procurando.

分，一个重要的部分。[5]

同时，要排除任何这类意思，即认为上帝是通往一个人自身或者任何其他人类完全的一个途径。因为：途径是在个人力量之内的某种东西。然而，上帝不在个人的权力范围内，万物都是在其上的偶然，他却不能成为一切的偶然。不过，上帝跟人类能动性（human agency）相关，在他们自己的能动作用有任何施展之前指引人们，带来不在他们力量之内的（这并不是说他们的力量并非不依赖于上帝创造的效能）成就。

因此，出现这个基本的、自然的爱上帝（*amor Dei*），上帝的完全（荣耀）不只是作为通过配合上帝成全个人自己的一个被接纳、受欢迎的附带效应，而且，恰恰是为了满足上帝的心意，也即以一个人爱一个朋友就希望成全朋友的善这个方式满足上帝。像每一个友谊，这种爱包含任何一方的完全来要求另一方成全，需要与另一方相交（communion）。[6]

183 从而，依照造物主的理解来理解被造的事物这个对真理的自然之爱（the natural love of truth），与对所有人类智慧指引和实践效能的创造与配合的源头——上帝——的自然之爱（natural love of God）一同认定并见证了，相交于上帝的智慧与其荣耀，某种程度上是人类完全不可分离的部分。在这个意义上，藉着理性的自然光芒以及被造的事物（*naturali rationis lumine e rebus creatis*），上帝为万物的最终目的或终点（*rerum omnium finis*）而被认识［DV 6；Vatican I，*Dei Filius* cap. 2（D－S 3005）］。

---

〔5〕圣托马斯的文字和讨论，参见 *CMP* 460.

〔6〕如果没有启示帮助肯定和澄清，理性对于设想跟上帝做朋友的正确关系会犹豫不决：cf. *NE* Ⅷ. 7：1158b35，1159a4；*NLNR* 395－8. 但是，没有外援的理性能够肯定地领悟，道德上恶的意志不当利用了上帝创造的因果律。因为道德上恶的意志弃绝了它接收到的可理解的指引部分，支持一种受情感束缚的理性所吸引的、削减了的成全。削减了固有的人类完全，就弃绝了通过道德上的良善行为归荣耀与上帝的某些益处。然而，道德上恶的人还是需要其他人包括上帝的帮助裨益。因此，恶的意志标榜相互性的需要；将其他人完全附属于为自己所寻求的利益。因此，人力求利用上帝来强迫、欺骗并操控上帝，跟上帝讨价还价来逃脱其要求，最终得以抛开上帝而我行我素。

Ⅳ

神圣创造的真理一旦被神圣启示认可、拓展和深化，就（从一开始并且持续）阐明了人类个体的地位，这正是伦理学的话题。人类个体具有上帝形象这个地位意义之极其重大的一个记号是：我们的自由选择（freedom of choice）（GS 17）。在旧约和新约塑造的选民之外，自由选择是一个几乎被普遍误解和否认的现实。当然，对于自由，启蒙运动的发起者和支持者谈论得很多，并且很多元。休谟、康德、黑格尔、尼采、戴维、海德格尔、萨特全都肯定一种或更多种类的自由，甚至一种自我创造的自由（尼采、萨特等人）。但是，所有这些人跟几乎所有今天的心理学家和社会学家都否认圣书中选民所认可的自由选择这个现实。质疑中的现实如下：在智识上具有吸引力的、开放且不可协调的替代物之间进行选择，以至于除了选择本身，没有安排其他什么被选择。如此，在最强的意义上，我为我的选择负责，因为我的确能够选择其他，从而在我的选择中存在着一种无中生有（*ex nihilo*）、创造的主权自由形象。

误解和否认自由选择的一个相当具有共性的源头是这样的信念，认为没有充分的理性就不能得出什么，比如没有达成排除任何匹敌理由之理性，没有解释为什么得出这个（如此如此）并且只有这个结论，等等。接受“充分理性原则”（principle of sufficient reason）设想的那些人会得出结论：这个世界 184
一定是所有可能世界中最好的，否则，上帝就不会选择创造它。并且他们会提出，我们选择的原则不是外在的，而是位于我们内在的。

但是，那些按照圣经和先辈们的理解来理解神圣创造（以及的确还包括救赎性再造）的人，否认上帝的创造与天命选择（providential choice）是任何事物强迫所导致的。跟圣托马斯一样，他们否认自由选择的自由仅仅在于没有外来的限制或由内在于行动者的某些行动原则掌控。〔7〕在一个人的自由选择中，他行使意志不受另一个力量的限制或驱动，甚至，也不被展现可理解的善与智见来使意志的行动成为可能这样的智识所驱使以实现自由选择。〔8〕我们在自由选择中行使的自由是一种自我决定的自由，是一个人面对两种或更多不可调和的选项（行动的建议），可清楚预见每一种选择的利益，但是，没有一种选择可预期包含其他选择提供的所有善甚至更多。上帝因着其荣耀而创造善的多元性——包括人们拥有的方方面面的善，这些善的完全（fulfilment）部分依赖于人们自由且亲自形成的选择——跟所有可能的世界中“最好的”世界这个观念不一致，心照不宣地留下一个圣经和哲学上恰当的判断，即一个并没有定规其神圣丰盛（divine generosity）的智慧引导之下进行的创造，结果是非常好的：“上帝看一切所造的都甚好”（《创世记》1：31）。

如果有人问，为什么直到1960年代天主教神学家都没有对相称主义伦理学（proportionalist ethic）感兴趣，且没有赞许追求总和为最大的善（优先于道德判断来评价），我想，答案将包括如下内容：天主教会的道德训诲是通过反思创造论而深刻形成的（通常理解为藉着上帝并作为神圣治理与旨
185 意〔9〕的本质方面之创造性存在）；但是，这类反思显然不在相称主义神学思辨之内。

这并不是说，像许多相称主义者主张的，经典的天主教会道德神学（如圣托马斯的道德神学）将上帝“创造的意志”及其“道德的意志”相混淆。

---

〔7〕［Q］uidam posuerunt quod voluntas hominis ex necessitate movetur ad aliquid eligendum. Nectamen ponebant quod voluntas cogeretur：non enim omne necessarium est violentum, sed solum illud cuius principium est extra… ［V］iolentum enim repugnat naturali sicut et voluntario, quia utriusque principium est intra, violenti autem principium est extra…Haec autem opinio est haeretica'［*De Malo*, q. 6c（*de libera electio*）］. Cf. also D－S 1939.［On free choice and "the principle of sufficient reason", see now also Introduction to vol. Ⅱ, at p. 7 n. 13.］

〔8〕［D］e intellectu et voluntate quodammodo est …dissimile…quantum ad exercitium actus, namintellectus movetur a voluntate ad agendum, voluntas［autem］non ab alia potentia sed a se ipsa（*De Malo*, q. 6 ad 10m）. See also q. 6c："Cum… voluntas se consilio moveat, consilium autem est inquisitio quaedam non demonstrativa sed ad opposita viam habens, non ex necessitate voluntas se ipsam movet."

〔9〕See e. g. *ST* I q. 104 a. 1.

提出上帝的“创造”与“道德”意志之间的区分看来是没有根据的。但是，如同阿奎那所澄清的，自然道德法适恰的哲学与神学根本不主张从任何标榜识别了上帝意志的前提来得出实践结论。[10] 而且，说到舍弃相称主义的天主教会道德训诲运用创造论，是要成就如下两点：

第一，相称主义为指引道德判断提供了一个最混淆人意和神旨（human and divine providence）的标准。即使作为指引神圣创造与眷顾的智慧的一个方面来看，这个标准看起来也不适当，的确无法适用。能够确定的是，它作为一个人类道德判断的标准是不正确的。因为同引导自由与合理性选择的道德判断本质不融贯，所以在哲学上不正确。因为如果一个人能够确定某一选项预期会有总体上更大的善，所有其他选项就随之疏远，那么，就不需要以自由与合理为动机的选择了。虽然使相称主义予以引导的选择成为可能，但是，在道德上意义重大的选择中涉及善的不可通约性，这使相称主义计算成为不可能。

在神学上，相称主义标准和道德方法也是不正确的。因为如果在理性上与神旨论（the doctrine of divine providence）结合，将有一个荒谬的结果：那些犹豫不决的人可能正当地选择任何他所倾向的选项——即使处于仔细考虑的立场也能够想见，如果有人可以成就他试图做成的，那么就会肯定，藉着向长期最大的善努力，他所做的已经满足了相称主义标准（既然上帝的意思允许如此）；然而，如果一个人未能成就他试图做的，那么就会肯定，藉着向长期最大的善努力，他的失败已经满足了相称主义标准（尽管上帝旨意排除了一个人努力的成功，却回应了他增强总体上最大善的整个意图）。当然，相称主义者无意提出道德上荒谬的强制令来“尝试一切”或“做你喜欢做 186
的”。但是，从基督信仰的背景来看，他们的方法却严格地包含了那个不受欢迎的意思。

---

〔10〕“Voluntas enim Dei ratione investigari non potest, nisi circa ea quae absolute necesse est Deum velle: talia autem non sunt quae circa creaturas vult, ut dictum est [q. 19 a. 3]”: *ST* I q. 46 a. 2c. 表明区分神圣“创造”与“道德”意志的意义是这些相称主义批评家们的事情，假如他们能够表明这一点的话。

第二，许多相称主义道德神学家忽视基督徒的创造与神旨论的第二种方式是：他们宣称，因着善的缘故，人能够合宜地并且正直地以恶为意图，也即选择做有害的事，比如有损于他们作为人之存在与完全，并且，认为对有意损害作为一个手段（means）和允许/接受作为附带效应/副作用（side effect）的损害进行区分没有什么道德意义。但是，基督徒的想法坚持按照神的形象被造并且受召像神一样圣洁的人，必须效法上帝，并不恨恶自己所造的且无意以恶为念，甚至不以恶为手段，只是允许恶作为他的确所意欲之附带效应。[11]

区分意图与许可是天特准则（Trent's canons）对称义（justification）的核心规定之一，捍卫自由选择的现实：

> 如果有任何人说，他的罪恶并非人力造成，而是上帝如同展开善工一样施行了罪恶的工作，不仅许可而且是适当地，并且是在本质上（per se）：此人该受诅咒。[12]

此处的"*per se*"是什么意思呢？阿奎那如此解释相关的惯用语："对于那些考虑终极（end）的事物，当它在意图之内时，就用*per se*来说；在意图之外时，就用*per accidens*"（*ST* Ⅱ－Ⅱ q. 59 a. 2c）。再者："对于道德问题……在意图之内的是……然而，意外而来的则可以认为是*per accidens*。"[13]天特的用语会产生这样的印象：无论是目的还是手段，上帝都没有在任何方式上想要人类行恶；上帝只是允许它发生。的确，信仰的明确信条跟上帝对

---

〔11〕在基督徒的信念中，"你们要圣洁，因为我耶和华——你们的神是圣洁的"（《利未记》19：2），成为在神家中作为儿女的从属关系之道德原则（《彼得前书》1：14－16；《以弗所书》5：1），根据《马太福音》5：43－7的上下文，"你们要完全，像你们的天父完全一样"（《马太福音》5：48）可理解为如下教导：你们要完全——总是对所有人怀着善意——向天父所做的一样。See Spicq, *Dieu et l'Homme selon le Nouveau Testament*, 53; *Théologie du Nouveau Testament*, 96－9, 694－706.

〔12〕Sess. 6（1547）, can. 6; D－S 1556.

〔13〕在阿奎那区分*per se*和*per accidens*的许多段落中，一个关联的概念是在意图之内与位于行动者意图之外的区分，在这些语境中，"意图"不仅仅延伸至终极目的，而且延伸至邻近的手段（see e. g. *ST* Ⅰ－Ⅱ q. 76 a. 4c; Ⅱ－Ⅱ, q. 37 a. 1c; q. 39 a. 1c; q. 43 a. 3c; q. 64 a. 7c; see also Ⅰ－Ⅱ q. 12 aa. 2c and 4c）; See *In II Phys.* No. 181（ad 194b35）; *In V Meta.* no. 771（ad 1013a35－b3）; De Veritate q. 5 a. 4c. See also Boyle, "*Praeter Intentionem in Aquinas*" at 649－50.［See essay Ⅱ.9（1991a）, sec. Ⅱ.］

人类犯罪的许可相和谐——是他创造人类自由选择的一个可预见且允许的副 187
作用。[14] 但是，大马士革的约翰（John of Damascene）与阿奎那最清楚学术，关于神圣意志与旨意的神学反思之整个经典传统都坚持认为，如果上帝有意谋划任何在智识上将称之为恶的，这都与他的圣洁性不相容。[15]

基督徒反思创造者的神圣意志，并且反思人类选择与作为的道德性，两者相得益彰。在对前基督教哲学与哲学神学的区分理解上，它们一起标识了一个重大的进深。像柏拉图一样，斐洛·尤迪厄斯（Philo Judaeus）会坚持，上帝既不是罪恶的肇因，也不为此负责；但是，他的解释脱离俗套而落入一种迥异的行动者理论，在其中，元首（the principal）对于行动者的行为是不可回答的；堕落与败坏不是上帝带来的，而是"由作为主治的王差役的其他人"造成的。[16] 在其二元论反思中，基督教思想以区分意愿（选择或意图）与许可（接受）的行动分析取代了"肇因"（cause）的无分化概念。当今，许多相称主义道德家[17]几乎没有反思创造的迹象，又重新落入"致使"罪恶的无区分难题之中，同时还接受了"肇因"的启蒙延伸，包含能够阻止

〔14〕 一些追随 B. 舒勒（B. Schüller）的相称主义者希望做出一个明显的区分：上帝的圣洁性与他以任何方式对人类犯罪怀有意图不和谐；但是，上帝——从而人类——也能够正当地对前道德的罪恶（pre－moral evils）怀有意图。按照相称主义原则，他们难以解释：第一，为什么一个人不可以正当地对他人的罪怀有意图，并以此作为总体上减少罪的数量与分量之手段；第二，为什么意图与许可之间的区分应当涉及一个人对于他人的错误行为，而同个人涉及任何罪恶与任何其他类型罪恶毫无关联。

〔15〕 See John of Damascus, *De Fide Orthodoxa* Ⅱ, 29; *ST* I q. 19 a. 9; Lee, "Permanence of the Ten Commandments" at 435－6. 特别清楚的阐述是 *De Veritate* q. 5 a. 4，强调只在上帝将天然缺陷转变成为好的结果这个意义上，天然缺陷是"手段"（means）；而不是在这个意义上：每一个被选择的手段，无论它多么邻近，都不仅仅是一个手段而且也是一个（中间性）目的（因此怀有该意图）。人可以加上一句：如果说上帝无论如何都对恶怀有意图，那么，要么就是认为恶是一个积极的现实，要么就是否认上帝意志是创造性的。

〔16〕 Philo, *Questions and Answers on Genesis*, I q. 23; see also qq. 68, 78, 89, 100; Ⅱ q. 13; *De Confusione Linguarum*, c. 36 para. 180 Cf. Plato, *Rep.* Ⅱ 379b－c; X 617e.

〔17〕 e. g. Schüller, "La Moralité de moyens" at 222:

Quoique l'on choisiss, qu'on négligee d'aider l'un pour ne pas avoir à nuire à un autre, ou qu'on nuise à l'un pour pouvoir aider les autres, les conséquences négatives qui resultent du choix sont un pur moyen en vue des conséquences positives qui en résultent. Cela découle du concept de vouloir et de choix préférentiel.

For a thoroughgoing confusion of "willing" with "causing", in the interests of proportionalism, see e. g. Peschke SVD, "Tragfähigkeit und Grenzen des Prinzips der Doppelwirkung" at 110－12.

而未如此行之意——这是一个与基督教对上帝圣洁理解不相称的概念。

V

188 上述评论绝没有穷尽创造对于伦理学、哲学或者神学的含义。我还没有涉及上帝在创造方面的生生不息对于人类爱的秩序（*ordo amoris*）意味着什么，在爱的秩序中，为新生命提供条件具有一定的优先性。[18] 我也没有说到，将每个人的存在作为一种神圣的恩赐——的确为全然特别的恩赐[19]——这个理解，如何能够阐明涉及谋杀与“创作”人类个体这些问题的道德理解。尤其是，我几乎没有谈及道德范畴甚至自然理性——诸如义务与权利这类范畴——如何静静地从感恩（*gratitude*）这个性情里汲取力量，这样的情怀是感谢上主创造与全然奥妙的丰富且恰如其分的结果，这个丰富是我们所是、所有、所行与所能够成就的根基。

---

〔18〕 *See ST* Ⅱ - Ⅱ q. 26 a. 9 ad 1 and ad 3.

〔19〕 See D - S 3896; Paul Ⅵ, *Professio Fidei* in AAS 60 (1968), 436; CDF, *Donum Vitae* (Instruction on Respect for Human Life in its Origin and on the Dignity of Procreation, 22 February 1987) at fn. 17.

第 12 章

圣古柏的信心与杜伦主教的不信[*]

Dominus illuminatio mea[**]…耶和华是我的亮光，是我的拯救， 189
我还怕谁呢？耶和华是我性命的保障，我还惧谁呢？（《诗篇》27：
1）

自牛津大学视为其庇护者（patron）、总是刻在其印戳上的圣徒于公元687年3月20日星期三，在多岩石的法恩（Farne）逝世且被葬在林迪斯法恩（Lindisfarne）的圣彼得教堂，算起来已经1300年零61天了。圣古柏（St Cuthbert）的生活向我们展示了一位的确能够将同一诗篇如下文字用在自己身上的人：

将我高举在磐石上
我要唱诗歌颂耶和华。（《诗篇》27：5，7）

这1300年以来，力求瞻望古柏（或者任何凯尔特或者萨克森圣徒的著名同伴）的那些人能够感受到，自己或许就像某一晚上当古柏偷偷从入睡的修道院中溜出去时秘密追随他的修士。古柏站在北海中，海水到胸口那么深，从午夜直到黎明，吟诵圣诗和其他日常礼赞（divine office）。修士在悬崖上观望，就能够看见并且听见古柏。

---

* 未公开发表：1987年1月18日星期日在牛津的大学（童贞女圣玛利亚）教堂之大学拉丁布道（University Latin Sermon）。传讲的拉丁文稿在1987年《大学学院档案》中出版；两个文本均可由在场听众获得。该年度布道的讲员由各学院轮流任命，大约一代人一次的周期。我所在的学院是1249年由杜伦的学监威廉捐赠的。

** 此句为牛津大学校训，英文为“The Lord is my light”，即《旧约·诗篇》27：1的第一句。——译者注在古柏身上，我们没有看到一位像他的传记作者比德（Bede）或我们的创建人杜伦的学监威廉那样的学者。相反地，我们看到一个形成非凡对比的生命：教牧造访那些偏远的地方和对其他教士来说过于艰苦的村庄，多年隐
190 士般的隐居；在被瘟疫（还伴有恐惧与迷信）折磨的民众中施行主教责任，比德称，在最遥远的法恩岛“重置神圣的冥想”；离开完善的里朋（Ripon）修道院，不愿接受其王室赞助人强加的天主教（Romanism），[1] 在惠特比（Synod of Whitby）大会之后，劝说他岛上的修士接受“具有使徒看见的教令或普世教会的实底”这个艰巨的外交。

当我们注视穿越几个世纪的黑暗，当古柏越过波浪喊出他的颂赞，我们能够推断，他属灵的宽广包含着我们吸取以作为大学研究座右铭的同一赏识。“耶和华是我的亮光”（*Dominus illuminatio mea*）。正因为被造的现实确实是人类智识可理解的，所以，我们日常令人惊奇的理解力是上帝赋予的光——在智识上联系现实的能力。这种被造关系的顶点与源头，在比德的科学著作《论事物本身》（*De Natura Rerum*）中得到确认：

> 根据这个……创造的起源与初始原因，整个世界的运作藉着自然法则来进行，甚至直到今天，圣父在其中工作，圣子也在其中工作，神喂养乌鸦并给百合穿上美丽的衣裳。

凯尔特教会，并且看起来也是古柏自己最爱的福音书——《约翰福音》——为一首诗的开篇所展望，这位圣徒全然沉浸于其中的意境，他所有的感官都被海浪的澎湃和夜晚天空的星光所吸引：

> 诸天藉神的命而成，
> 万象藉他口中的气而成，
> 他汇聚海水如垒，
> 收藏深洋在库房……（《诗篇》33：6－7）

在这个世界的航线上，在它的各个季节中，以及它所有想象不到的多样

〔1〕也就是其拉丁礼仪形式。

性，都是“*enarratio Dei*”，即在讲述上帝：如果我们像比德和古柏一样发问、仰望和聆听，那么，这里有一个对我们跟对他们一样可及的真理。

但是，在默默无声与独处的安静中获得的最好领受，也会藉着语言和行动传递。比德总结了古柏所传讲的信息及其效果：

> ……没有人不带着承蒙安慰的喜乐从他那里离开……他知道如何藉着他的劝诫更新灵魂；他能够为困苦人的记忆唤起属天生活的喜乐，并且，向他们显示这个世界的快乐与伤痛是多么稍纵即逝…… 191

“唤起属天生活的喜乐”；或者，如诗篇的第 27 篇第 13 节所说：“我……信在活人之地得见耶和华的恩惠。”

> 当我们在主的灵里，并且遵着他的命令，在这个世上栽培人类尊严、弟兄之爱和自由之善——比如我们性情与行为活动的所有善果——当基督将这个永恒且普世的国度交给天父时，我们将又发现这些善与美果从罪的玷污中清理出来，承蒙光照以及带着被改变的荣形（transfigured）……一个已然在奥妙中呈现于这个世界的国度［*Gaudium et Spes*, 39（1965）］。

古柏的目标、使命和“与神同在”都一同成就了那个显然的“奥秘”，即他进入修道院之前作为年轻人时的异象：“属天荣耀的使命”以及“它的君王，就是基督”。

古柏大教堂为他的圣体而建。比德报道说，在死后十一年，他的身体并没有朽坏。在 1104 年大教堂的建堂典礼上，许多见证人，包括一些起初非常怀疑的人，都见到这一点。看起来，这种状态——未受任何搅扰——一直延续到 1537 年亨利的专员们来根除这种偶像崇拜（cult）。所有这一切只跟历史调查相关，只用以反思，跟基督信仰没什么关系。

但是，杜伦大教堂（Durham Cathedra）如今却被公开怀疑“在软弱和朽坏中播撒的”（拿撒勒人耶稣或任何被从死亡中复活出来分享他国度者的身体）、能够在身体上“穿着不朽坏的”（真正的不朽坏不是尸体的保存而是身体生命改变荣形后的恢复）人所占据。因为（据说）如果上帝能够，或者将会在耶稣身上施行这样一个神迹，那么，他如何不能及时救助奥斯威辛集中营与广岛上的那些遇难者？

一些人则反向论证。既然耶稣教导并且施行怜悯，而且从死亡中复活，（他们说）我们能够肯定上帝不会允许用核火与毒气来破坏这个世界。

圣古柏的信心与盼望是截然不同的。他的岛上共同体，甚至整个世界在他的视线中，都因瘟疫而面临灭绝，并且还笼罩在也许会洗劫一空的入侵者阴影之下。但是，他传讲并且活出了福音，像每一位等到主耶稣再来时的主
192 教一样，他承担了传递历史上的真实与信心的职责。上帝让耶稣复活，便总结了那个福音的确据。确据不过（也不逊）如此。自由选择（也即接受或者拒绝信仰、履行或者不履行信仰所要求的）能够持续进入永恒，并且，在一个物质的但经过神改变荣形后的世界，那些被选召的意志（或者已经包括在这样的选择、祷告和其他美德之中的人）充分地符合救赎正义对如此选择者所保证的或许可的。

正是在那个意义上，像古柏一样，我们可以祷告并且相信：

> 耶和华是……我的拯救，我还怕谁呢？
>
> 耶和华是我性命的保障：我还惧谁呢？

注

大学学院高街对面的女王学院多年的神学教师——大卫·詹金斯（David Jenkins）在1984年成为盎格鲁圣公会眼皮下的杜伦主教，尽管他否认拿撒勒人耶稣的身体从死亡中复活，至少在1986年英格兰国教会议之前坚持这个否认，其间，藉着上文的一句总结性论证看上去似乎在动摇。2003－2010年，怀着这种看得见的他的继承人，另一位牛津神学教师——N. T. 赖特（N. T. Wright）给出了精彩的论述，相信用身体复活来对耶稣空坟墓进行福音阐释，参见本书的“其他引用作品”：最简洁有力的是“复活时发生了什么？”（What Happened at the Resurrection?），中等长度的是所列1998年和2000年

的文章；长篇著作是“上帝之子的复活”（*The Resurrection of the Son of God*），以及2005年回应该书的四次学术讨论。

第 13 章

哲学与上帝的属性再思*

193 墨菲（*Mark Murphy*）[1] 深思熟虑地讨论了：在我的思想中，基本人类善与实践合理性的要求如何联系上一个超验的、神圣的因果这个问题；以及如果可以，对善与道德要求的肯定在多大程度上与肯定上帝的存在和属性之“可分离”（detachable）问题。就此联系到我的思想，《自然法与自然权利》对单单依据理性能够就上帝的属性肯定什么，采取了一个非常朴素、最小限度的观点，这个事实令上述问题复杂化。不是逻辑而是理性，要求我们肯定一个超验解释/因果的存在。《自然法与自然权利》在第 389 页讲到：“我认为”，它“仅仅因为所是而存在，是任何其他事态（state of affairs）存在的要求”，这个解释并不能将我们带到更深之处。在第 398 页的一系列观点中说道：“这个世界所有美善事物的无因之因本身是一个人能够喜爱的善，以个人的方式，人可以效法之；作为一个指引，人可以跟随之；或者，作为任何人的实践合理性之保障”，谈到“……若没有比柏拉图或亚里士多德或许曾体验到的更加具有启示性的某一启示”，“这一点不可能有充分的保证”。因此，第 405 页坦白地下了一个消极的结论：“关于世界的无因之因，从世界的存在和总体特征来论证所能够确立的，并不直接帮助我们回答”本章头几页设立的问题——在人类友情中舍己（self - sacrifice）的义务以及实践合理性解释“根据实践合理性来生活的关键”，[2] 也即“是否整个情形能够由任何

---

* 2008d，在亚特兰大关于我在法律和法学理论的根基方面著作的会议中，针对我著作的五部分讨论之第五部分。

〔1〕 Murphy，“Finnis on Nature，Reason，God”.

〔2〕 *NLNR* 405.

深层的意义造成……"[3] 我补充了“自然理性”的这个限制，尽管它： 194

> 让实践合理性与人类繁荣的基本原则和要求的整个结构在某种程度上保留“主观”并且“可疑”……没有解开那个结构，或者影响其内在秩序，或者削弱它比任何逻辑上可能的替代性结构更具合理性的主张。

谈到如何认为刚才提到的消极结论应当被修正之前，容我重复一下《自然法与自然权利》的立场。第一件要审查的事是，根本不是佩里（Perry）的“世俗”立场影响了我。当他谈到：

> 认为自然法主张的是一个世俗立场——菲尼斯的立场——之前设，认为**它［自然法］保持不变，即使天地万物只是克拉伦斯·达罗**（Clarence Darrow）**和斯蒂芬·温伯格**（Steven Weinberg）……**曾宣扬的：一个失去终极意义的宇宙过程**。[4]

正如我在《自然法与自然权利》第 49 页中指出的，“不需要提及上帝的存在或者属性或者意志问题”自然法理论就能够建立，是一回事；然而，如果说理性确立了神的存在、属性或意志不存在以及宇宙被剥夺了终极意义，那么，自然法理论也不受影响，这么讲则是相当不同的。如同我曾经和现在持守的，认为规范不只是出于逻辑，而当然地出乎合理性要求，自然科学大量肯定因果解释（causal explanation）被那些解释及其所解释的现实两者的有效性（availability）解释所束缚；就是藉着一个必要性且出于合理性规范的蕴含（entailment），认为否认形而上学或超验解释松散了自然科学自身所依赖的合理性规范。如我在第 49 页所说的，对分子运动的良好解释能够“不提及分子及其运动所包含整个事态非被造的创造者”而被提出来。但是，不提及非常不同于否认。尼采从否认上帝的存在（滑稽或令人困惑地冠以“上帝死了”之名）进阶至否认所有形而上学秩序，这个进程并非不合理（un-

[3] *Ibid.*, 372.

[4] Perry, 45 (his emphases).

reasonable)。当然，无数的自然科学家和其他有信心肯定他们科学法则的人，充满信心地否认他们有任何神圣渊源（divine source），或至少肯定这样一个渊源是理性的要求。但这也不表明尼采是错误的，也不显明异议体现了大多数人的错误，或异议者在数量上处压倒趋势体现了他们的错误。

195 因此，《自然法与自然权利》的立场不是像墨菲用莱特（Leiter）的话说，宣告了"自然法理论对无神论者（non－theists）（是）安全的"。这个世界的存在及其多重秩序没有一个方面对无神论者是安全的，因为肯定那些有智慧的秩序（intelligible orders），包括道德原则秩序，[5] 邀请我们从第8章追寻的问题进深至理性规范要求丢弃无神论主义这样的命题。我想，墨菲在他文章将近结尾处对莱特立场的总结是正确的：

> ……一旦他（或许是菲尼斯，或许是任何肯定自然法的人）提出了这一系列问题（关于终极智慧）并且决定（我会说断定），只有一个有神论之道（a theistic solution）会委身于这样一种立场，认为缺乏一定类型的有神论态度，遵循自然法在理性上是不稳固（208）。

我同意，并且补充一点，在缺乏"有神论之道"时，一个可比拟的理性稳固（必须也）裨益于人类知识的其他部分，对任何断定引导我们获得这类知识的合理性规范（rationality norms）也要求我们肯定"有神论之道"（神圣因果律）的人来说，都是如此。

尽管当《自然法与自然权利》从第8章开始"解释自然法"时，这一点对我来说还不大清楚，[6] 但同样不清楚的是，未能（a）"解释构成自然法的一般概念（universals）之间的必然关系（necessary）"，以及（b）表明"存在超越于"基本善的"某些进一步要点"，"按照指示纯粹的人类需要和利益为地位的（自然法的）绝对规范（categorical norms）来行动"。因为，有关（a）一般概念、自然法原则之间关系的必然性是我们被给予的自然（也

[5] See the whole passage at *NLNR* 404 from which Murphy, 192 at n. 17 quotes a main part.（在《自然法与自然权利》中，道德秩序被称为"第四秩序"，技术秩序被称为第三秩序；但是，在所有后来的著作中，我保留了阿奎那原来的排列，道德是第三而秩序是第四。）

[6] Murphy, 200, first sentence of sec. Ⅲ, and 197, 201.

是我们繁荣的机会）的必然性，在方方面面体现于许多人身上，因为神圣创造（以及非必然的）选择了这个世界，而不是虚无，或者一个包含其他属性极其不同的世界。并且，关于（b），我想说，我们在这场神圣演出（divine play）中参与追求基本善并没有给这个追求增加任何智识（intelligibility），因为“如果存在任何……与我们相关的基本善在某种意义上的难题，那么，这个难题应当会在解释中重现”（脚注6，墨菲文第200页），这么讲在逻辑上是不合理的。如果基本善的难题不在于它们的内容，而是（简单说）在飞逝的生活中，它们的具象化（instantiations）具有易逝性（perishability），为什么那些具象化在永恒舞台（eternal play）中的语境重构不应增加我们 196
根据它们做出选择这个意愿的智识呢？[7]

在这一点上，墨菲是对的：最终，《自然法与自然权利》没有说超验因果的精华（goodness）在于解释了基本善的美德（goodness）。这本书将因果归因于“使所有事态存在所要求的完全（perfection）”（406），但是，拒绝进一步探讨那个完全。相比之下，在《阿奎那》一书中，将宇宙属神的因果、形成和维续作为“一切存在的事实性（actuality）、存有方式（existence）、具体现实、优点与有序性无一例外”（305）的解释来对待，并且，“纯粹作为不受……任何潜在性、缺乏、不完美或者需要之追究”（309），神圣属性（divine nature）“包括……每一种存在的益处、每一种力量（行动中的而非潜在的）和每一种完全”（312）。

> 那么，一方面，上帝不能为了满足任何需要而选择创造这个宇宙；整个现实不能因为上帝创造的选择有所提升而什么都不缺。另一方面，创造、引导和维续宇宙没有必要也不可能是无谓的（pointless），缺乏智识性；谈及单单存有的神圣举措，带来这个宇宙存在的理念和行动，不能在智识上是有缺陷的。（因此）宇宙的要领、

---

〔7〕当然，如果那个语境重构将我们对基本善的具象化放在个人不道德或者救赎的框架内，在一个永恒的共同体框架内，今生的好行为会在其中“又被发现”（如同梵二公会所提的）；对于不道德和救赎，《自然法与自然权利》保持沉默，即使在勾勒超越自然理性的“揣测和盼望”（406）时也是如此。

> 共同善必须是现实属神的完全（divine perfection）（某种程度之共有）之表达、体现和交通，藉着带进拥有各种受造的宇宙存在，每一个受造都像……上帝，在拥有现实性、完美、智识等方面……藉着（他们的）繁荣（flourishing），受造与被造的体系以各自的方式越来越类似于……并且更加合适于体现……上帝；藉着它们的多样性与多元性，能够一起表达无止境的神圣完全……并且他们每一个当中及全体之智识性为整个秩序的组成部分（312 - 313）。

对于他的这些思想，在判断方面，我全然同意。《阿奎那》中补充道（用了我熟悉的意译）：

> 人类的繁荣不只是一个体系的组成部分。因为我们是人，当我们正常运作时，我们不只是简单地跟随已经构建到我们内在的某一系统模式动力机制，而是自己主宰我们自己的行动。由此，通过自由选择行动对自己的生活拥有一项“著作权”（authorship），各人按照自己的考虑行动，在某种意义上也是为着自己的缘故行动，并且，在神创造的计划中，我们每个人自身为一个目的（end）；这个计划指向个人为着自己的人格繁荣……[8]人类的存在、理解力、
> 197 意志与行动因而以一种次于人类的造物所不能的方式，代表并且反映了上帝真实的形象。当他们拥有我们在前面的篇章梗概中追寻的实践合理性、对人类善无以言语的开放性时，他们正以一种特别亲近于生活的方式代表并反映着上帝的形象（313 - 314）。

因此，我同意采用墨菲研究的成果，尽管我自己不会说藉着分受（participa-

---

〔8〕 面对人类经常受到折磨的惨重灾难，一个人必须认为混乱于某种程度上是在稳定且有智慧的秩序内，要避免因不理解而断定其是有缺陷的或者没有智慧的，以免一个人：像乡下土包子（粗鲁、没受过教育、无知）一样，从他不理解一个忙碌的实验室或者医院剧场在干什么这个真实的前提得出结论，所进行的都是随意、没有智慧、无意义或者愚蠢的……能够规划并且将整个宇宙及其宏观与微观连锁秩序（包括竭力在逻辑上、数学上和解释上进行理解与推理的人类头脑）成为现实的智慧意图，不是我们能够合理地期待借助对那些……我们的确设法理解的相关真理进行推理而完全理解的一个意图。（Aquinas，304.）

tion）（译者按：上帝的形象）和相像（likeness）的解释是“藉着同一化（unification）”，或者人类善就是“有神论事实”，或者跟“有神论事实”一致，通过“认同直觉”（immediacy of identity）就解释了人类善或“规范事实”（Murphy, Part V）。对于墨菲在研究中总结的任何一种“可分离性”（detachability），我的兴趣不过是这样一种简单的思想：正如不提出或不强施深入问题对物理学是可能的一样，在某种程度上，不提出进一步问题、不强施深入问题，也可能对实践理性原则及其理性选择与个人和共同自我规制的意义拥有一个实践与神学的理解。当我藉着《自然法与自然权利》开辟这条捷径时，在序言的第一页就说道：只对法学理论有兴趣的人可以删除第 8 章，但是，对“作为伦理学的自然法”感兴趣者则不能。

但是，不要追随佩里关于“撒莱”（Sarah）的例子是重要的。她与尼采的冲突对哲学没有益处，在辩证法层面，没有跟尼采针锋相对。藉着援引，似乎依靠写了《约翰一书》的圣者，她简单地肯定了神就是爱。[9] 她没有注意到，在那封书信中，神圣之爱的宣告以上帝是光——兼具智慧与荣耀的光辉——这个肯定为前提，并且书信体现自己为福音的延伸，福音开始于肯定上帝为万物之源，作为逻各斯又作为荣耀。[10] 肯定神就是爱，需要通过努力来赢得。可以通过约翰和其他使徒们关于受苦的仆人的神性之伟大判断来获得。或者，通过对神的现实性与完全之意义进行形而上学反思来获得： 198
“既然上帝，作为纯粹的现实，能够不缺乏或不需要无论何种被造世界中的善——造物与任何造物曾经受益的一切——必定给出了上帝全足全丰（sheer generosity）的属性”；[11] 也就是说：出于“慷慨——爱——上帝因此能够使我们在某种程度上分享其现实的善”。[12]

并且，我认为，那些形而上学的反思和推断必须始于所有针对尼采、卡

〔9〕 Perry, “Morality and Normativity” at 220.（撒莱显然是文章作者自我的替身。）

〔10〕 事实并非如此：［同上脚注 29 中赞同卡普托（John Caputo）所说而援引的］“神就是爱”，“接近于新约以此［达致（gets）］为上帝的一个‘定义’”。

〔11〕 *Aquinas* 310.

〔12〕 *Ibid.*, 311. See nn. 76 – 78. 包括讨论使用阳性代名词（masculine pronoun）的原因（以及在母腹中避免模型化创造及供应——cf. Perry, 18）。

利克里（Calliclean）和其他怀疑论的疑惑，进行形而上学秩序的反思性辩护。这类秩序能够与其他三类秩序一并在如下不可否认的现实情形中被发现，比如，在我能够对自我（myself）产生疑问、思考透彻并且解答它们或予以搁置的情形；可能像尼采或其他怀疑论者一样将自我置于疑问之中，只是以其他语言或在另外一个时代、身处尽管有所改变但依旧是同一个的欧洲。我的这本书（来看尼采所思的）不过是在无疑的形而上学并且确实有序的秩序中，也是在逻辑秩序、理性选择秩序和技艺秩序中，即四种每一个人类生命所生活的秩序中，在智识上与无数其他书籍相关的一个事件、一个元素、一个片段。

第 14 章

这个世界与下一个世界*

几个月以前，当局势清楚——罗伯特·穆加贝（Robert Mugabe）而不是主 199
教[1]将接任白人对罗得西亚（Rhodesia）的统治——报纸就他本人进行采访。每个人都知道，他曾经是一名基督徒，的确是一位积极的罗马天主教徒。然而，现在不是了。“现在”，他说，“我不同意基督信仰（Christianity）的实行。认为物质的东西不算什么，这个世界是另外一个我们一无所知的世界的一个舞台，我不接受这样的观念。”

有些人弃绝基督信仰，因为他们不接受基督信仰就这个世界发生了什么的主张——赤裸裸地主张整个宇宙的创造者与维续者已经用完全精确的言行启示了自己，成了肉身，在一个时间轴的许多时刻来到这个小小地球上的一块地方；这位永不朽坏者披上死亡，将自己的命运交到些许普通的男人与妇人手中，那些谋害了他又证实他死后复活以肉身显现的那些人手中。这些主张在许多人看来是最重要的；许多拒绝基督信仰的人只是因为他们不相信已经发生的一切。他们不会相信见证，也不想接受一厢情愿的思考引导。其他人则在他们相信这一切确实发生之时接受了基督信仰；他们或许没有明白这一切的全部意义，或者是想相信它，或者想要像耶稣所描绘的那样来看这个世界及其未来；但是，他们断定，他们应当如此，因为确实见证了是真实的，而且那些是造物主的话和记号。

---

* 未公开出版的证道，晚祷，1980 年 5 月 11 日于牛津大学学院。

[1] 即埃布尔·滕德卡伊·穆佐雷瓦（Abel Muzorewa），联合卫理公会的罗得西亚主教；从 1979 年早期开始的选举一直到 1980 年 3 月，津巴布韦罗得西亚的首相席位被穆加贝的党派获得。

那些判断在我看来是至关重要的，并且，我开始出于不信而作出这些判断，然后成为进入相信经过的适当过程。但是，另外一些人则因为基督信仰赋予或者归于人类存在、世界与未来的含义或意义而拒绝或接受它。如果罗
200 伯特·穆加贝是如实说的，并且报道是正确的，那么他就是其中之一；“我不同意基督信仰的实行。物质的东西不算什么，这个世界只是另外一个世界的舞台这个观念……我不接受。”当他提到“舞台”时，他也许是在运用火箭技术那样的隐喻；当然，这是栩栩如生并且中肯的：一级火箭被点燃并且被抛下；把它（和任何其他级）留在后面，飞行器那节在自身动力下自由地漂浮在太空的空旷中。许多基督教的布道能够以那幅图景来总结；天堂存在的奖赏全然在于未来，与今生没有比百米赛跑的金牌更加显著的联系；联系只在于颁奖者的意愿与赛跑者的追求——这个抱负从自我为中心的角度来看并不高尚。的确，如果以上理解就是（基督救赎的——译者按）所有含义，那么，人们往往对天堂保持谨慎的沉默就毫不惊奇了。

因此，我们应当致力于耶稣复活的全部意思与意义——不只将它看为单纯的一个事实，我一直视它为上帝在历史中启示自己的伟大显现这样一件重大的事；而且，这也告诉了我们历史的意义与历史的目的。

这同样能从许多地方开始说。容我藉着今天晚祷所读的第二处经文的最后几个字开始：“你们的劳苦在主里”——你们的“工”——“不是徒劳的”。〔2〕此处读起来像是回到了第3章，保罗说到审判之日处：

> 各人的工程必然显露，因为那日子要将它表明出来，有火发现；这火要试验各人的工程怎样。人在那根基上所建造的工程若存得住，他就要得赏赐。人的工程若被烧了，他就要受亏损，自己却要得救；虽然得救，乃像从火里经过的一样。〔3〕

就火与赏赐的不完美对比而言，基督徒不应停止对此的冥思，并且也没有停止。你也许喜欢听梵二公会关于人类活动的意义与实现之教导，罗伯特·穆

〔2〕 1 Corinthians 15：58. 不会徒劳的劳苦是做“主的工（work［*ergon*；*opus*］of the Lord）”。

〔3〕 1 Corinthians 3：13－15. Throughout these verse，“work” is *ergon*（Latin，*opus*）.

加贝主教与我这么看它：

> 有一些人被召来公开地为渴慕天家作见证，并让人类大家庭对天家的真实保有意识；另外一些人则被呼召献身于服侍人，并以这样的方式为天国预备材料（the matter, the stuff, *materia*）……我们不知道宇宙被改变的具体方式……（但是）我们被教导，上帝正在预备一个新天新地……于是，在由死入生之后，上帝的儿女在基督之中 201
> 被牧养，在软弱与败坏（的世界——译者按）中播撒的将在不朽中收割：爱心及其劳苦的工作[4]将会保留，而所有上帝的造物将从无效益的捆绑中释放出来……远不是削减我们对发展这个地球的关怀，对于一个新天地的期盼必定激励我们在这个土地上栽培，因为正是在这里，一个新的人类大家庭在成长，甚至以某种方式预示那将来的时代。这就是为什么，我们必须仔细将属地的进步清楚地同基督国度的扩展区分开来，就那类进步能够为人类社会创造更好的秩序来说，这类进步对上帝的国度而言是重大的时刻。因为当我们在地上展现人类尊严、弟兄之爱和自由之善时——所有我们天赋与伟业的良善美果——依上主与其灵之命令而来的，那么当基督将一个永恒且普世的国度展现在天父面前时，我们将又发现这些善与美果从罪的玷污中清理出来，承蒙光照、带着被改变的荣形……这个国度奥妙地展现在这个地球面前并且当基督再次来临时被完善。[5]

就是这个教导在罗伯特·穆加贝那里看起来通不过，正如对数不清的其他基督徒、前基督徒以及非基督徒来说，也是通不过。在某种意义上，永生正是从这里开始。善工——在每一个意义上，包括研究、凝思，以及友谊、体育道德、耐力与治国经纶等——本身不只是运行以我们能够理解和努力的方式来构建这个世界，而且，以现在对我们而言是以奥秘的方式来建立完全设立与显现于死亡另一边的新秩序和更新后的人类大家庭。一个被摆脱并抛弃在

---

〔4〕“…*caritate et eius opere manente*（1 Cor……3：14）.”

〔5〕Vatican Ⅱ, *Gaudium et Spes*, sec. 39（emphases added）.

后面的由火箭所推动的个人灵魂形象相当令人误导；甚至，保罗播种的比拟[6]也是不完全的。男人、女人与孩子今天的善工、所过的美善生活（good life），在某种意义上是上帝之城的材料，即使它们偶然或不幸地失败，以灾难结束，无人注意地逝去，并从“历史”中消失。而且，保罗的播种图景是指明已经完成的与未完成的共存的一个强有力陈述，延续性与不延续性之间的张力图景：我们了解的此世事物秩序，与下一个确实存在但现在对我们而言是相当隐藏的（超越死亡的）世界属天事物秩序之间的张力图景。保罗自己转换了隐喻；朽坏的披上了不朽坏的——如同《启示录》所说，在主
202 婚宴上的客人穿着“细麻衣就是圣徒所行的义”（《启示录》19：8）。但这也只是一幅图景，只是部分充足的：重要的事是，正如一位作者所言，“在主里死了的人……做工的效果也随着他们”（《启示录》14：13），并没有被丢在后面——的确，我们可以说，那些工序以建造、组成如今（确实但奥秘地）正在此生行动与事实材料中发展的国度，并且，在苦难、死亡、消亡的另外一边将成为显现。

这些对基督信仰真理的全面反思，将带我们到遥远的地方。虽然会增加它们赋予或反向揭示我们世界和生活意义之比重，但是，不会解除它们的奥秘性。容我这样来说吧：它们的奥秘性应当意于如此来提醒我们，即尽管拥有这份永久意义的是我们的身体、我们的灵魂和我们的努力，但是，之所以能够这样成就却完全是上帝恩慈全丰的工作。

---

〔6〕 晚祷所读的《哥林多前书》第15章第37－38节、第42－44节。经文内容为：“并且你所种的不是那将来的形体，不过是籽粒，即如麦子，或是别样的谷。但神随自己的意思给他一个形体，并叫各籽粒有自己的形体。”“死人复活也是这样：所种的是羞辱的，复活的是荣耀的；所种的是软弱的，复活的是强壮的；所种的是血气的身体，也必有灵性的身体。”——译者注

第15章

三而一*

1988年，三一学期（Trinity Term）第六周的三一主日（Trinity Sunday），是 203
晚春的一个圣日，处于基督信仰的最中心。晚祷（Evensong）的一轮读经让我们聆听了彼得，听起来就像他在主后65年早春一个洗礼性讲道的开场，当时处在他称之为“巴比伦”的罗马尼禄皇帝时期。像我们一样，彼得在追忆过去也在展望将来，竭力理解他反复讲到的“耶稣基督的启示”。

他追忆“那预先说你们要得恩典的众先知”，几个世纪以前“早已详细地寻求考察”他自己现在正传讲的“这救恩”。从众先知那里，他最主要援引以赛亚及其匿名的继承者，即我们所称的以赛亚第二（Deutero－Isaiah），**在开始的读经中我们已经听到，其文字4次唤起一位受苦的仆人（Suffering Servant），当彼得谈及众先知“预言基督受难并随后得荣耀”时，这些经文正在他的头脑中。

追忆过去，彼得能够谈到众先知的基业：他们“寻求考察”，“就是考察在他们心里基督的灵”。而当我们回头看，我们则能观察到彼得如何将这些先知性预言不归于先知作为人的想象，而归于“在他们心中基督的灵”——这个大喜的信息确实已经传递给你们——给那些在罗马和小亚细亚的人，也给今天在牛津的人。他说，这个福音是“藉着天上差来的圣灵”

---

* 1988年5月29日在大学学院教堂传讲的讲稿，未公开出版。晚祷所读经文是《以赛亚书》40：12－31、《彼得前书》1：3－12。[See Robinson, *Redating the New Testament* 150－69.]

** 指《以赛亚书》第40－55章或者第40－66章。许多圣经学者根据《以赛亚书》的风格和背景差异将该书分成三个部分或两个部分，认为《以赛亚书》第40章以后是由其他作者用以赛亚的名义写成的。

得以传扬。并且，这个福音正是“主耶稣基督的父神”极大怜悯的启示。

204 因此，我们注意到，这些从第一代基督徒充满信心地传递下来的简洁语句，尽管是含蓄且毫无疑问无意识地运用了250年以后基督徒界——基督徒团体必须传递这个启示直到人类的末了——用以解决关于上帝三位一体本性的争论之原则：真的讲论父神之处就是讲到神子这个反思性原则，除了“子是子不是父”这一点，就圣灵而言也是如此。所以，如果圣灵将福音传给基督信仰者为真，那么，同样为真的，如彼得看见并且传讲的，是基督、天父的儿子将自己以人的样式降生、受难并且荣耀地从死亡中复活这些福祉（在他自己道成肉身为拿撒勒人耶稣的几个世纪前）启示给众先知。

从而，我们从以赛亚第二听到神作为伟大、永恒的创造者的诗歌；神是审判者，就像吹麦茬一样将地上的统治者吹散；供给不计其数的星宿中的每一个，能够看顾甚至我们当中最弱小的一位，保守他的道路、保护他的正当权利。基督徒就像理解约翰福音开篇的话一样来理解这些诗歌：成了肉身的道，与神同在，就是神；万物是藉着它造的，被造的没有一样不是藉着他造的。

如果人子耶稣基督是神，如果有且只有一位神，那么，亚他那修（Athanasius）的原则抓住了善：真的讲论父神之处就是讲到神子，除了“子是子而不是父”。如果上帝的本性是极为人格化的——极其积极的，理解、爱与意志的自我指引中心，正如我们的以赛亚书信和圣经其他书信的明证——那么，随之而来的是，可以发现位于《公祷书》晚祷之后的《亚他那修信经》（*Quicunque Vult*）中表达的整个三一论。这部所谓的《亚他那修信经》可能源于5世纪的法国，如约翰·亨利·纽曼所说：

> （《亚他那修信经》）并不是一些短暂观点的集合。是赞美、忏悔的诗篇和赞美诗……我们藉此首先警诫自己，然后彼此提醒，再然后是所有聆听的人……我们的神是谁，我们必须怎样敬拜他，并且，假如我们知道相信什么、不相信什么，就能知道我们的责任将有多么大……对我自己来说，它是给予基督徒最简洁、最伟大的灵修集……甚至它对立的形式，对许多人来说也是似乎在强迫、为强

> 加一个顽固头脑的奥秘而狂喜，故而成为绊脚石，但在我的领会中……却有非常不同的动向。它试图审查我们的推理，以避免我们的推理冲向越过了真理界限的一个方向，把它们转回相反的方向。[1] 205

纽曼还将三一论总结为九点，每一点分开来都是我们思想可及的，在一定意义上也是为我们想象力可及的，只是当它们结合起来时，就成为奥妙，并且彻底超越了我们的想象力：在天上作见证的有三位，圣父、圣子、圣灵；子从父，并且已经从父而出；圣灵是从并且已经从父与子而出；圣父是一位永生位格的神；圣子是一位永生位格的神；圣灵是一位永生位格的神；父不是子；子不是圣灵；圣灵不是父——如上九点。[2]

这一系列提议，如同《亚他那修信经》的扩展版，或者奥古斯丁超级精炼的"三位一体"（tres et unus），跟圣经的方法与文化相当不同；但是，这些提议没有一处宣告不与无数圣经图画和陈辞所宣告和唤起的相印证，包括今晚我们听到的经节。从圣经叙述的方法来进一步看，挖掘圣经全面的意思与含义同样是适当的，是理性探讨教义观这个宏大的、诸世纪经久的神学伟业。这项伟业深远地加强了我们对于要理解的是什么以及所爱的是什么的进一步领受——因为一个人将要领会的某些东西与该项理解引发并且使之可理解的理念之间的关系，是一项最紧密的对比，藉此我们能够构想父与独生子之间关系的某一部分；并且，一个人领会某事或某人为真的渴望或可爱，与一个人可理解的渴望或所爱，两者之间的关系也许是最密切的对比，我们由此能构想圣灵从父与子而出*的过程。

像基督信仰的任何其他信条，三一论拥有一个实践意义，并且是比所有

〔1〕 Newman, *An Essay in Aid of a Grammar of Assent*, 133.

〔2〕 Ibid., 135.

* 应当是在父与子差遣圣灵保惠师这个意义上说"圣灵从父与子而出"，参见《约翰福音》第14章第15－16节、第15章第26节、第16章第6－7节："你们若爱我，就必遵守我的命令，我要求父，父就另外赐给你们一位保惠师，叫他永远与你们同在。""但保惠师，就是父因我的名所要差来的圣灵，他要将一切的事指教你们。""但我要从父那里差保惠师来，就是从父出来真理的圣灵，他来就要为我作见证。""只因我将这事告诉你们，你们就满心忧愁。然而我将真情告诉你们，我去是与你们有益的，我若不去，保惠师就不到你们这里来。我若去，就差他来。"——译者注

信条都更大的实践意义，因为这根本不是一个关于人类实践（human *praxis*）——性情、选择、行动——的信条。特别是，三一论阐明了我们听见彼得所称“灵魂的救恩”（the salvation of your souls）——这曾经是含糊且不确定的，但从三位一体的伟大事实，我们开始能够赏识：上帝是一个不同位格的统一体（unity），完全合一又完全不同。因为，如果在神当中已经存在一种神圣生命的交流、毫无自我为中心带来的瓦解——一种位格之间没有兼并或湮没的交流——那么，“所预备的、到末世要显现的救恩”[*] 就不可能是自我
206 为中心或自我毁灭的（self-extinguishing）。然而，彼得成为鲜活的盼望的是经过自由选择加入上帝藉着其自身自由选择主动拓展的团契，藉着创造和救赎而建立，藉着其自身三位一体的生命样式彰显的家庭统一体。

在稍后的经节中，彼得陈明了配合神的这个主动发起所需要的条件：“你们既称那不偏待人、按个人行为审判人的主为父，就当存敬畏的心以度你们在世寄居的日子”[**] ……并非惧怕触犯某些专断强加的所谓神圣规范，而是害怕偏离上帝的主权和生命、追随情欲和无益的诱惑，即如彼得所说，当一个人忽视了“活泼的盼望”——一个人忽视了我们有理由相信会实现的那些可能性或对此失去了信心；正是因为感谢彼得和他的同伴及后继者们的见证，我们才有理由对基督、他的话以及他启示了上帝生命与性情的生命怀有信心。

---

* 《彼得前书》第 1 章第 5 节下半节。——译者注

** 《彼得前书》第 1 章第 17 节。——译者注

第三部分 良心与信仰

第 16 章

致诺福克公爵书中的良心*

格莱斯顿（Gladstone）的《告诫》（*Expostulation*）很少使用“良心”这个 209
词。但是，除纽曼之外，还有其他人也看出良心是这个小册子的主题。俾斯麦（Bismarck）曾私下里写信给格莱斯顿表达他——

> 深切而有盼望的喜悦，看见两个在欧洲是“良心自由”冠军的民族遭遇同样的敌人，因而肩并肩地站在一起护卫人类的最高利益。[1]

这位德意志首相支持“良心自由”的表达让我们联想到那个词汇的含糊性，以及现处于我们与格莱斯顿—纽曼论辩中的经历。

---

* 1990e.

〔1〕 Letter dated 1 March 1875; see Conzemius, “Acton, Döllinger and Gladstone: A Strange Variety of Anti – Infallibilists” at 51. 俾斯麦于 1872 年 5 月亲自寄发的通函声称，梵蒂冈第一次大公会议建立了一个教皇集权主义。该函在 1874 年 12 月 29 日首次公开。1875 年 1 月德国主教们写的回应于 2 月份全体签署，包含如下句子：“es ist wahrlich nicht die katholische Kirche, in welcher der unsittliche und despotische Grundsatz, der Befehl des Obern entbinde unbedingte von der eigenen Verantwortlichkeit, Aufnahme gefunden hat”（“天主教会并没有接受，最高秩序无条件地从个人责任中释放出来这样一种不道德且专制的原则”）: D – S 3115; Irenikon, 29（1956）, 143 – 8, quotation from p. 146. 一些大事记：格兰斯顿的《梵蒂冈关系到公民效忠的法令：一个政治告诫》（*The Vatican Decrees in their Bearing on Civil Allegiance: A Political Expostulation*）于 1874 年 11 月 5 日出版；纽曼在 1874 年 12 月 27 日签署了他的回应，最后在 1 月份进行了修正，并于 1875 年 1 月 14 日发表。纽曼的回应《梵蒂冈主义：对于回应和指责的一个回答》出现在 1875 年 2 月 24 日，纽曼的反驳以书信第 4 版的附言方式出现于 1875 年 4 月 5 日。俾斯麦和德国主教们之间、格兰斯顿和纽曼之间的文字往来因而是完全独立进行的。

纽曼的书信[2]不关心宗教良心免受国家强制的自由，[3] 即梵二公会护卫在公共秩序的适当界限内尊重了他人权利和公共道德的自由。[4] 书信也没有重申纽曼的主张，即良心的经历证成了对上帝的存在、权能与眷顾的信
210 仰。[5] 纽曼另一个同样有帮助却在书信中缺席且贯穿他一生的主题是经常在良心和理性之间作的区分，这一点没有在书信中体现。[6] 的确，从颂扬良心为一个“智慧的天赋”（248），使“理性的造物”（246）能够分受“神圣之光”（247）、神圣法、“神圣理性或上帝的意志”——反对“当今哲学大世界”的角度，书信的确拥有其独特的力量；当今的哲学将良心贬为“只是原始且未受过教育的人当中的纠结”，一个“单纯非理性的”产物或“想象力”的明证（249）。

I

这个高度哲学的主题是如何出现的？

---

〔2〕 Cited from Newman, *Certain Difficulties Felt by Anglicans*, ii [hereafter *Letter*], 175 - 378; page numbers are given in parenthesis in the text.

〔3〕 *Pace* D'Arcy (in an otherwise valuable essay), "Conscience and Meta - Ethics: Newman vis - à - vis Anglo - American Philosophy Today" at 181.

〔4〕 *Dignitatis Humanae*, Declaration on Religious Freedom, 7 December 1965, esp. paras 1 - 8. 纽曼显然对这种政治自由漠不关心：*Letter* 204，267，271，274；这几页文字也表达了对道德上“中立”的国家允许“性爱自由”甚至“杀害婴孩”的现代自由主义理念之反感，对纽曼来说，这些是“滔天大罪”（atrocities），即使以良心为名义来实行它们，“民族的良知也将受到扼杀和泯灭”（274）。

〔5〕 书信第248页顺带陈述，非天主教基督徒像天主教徒一样，认为良心是“上帝存在和律法的内在见证”。纽曼从良心角度来论证上帝的最近表述：*Grammar of Assent*，47，72 - 7，251 - 2.

〔6〕 在“感到”（felt）这个词中，存在着理性与良心之间的区分暗示（*Letter* 349），纽曼于1845年3月30日给玛利亚·吉本（Maria Giberne）的信中跟同一个决定（加入“那个天主教会，在我的良心当中感到了神圣”）联系起来，描绘了这一点：

我自己的信念如我所能设想成为的一样强烈：只是要知道是出自理性还是出于良心的呼召，这一点如此困难。我不能分辨，我是否受到了看起来清楚的东西所迫使还是一种义务感的驱使……于是，我在等待，因为友人们最细心周到地……为我寻求指引：而且，我相信，我应当留心任何临到自己的新感受，那应当是他们仁爱的效果。（*Apologia pro Vita Sua*，ed. Svaglic，208.）

对于纽曼比较理性与关乎“一个推理行为前件的”任何事物（道德意义、制度、常识、良心的命令、鼓舞人的道、教会的决定等），参见“Revelation in its Relation to Faith”（1885 - 6）in *Theological Papers on Faith and Certainty*，141 - 2，152 - 5.

纽曼看到这要面对两大控诉：（1）既然大公会议让教皇掌管他们的良心，以至于教皇能够干涉他们的公民义务和忠诚（179，180，195，349），那么，天主教徒现在无法忠信地顺服；（2）教皇无错误地类似教旨般的要求天主教徒放弃他们心理和道德的自由与正直（179，180，350）。爱尔兰主教反对1873年爱尔兰大学法案，以及爱尔兰和英国主教在18世纪和19世纪早期对于教皇无过错并非教旨的确信。在这些袭地而来的论辩中，纽曼以最轻微的程度提醒了他的读者：教皇们和主教们也有良心、义务和原则的要求（183，185）。并且，他巧妙地顺便回忆起一个情形，每一个读者将否定这样的公民忠诚要求："一个不信的政府也许会禁止我向木星的祭坛投掷馨香之 211
气，而教皇也会禁止我不这样做"（187）。

类似地，关于"古代教会"的章节展示了教会体现着"使徒独立与言论自由传统"（tradition of Apostolical independence and freedom of speech）的整个历史，而"今天在人的眼中"，使徒独立与自由发表"却是对教会最大的冒犯"（197）。尽管圣公会和东正教会在君王们面前蒙羞，或者在他们的束缚之下，但"罗马现在是一个忠信的代表，因而是过去自由发表言论的无畏教会的后嗣与继承人"（198），完成了"基督教承担见证（使徒）信经和十诫的使命"（197）。"教皇教会"那章强化了这一点：格莱斯顿的反对不可能只是针对"教皇的特殊权力"（209）。

> 不是一位教皇的存在而是教会的存在，让他厌恶。他所反对的是权力本身，而不是权力在教会内部的赋予和分配（209－210）。

无论什么时候，基督徒在政治王国有所作为时，他们都要对上帝和良心负责（211）；当教皇作为基督教界的最高审判官来行动时，他量刑的"基石与规则"必须"诉诸正确和错误的最高标准——道德法"（221）。

处于"良心"这个核心章节之前的一章为"分化效忠"（Divided Allegiance），宣称为纽曼所讲教会及其教皇作为首脑的主权的"一个冗长解释，以及它在一定意义上的界限"（223）。该解释延伸至书信的结尾（224），表明为什么纽曼能够否定格莱斯顿的结论（效忠于一个外来权力及道德奴隶制的指控)，尽管他接受格莱斯顿的前提：教皇主张在道德上无错误，人类生活没有一个部门落在道德的界域之外（224)。

纽曼说道，“当前搁置首先是教皇对于信仰或道德一般声明的无错误特权”，并且，将自己限定在考虑教皇“就行为问题（关于他无错误）的权威”(224)。我相信，没有正式着手于教皇无错误特权的含义，直到最后的实质性章节第9章：“梵蒂冈定义”(Vatican Definition)。但是，如我们所见，那里提出的疑问主题是在关于良心的第5章亮出来的。

同时，“分化效忠”这一长篇继续了两个明显的要点：教皇很少插手“我们私人的事务、我们日常的个人义务”（228）以至于是“绝对微不足道的”；以及尽管存在“我们应当服从教皇而不服从政府”的情形（特别是涉
212 及宗教义务履行)(240)，在“不可能”但可想象的意义上，存在假设的情形“我们应当不与‘教皇’而是与政权（civil power）站在一起”(241)。纽曼的论证就教会道德教导的逻辑而言模糊不清，后来在良心与教会道德无错误相连的讨论中也布满疑云。

因为在他对第一点的处理中，我们发现，纽曼把教皇对“圣事（sacramental)、圣礼（ritual)、教牧（ecclesiastical)、修行（monastic）与教律（disciplinarian）问题”的指示（230）与教皇对道德问题的教导绑在一起。整个讨论坚定地把道德设定在一个框架内，其中道德真理与实证法和道德结构的实行混在一起，尽管在原则上有所区分。[7] 纽曼说，我们的“一般义务”(ordinary duties)，受到道德神学和决疑论（casuistry）书籍的影响，

> 基于信（Faith)、望（Hope)、爱（Charity）这三大根基，十诫以及教会的六条训律，即关系到守主日、禁食期、忏悔与圣体（communion)，以及……十一奉献（229）的训律。

书籍给了“最多是作为我们道德感的反思和备忘录”的“指南”(directions)，尽管如同那些“个人良心本身”，有时它们的回答也许“让我们难以接受”。

---

〔7〕 关于道德神学中的律法主义和纽曼援引的决疑论，参见 *CMP* 13，15，292 - 5，304 - 6.

我们“个人的判断”不必在每一种情形中都让位于书本，毕竟书本“对教皇权威没有表达”（229）。并且，当那个权威干预道德问题时，就已经受到谴责。

> 谴责多半仅仅与有关义务的纯粹偶然相关，是斥责投机性的决疑论者（speculative casuists）的松散或狂热观念，同为神学家比普通人更加受到它们的限制（230）。

纽曼在此“随意”（at random）举了两个实例，英诺森十一世（Innocent Ⅺ）下的宗教法庭于1679年谴责的65条松懈意见：认为自己受到过低待遇的居民可以偷窃他们的雇主来补偿自己，[8] 并且，公众可以通过杀害有意的诽谤者来阻止否则无法避免的中伤（230）。[9] 这些甚至如此野蛮、主观臆断的观点因而从普通人的情绪中删除了吗？无论如何，今天的读者会想到20世纪教皇及大公会议已经不得不坚持的道德教导，不是要针对少数“臆断的决疑 213
者”（speculative casuists），而是针对许多牧师、一些主教、相当多的有影响力的教士道德家，以及希望感到正当接受流行文化所接受的数量庞大的“个人天主教徒”（cf. 231）：有意堕胎、避孕、安乐死、克隆婴儿、通奸、离婚后再婚、在敌对城市进行区域性轰炸。+

当然，纽曼没有否认或忽视教皇“对伦理话题发表决定性言论”的权威，并且他断言，教皇的提议“必须关乎事物本身的好或坏，而不针对偶然的、可变的或纯粹权宜的事物”（231；类似地331）。但是，当他的讨论落在法律与顺从（law and obedience）的术语（实际上为他那个时代所有道德神学所共有）时，由于授予道德教导以良心的分量，纽曼鼓励而不是消除道德教训与立法的混淆。如果纽曼跟其现代表现形式相遇，他会强烈反对。这一路，

---

〔8〕《意见》37：参见D－S 2137，主笔确认莱西伍（Leonard Lessius SJ）、戴安娜（Antoninus Diana）、马修斯（Matthaeus de Moya SJ）赞成被谴责的观念。

〔9〕 意见30：参见D－S 2130，主笔确认马蒂努斯（Martinus Becanus SJ）肯定该意见，并且涉及瓦斯克斯（Jesuits Vasquez）、费路西（Filliucci）、埃斯科瓦尔（Escobar）“和许多其他人”，包括耶稣会和非耶稣会的高层神学阶层。

让我们再次感到我们跟他那个时代的距离。[10]

纽曼在这一章的另一个明显要点的情况怎么样，即在何处能够设想天主教会应当“跟着政府权力而不是跟着教皇行动”的情形？他援引的神学权威确信地确立，当教皇命令跟“圣经、信条、圣礼的真理、自然法或神圣法的命令”相矛盾时，应当被忽视和不被遵从（242）。[11] 但是，纽曼的两个例子几乎没有说明：教皇秩序与信仰或道德之间轮廓鲜明的矛盾，而且在今天看起来也是有问题的。

第一个例子提议，一个国会成员或枢密院成员已经宣誓不承认一个天主教徒继承王位的权利，一位教皇已经声称把他从那个誓言里解脱出来，并且
214 命令他承认一位天主教徒的继承权。如同纽曼自己观察到的，天主教徒能够通过辞退职位来避免教会与政府之间的冲突，从而解除其誓言对自己的约束力。

另一个例子更有趣。一位武装部队的成员正在效忠于一场在他良心上看不见是非正义的战争，跟他所有的天主教战友一起“突然”（suddenly）受到教皇的命令而“退出服役”（242）。这里，所有注意力都集中在纽曼的“突然”一词；我们必须解读它排除了这种更加容易设想的情形：教皇断定，尽管在动因和目的上是正义的，但是，这场战争受扰于不道德的策略，捉拿并且杀害非战斗人士人质，以梵二公会谴责为反神与反人类的罪行来破坏并威胁要破坏整个城市和其中的居民；陈述了他的判断以及进一步的判断之后，即认定在反对贫民恐怖政策保护下政府发起的战斗人员服役将发展成为参与

---

〔10〕 仅在20年前，纽曼曾经写道，“教会从来不缺乏假先知的搅扰，再没有比这个更紧密联结的了”。他以距离为可怕的时候，“当一个人的天主教职业不再是他纯正信仰的见证，以及当一个宗教教师可以在教会的境界内，却外在于教会的信仰时”：“A Form of Infidelity of the Day”（1854）in *The Idea of a University*, 318. 1874年，存在对那些时代回归可能轻微但不是最轻微的暗示，参见 *Letter* 208 –9.

〔11〕 Newman here cites Cardinal Turrecremata, “*Summ. de Eccl.*, pp. 47, 48”; see Ioannis de Turrecremata [Juan de Torquemada, OP (1388 – 1468), named *Defensor fidei* by Eugenius Ⅳ in 1436 for his theological defence of papal authority], *Summa de Ecclesia* (1448 – 9; Venice, 1561), lib. Ⅱ, cap. 49, p. 163. [至少在这个版本中，对于“truth of the Sacraments”纽曼翻译或校正的词汇为“veritati sanctorum”；参见格雷戈里九世1228年7月7日的书信；神学家应当“根据众圣徒所传承、所赞同的”来解释神学，比如，圣教父们（“sanctorum Patrum”）的传承：D – S 824。]

恐怖主义的不道德行径，教皇“下令”（bids）所有天主教军人退出服役，除非政府立即取消不道德策略。问题不在于这是否是一个可能的事件，而在于，当一个人遇到教皇（或公会）关于在恐怖主义策略之下任何参战服役均为不道德的这个道德判断，应当追随该判断，即使他个人的道德评价是：只有那些亲自授予或执行恐怖主义行为的人才是恐怖主义的参与者。

你会说：那不是纽曼正在考虑的情况，他用“突然”一词表明在他头脑中的是另外一种情形。纽曼所需要的，不过是一个天主教徒可以正当地不服从教皇强令（injunction）的某种情形。我同意并且希望只提到，纽曼举的例子为我们提出了特定的问题，是他和他的读者感到不现实的问题，但后来的事件和我们自己的困境使它们成为现实。

因此，关于分化效忠这一章包含着纽曼实际上以两种不同方式阐述的一个命题：（1）一个人应当不服从教皇同道德相悖的命令；（2）一个人应当不服从教皇违背其良心的命令。第一个是基本的规定，第二个则是派生的。它们命题的相当性在于：对于是否教皇命令同道德相悖这个问题有不同判断时，一个人必须跟随（尽其所能地对他人的论据与观点进行检验之后）自己的判断；因此，（1）和（2）相当于：（3）一个人应当不服从自己判断为与道德相悖的教皇命令。

简而言之：只有当对一个人所诉诸的道德规范是否的确存在真理（the truth）或者一个人判断的请求是否存在真理有不同意见时，谈及跟随自己的 215
良心才有一个区分点：

> 我应当看看神学家们能够为我做什么，还有我身边的主教和教士，以及我的倾听者；我所敬重的友人能够为我做什么，如果我最终不能采纳他们对事情的观点，那么，我必须借助自己的判断和良心来自我规制（243－234）。

但是在整个过程中，我们探索的目的不是发现自己的良心，而是发现事情的真理是什么（尽人所能明白的）。我的判断是我的，并不意味我的判断是正确的。因此，阐述（1）具有优先性。纽曼会第一个同意，在结束分化效忠那章并且为良心打开篇章时，他对阐述（2）的偏好不因对阐述(1）的任何疑惑而生，乃是来自于这样一种考虑：天主教徒既然作出了自己的判断，就不是心理和道德的奴隶。

Ⅱ

> 在良心的深处，人辨别着一部律法，并非强加命令给自己，而是应当顺服的法律。当必要的时候，这部律法的发表（the voice of this law)[12] 就在人心灵的耳边响起“做这个，躲那个”之类的声音，总是召唤人去爱并且行善避恶。因为，人心里有一部上帝所写的律法；顺服那部律法正是人的尊严所在，并且，人也将受到这部律法的审判（《罗马书》2：15－16）。良心是人最隐秘的核心与圣所，在其内，他与上帝面对面，上帝的声音在他的内心回想（引自庇护十二世 1952 年 3 月 23 日）。良心以一种美妙的方式使上帝与邻人之爱所成全的律法为人所知……在一个正确的良心护卫的程度上，每个人与团体转离盲目的选择并寻求遵循道德的客观规范。[13]

当然，梵二公会这个“关于道德良心的尊严”的教导，是纽曼在其关于良心那章强有力的开篇几页所提出的教导。在德拉耶主教（Mgr Delhaye）参与撰写公会关于良心那部分之前不久，他出版的关于基督教思想史中的良心一书援引了上百种经典资料，该部分段落中的每一个雅俗和词汇实际上都能
216 在这些资料中被找到。[14] 纽曼不在其中。这并不让人吃惊；书信中的那些页是他们声称的：所有天主教徒所认可的一个陈述（246）。

藉着简洁又有力的语言，纽曼从表明这一点开始：天主教徒之所以认可

---

〔12〕 不是像（Abbott）错误翻译的那样为“良心的声音”（the voice of conscience）：*The Documents of Vatican* Ⅱ, 213.

〔13〕 GS 16.

〔14〕 Delhaye, *La Conscience Morale du Chrétien*: see esp. ch. 3, “Patristic Signposts”.

"良心的特权和最高权威"，是因为他们认识"神圣法是伦理真理，以及对错标准的规则这个占统治地位、不可撤销、绝对的权威"（246），即奥古斯丁所写的永恒法，托马斯·阿奎那称此为"于我们内在神圣光芒的印记、永恒法介入理性的被造"（247）。[15] 因为：

> 如个体人头脑中的理解，该法则被称为"良心"，尽管经过每个人的智识媒介时或许会遭受折射，但并不会因此而受到失去其作为神圣法特征的影响，而且，依然具有命令顺服这类特点（247）。

在纽曼的这个解释语境中，他在讨论自阿奎那以来许多神学家所称的"内住良心"（habitual conscience）。一个人对实践合理性基本原则的理解，就像一个人对基本非实践原则（如逻辑）的理解一样，并不那么像一种特殊的力量，而是一种思想状态，一种性情或习性（*habitus*），从那开始，从一个位置延续到其他衍生性、对具体结论进行理解和推理的更具体行为之中。神学传统倾向于将"良心"（*syneidēsis*，*conscientia*）这个术语留给人最后最佳的判断，一个人惯常知晓的原则被运用于承担一个具体的实践意见好或坏、正确或错误这个完全详尽的判断行为。但是，基督徒的传统一开始就用良心术语来指涉我们对自然法和神圣法所有普遍性和不变性的领受，以及我们此时此刻对一个具体选择之正确性（rightness）、错误性（wrongness）或适恰性（eligibility）的把握。因此，神学家称前者为"内住良心"，而称后者为"现实良心"（actual conscience），即作为实践判断的最后最佳行为（last best act of practical judgment）之良心。（学术用语本身无关紧要，但在良心如何既可能光照人又可能蒙蔽人的任何解释中，它表达出的区分却是真实且重要的。）如我们所见，在该 217
章的后面部分，纽曼突然转向对现实良心的谈论。然而，一开始，哲学家们所谴责的以及"大众思想"（249）仿制的他对良心的瑰丽叙述不过是一幅现

〔15〕 在此，纽曼含糊地援引了："Gousset，*Theol. Moral.*，t. i. pp. 24，& c."，namely T. M. J. Gousset（Archbishop of Reims），*Théologie morale à l'usage des curés et des confesseurs*（Paris，1845）. 纽曼引自奥古斯丁和阿奎那的段落均出现在关于"神圣法"这一章的第48页（如同古塞的老师圣亚丰索·利古力的文章，追随而不是在关于"良心"的章节之前，纽曼援引的其他段落取自该章）。（古塞，1792－1866，是一位教皇无错误的著名辩护者、高卢主义和詹森主义的支持者。）

实良心的肖像。

在这个意义上，谈到良心就是说到原则，个人对它的理解仅仅是一个人拥有一个（内住的）良心。因此，纽曼针对启蒙运动带来的损贬而护卫良心，是以他弃绝文艺复兴和启蒙运动所提出的道德原则为中心的：

> 义务的规则和度量不是功利也不是权宜，也不是最大量的幸福，也不是国家利益，也不是健康、秩序以及美丽（*pulchrum*）。良心不是一个长久可见的自私，也不是一个跟自己一致的愿望；而是一个从自己而来的信息，在天然和恩典里，在一层面纱背后对我们说话，通过他的代表教导并规制我们（248）。

并且，这些代表有两个：天然（nature）与恩典、良心与启示。"……通过良心，我们意指，上帝的声音在人的天然和心里，有别于启示的良心"（247）。因此：

> 良心是基督原本的代表（Vicar），在信息上是先知，在治权上是君王，在祝福和诅咒上是祭司；并且，即使贯穿于教会的永恒神职可能不在，但良心当中的神圣原则将依旧并且具有统治力（248－249）。

那就是说，如果启示的声音和传播媒介被止息（此处经文体现了其不可能性：《马太福音》28：20），道依然会被安静地听见，就像良心能够默默领悟创造者意图作为理性受造的选择和行动之规则与度量——还能够意识到"立法者在我们的天然里所播撒的真理"（254），以及"造物主的权利……在被造的思想和行为中对造物主的义务"（250）。

还有：

> 自然宗教的根基及其教义如同对有思想、认真的头脑所表达的一样确定，为了使它可以对人类有效地说话并且征服世界，必需藉

着启示来维续和成全（254）。[16]

“天然之光的不充分性”（253），正是教皇“宣扬道德法、保护和强调‘开启 218
每个人的光进入这个世界’”的“使命”（252）。因为良心是软弱的：

> 正确和错误的感觉……是如此微妙、如此不稳定、如此易受迷惑、被模糊、被歪曲，在争论方法上如此细微，如此深刻地受到教育的印记，因骄傲和情绪而有所偏见，在其行动方向上这么不稳定，以致在人类智识的各种操练和成就的角逐中，这一感觉是所有教师中最高的，然而又是最不清楚的；在神圣的目的中，教会、教皇、教士阶层是一个被紧急需要的供应者（253 - 254）。

但是，尽管超越了“自然法纯粹的翻版”（254），启示获得其要点，并非藉着独立于自然法或者跟（内住）良心所知的自然法无关，而是藉着那个自然法的“补充、重申、发布、彰显和解释”（254）。因此，如果教皇在言语的真实、“高辨别力”（high sense）上违背良心发话，那么，“他将涉及一个类似于自杀的行为……从他的脚下砍去了根基”，否认他的使命并且削弱了“他在理论上的权威以及实际中的权力”（252）。当诸如教皇格雷戈里十六世和庇护九世在他们引注标记里的措辞讥讽“良心自由”时，他们只不过是“在当今加诸语言上的各种错误的哲学或大众判断力上”（251）昧着良心说话，纽曼曾用令人难忘的责备与语气勾勒：

> 良心拥有权利是因为同时拥有义务；但在这个时代，对很大一部分公众来说，良心的权利和自由正是与良心相脱离（dispense with conscience）的自由……良心是一位坚定的监视者，然而，在这个世纪，良心却被早先那十八个世纪从未听说的一个伪造品所代替，即便有，也不可能把它看错。这就是自我意志（self - will）的权利（250）。

---

〔16〕 Cf. Vatican I, *Dei Filius*, Dogmatic Constitution on the Catholic Faith, 24 April 1870, ch. 2：藉着这个神圣启示，那些属于神圣事物（*rebus divinis*）的事情自身并非人类理性不可及，即使在人类目前的状况下，也是能够容易被所有人带着坚定的确定性知晓的，并且不沾染任何错误。（D - S 3005；Vatican Ⅱ, DV 6.）

Ⅲ

对于心理与道德奴役的指控，纽曼直接且“与众不同”的回答为正确的结论采取了两个论证。其中，第一个而且是最杰出的论证拥有我所说的被误解的前提：

> 良心不是一个基于任何思索真理、任何抽象理论的判断，而是直接担负着行为，要做什么或者不做什么。“良心，”圣托马斯说，“是理性的实践判断或命令，藉此，我们判断此时此刻做什么是为善，或是躲避恶。”因此，良心不可能与教会或教皇无错误发生直
> 219 接的冲突；后者着手于一般意见（general propositions）以及谴责具体的（particular）与给出的谬误（256）。[17]

该论证的两个前提均被误解。因为：（1）良心“着手”并且“根据”比我现在不做这个具体选择更加一般的意见作出“判断”。（2）而且，作为教会无错误适恰对象的一般意见包括消极的一般概念，通过绝对地排除一个具体类型的所有行动，排除我现在可能作出的这个具体选择。

对于（1）：这里，未经提示，纽曼的叙述就已经从“内住的”良心转换成“现时的”良心。对此可能不存在反对：两者都是“良心”的正当含义，并且，它们之间不存在不和谐性。但是，他在此处的论证忘了，作为对一个具体选择的理性（即使误以为是）判断，是判断的理性（即使误以为是）规范和原则的一个适用——在最高层次以及内住良心中理解和肯定的原则。

纽曼归于圣托马斯的引证，确实体现了阿奎那的观点。不过，这些话并

〔17〕这个论点或非常类似的论证似乎主要在结尾章节回想：既然无错误的特权在于思索性的问题……无错误担负着思想领域，而不是直接针对行动领域，尽管它也许清楚地引用了神学家、哲学家或科学界人士的观点，但很少关注政治家（342－3）。

非出自阿奎那，而是出自圣阿方索·利古力（St Alphonsus Liguori）；[18] 在阅读
古塞（Gousset）《道德神学》的第 24 页时，纽曼的眼睛从脚注 2 滑到了脚注
3。[19] 后者加注的一段话给出了圣托马斯的相关教导：“良心不过是知识对
一个具体行为（particular act）之应用。”[20] ✣✣ 如纽曼在该章前几页提到的，教 220
会关于良心教导的整体要点是：服从良心时，人没有意识到自己或许实际上
正在犯的任何错误，[21] 因此，认为自己正在服从神圣法，即人类行为自然
的和/或启示的一般与普遍规则和尺度。[22] 一个人判断的理由必定是一般意
见，在其审慎的最后判断中呈现于其良心，因此，可能跟实际上已经是无谬
误地提出来的一般意见“发生直接冲突”。

至于第二点：当教会无谬误地提出的一般意见是一个以“某类行为（比

---

〔18〕 Gousset's citation is “S. Alphonse de Liguori, Theol. Moral., *de Conscientia*, n. 2”; see Alphonsi de Ligorio, *Theologia Moralis*, lib. I, cap. 1, para. 2 (ed. L. Gaudé) ([9 th edn, 1985] Rome, 1905), 3; it is Alphonsus's primary definition of (actual) conscience.

〔19〕 See Gousset, *Théologie Morale*, 24. 有趣的是，看到美国的主教们在 1968 年 11 月 15 日联合的教牧书信《当今的人类生活》（Human Life in Our Day）关于良心的部分（就在引用纽曼的书信之前）说道：“托马斯·阿奎那将良心描述为理性的实践判断或者命令，藉此，我们判断此时此境做什么是行善或者避恶”；他们没有给阿奎那加引证，而是不经意地藉着提到阿奎那来引用亚丰索。更严重的是，美国主教们从书信（*letter*）延伸引用的不正确性；那段话（257 – 8）关注良心在教皇的“法令”（laws）、“训令”（commands）、“敕令”（acts of state）、“行政”与“公共政策”（256, 258）等方面“压倒教皇的声音”（257）之前提条件，而不是教皇表明的“一般意见”或者“对特别且确定的错误之谴责”（256），更少关注他对真理的重述，像保罗六世在 1968 年 7 月 25 日《人类生命》（*Humanae Vitae*）通谕中的核心主张；这些主张是以往教会日常体制已经准确无误予以教导的，尽管教宗（*ex cathedra*）还没有以通谕来正式规定它们。

〔20〕 Gousset correctly cites *De Veritate* q. 17 a. 3. 阿奎那在前一篇文章里第一次清楚地陈述了这一点，他补充道：当我们说良心是知识的运用时，我们并没有指“知识”总是真知的意思，比如真实的信念（*true* belief）；在存有误解的良心中，只有看起来似乎是的知识：*De Veritate* q. 17 a. 2c and ad 2.

〔21〕 As Aquinas says, *De Veritate* q. 17 a. 4c：一个人拥有错误的良心，却相信这是正确的（否则他不会错误理解），固执于他错误的良心，因为他相信这是正确的；的确，本质上说，他在坚持一个正确的良心，但就他相信为正确的良心恰巧是错误的而言，那样的良心却意外地是一个错误的理解。

〔22〕 如果没有（个人对训诫的）知识的力量，一条训诫就没有约束力；没有（借助深思）训诫的力量，知识也就没有约束力。因此，既然良心只是知识对于行动的应用，那么，良心显然是藉着神圣法的力量而被赋予约束力。（*De Veritate* q. 17 a. 2c.）

或者，再者：

良心的约束力，即使是错误的良心，跟上帝法则的约束力也是同样的事物（“idem est ligament conscientiae etiam erroneae et legis Dei”）。因为良心不会说要做 X 或要避免 Y，除非它相信 Y 跟上帝的法则相悖或 X 符合上帝的法则。（Aquinas, *In ad Romanos*, cap. 14 lect. 2 ad v. 15.）

如直接谋杀一个无辜的人）无论在什么情况下总是错的”为形式的消极普遍原则时，这是特别显而易见的。如卡尔·拉纳正确提出的要领：

> 一个人必须顺从他的良心是毋庸置疑的……基督徒的良心应当成熟，这是对的。但是，这个基督徒良心的成熟不是一个福音和教会传讲的普遍规范之解放和摆脱……而是在任何状况下都无需帮助地将这些规范本身运用于一个具体情形的能力。……当教会整体在其日常教导中的确于这世界每个地方实际上教导一个道德规则作为上帝的诫命时，就是在圣灵的帮助下守住自己不犯错误，该规则因此是上帝的旨意，从而使信众在良心上具有拘束力，甚至在它被一个庄严的定义所特别肯定之前就是如此。一条道德规范天生就有普世性，但正是作为一条普遍法则而被有意地成为适用于个案（individual case）中的规则。因此，当道德规范被完全抓住并且被正确地理解和解释，从而对一桩个案产生影响时，那么，该独一无二的个案就受到该规范的约束并有义务遵从它。比如，当教会教导每一个
> 221 直接引产的堕胎在道德上都是错误的……那么，无论境况如何，该教导适用于每一桩个案。[23]

为拉纳简要的陈述予以补充，唯一需要澄清的是：存在着许多普遍规范和原则，它们自身不能对特定个案有保障的适用提供充分的前件，而必须由另外的前件来补充，即个人的良心在自己的优先性义务、特殊角色（比如作为父母）的责任、适当的政府或教会法则和指令，以及十分普遍地，在自己选择的召令（vocation）中将找到的前件。对所有指定积极责任——要如此行（尊敬父母、教育儿童、服务社区等）——的规范和原则来说，这是真的。

而且，对于指定全人类共有的消极责任规范而言，不能说少数，但重要的这类规范也是如此。对这些消极的道德规范来说，不存在真正的例外。在

〔23〕 Rahner, “Dangers in Catholicism Today: The Appeal to Conscience”, 96－100. 卡尔·拉纳后来的著作似乎忽略了这个立场，但没有对离弃它提供任何理由。

其适用过程中，它们是（一般）“规则”的例外，整个书信都在重申，[24] 每一个（一般）规则都存在着例外。举个例子，用梵二公会的话说：“不加区分地针对整座城市的每一个类似战争的行为……都是针对上帝和人的罪行。”[25]

由（1）和（2）随之而来的是，纽曼关于“良心不可能跟教会或教皇无错误相冲突”的结论是错误的。只有将此处的“良心”专指正确认识教会所有无错误的道德教导的良心，其陈述才可能为真。［在第 255 页和第 257 页有一些提示，表明此处在纽曼的思想中也许就是这样；[26] 并且，纽曼稍后说，教会无错误的道德教训是“诸如一听就会在实际中发现值得大多数人赞同的”（332）——这是他跟我们的时代之距离的另一个标记。］但是，如果“良心”取这个意思，那么，将一般与特殊相区分就是多余和不相干的。他否认（这样一个）良心和教会对品德出于信心的教导冲突的可能性 222
就成为同义反复（tautologous）了，对那些认为接受教会无错误教导权威就是奴隶制的人来说几乎不是一个回答。

对于那个指控，首要的真实回应是，教会的最终（irreformable）教导不是一个负担而是一个启蒙。

第二个回应是，纽曼与他关于一般和具体的错误论据同时发展的观点：

> 一位教皇不是在他的法则，也不是他的命令，也不是他陈述的行为，也不是他的行政，也不是在他的公共政策上不会出错（256）。

与这些相关，一个人的良心拥有（也就是这个人拥有）辨认个人在具体境

---

〔24〕 See *Letter* 243，261，338，342，359. 毫无疑问，重述他于书信论点的一般性和其他方面时，纽曼没有想到质疑教会关于消极道德绝对的教导，或者提出这些论点以服从于当代神学家宣称的例外，这些道德神学家并不共享纽曼的信念，即认为教皇是“受他神圣的主人任命”，具有“教义权威”（dogmatic authority）“来决定信心和什么为真、什么为虚假的道德细节”（278）。

〔25〕 GS 80：“Omnis action bellica…” 对于约束“semper sed non ad semper”（总是但并非对每一个场合）的积极道德规范以及约束“semper et ad semper ”（总是并且对于任何场合）的消极规范之间的区分，参见 Aquinas，*In ad Romanos*，cap. 13 lect. 2 ad v. 9；*De Malo*，q. 7 a. l ad 8；*ST* Ⅱ－Ⅱ q. 33 a. 2c，etc.；Alphonsus Liguori，*Theologica Moralis*，Ⅱ－Ⅲ，tract. 2，cap. 1，dub. 1，para. 101（ed. Gaudé，82）；［*Aquinas* 164］.

〔26〕 See below，n. 28.

况中承担的积极责任（召令）之责任——这不是道德教导能够完全解决的，无论这些道德教导是无错误的抑或相反。而且，在这些问题上，人并不仅仅受限于跟随自己的良心；在特定情况下，一个人的良心据说甚至拥有“反对教皇尽管不是无错误，却是最高的权威”（257）。作为教会品德（*de moribus*）教导无错误的首要主题的实践问题，也就是关于“事物本身为善或为恶”以及“救恩的必要性”（331），从阿奎那及之前一直到纽曼及之后的神学流派都会愿意说，人拥有跟随其良心的义务[27]——尽管一个人也许的确要为错误弃绝了教会所教导的而受谴责（be culpable），尽管他拥有通过遵从那个教导来纠正良心的义务，如果一个人没有做良心（不仅仅是自我意志）命令他做的，当然是有罪的。但是，该义务不是一项反对教皇权威的权利，就
223 像纽曼联系到许多教皇没有无错误地作为的问题时所谈及的一样。[28] 那项权利显示了心理和道德奴隶制指控所忽视的良心自治的一个方面，只是包含了这个事实：教权的神圣使命是传递启示与信念的托付，而不是协调政治共

---

〔27〕 该神学教导的坚固性不受这个事实的影响，即“Quidquid fit contra conscientiam, aedificat ad gehennam”这个引人瞩目的格言，古塞（*Théologie Morale*, 24；书信第247页所援引他的句子为第55、57两段的合并）和纽曼（259：“违背良性而行的人失丧了他的灵魂”）将其归于第四次拉特朗公会议（the Fourth Lateran Council），并非源自那次公会，而是来自英诺森三世1201年的一封信，涉及一位妻子的“错综复杂”（difficultas quasi perplexa），她被教会法庭命令回到一张表明婚姻关系的床上，而她相信［“遵照习俗”（habet notitiam）］这是乱伦：“基于良心的缘故，她不应该履行这个义务”（propter sententiam oporteret eam reddere debitum, et propter conscientiam debitum reddere non deberet）。教皇的权威解决是，她不应因顺服判决而违背上帝，而应谦卑地接受不顺服法庭随之而来的开除教籍：“凡跟良心相悖，不是出于信心的都是罪，都是在建造地狱”（quoniam omne, quod non est ex fide, peccatum est, et quicquid fit contra conscientiam aedificat ad gehennam）。See *Corpus Iuris Canonici*, ed. Richter (1881), ii. 287 (Decretales Gregorii IX, lib. Ⅱ, tit. xiii de restitutione spoliatorum, cap. 13). 13世纪的神学家将英诺森三世的格言作为具有相当普遍的意义，如波拿文土拉（Bonaventure）在他的《思想注疏》(*Commentary on the Sentences*）中所说：(c. 1250) Ⅱ d. 39 a. 1 q. 3 ad 4.

〔28〕 我正在描绘的区分似乎隐含于纽曼在第257页所讲的：“无错误本身能够拦阻良心的运行，在良心具有最高权威这个命题上，教皇不是无错误的。”如果此处的良心取“受到良好教导的天主教徒良心”之意，那么这段话就获得最好的理解。否则，该陈述就是通常不可能跟具体相冲突的另外一个版本，甚至更加具有疑问。也参见第345页，纽曼重申，对于天主教徒，“只要教会没有藉着启示的权威取代它”，那么“个人判断”就是受欢迎的、可拥有的，并且是可维续的。同样地，参见纽曼：*Development of Christian Doctrine*, 86：

启示在于……将立法者的声音代之以良心的声音。良心的至高无上是自然宗教的本质；使徒，或教皇，或教会，或主教至上则是启示的本质……因此，如同我们可以断定良心在天然的体系里如何，以及圣经或教会或圣座（Holy Set）的声音在启示的体系中也是如何。

同体和我们每个人所属的其他更小团体，也不是取代召令的个人辨别能力（和选择）。

Ⅳ

> 我加一句评论。如果我被迫将宗教带进晚餐后的祝酒（toasts），那么，当然（看起来的确不是这回事）我应当——向教皇敬酒（如果你高兴）——先向良心敬酒，然后再向教皇（261）。

这些在良心一章的结束语，看来已经有意地为三页之后的评论作铺垫，即关于“边沁称为英格兰主义教会，在呼吁餐后祝酒‘教会与国王’”（264）的评论。但是，纽曼的祝酒已经走在脱离这个世界背景的路上——不仅是刚刚提过的无关紧要的当今时代背景，而且也脱离了整个书信所确立的实质背景：敬重良心所揭示的神圣法之真理，“一个真正的天主教徒必须拥有”“对教会权威的慷慨忠诚”，“接受被称作怀着虔信（*pietas fidei*）所教导于他的”（339；相似地 258）虚假意识的可怕，那个以“卑鄙的伪装（miserable counterfeit）”为面具的自我意志（self - will）。

圣公会哲学家多纳根（Alan Donagan）对良心的基督教哲学以及 20 世纪哲学对堕落社会引发的堕落意识（corrupt consciousness）之探索进行了一个深入透彻的阐述后，提到了纽曼的祝酒，并且一本正经地补充道：

> 如果我们迫于把道德带进祝酒，那么，我们应当拒绝向良心敬酒；但是，我应当首先祈求向着一个真实意识（truthful consciousness）的敬酒。[29]

对我们这一代来说，多纳根的祝酒比纽曼在书信中的实质性前件（essential premise）以及属灵的某些东西表达得更佳。

---

〔29〕 Donagan, *The Theory of Morality*, 142.

注

✝"二十世纪教皇及大公会议已经不得不坚持的道德教导"（212-213）。一个教皇权遭遇到的问题的例子——本身平凡但又具有象征性的例子——抨击了当前的论文、休斯（Gerard J. Hughes SJ）的"纽曼和良心的特性"（Newman and the Particularity of Conscience）。作为他努力避免承认存在"二十世纪教皇及其公会不得不坚持的道德教导……"的一部分，比如，从蓄意堕胎到区域性轰炸敌对城市这类列举的行为，这位耶稣会道德家告诉他的读者，我给出了一个"菲尼斯声称我们绝对无误地（infallibly）把握的无例外道德原则"（我从未提出的一个主张）名单，作为"我们对道德真理拥有一个直觉且绝对无误的把握这个理论"（我从未肯定并且经常弃绝的一个哲学理论）的例子。他继续（70n.）想弄明白"菲尼斯举例""非常多样"的特征，争辩这份名单是一个"操纵术语或者游说重新定义而非理性论证"的例子。比如，通奸，"如果菲尼斯意指他会认为是通奸的某些行为，那么，当然他是藉着运用一个富有道德的术语来简单地予以回避"。"并且当然没有人能够相当一般地来反对制造婴儿？或者，菲尼斯头脑里某种制造婴儿的特定方法；如果是这么，根据是什么？"以这样的方式，休斯能够达到他论文的整体长度而不必追问纽曼将会如何认为——以及纽曼的主张如何按其立意应用于——二十世纪天主教教权反对我名单中那些"多样"教导提醒的各种行为之具体道德教训——比如，我的总结性术语"制造婴儿"代表所有脱离交合（intercourse）（完全用道德上中立的术语描述）来制造人类的方法，以及相反的道德判断有已澄清的理由，比如在《生命的恩赐》（1986年2月22日）的序言部分（1984c and essay Ⅲ. 17 at 278-9）。事实也不是如此，在我的名单所提出的道德教导中，"通奸"是一个被使用的"富有道德"的术语，以至于仅仅因为"定义"而使"通奸总是错误的"成为规则，并非像休斯在这里表明的那样以及亚里士多德对于通奸的评论只是简单肯定——如同我在MA 31-3［briefly in essay I. 12（1990a）at nn. 15-19］中所表明的，相反，亚里士多德对此非常有疑问，当然，阿奎那和二十世纪的教皇们、居中的教义和神学共识及其新约基础则认为是所错误的：MA 7-8，31-8。同样地，这些不当陈述使休斯能够回避提及，我的论文和他的论文均关注纽曼关于教皇道德教导的思想，但是，其间存在着教皇对于绝对的消极道德真理如此显著的一般或者特别肯定，正如通谕《真理的光辉》（1993）和《生命的福音》（1995）所述。我展示了休斯在多大程度上误解和弃绝了基督徒教导的权威和道德思想基础的一些细节——在他 2004 年关于纽曼和良心的论文中依然体现的误解和弃绝。

⁺⁺“良心……是知识……之应用”……（脚注 20）。休斯（Hughes）（62－3）说，我对纽曼的评论“完全误解了纽曼的道德判断理论。只是解释了纽曼违背了一个学术背景，而且，的确违背了菲尼斯自己所接受的学术背景……”但是，就如在我论文中此处的引文所明了的，纽曼自己提议他关于良心的教导反对我在此援用的学术背景，休斯根本没有举出证据说明纽曼弃绝它，即使当他的论证从该背景滑走时（就像他们从纽曼在道德学说上关于教会“使命……宣扬道德法”的亲自教导中滑出去一样，在启示的帮助下，道德学说是自然法的：“成全、重申、发布、彰显和解释”）。阿奎那将良心说为“应用”必须跟他在积极（affirmative）和消极（negative）规范或者原则之间的区分来一起采纳；正是在前者的应用中，人找到了休斯所坚持的“特性”（particularity）[然而不是按着他提议的直觉主义方式来理解，而是按照理性的方式来理解，纵然在引用拉纳的段落之后，本文简要提起了规定的理性地下决定过程（脚注 23 之后）]，没有积极规范或原则，人不能决定做什么。休斯公开讨论的原则和方法的一般伦理问题，比如参见 *Aquinas* 163－170。

第 17 章
恩典与谦卑

225 威廉院长——本场讲道的赞助人——在一沓文本中为这篇讲道指定的是：保罗给哥林多的希腊基督徒第一封书信中的一段文字。在《哥林多前书》的第 4 章第 7 节，由 3 个问题构成。如何理解第一个问题在当代解释者与先父们当中同样引起争议：*Tis gar se diakrinei*？耶柔米说的是：是什么使你们不同（*Quis enim te discernit*）？詹姆斯王版本的圣经为："使你（与人）不同的是什么呢？"类似地，纳克斯主教（Ronald Knox）译为："别忘了，朋友，是谁给予你这个卓越（pre－eminence）？"修正标准版圣经（Revised Standard Version）的翻译，我认为是相当不同且含糊不清的：谁在你们之中看到任何的不同（For who sees anything different in you）？

不管怎样，第一和第二个问题是清楚的：

> 你有什么不是领受的呢？若是领受的，为何自夸？仿佛不是领受的一样。

像该书信这几页的其他经文一样，这句经文在基督徒共同体中引来了许多反思。它的提问，特别是核心问题，不只是藉着暗示谦卑（humility）的最深层理由来提倡谦卑（在那个词精确的意义上即谦卑的理由）。也暗示了谦卑美德（这个好性情）的最深层动因，亦即属天的恩惠（divine grace），以这种方式帮助我们理解，任何恩赐以及任何这类美德建立了上帝和我们之间的什么关系。辨明这个相当普遍的动因，又推动（我并没有说是保证）了这样的具体效果，即我们称之为谦卑的个人回应的十分具体的方式。

听听公元 529 年举行的奥朗日会议正典之一，我们就能开始在整体上掂

量这一点；在那个伟大的十年左右时间里，欧洲，我们的欧洲找到了它最具
塑造力的两大影响：查士丁尼《民法大全》（*Corpus Iuris Civilis*）的起草、欧洲
法律图书馆为早几个月出版的第一或旧的法典（First or Old Codex）拉开序幕；
以及《圣本笃会规》（St Benedict's Rule），即修士生活的一部宪章，在作者关 226
于“谦卑”的十二“步骤”（*gradus humilitatis*）的指引下展开。藉此，一个人
可以进深到驱走恐惧的上帝完全之爱里，一个以敬畏上帝为根基的进步。[1]
于是，这里就有了奥朗日会议关于恩典的第6条：

> 如果你说，当我们相信、愿意、渴慕、努力、做工、祷告、守望、忙碌、寻求、考察或叩门时，不经上帝的恩典，属天的幸运（mercy）就降临到我们；并且，也不是藉着圣灵的浇灌和开启，我们在适宜的时候相信或愿意，或有力量做每一件这些事；[2] 或者，如果你将恩典的帮助作为谦卑或人顺服的结果，而不接受我们顺服和谦卑本身就是恩典；那么，你与使徒所说的就正相矛盾，“如果你没有领受，那么，从哪里来获得你所得到的呢？”……

因此，谦卑是一个特别的恩赐，使一个人能够导向自己按照一个人拥有、所行和赢得每一件美善的事都是纯粹出于恩赐（gift）这个意识来选择和行动。

但是，对那些不将自己的生命视为恩赐、不知道创造和救赎或对创造和救赎无益的人们来说，谦卑也是一个可理解的美德吗？比如，柏拉图。在《法律篇》第4章，他关于正义和正当的教导核心谈到了谦卑（使用了跟圣经一样的术语）。

> 上帝……手中握着所有的开始、结束与中间过程，并且直直地走向他的目的之成就，这是（他的）本性；并且，一直在他身边的就是正当（Right）（*dikē*：justice），准备好惩罚那些不服从神圣法的人。任何想要被成全的人都带着谦卑紧紧地跟在一系列的正当之

[1] 如圣托马斯在他对本笃的十二步法评论中所说，打下根基的那一步是本笃首先踏下的（最后一步则在阿奎那的查点里），敬畏神并且留心他所有指引的一步：*ST* Ⅱ－Ⅱ q. 161 a. 6c.

[2] Cf. Augustine, *De Dono Perseverantiae*, 64.

> 后……那么，哪一类行为是上帝所喜爱的，是追随上帝的呢？……好。对我们来说，上帝自己就是万物的尺度……因此，要被这样一个存在所爱，一个人必须尽其所能地努力成为像上帝那样；由这个原则出发，像上帝一样有节制（temperate）又有序（ordered）的人就是上帝所喜爱的。[3]

“上帝有序且节制的谦卑形象”这个柏拉图理念嵌在以人类存在为上帝玩物的形象语境下，就像被神圣的主人牵拉的宠物一样，绳子一端是胆大妄为和令人厌恶的情绪，另一端则是法律和理性的金线，主人温柔的牵拉使我们配
227 合，避免痛苦、快乐和激情的牵引胜过我们自己。[4] 在这种上帝和人类之间牵强关系的异象下，我们的存在不被理解为恩赐，尽管在极端倚赖这一点上当然跟恩赐有某种程度的类似性。

我应当回到柏拉图对神圣因果律和人类行动的理解及其误解之中。柏拉图将谦卑跟节欲（temperance）、节制（moderatedness）和克己（self－mastery）高度慎重地联合起来，在托马斯的希腊、罗马和基督教反思综合推理中，我们又发现了这一点。在这个综合推理中，谦卑紧紧地与节制联合来保持平衡亦平静的情感。[5] 西塞罗的 *modestia* 即谦逊的一种。[6] 其具体作用是节制和限制魂（mind），以免人强行趋向高的事物、宏大的事情、高过自己能力的事。[7] 跟勇气（courage）和高尚（magnanimity）（亚里士多德的灵魂高尚）相反，谦卑在道德生活中的作用不是鞭策，或者使人坚强抵制无望和沮丧，而是阻碍和抑制一意孤行和自信。[8] 其根源是敬畏上帝，阻止将自己评价过高，因着归功于上帝所给的份而免于自高。[9] 如此，不仅在一个人思想及联系到其他人时建立了整个模式——毫不掩饰地认识到自己隐藏着更糟糕的

---

〔3〕 *Laws* Ⅳ 715e－716d.

〔4〕 *Laws* Ⅰ 644d－645b；Ⅶ 803c.

〔5〕 谦卑是节制的潜在成分：*ST* Ⅱ－Ⅱ q. 155 序言；q. 161 a. 4c.

〔6〕 Ⅱ－Ⅱ q. 160 a. 2c.

〔7〕 *Ibid.*，q. 161 aa. 1－2.

〔8〕 *Ibid.*，a. 1c；a. 2 ad 3.

〔9〕 *Ibid.*，a. 6c；a. 2 ad 2.

过错而他人拥有看不见的上帝的恩赐。[10] 而且，也具有一个高度策略性的作用，不仅为某一特别的领域（像其他道德美德）而是为每一个领域甩掉血气（passions）提供了理由。[11]

简言之，那就是阿奎那的哲学和神学传统的简历，具有我们应当期待的整合力（integrating power）和真理。但是，我们或许想明白这份简历是否说到了所有应当说的，或者，甚至是否确认了谦卑最基本的智慧性（intelligibility）。自阿奎那的道德神学著作以来，在我看来最有帮助的是杰曼·格里塞茨的道德神学著作，其著作表明了这些传统资料如何允许我们将谦卑不作为被抑制的美德而作为恩赐来理解。如果接受这一点，那么就克服了沮丧，而受激励于最有价值的活动（不排除感受上帝同在的冥思静默）。[12]

这怎么可能呢？我们可以回到圣保罗："你有什么不是领受的呢？"在接下来的经文，保罗以反语的方式转向哥林多基督徒："你们已经饱足了！你们已经丰富了！"丰富产生得意，一种权力、控制、自我满足——谦卑的对立面。因此，先辈们将登山宝训的第一句理解为谦卑恩赐的祝福："虚心的 228
人（the poor in spirit）有福了，因为天国是他们的"（《马太福音》5：3）。

"……因为天国是他们的。"天国已经建立在这个地上，藉着行动者出于信心来回应上帝最高且包含了一切的属灵恩赐：爱（charity），出于此所做的良善选择和行动。（我们应当遵照教会的理解来认识这一点：即使回应来自"那些并非自身过错而不知晓基督的福音及其教会，依然怀着诚恳的心追寻上帝的人们，以及那些藉着良心的命令而知道上帝的意志并用自己的努力成全、回报恩典的人们"时，我刚刚提到出于信心的回应也能是十分真实且有效的。[13]）现在，让我们以同一页和同一段作为文本，保罗指教我们的选择和行动如何能够建造国度：做在或建造在耶稣基督这个根基上的善工，将在

---

〔10〕 *Ibid.*，aa. 3 and 6，esp. a. 6 ad 1.

〔11〕 *Ibid.*，a. 5c.

〔12〕 *CMP* esp. ch. 26.

〔13〕 Vatican Ⅱ，*Lumen Gentium*（1965），16；"他们也会得到救恩，但只有上帝知道这样的人有多少"：Paul Ⅵ，*Profession of Faith*，30 June 1968.

末日显露出其是存得住的。[14] 教会承担这样的教导：以正直的方式提升和尊重人类善的人类活动，因此而“预备着天国的材料”，因为如果在地上，我们顺服主并且在主的灵里培育我们的性情和我们所做的善，那么，在真理与生命、圣洁与恩典、公义、爱与和平的完全国度里，我们将会再次发现这些善及其果实，只是除去玷污、闪亮而且改变了荣形的。[15]

因此：“……人有福了……因为……是他们的”——登山宝训每一句都讲到了同一个最终现实（无论是去往天国还是被称为神的儿女，或者蒙怜恤或安慰或饱足），以及一种福分，这样的福分不只由针对特定选择和行动的某种外在诫令所赋予（就像外在地赋予行动的人类赏罚一样）。不，登山宝训所指的福分是表达了宝训所涉态度的选择和行动已经享受到的。因为这类选择和行动能持续到永恒，并且，藉着神圣的恩典，已经在某种程度上成为国度的一部分，当国度成就时，就成为人类完全的彰显，即“福”（*beatitudo*）的彰显。[因此，保罗向以弗所的希腊基督徒展开与基督耶稣在天上一同座席的图景，提醒他们，这个上帝之家的位分是由作为上帝恩赐的信心而不是人用以自夸的行为赢得的，并立即加上一句：回应这个恩赐所做的选择和行动本身就是恩赐：“我们原是他的工作，在基督耶稣里造成的，为了叫我们
229 行善，就是神预备叫我们所行的（《以弗所书》2：10）。”]

那么，“虚心的人（或灵里贫穷的人）”有福了，因为天国是他们的。虚心的人，他们的选择和行动已经在建造和享受着天国及其不朽坏的福祉，他们就是那些谦卑的人——任何人如果谦卑、当他有谦卑之心以及作为谦卑的人时，就是虚心的人。他们理解，他们自己的事业与成就只是上帝自由且慷慨赐予的份，在上帝创造与救赎活动的异常丰满之中。他们看见那一点，如同保罗在我们所读这一段（《哥林多前书》3：6；cf. 4：6）开头讲到的：有人播种，有人浇水，但只有上帝让它生长——所有良善的果实（就像个人的善行本身一样）[16] 都将是上帝的恩赐。

---

〔14〕 1 Corinthians 3：10 – 14.

〔15〕 GS 39，citing 1 Corinthians 3：14 and 13：8.

〔16〕 See 1 Corinthians 15：10.

虚心的人（The poor）：就是那些意识到自身需要的人——当任何人意识到那种依存关系时，如他们所认识的，就是虚心的人。［自以为富足的人（The rich）：就是任何那些——如《启示录》书卷所分明的——不知道自己贫穷、眼瞎、赤身露体，还认为自己一无所缺的人。］[17] 因此，谦卑，即灵里贫穷，根源于一个人对需要上帝恩赐的意识，即那种上帝能够浇灌在人心中的爱（《罗马书》5：5），那种回应以及在神圣之爱里面的信心（faith）这个基本选择，令人委身于藉着个人与上主（the Lord）同工的方式来运用该选择的召令（vocation），令人得以开展该召令的善之选择与行动，以及盼望自身活动将会在这个和下一个世界中的所有共同体产生良善的果实。在该意识中，这样理解谦卑是基本的（但不充分的），人可以从中发现搁置如下令人衰微的假设之理由，即假设无论是多么好的筹划、多么充分的预备、多么严格的执行，一个人的选择和行动也不能产生关系重大且的确得以持续的良善果实。

当然，那个微弱的前设牢固地竖立在我们的经验基础上，即一个堕落的人明显地屈从于“罪”和“死”这个经验。大多数善工依赖于同他人合作这个期待效应，而这一点的失败并不少于我们未曾激励自己确实有帮助地与他人合作，更不用提我们粗心或有意地破坏本来的或否则本该有的这类合作。人类公正与人类正直（human decency）一致的努力早晚有一天会在尘世中结束，归于乌有。这是威廉院长为本场讲道指定的哥林多前书第 1 章中，保罗在另一段所谈的这个世界牢牢扎根的智慧——用该智慧来考量，保罗所传 230
讲的为愚拙（folly）：

> 犹太人要神迹，希利尼人求智慧，我们却是被钉十字架的基督，在犹太人当中为绊脚石，在外邦人眼中为愚拙；但在那蒙召的看来，无论是犹太人，还是希利尼人，基督总是作为神的能力、神的智慧（《哥林多前书》1：22－4）。

---

〔17〕 Revelation 3：17.

该愚拙就在于：藉着属神的行动，忠于一个人的召令能够产生一个丰收，的确是无法想象的丰富收成，即使——在某种意义上是因为——其路径在于藉着谦卑和受苦。正如保罗对腓立比的希腊人所讲：

> 你们当以基督耶稣的心为心。他本有神的形象，不以自己与神同等为强夺，……既有人的样子，就着自己卑微，存心顺服，以至于死，且死在十字架上。所以，神将他升为至高……（《腓立比书》2：5－6，8）。

现在，主的谦卑以至于死并非不得要领的抗争或自我抛弃，而是愿意持守对教导和医治为目的之选择、对第一个四旬期（Lent）的委身忠心。保罗在哥林多教会的第二封书信中解释他喜欢夸什么，用他从主领受的话重申了基督徒信仰的愚拙："因为我的能力是在人的软弱上显得完全"（《哥林多后书》12：9）。

我们以这样的愚拙为智慧，是基于现实主义而不是虚无，即保罗在给哥林多教会的第一封书信中陈述的理由：因为基督已经从死亡中复活。所种的是羞辱的，复活的是荣耀的；所种的是软弱的，复活的是强壮的（《哥林多前书》15：43）。结论必须是保罗自己得出的那一个，对所有人传讲关于复活（及其书信的实质）的话语结尾：

> 所以，我亲爱的弟兄们，你们务必要牢固，不可摇动，常常竭力多做主工，因为主知道你们的劳苦，在主那里不是徒然的（《哥林多前书》15：58）。

圣徒的行为（包括专注的冥思静默），塑造伟大灵魂的工作扎根在谦卑之中，他们理解为只有藉着上帝的恩赐才能建造上帝伟大计划的一个微小角落，谦卑是该理解与如下实践理性规范的情感与性情的融合体：不要让怠惰来阻止你为那些启示已经使之可理解且恩典使之成为可行的人类善而行动。

如果我们因此而应当修正托马斯主义综合推理，那么，我们当然应修正柏拉图关于神作主动（divine initiative）与人类行动之间关系的途径。恩典——无论是爱（charity）这个无所不包的恩典或者爱藉以承担我们存在的细节方

面更具体的恩赐（诸如谦卑的恩典）——不是一套在情绪或理性绳索上或藉 231
着这些绳索的属灵拉力。这不是某套对我们无意识的影响，以至于我们被赋予更多恩典，而是意味着我们更好的现实选择自由。神圣的傀儡师形象给人类自由以既太少又太多的空间。太少在于，自由选择——一个人看得见的行动理由和自由选择追随——不能按照受到牵拉或推拖的模式来理解，无论是多么“属灵”并且“温柔”或没有感觉。太多在于，认为回应伴随着神圣牵引的恩典还是将人的选择和行动视为某种程度上独立于上帝的供给，缄默地主张当我们作出好的选择时，自己对于该选择具有特定的独立信用。因此，这是错误的。当然，上帝救赎性的赐予（其恩典）之因果律，就像上帝创造性赐予（使我的声音传播到你们的耳朵，并且让我的言语为你们所理解）的自然因果律（甚至是为理性所知的）一样，对我们来说是十分奥秘的。但是，既然我们不知道神圣因果律如何运作，在理性上并没有障碍肯定在基督那里完成的整个启示所提议的：我们能够并且的确作出选择，在这些选择之中，正是我们自己而不是其他决定了我们选择什么；无论那些选择在我们看来属世界历史性的事件多么边缘化，不仅与我们有很大的关系，而且，与其他人以及与世界的真实历史、国度（the Kingdom）的建立关系重大；我们可以作出的任何好的选择、任何善工，以及所有它们已知或未知的善果这整个现实，都是藉着父神、子与圣灵而授予我们的。

第四部分 争议

第 18 章

基督教与世界秩序*

I

诺曼（E. R. Norman）的里斯讲座（Reith Lectures）之主题、力量以及软肋 235
都可以在他最后一段文字中找到，这段话为每一位基督徒提供了反思：

> 在我们的时代，基督徒最需要的是看见：根据宗教传统的属灵解释，无限的神在时间的框架这一复杂混合体（*the complicated mixture of the Infinite in the structures of time*）中是可解释的——无需要求他们代而转向世俗文化的不正确解释。不论在日常生活还是在教会的敬拜中，对物质世界转变的流行强调掠走了人们通往永恒的桥梁（*bridge to eternity*）。像每个时代一样，在人们周围，都能听见解构的咔嗒声和愤怒人性的嚣嚷。但是，圣所中的牧师不再告诉他们看不见的世界之证据，在当前世界的废墟中发现的证据（*the evidence of the unseen world, discovered amidst the rubble* of this present one）。相反，他就错误的社会措施和政治原则向他们推荐智识解释，在往常的智慧看来，这些措施和原则带来了人类社会的苦难。然而，在我们周围，永恒的事物就躺在厚厚的地下，原本如天象指针一样清楚（*lucid as pointers to ce-*

* 1979（"Catholic Faith and World Order: Reflections on E. R. Norman, *Christianity and the World Order*"）。该论文宣读于英格兰威尔士圣公会会议国际正义与和平专委会（Commission for International Justice and Peace of the Episcopal Conference of England and Wales）1979 年的年度会议。

> *lestial realities*），却因着时间而模糊了……因为天国的奥秘（*the mysteries of the Kingdom*）不是鲜有问津的凡物……而是重价的珠子（*the pearl of great price*），只有为此变卖所有其他财富（*dispose of all their other goods*）的人才能拥有。[1]

我已经强调了诺曼用以传递他对那个永恒和时间的“复杂混合体”（complicated mixture）（本身是微弱且世俗的异象）之理解的隐喻（metaphor）和形象（image）。作为基督教信仰的传承，那些异象和图景的限度是能够得到赏识
236 的，如果我们将之与梵二公会关于“天国的奥秘”和“我们所有其他善”的特质相比较：

> 我们在地上（根据上帝的命令并且在上帝的灵里）播撒人类尊严、弟兄之爱（brotherhood）和自由之善后——所有我们的本质（nature）和我们的经营（enterprise）之善果——当基督将永恒而宇宙性的国度交给父时，我们会再度发现那些（洗去了所有玷污的）善：“一个真理和生命的国度，一个圣洁与恩典的国度，一个正义、爱与和平的国度。”在这个地上，国度已经奥秘地呈现；当主再度来临时，就完全了。[2]

那一段话是梵二公会对如下平衡真理的解释（从“Bona *enim* …”开始即“因为，善”）：

> 尽管属地的进步与基督国度的建造被细致地区分开来，但是，就属地的进步能够贡献于人类社会更好的秩序而言，亦就上帝的国度而言，它还是至关重要的。

诺曼的天国形象是珍珠，在人类困苦的瓦砾中等待着被发现。在主的话语中（《马太福音》13：45－46），珍珠是天国最高意义的一个健全形象，区别于所

---

〔1〕 *Christianity and the World Order* [CWO], 84－5 (emphasis added here and throughout the essay).

〔2〕 GS 39.

有其他无终极价值的人类财富，为此，一个人应当准备丢弃他所有的。但是，对于天国当下、于此世界、于奥秘中显现以及以怎样的方式成长而且由并非“脱离”（apart from）天国的善来建造，还需要一个更丰富的词汇。如诺曼博士所说，那个词汇将来自于“有关（上帝、基督的）与人同在这个传承并且为人所了解的传统知识”[3]（我们可以说是源自圣经与圣传），而不是世俗知识的惯常智慧。

Ⅱ. 来自诺曼的一些忠言

尽管诺曼给俄罗斯、拉丁美洲的基督徒做演讲，但我想，他真实的关切在于“旧世界政治化了的教会，基督教处于其极度腐化之中”，[4]“处于垂死痛苦”之中的“西方教会”“正将自己疾病的肇因散播——宗教的政治化——给发展中世界的健康后代”。[5] 因此，我将专注于诺曼本来的真理，而不是他离题的额外部分。

“在这个世界，基督徒尽其所能地以当代术语运用上帝的伟大之爱。而那样，实际上将卷入团体社会和政治行动。”[6] 诺曼是一位历史学家，因
此，他首要关注的兴趣在于“基督徒涉入政治问题的直接动机”，[7] 以及 237
“社会事实与理念的拣选之间关系”的“社会机制”。[8] 比如，基督徒选择政治和社会理念。他在寻求“知识训练的现实主义”。[9]

在此，他暗示：马克思主义给予了那些社会机制一个“现实主义的评估”（尽管不是出于“它们传达的目的本身”）。[10] 并且，更早一些时候，

[3] CWO 83.
[4] *Ibid.*, 5.
[5] *Ibid.*, 6.
[6] *Ibid.*, 79.
[7] *Ibid.*, 13.
[8] *Ibid.*, 84.
[9] *Ibid.*, 82.
[10] *Ibid.*, 84.

他曾评论“马克思主义社会分析的方方面面是极其有价值的”。[11] 我好奇，是什么在他脑子里；因为我对马克思的著作越熟悉，我把它们的价值就列得越低。因此，我发现阅读诺曼在他 1976 年出版的巨作《1770 – 1970 年英格兰的教会与社会》（*Church and Society in England 1770 – 1970*）序言那章很有帮助。事实上，马克思主义的问题对诺曼在里斯讲座中的目的是次要的，对我的讨论也是如此；那本更早的书中的一段话将有助于澄清主导其讲座的政治化（*politicization*）概念：

> 只有“庸俗”（vulgar）的马克思主义，才设想教会忽视社会邪恶与劳工阶层的苦难。哲学上的马克思主义者知道得更清楚。他们看见教会的人充满了对贫穷者的关怀；但是，他们也看见，他们是自己的阶级道德主义牺牲品，呈现出既未理解劳工阶层社会习惯的细微之处又不包括社会重建的可能性。[12]

再者：

> 从这项调查研究中，可得出几个一般性结论。最显然的是，教会已经采纳的社会伦理学的阶级基础。当然，“庸俗”的马克思主义者对社会历史的态度长久认为：教士阶层宣扬统治阶级的道德和政治……在这个版本下，具有良心和“先知性”洞察力的许多人被认为充分地解放了他们自己对社会激进主义的推动……（从而）超越对他们的阶层的一般设定。教会人士接受的社会态度和理念，大多是阶级意识的反映——包括激进的理念和批判的理念，这是当今研究的争论所在。对新影响的接受能力严格受限于知识界内各族群推进的理念，神职人员本身也是这些[13]族群的组成部分。社会激进主义，是阶级道德主义和更盛行的保守主义之结果。

要记得，诺曼在这些段落中谈及 19 世纪和 20 世纪早期英格兰的教会人士。

---

〔11〕 *Ibid.*, 19.

〔12〕 *Church and Society in England 1770 – 1970* （CSE）, 3.

〔13〕 *Ibid.*, 8.

然而，他想把他的网撒得更广：

> ……当前研究的另一个一般性结论（是）：教会的社会态度源自智识和政治文化环境，而非如教会人士自己看上去一直认为的， 238
> 源自神学知识……无疑，这是所有真理的道路；采用每一代智识专注的形式与理想主义。[14]

这个事实本身没有令诺曼受到谴责。然而，他采纳了亨森主教（Hensley Henson）的和平评论："基督教神学、基督教伦理学、基督教体制显然都受到了当代非基督教的影响而形成；这是教会在人间布道无可逃避的一个状况。"[15]

最容易误解里斯讲座的一个方式是，将它们解读为谴责当代基督徒借用世俗的政治理念。有许多段落都可能被这样解读。[16] 但是，如他在最后的讲座开头所说，他正在谴责的是当代基督教徒，基督教徒所使用的政治和社会理念"源于时代的世俗价值"，这一直是事实。[17] 那么，什么是当代基督徒的不同？在下一句，诺曼的回答没有说出他真实的意思：

> 基督教顺应当前经验与过去的主要区别是：当代世界文化正在明显地世俗化。[18]

事实是这样，这么讲的确不是一个答案。一方面，前面的句子已经说了，所有时代的基督徒都借用各自时代的世俗价值。另一方面，在里斯讲座前不久发表的论文《基督教与政治》中，诺曼自己已经指出：

> 今天，跟基督徒经验最初的中心一样，周遭的文化显然反感于受启示的基督教的独一属灵见解……[19]

---

〔14〕 *Ibid.*, 10 – 11.

〔15〕 *Ibid.*, 11.

〔16〕 CWO 11, 15, 18, 31, 44, 56, 74.

〔17〕 *Ibid.*, 72; also 32.

〔18〕 *Ibid.*, 72.

〔19〕 "Christianity and Politics"（CAP）at 72.

现在，诺曼没有对最初几个世纪的基督徒（传递启示给我们的使徒和先辈）借用世俗和他们周围的反感文化表示抱怨。因此，他对今天基督徒的抱怨是什么呢？

到此，你将会猜到。他所抱怨的是当代基督徒借用这个时代的世俗文化的同时，没有保存“受启示的基督教的独一属灵见解”。

基督教徒正在失去他们的信仰

于是，这是诺曼博士“政治化”观念的钥匙——不在于基督徒借用世俗政治和社会的理念及理想并且将之作为神学上的保障来对待，或者甚至作为
239 福音的一部分；而是正在这么做的基督徒对“保持基督教的传统少有关注”,[20] 并且正在失掉、忘记、抛弃“基督教在历史上的主张与众不同的意义”。[21] “宗教传承对人类生活独一理解的任何意义之蒸发，已经成为当代基督教经验最具决定性的转变。”[22]

“缺失了基督信仰启示独一的、与众不同的意义”就是:[23] 这些基督徒不仅把自由主义或马克思主义或人文主义结合进他们的基督教；而且，他们视这些教导为“基督教信息的本质”。[24] 围绕人权或者大多数人规则，或者种族灭绝，或者经济剥削，“当代基督徒正在重新定义他们宗教信仰的本质”。[25] 他们用那些理念之一或者另一个来“确认”基督教,[26] 再或者，更一般地说，他们“以人类在社会进步上的努力来确定信仰的内容”。[27]

那就是，为什么诺曼没有攻击政治化基督徒的政治意见。他一再陈述道，自由主义（在今天的西方教会，他说，是政治化基督教的典型信息[28]）

---

〔20〕 CWO 17.

〔21〕 *Ibid.*, 44.

〔22〕 *Ibid.*, 11.

〔23〕 *Ibid.*, 75.

〔24〕 CWO 31 –2.

〔25〕 *Ibid.*, 73.

〔26〕 *Ibid.*, 44.

〔27〕 *Ibid.*, 3; see also 32, 44.

〔28〕 *Ibid.*, 6 –7.

“可以很好地为各种政治和道德理性……完全接受”。[29] 他的关切是“不说基督徒接受的、本身并不为真的现实社会和政治理念”。他说，他关注的不是争论这类理念“不与信仰的正当理解相一致”。“而是，建议它们太相对化而不被认为位于基督教本身的定义中心。”[30] 诺曼的要点在于，政治化基督教徒正在失去基督：

> 位于基督信仰中心的是：在一个社会改变和价值变换不断的世界，基督总不改变。将人正在着迷的事物与基督视为同一……会在人类唯心主义的多变上层建筑中失去基督。[31]

更早时期的基督徒，比如根据诺曼对 17－20 世纪北美教会和社会的许多研究主题[32]——所有这些基督徒“从周围的文化”中汲取“他们的道德严肃性和他们的政治理念”。[33] 但是，不像如此众多的基督教徒，这些更早时期 240
的基督徒牢记“历史上真实的基督”，[34]“那位说他在亚伯拉罕以先的基督，一直在提醒人们：天地都将废去”。[35] 更早时期的教会人士知道，“基督徒受福音引导要关心他们的邻人，这的确意味着政治活动”。[36]

> 但是，（诺曼的英格兰基督徒社会思想研究）覆及那个时期的大多数时候，教会人士有另外一个优先性。他们视减轻社会诟病、关心人类暂时的福祉为上帝对有序且正当生活旨意之重要方面，而不是作为教会使命的基本目的。有条理的宗教信仰首要且引人注意

〔29〕 *Ibid.*, 7; also 17, 73.

〔30〕 *Ibid.*, 12.

〔31〕 *Ibid.*, 77.

〔32〕 *The Conscience of the State in North America* (1968); Ireland: *The Catholic Church and Ireland in the Age of Rebellion 1859－1973* (1965); *The Catholic Church and Irish Politics in the Eighteen－sixties* (1965); *A History of Modern Ireland* (1971); and England: *Church and Society in England 1770－1970* (1976).

〔33〕 CAP 75.

〔34〕 CWO 78.

〔35〕 *Ibid.*, 83.

〔36〕 CAP 79.

> 的当务之急是：追求永恒。[37]

然而，对于今天基督教思想和行动的许多领袖来说，并非如此。这是诺曼想要宣传的逆耳忠言。并且，他是对的。如达米特（Michael Dummett）在他对里斯讲座的评论中所说，存在着一种“此时此地神学喜欢当时的某一时尚”；所谓基督教去神话化的一个例子，由统领“许多当代圣经诠释学”（“最非理性”）的原则来统领：

> 你知道这类事：在圣经和信经（creeds）中的未来时态，不是作为将要来的什么来解释，而是指现在，只在一个深度而非肤浅的意义上；依照惯例，启示录的形象是用于传递关于现在的属灵真理。不是作为一个未来历史事件的二次再临：因为基督已经再来，并且跟我们这些构成其身体的人同在。我们将不会在死后重新复活；而是，我们已经死了并且跟基督一起复活。我们不应期待因着随后废除死的刑罚而从死亡中被拯救出来；而是，我们已经拥有永生，并且，藉着我们会认为的平静而从死亡中解放出来。[38]

在这一点上，至少达米特和诺曼一致——关于人向着永生的召令，任何含糊或沉默都是无法容忍的。而且，约翰·保罗二世也把从圣约翰那里得来的那句经文放在其第一部通谕《人类救主》的最前面：“神爱世人，甚至将他的独生子赐给他们，叫一切信他的不致灭亡，反得永生。”[39] 教会藉以生息的真理是什么呢？

> ……它因为关乎人的真理而存在，这个真理使人超越短暂（*brevis huius temporis spatium*，这段短暂的时间——我们如白驹过隙），
> 241 同时在这个短暂的维度（有限的时间）内怀着特定的爱和情怀，来思考影响人的生命与人类属灵生活的一切（*RH* 18）。

---

〔37〕 CSE 4.

〔38〕 Dummett, “Catholicism and World Order”, 14 – 15.

〔39〕 John 3：16；John Paul Ⅱ, Encyclical, *Redemptor Hominis*, 4 March 1979（RH），1 and 10.

那么，真理究竟是什么？是基督：

> "（道）赐他们权柄作神的儿女"（《约翰福音》1：12）。藉着这个新生命的力量，人被改变，这个新生命不会消逝、朽坏而且将持续到永生（转引自《约翰福音》4：14）。父应许的在基督里赐给每个人的生命最终成就了人的召令（vocation），这个生命在父永远且唯一的儿子之身，"及至满足"（《加拉太书》4：4），他道成肉身并且由童贞女玛利亚而生。上帝从永恒中为他预备的一个方式来成就"天命"（destiny）。尽管存在种种难以理解的奥秘，但是，这个"神圣的天命"（divine destiny）正在促进这个时空"人类命运"（human destiny）的扭转和改变。的确，尽管所有这一切，即在实践中体验所有的丰富多彩，但是，必定而且无法避免地走向死亡的阵线以及毁坏人体的终点（*metam*：限制或转折）。而超越那个终点，我们看见……被钉、被埋葬于坟墓然后（inde：之后）复活（*resuscitato*：被恢复生命）的耶稣基督之时，"我们看到救赎的盼望……不朽的光明应许"（*futurae immortalitatis*：未来的不朽），在通往不朽的路上，人经过身体的死亡，跟所有看得见的受造一同顺从物质的必然。[照字面意思：人经过（除）身体死亡（之外）而后到达未来的不朽，因而跟这个世界一同顺从物质的必然。] 我们试图并且竭力更深刻地领会真理的语言，人类救赎者镌刻在"叫人活着的乃是灵，肉体是无益的"这句经文中的真理。不看表面，这句话表达了对人的最高肯定——对藉着灵被赋予生命的身体之肯定。[40]

诺曼相当正确地看到了在如此多当代基督徒的思想和布道中被模糊甚至被拒绝的伟大真理，这些基督徒"正在重新定义自己的道德身份以及自己对社会的意义的主张……"[41] 因此，他对基督教在过去 20 年经历的政治化的第一定义是：

---

〔40〕 RH 18.

〔41〕 CWO 58.

> 宗教信仰的政治化意味着信仰本身内在的转变，以至于逐渐根据政治价值的术语被定义——本质上成为关注政治道德而非不朽的天上品质。[42]

242 因而，诺曼首要传递的忠言是保罗六世（Pual Ⅵ）在其《在现代世界传福音》（*Evangelii Nuntiandi*）（1975年12月8日）劝谕中表达的、约翰·保罗二世访问拉丁美洲时经常援引的：

> ……许多对解放（libcration）议题所涉激动人心的问题敏感的基督徒们，甚至生命丰富的基督徒们，他们将教会委身于解放工作的愿望之中，经常受到将其使命贬至仅仅为现世计划（temporal project）维度的试探。他们将教会的目标下降至以人为中心的目标；教会由救恩的使者贬至物质的幸福；忘记所有属灵和信仰的职责，教会活动将成为政治或社会秩序的倡导。[43]

“贬低”（Reduction）和“模糊”（EN 32，小节标题）——诺曼、达米特、保罗六世和约翰·保罗二世都以各种方式呼吁这些，以引起我们的注意——缺乏一个：

> 对将来（hereafter）的先知性宣告，对人深刻且明确的呼召，无论与当前的情形延续或不延续：超越时间和历史，超越这个世界转瞬即逝的现实，某一天将被一个显明隐藏的维度——超越人自己的维度，人真正的天命不受限于其现今且将在未来的生活中——启示出来（EN 28）。

最重要的是，里斯讲座为一个警诫的呼声，警告宣扬在基督里赐给所有人的真实救恩（EN 27）被一个怀有善意却本质上为世俗的道德主义所压抑和湮没。

---

〔42〕 *Ibid.*，2.

〔43〕 Paul Ⅵ，Apostolic Exhortation，*Evangelii Nuntiandi*，on Evangelization in the Modern World，8 December 1975（EN），32.

我们不应当留意同诺曼博士里斯讲座如下关切不一致的任何批评，即他关注基督教允许其内容被“抽到世俗理想主义的大染池”中的命运。[44]

Ⅲ．某些真假参半的真理：诺曼的瑕疵神学

诺曼在里斯讲座的主要论题没有如人所愿地那么清楚显明，所以，我已经用许多页来确定和呈列我所相信的诺曼的主要论题。不得不说的是，讲座给人匆忙拼凑的印象。达米特说得对，要达至准确阐述诺曼的核心论题是困难的，不同段落（孤立地看）建议了不同的立场。但是，至此应当清楚，
达米特错误地认为，诺曼主要的关注是主张“基督徒领袖不该倡导”他们 243
在倡导的具体政治和社会观点（即使那些观点是真实的）。

讲座结构上松散的一个显著例子如下：

> ……如今教会视人权为基督教信息的精髓。根据梵二公会发表的文献，“因着福音”，“教会”“受托宣扬人的权利并赏识和尊重当代各地提升这些权利的运动”。[45]

很明显地看到，从《论教会在现代世界牧职宪章》第 41 部分援引的这段话，绝没有将人权作为“基督教信息的精髓”来对待。因此，的确不必额外提及诸如诺曼引用的那句话之后的四个句子来说明这类事实，我们发现公会宣告“基督托付给其教会的正确使命是不属于政治的、经济的或社会的秩序：基督摆在教会面前的目的是属于信仰的”；[46] 或者，紧随诺曼博士援引的那句之后的句子为：“然而，该运动必须贯穿福音的精神并且防护各种虚假的自治”；[47] 如此等等。

更让人尴尬的是这个事实，诺曼的确知晓梵二公会关于基督教与政治之间关系的细致教导。在最后一场讲座中，他选取公会本身的构想作为论据的

〔44〕 *Ibid.*, 13.

〔45〕 *Ibid.*, 31 – 2.

〔46〕 Vatican Ⅱ, Pastoral Constitution on the Church in the Modern World, GS 42.

〔47〕 GS 41.

一个关键点：

> 如梵二公会适当宣告的，“借助教会的功用和行动领域”，“教会十分不同于政治共同体且不委身于任何政治体制；教会是人类性格（human personality）超越政治领域的直接标记和保证。”[48]

还有更多；在论文《基督教与政治》（1978）中，诺曼说，“基督徒受福音的指教要关爱他们的邻人，而这的确意味着政治活动”。[49] 他继续问道：“那么，基督徒如何知道该做什么呢？”

> 当然，20世纪的答案已经拥有马里旦和坦普尔的重量级支持，并且由梵二公会在《论教会在现代世界牧职宪章》文献中阐明的：教会作为一个团体的存在，应当把自己限制在针对人类社会秩序的一般原则之鉴别与认可上（相信是跟上帝对人的旨意一致的原则）……[50]

244 并且，他补充道，“不存在已达成一致、藉以区分一般原则和特殊应用的方法”。[51]

既然诺曼认为，在基督教领袖的政治声明问题上梵二公会处理得当，因此也许不明白我还要再多说什么。但是，我必须再次强调，对于基督教领袖能恰当地决定作出何种政治声明——是一般的、应用的抑或特殊的——诺曼根本不感兴趣。他的兴趣在于确证：当基督教领袖作出政治声明时，他们要记得信仰的本质，“诸如几个世纪以来众圣徒和学者们所传递的，首先要指示人们自己的人性缺陷，而非归咎于人类社会的不完美，人类社会的不完美性是合理的”。[52] 在此，即在他着手描述基督教的本质之处，还是给不同意他不得不说的许多内容留了余地——不同意他说得相当清楚而且经常在各种

---

〔48〕 CWO 78, citing GS 76.

〔49〕 CAP 79.

〔50〕 *Ibid.*, 80.

〔51〕 *Ibid.*, 81. 保罗六世认为那种区分简单且不充分：Apostolic Letter, *Octogesima Adveniens*, on the occasion of the Eightieth Anniversary of *Rerum Novarum*, 15 May 1971, 42.

〔52〕 CWO 76 – 7.

著作中谈及的［不仅仅是不同意他原本没有这个意思的夸大评论，诸如“对社会价值的意识实际上被卷入（基督教……但是）这不应当导致，唉……如现今经常导致的基督徒拥护社会原则……”］。[53] 那么，我的批评集中在：(i) 他的基督教人类学版本和他后来对自然法的否认；(ii) 他缺乏对神圣法和教义发展的肯定；以及 (iii) 他关于信心和行为的理论。［任何人认为宗教改革提出的问题已在某种程度上从基督徒生活中消失了的观点，都是一个令人难过的误解；诺曼的神学缺陷位于令天特会议担忧之列，尽管我不得不承认自己的确没有注意到这个事实，直到我坐下来写出该评论——我关心的不是扰乱合一（ecumenical peace），而是天主教关于真正义与真和平的社会教导基要。］

(i) 关于人性、人类之善和自然法

诺曼博士说道：

> 宗教信仰是围绕着……人性的事实，以及一个适当理解的人性——从基督徒视角来看——作为堕落而偏歧（corrupted and partial）的人性，以至于在最高贵的利他主义念头中，我们经常发现自己卷入道德模糊和有瑕疵的意图。[54]

那个评论的最后部分，让人想起 1978 年的文章《基督教与政治》中的一些 245
精彩页面，他在其中发展了一些几乎没有在里斯讲座中表述的论题：人的弱点和犯罪在理想主义，也在可辨别的罪恶行径中找到了合适的位置这个事实；好的理由，甚至强烈被信赖的理由，也可能掩盖不好的或有瑕疵的动机这个事实；道德运动倾向于将成功依赖于自吹自擂和激起道德上暧昧的惩罚性感受；不是通过清除这些制度安排来克服糟糕的社会安排所体现的罪，而是以某种新的或其他形式来重申。[55]

但是，在拯救人性脱离堕落和偏歧方面，基督教没有任何关于人性的教

〔53〕 *Ibid.*, 77, original emphasis.

〔54〕 *Ibid.*, 76.

〔55〕 CAP 77 -9.

导吗？读了诺曼，人们会这么认为。他说，基督教“应该……固执己见，坚持人性中恒常体现的道德弱点和罪的普遍影响……”[56]“基督教……思考基本的人性以及人的不可靠；考虑罪，以及救赎的必要。”[57]

实际上，在某种程度上，我们所有人均通过我们对人类善的基本形式之基本实践理解来理解人的天性，比如，基本的人类价值、人类幸福或繁荣的基本方面：生命（包括健康和生命的延续）、知识、游戏、审美经验、友情、自主引导（self－direction）、实践合理性、跟神的关系。因此，如果一个人根据失败、堕落和偏歧来思考人的天性，毫无疑问，人也会认为人类善在某种程度上并非确定是善的（尽管还留有解释堕落是何种堕落这个问题）。并且，十分明确，没有任何不舒服地，诺曼谈到了“所有人类价值（human values）的相对性”，[58] 似乎把这个词汇跟“人类价值的无价值（worthlessness）”交替使用。[59]

现在，如托马斯·阿奎那所赋予的，我们表示我们对基本和不证自明的人类善的领悟是“自然法的第一原则”。[60] 因此，我不惊讶于发现诺曼断言“自然法的内容是相当专断的”。[61] 他说，“这是一个历史记录问题，似乎任何对个人选择的主张都能作为一项自然法权利来体现”。[62] 而且，他对这个“历史记录问题”相当放心满意，不去问是否某些这类主张并非简单的错误
246 和不合乎理性，比如，这类主张否认基督在（为道德思想所有传统知晓的）黄金法则中表达的实践合理性要求，或者禁止我们选择直接反对任何基本价值［康德阐述为“绝对律令”的要求：“你的行动要将无论你自己还是他人的人性（humanity）作为目的，绝不只作为手段来对待”］的实践合理性要求。

---

〔56〕 *Ibid.*，72.

〔57〕 *Ibid.*，77；注意本句话的标点。

〔58〕 *Ibid.*

〔59〕 *Ibid.*，82；cf. “the relativity of men's values”，in the same paragraph，83.

〔60〕 *ST* I－II q. 94 a. 2.

〔61〕 CWO 30－1.

〔62〕 *Ibid.*，30.

追随“众圣徒与学士们”的整个传统，梵二公会教导：在一个“普遍的自然法”，其原则拥有“永久的约束力”——自然法包括这类原则（同时包含“一般的”和“特殊的”，比如在一个具体情形中可直接适用的）诸如——“每一个倾向于不加区分地毁灭整个城市或者与同人群一起的广泛区域的每一件与战争有关的行为，都是针对上帝与人类的罪行”。[63]

这类教导背后是高度基督教的信条，事物天然的美善来自于上帝，上帝作为造物主依其计划而建立这些；[64]“我们将会”在上帝完全的国度里“再次发现……改变荣形的”“天然的善”，包括“真理与生命……正义、爱与和平”；[65] 而且，我们某种程度上“参与了神圣思想的光芒”。[66] 我们的良心，（当我们的确在乎真理与良善时）启示了我们没有指示给自己却应当顺服的一部法律，“道德的客观规范”[67] 之中所表达的法律，规范源于位格人（human person）及其行为的天性。[68]

基督是“承认并且不抹杀人的天性”的“完全的人”（perfect man），这个高度基督教的理念（为梵二公会在《论教会在现代世界牧职宪章》中重述表明基督如何“亲自完全地将人启示给人”）位于基督教关于自然法的教导背后。[69]

那就是为什么诺曼的名言——“对永恒有渴望的智者将认识到，凭借他的努力，并不能希望拥有一个更好的社会秩序”[70] ——让敬虔的耳朵听起来如此不合乎理性且冒犯人。如保罗六世在《人类的生命》通谕中的定位，自然法是“（由基督）恢复人类生活至其真正的真理之确实适当的法律”；认为不存在一个更好的社会秩序，就是说恩典不具有恢复性，或者说赐予恩

〔63〕 GS 80.

〔64〕 Vatican Ⅱ, Decree on the Apostolate of the Laity, *Apostolicam Actuositatem*, 7; Decree on Bishops, *Christus Dominus*, 12.

〔65〕 GS 39.

〔66〕 GS 15.

〔67〕 GS 16.

〔68〕 GS 51.

〔69〕 GS 22.

〔70〕 CWO 79.

典是徒劳无益的。诺曼博士指出原罪是对的，对人性的悲观主义给人性本身
247 留出计划，质疑社会改变和政治行为能够达到何种程度这个经常涌现的期待，[71] 否认基督徒盼望的美德有能够或可能通过人类努力在这个世界上赢得社会进步的目标。他警告许多神学家，轻率的乐观主义也是对的；我们应当记得，即使来自莱茵河的“进步的”（progressive）主教们也不得不公开告诫公会，《论教会在现代世界牧职宪章》草案受到这种乐观主义的玷污（最后一刻的修正案只是降低却没有清除这种乐观主义）。但是，所有这些都不足以正当地否认此种真实可能性，即人类的努力能够产生更符合自然法的社会安排。作为一位历史学家，允许推测“我们这里的愚昧将使世界成为荒漠”，[72] 但不允许使那个推测成为基督信仰的一个问题，似乎它是“基督教看见的”什么。[73]

（ii）关于上帝的诫命

实际上，我已经重申了天特的教导，“一旦上帝禁止为可憎的，那么，就不应该有人使用那个鲁莽的陈述”（D－S 1536）。教会关于自然法的教导处处以圣保罗（《罗马书》2：14－15）和爱任纽（*Adv. Haereses*，Ⅳ，13，1 & 4）的教训为当然，即摩西十诫的道德诫命为自然法训令。关于最基本的自然法原则（自身并不给出道德指示）及诸如绝不杀害无辜这类严格道德结论之间的联系，教会没有提供任何哲学理论；的确，直到相当近期，神学家还没有认真地探讨那个联系。因为对于这些结论的确定性，教会依靠上帝所启示、基督所宣扬的诫命，比如当一个富有的少年官来问耶稣应做什么以承受永生时，基督所回答的。[74] 即使《论教会在现代世界牧职宪章》的教导（如同《人类的生命》通谕所提的），每一个性行为都必须包含相互舍己和人类生育[75]的完全意义，既是关于性的启示教导而来的推论，也是每个行

---

〔71〕 *Ibid*，5.

〔72〕 CAP 81.

〔73〕 *Ibid.*

〔74〕《马太福音》19：16－20；《马可福音》10：17－19；《路加福音》18：18－21。

〔75〕 GS 51；Paul Ⅵ，Encyclical，*Humanae Vitae*，On the Right Ordering of Procreation，25 July 1968（HV），12－14.

为都必须尊重基本的人类善这个无需帮助就可获得的“自然理性”原则之运用。

简言之，如梵二公会所教导的，“人类尊严的显著理由在于人被召以……跟上帝相交（colloquy with God）”。[76] 在这一生中，那个相交采取这样的形式：首先是上帝的“说”（speaking），在人良心的深处，藉着上帝写在人心 248
中的律法的声音来说；“顺从那个律法正是人的尊严所在”；[77] 其次，则是上帝公开的自我启示方式，我们现在藉着听“道”“基督的人性表达”[78] 以及“所有拯救真理和所有道德教导渊源”的福音而知晓。[79]

因此，谈及人权运动将西方自由主义提升至“永恒真理的显然权威”[80] 或者“上帝的律法”，[81] 是不能令人满意的。因为，至少今天宣扬的某些人权是一个“永恒真理”的问题——比如，那些为“不杀人”这个神圣诫命所保障的权利。

我们也不能停留在那里。圣经的道德教训像其他启示性教导一样，有待于教会的传统以及神学[82]来解释和发展。如同梵二公会所予：

> ……使徒们传承的包括有助于成圣生活的一切……（并且）藉圣灵的帮助在教会发展。由于对现状和所传递的话的理解存在一个增长的过程，所以这个理解上的增长来自于将这些事物像宝贝一样放在心里的信仰者的冥思和研究……来自于他们对经历的属灵事物亲密的了解，来自于藉着主教更替（episcopal succession）接受了确定的真理恩赐者的布道。[83]

天主教在社会教导领域提供了许多“未在启示里明确表达”但在启示里

---

〔76〕 GS 19.

〔77〕 GS 16.

〔78〕 RH 19.

〔79〕 Vatican Ⅱ, Dogmatic Constitution on Divine Revelation (*Dei Verbum*) [DV] 7.

〔80〕 CWO 30.

〔81〕 *Ibid.*, 33.

〔82〕 See RH 19.

〔83〕 DV 8.

"有它们根基"的教旨的例子，通过几个世纪这类个人体验和教会生活而被深刻地理解：在宗教信仰问题上免受强迫（仅仅受公共秩序限制）之人权的教导是这种情形的一个恰当例子——的确，这也是一个"信仰"（启示）和"理性"（自然权利）相互关联或相互渗透的恰当例子：参见《信仰自由宣言》的两个部分。[84] 其他的恰当例子包括如下教导：（i）个人所有权（*private* ownership）作为上帝为公共福祉创造的资源管理权的正当与可取形式；（ii）社会组织的辅助功用（*subsidiary* function）。

发展不是发明。我们不能跟着诺曼说，基督徒们"认识到他们的原则语言以及原则藉以表达的文化资源是彻底不稳定的"。[85] 因为我们的道德语言
249 和"文化资源"与基督——稳定的"人类历史中心"——的语言和文化资源永久相关。财主与拉撒路的比喻——

> 将对余下的历史保有其意义，还有根据耶稣在马太福音中有关最后审判场景的话，这个最后审判的场景必须总是"适用于"人的历史，（并且）使人类行为的"尺度"成为每个人检验良心的必要准则。[86]

并且，回归到十诫那些严格的消极诫命是人权的第1章，"杀人""奸淫""偷盗""假见证"的意义和含义，不可以适恰地描述为"彻底不稳定"甚至作为"相对的"。

（iii）关于信心和德行（*faith and works*）

在这章论文的介绍段落中，我引用了梵二公会对于国度、顺服上主以及主的灵而作的良善行为的永恒意义之著名陈述。因此，我在此不必就诺曼的观点停留太久，即道德——"德行"——显然不过是（i）使人们能够最好地过"他们或许以为是永恒投注在时间中的影子……一个教导灵魂"生活

〔84〕参见本卷第5章的第五部分。
〔85〕CWO 79.
〔86〕RH 16.

的管教（discipline）；以及（ii）“信心运作的必要记号”。[87] 不，在天主教的信仰里，永恒不仅是某种可辨认的“影子”之类的东西；也不仅是“属地的”（unearthly），[88] 更不仅是“缥缈的”（ethereal）。[89] 而是，“永生”于某种程度就在此开始。良善行为不仅彰显了信心的运作；它们本身不但在建造这个世界，而且，也在建造将要到来的新天新地和新的人类大家庭。非延续性与延续性同样重要，没有一样受到压抑。“爱（charity）及其果实持续”（GS 39）；它们不在这个世界瓦解的咔嗒声和瓦砾中被压垮，而是累聚为一种隐藏的财富，在“一个某天会被启示出来的隐藏维度”。[90] 这个关于真实却隐藏的世界秩序的基督教信条，不是一个普通的乐观主义；对于这个教训，梵二公会让我们回到圣保罗那里：

> 各人的工程必然显露，因为那（审判的）日子要将它表明出来，有火发现；这火要试验各人的工程怎样。人在那（耶稣基督的）根基上所建造的工程若存得住，他就要得赏赐。人的工程若被烧了，他就要受亏损，自己却要得救；虽然得救，乃像从火里经过的一样。[91]

永生的基督徒信条是奇异恩典。如同约翰·保罗二世在《人类救主》通 250
谕第 10 部分（整个部分都应阅读）所说：

> ……对人的价值和尊严那个深深的奇异恩典名为福音，也就是说：大好的信息（the Good News），亦称基督教。这个奇异恩典决定了教会在这个世上的使命……

〔87〕 CWO 80.

〔88〕 *Ibid.*，79.

〔89〕 *Ibid.*，2.

〔90〕 EN 28.

〔91〕 1 Corinthians 3：14；adding vv. 13 and 15 to give the sense.

第19章

道德与第二次梵蒂冈大公会议*

251 1965年，第二次梵蒂冈大公会议于《论教会在现代世界牧职宪章》中宣告：

> 今天，人类族群进入了一个历史的新纪元……为人的智力和创造性能量所牵引，深刻而迅速地改变并席卷人自身、人的判断、个人与集体的愿望以及对事物和人的思考与行为方式。因此，我们现在能够谈到一个真实而且是文化上的转变……[1]
>
> 历史本身如此迅速地加速前进，以至于个人很少能跟得上历史的步伐……并且，人类族群正从事物框架相对稳定的概念过渡到一个更加互动且演进的概念——当一系列新问题出现时，便呼吁新的分析和新的综合。[2]

《论教会在现代世界牧职宪章》的提醒，正是致力于这类新分析与新综合。在序言最后的话里，公会提供了如下的方法论反思：

> 教会相信基督藉着他的灵给人以亮光和力量，以至于人能够回应他的呼召……同样地，它相信，人类整个历史的钥匙、中心和目标将在其上主与主人那里找到。教会也肯定，在所有变化之下存在许多不变的事物，那些事物的根基在昨日、今日直到永远都不改变

---

* 1980c.

〔1〕 GS 4. 我自己对梵二公会的文献进行了翻译，以便尽可能接近拉丁文本的文字结构。除非特殊声明，整章论文的所有重点阐述均为原创。

〔2〕 GS 5.

> 的基督里。因此，正是在基督这看不见的上帝本体之形象、这万物的首生之光里，公会开始向每个人说话，阐明人的奥秘并且与为我们时代首要的问题找到一个解决之道相配合。[3]

《论教会在现代世界牧职宪章》和《信仰自由宣言》是在同一天公布的。我 252
们也许通常将那些文献的伟大主题编排在一起，来找到那些隐含的现实之范式，在公会的教导里，那些现实没有变化，发现于基督、上帝之道以及被钉与受死的人类历史中心。

I.　自然法的客观性

在《论教会在现代世界牧职宪章 》最后一段中，公会以基督最可畏的话来提醒："凡称呼我'主啊，主啊'的人不能都进入天国；唯独遵行我天父旨意的人才能进去……"[4] 如同《信仰自由宣言》的定位：

> 人类生活的最高规范是自然法[5]——永恒的、客观的和普遍的——上帝根据自己的智慧与爱的计划，藉此命令、指引并管理整个世界以及人类共同体的方式。上帝使人成为其法律的共受人（*particeps*），从而，藉着神旨甘甜美好的治理（divine providence's sweet[6] disposing），人能够越来越认识那不变的真理。[7]

在这一点上，英文和其他语言（但不是所有其他现代语言）的翻译漏掉了

---

〔3〕 GS 10.

〔4〕 GS 93 quoting Matthew 7：21；for the full sense，see vv. 22 – 3 also；cf. *Lumen Gentium*，14，n. 13.

〔5〕 Cf. the passage from St Thomas quoted in *Pacem in Terris*（1963）（D – S 3573）：*ST* I – II q. 19 a. 4.

〔6〕 *Suaviter disponente*：转引自《智慧篇》8. 1："Adtingit enim a fine usque ad finem fortiter et disponit omnia *suaviter*"——"智慧施展威力，从地极直达天极，甘甜美好地（sweetly）治理万物。"因此，这是对第一次梵蒂冈大公会议教义宪章《天主之子》（*Dei Filius*）c. I（D – S 3003）的进一步转引："上帝用他的道保护并治理他所创造的万物，'从地极直达天极，甘甜美好地治理万物'（cf. Wisdom 8. 1）。"

〔7〕 DH 3.

一个脚注，公会向我们推荐了阿奎那的三处原文，其中包括显然在文献起草者思想中占最重要地位的：

> 永恒法是不变的真理，并且，每个人都在一定程度上知道这个真理，至少知道自然法的一般原则（即使有些人在其他问题上也或多或少共享真理的知识）。[8]

因此，公会说位格人是自然法的共受人，这并不意外。阿奎那对自然法的定义是："永恒法介入理性的受造"；[9] 因为，如同阿奎那在同一处所说的，就理性受造供给自己和他人并因此共同承受神旨而言，理性受造比其他受造以更卓越的方式顺服于神旨（divine providence）。[10]

253 我们刚才提到的公会原文，正是谈到人类可能不断加增认识的不变真理。《信仰自由宣言》原先的段落"……所有人……受他们的天性驱使并且受道德约束而去寻求真理"（DH 2）。而且，他们寻求的真理不仅是抽象的或思辨的（speculative）真理。因为，"他们也受遵循所知道的真理，以及根据真理的要求来安排他们整个生活的约束"（DH 2）。他们的义务是，"审慎地（也即通过实践智慧来合理地）形成良心正确且真实的判断"（DH 3）。因为，人"通过良心感知和认识神圣法的命令"（DH 3）。

再多谈一点良心应是适当的。此刻，我想强调《信仰自由宣言》的清楚含义：这些"神圣法的命令"，是"人类生活的最高规范"，包括自然法的要求。[11] 这一点充分体现在《宣言》靠后一些的一段话：

> ……鉴于基督的旨意，天主教会是真理的教师，其责任是宣扬并可信地（authentically）（或者权威地：*authentice*）教导真理即基督自

---

〔8〕 *ST* I－Ⅱ q. 93 a. 2；the other texts are q. 91 a. 1 and q. 93 a. 1（均关乎自然法）。

〔9〕 I－Ⅱ q. 91 a. 2.

〔10〕 *Ibid.*

〔11〕 Fuchs，*Natural Law：A Theological Investigation*，10："……自然法本身是神圣的，这一点在《教会法法典》（Code of Canon Law）第27条很清楚"；9："《教会法法典》用自然法来理解作为神圣法的、被启示的实证法（CIC，can. 6，6° and can. 27；cf. can 1033 §1；can 1926）。" See also D－S 3272（Leo XIII［letter］against duelling，12 September 1891），and generally Aubert，*Loi de Dieu：Lois Des Hommes.*

> 己，同时，用权柄宣告并肯定缘自人天性本身的道德秩序原则（*DH* 14）。

如同《论教会在现代世界牧职宪章》中的界定："教会基于其神圣使命传播福音，致力于将个体与人们彼此相爱的共同生活建立在一个坚固的基础上：一种神圣与自然法的知识"（GS 89）；那就是说，作为一种自然的也是神圣的法律。这一点在关于生育控制的那段著名的话中非常清楚：在福音的光芒下，由教会教权展开并且可信地解释的神圣法，提供了基于（位格）人与他们行为之天性的客观标准（*objectivis criteriis*, *ex personae eiusdemque actuum natura desumptis*），或者说是由这些客观标准组成的（GS 51）。

公会教导自然法是神圣法的一个方面，并不是一个无根据的、武断的或形式上的主张。因为事物（包括人类生活）"天然的善"、它们的"价值"
来自于上帝，[12] 造物主按照自己的计划建立了它们。[13] 在《信仰自由宣 254
言》最佳的一段中，上主的命令是"在地上传播人类尊严、弟兄团结以及自由，即所有我们天性和我们努力的善果"——"在真理与生命、圣洁与恩典、公义、爱与和平的完全国度""我们将会再次发现……改变荣形了的"这些善。[14] 六位公会神父提出，在今天人类文化背景里谈"我们的天性"不太贴切，这里提及的我们天性的善或善果应当删掉；这些事物不是我们天性的果实而是自由的人类行为（free human work）的果实。[15] 他们的反对被适当地否定，不过，补充提到了"我们的努力（*industria*）"来明确（传统与现代一样）人类天性只有藉着行为（当然包括冥思默祷）才被实现（结出它的良善果实）。[16]

总的来说，在公会的教导中，很容易看出来一个判断因符合神圣创造的理解力（即符合神圣法）而拥有的客观性，与一个判断因分辨以及/或者选

---

〔12〕 *Apostolicam Actuositatem*, 7.

〔13〕 *Christus Dominus*, 12; cf. also *Lumen Gentium*, 36.

〔14〕 GS 39.

〔15〕 *Acta Concilii Vaticani II*, Vol. Ⅳ, pars Ⅶ, p. 443.

〔16〕 See *the relatio ad* n. 38 (G) in *ibid.*, p. 463 ("aspectus contemplativus et renunciationis huic mundo"); and GS 38.

择对一位像我们这种构造的存有（即具有我们的天性之存有）确实是良善而拥有的客观性，属于只是在观念上可区分的两个方面：（a）“客观道德秩序”的客观性［DH 7 以及《大众传播工具法令》（*Inter Mirifica*），6；也参见 GS 16：“道德的客观规范”］；以及（b）一个“对的而且真实的良心”的适当与忠诚（*rightness and truth*）（*DH* 3）。

在这个背景下，我们能够清楚集中地理解对公会关于良心、良心的尊严甚至关于总体上人类尊严的教导。公会超过六十次提到人类尊严，并且，总是作为我上面部分引用的句子中指涉的理性/自由/责任复合体的某种速记：

> 根据他们的尊严，所有人——既然他们是人，（比如）就被授以理性与自由意志从而培育个人责任[17]——由他们自己的天性驱使，并受道德约束，从而追求真理（DH 2）。

255 关于理性、自由、责任、义务，公会对人类尊严最近的正式解释，是《论教会在现代世界牧职宪章》中有关位格人的尊严那章的核心一段：

> 当人将自己从激情的捆绑中释放出来，在善的自由选择中追求他的目的（end），藉着娴熟的努力（*industria*），为自己有效获得通往那个目的之适当帮助时，人所达至的（GS 17）。

那么，那个目的是什么呢？如公会接下来所说的，是一项“向着上帝的授命”（ordination toward God）。因此，对于尊严的意义是什么，公会能够冒险提出一个甚至更加简短的“定义”：人的尊严，在于顺服上帝写在他心中的法律（GS 16）。当然，在此，公会援引了天主教会关于自然法反思的基础原文，即新约圣经《罗马书》第 2 章第 15 – 16 节：

> （没有律法的外邦人若顺着本性行律法之事，则他们虽然没有

〔17〕 此话明显是对约翰二十三世的共鸣，《世界和平》（*Pacem in Terris*）（1963）（D – S 3957）：

……每个人拥有一个位格人的特征，比如赐予智力和自由意志的天性（nature）；因此，像这样，每个人拥有直接并且从他天性而来的权利和义务，这些权利和义务是一般的和不可侵犯的，因此不可能以任何方式被让渡（alienated）。现在，我们认为人的尊严是神圣启示的真理所传递的……

在这一点上，约翰二十三世和梵二公会均明确地援引了庇护十二世在 1942 年 12 月 24 日的圣诞广播，将尊严同责任和基本权利仔细地相互联系起来。

律法，但自己就是自己的律法。）这显示出律法的功用刻在他们心里，他们的是非之心（conscience）同作见证……

良心也是我们用以理解这个人与神之间微妙交流（“participation”）的概念群中的一个概念。如同公会在着手于“道德良心的尊严”的第一句所说的：

在良心的深处，人认得一部并没有强加给自己却应当顺服的律法；这部律法总是号召人爱而且行善避恶。在必要的时候，这部律法的声音（并不是良心的声音）[18] 在人心灵的耳边响起来，就像“做这个，避免那个……”

公会援引庇护十二世（Pius Ⅻ）继续说道，“良心是人最隐秘的中心与圣所，人在里面单独面对上帝，上帝的声音回响在其中”（GS 16）。对良心的忠诚，意味着“对真理的寻求”以及对道德问题的真正解决；良心的确可能犯错，“如果存在充分‘注意寻求真实且良善（the true and the good）’”，那么，“因着难以胜过的无知而不失其尊严”；但是，“在正确的良心支配这个层面上，个人与团体转离盲目的选择并且寻求道德的客观规范”（GS 16）。

简言之，良心的尊严在于，无论是在特殊评价还是在一般规范意义上， 256

〔18〕 拉丁文是相当含糊不清的：

In imo conscientiae *legem* homo detegit, *quam* ipse sibi non dat, sed *cui* obedire debet, et *cuius* vox, semper ad bonum amandum et faciendum ac malum vitandum eum advocans, ubi oportet auribus cordis sonat: fac hoc, illud devita. Nam homo legem in corde suo a Deo inscriptam habet, cui parere ipsa dignitas eius est et secundum quam ipse iudicabitur.

在这个点上，法文与意大利文的翻译却足够准确。[但是，错误并不限于说英文者。神父（现在是红衣主教）科蒂尔（Georges Cottier OP）被教皇约翰·保罗二世任命为教宗府神学家之前不久，曾向我表示，他对认为不是“良心的声音”的任何人表示惊讶。]

它要就“做什么”（what is to be done）这个问题揭示客观真理的能力（*capacity*），[19] 而且，那个真理具有作为上帝的意图这个真相，这是公会坚定不移地教导的。因着我们“介入神圣思想之光”，我们得知该法律（GS 15）。与此相应的教导，甚至更经常被重复的公会教导是：人类尊严包括在某种程度上理解上帝期待我们什么，藉着符合那个理解的行为和生活，自由地（*freely*）选择在信、望和爱中将自己连接到上帝。现在，让我们补充一句最后的陈述：

> 人类尊严的显著基本原理（*ratio*）在于，人类与上帝相交的天命（the vocation of the human being to communion with God）。人自出生起就受邀与上帝交谈（*colloquium*）；因为若不经常由神的爱来保持（preserved）（如他被造的那样），人将无法存在，也不可能完全根据真理来生活，除非人自由地认识到那种爱并委身于其创造者（GS 19）。

在公会所有关于人类尊严的诸多提及中，不存在尊严的武断以及“图像思维”（picture - thinking）观念。比如，我们在人口、家庭与生育宗座委员会（Pontifical Commission on Population, Family and Birth）的大多数神学家工作底稿中发现，他们寻求解释如果避孕性交在道德上为善，那么，配偶间各种其他手淫行为为什么不是。关于后一行为，他们说：

> 新理论极其严格……新理论不允许这些行为。因为在这些行为

〔19〕 卡尔·拉纳表述了梵二公会上神学家们的共同教导：

应当存在一个“良心”，告诉个体人作为一个个体必须做什么，这是对的。那就是说：个人不只是具有一个共同天性的人类族群成员（他亦如此），而且也是唯一且不可替代的，他拥有一个道德选择的范围（sphere），并不能单单由普遍规范和法律来清楚决定，而需要其良心专门的个体功用……但是，由于个体没有取代普遍，而是因着上帝的旨意存在于他当中普遍地为人的，只有在一个普遍的规范性道德中存在一个个人道德（individual morality）……基督徒良心的成熟从福音与教会传扬的普遍规范中解放和摆脱……而是在每一个情形中不需要帮助而将这些规范运用于某一具体情形的能力……一条道德规范天生就是普适的，但正是作为普遍法则，被有意地采纳为个体情形中的规则。因此，道德规范被完全领悟而获得正确的理解与解释并且承担起一个个体案例时，那么，该独一的个案就受到规范的限制且有义务受其限制。比如，当教会教导每个直接人工流产在道德上都是错误的……那么，确实不论具体情况如何，该规范都应用于每一个个体案例。（Rahner, *Nature and Grace*, 96 - 100.）

> 里，既没有保留爱的尊严又缺乏按照神的形象被造的位格人作为配偶的尊严。

一个行为因符合上帝对我们的呼召而成为合理的并且是正当的，这就在道德 257
相关的意义上符合了人类尊严，如此，这根本不是什么解释。如《论教会在现代世界牧职宪章》所说（引用《哥林多前书》6：13－20 关于淫乱的失尊）："不允许身体侍奉内心败坏的情欲""……人类尊严本身包括人在身体上荣耀神"（GS 14）；那是再度转离盲目的选择而转向道德的客观规范、上帝的法律，所有拥有智商（intelligence）的人都能某种程度上在良心里辨认，而且，那些拥有"完全位格人智力天性"之智慧的人则能全面辨认（GS 15）。

因此，当公会于《教会在现代世界牧职宪章》第 51 小段开始谈到，需要将夫妻间性行为作为符合真正的人类尊严之指示来尊重，则正是用我们刚才于《论教会在现代世界牧职宪章》第 14－16 小段所研究的相同思路来解释该尊严规范；的确，接下来的一句用"因此"（*igitur*）开头，解释得甚至更清楚：

> 因此，当具有生命传承责任的夫妻之爱的和谐受到质疑时，（这个）行为的道德特征则不仅依赖于一个忠诚意图与动机考虑，而应当用源于位格人天性及其行为的客观标准来决定……

那就是人类尊严所需要的：跟他们在特定类型人类行为中不可避免地涉及基本人类善、人格（human personality）的基本方面具有客观的联系：因此，这些"客观的标准""在一个真爱的氛围里尊重相互给予（舍己）和人类生殖的全部意义"，"除非夫妻贞洁的美德被真诚地（*sincero animo*）培育起来，否则不可能拥有"对那些基本人类善（从而对真正的人类尊严）客观充分的尊重（GS 51）。

Ⅱ. 自然法：基督徒生活的终极权威？

据各派当代神学家说，道德神学必须共事的客观或"自然法"伦理准则是一个“经验的”（experiential）伦理学，即以事实的一般知识为基础的伦理学。[20] 这些神学家就何种“事实”确实算是符合这些目的，各有不同见
258 解。[21] 但是，他们诉诸经验以及/或者普通事实有包含两个层面的共同目的。第一个目的是建议，为伦理知识提供“终极”基础的是有关某种经验或事实知识而不是启示（revelation），因此，任何探究自然法（从而在人类生活包括基督徒生活中）的“终极”权威不是启示而是这些经验事实。这些神学家的第二个目的是主张，“经验”道德知识的替代物是一种律法主义，无论它是以“在某种司法意义上理解的自然法”还是以“某种命令”为基础，“对造物主及其创造”都是“一个非正义”。[22] 让我来着手这两个论证。

关于如果我们相信自然法，就不可能相信启示在道德上拥有“终极权威”这个主张。该主张及其含义由休斯神父（Fr Gerard Hughes）最清楚地阐明：“相信启示是非理性的，除非那个启示在某种程度上符合我们先前的信念，特别是先前的道德信念”；我们对启示的回应“必定不可避免地包括不反过来依赖正在竭力解释的启示之道德反思”；这样的道德反思“在认识论上优先于我们诉诸启示，从而不可能在终极上为权威”。所以，根据休斯的说法，诉诸启示不可能“使我们解决不存在其他充分解决方式的道德困境”；不可能存在“一个专门的基督徒伦理学”，不诉诸理性，其结论不可能被坚固地确立；比方说，如果在诉诸启示之前，人不可能找到针对离婚和再婚正当性的结论性论据，那么，随之而来的必定是：在启示中不可能存在任何根据来得出离婚和再婚不正当的结论。[23]

你会注意到不合逻辑的推论（*non sequitur*）；恐怕是极其让人怒目而视的。

---

〔20〕 See e. g. O'Connell, *Principles for a Catholic Morality*, 145 - 6; Hughes, *Authority in Morals: An Essay in Christian Ethics*, vii, 63.

〔21〕 因此，对奥康奈尔来说，经验事实包括诸如美丽、诚实、怜悯等：O'Connell, *Principles*, 118, 221. 然而，对休斯而言，有关的事实为特别的人“想要的”（wants）、人天性（human nature）普通的非道德知识以及我们所生活的世界：Hughes, *Authority*, 60 - 3.

〔22〕 O'Connell, 168; see also 169, 146.

〔23〕 Hughes, *Authority*, 10, 24.

其中隐含的推论是：启示（既然不能解决是否我应该相信它并且遵循它这个问题——我必须对真理的道德重要性有一些先在的领受）不可能解决所有问题；“因此”，启示不可能解决任何问题。启示不是基督徒生活的“终极”（ultimate）渊源，所谓终极渊源必须“根本上”（ultimately）始于自由回应神对信念和接受的计划；“终极权威”是真理，激发和正当化那个回应的方面；“因此”，启示在基督徒生活的任何方面都不是一个“终极的”权威。要么所有道德真理都从启示中获得它们的终极正当性或证明，要么都没有从启示 259
中得到终极正当性或证明。（三种表达方式和同样无效的推理导致了一个错误的结论。）

中间立场——梵蒂冈第一次大公会议所清楚阐释且经常为第二次大公会议暗指的天主教立场——经常为这些作者忽略或无视；亦即，某些事物的道德真理没有（超自然的）启示就能有把握被知晓，不过是因为上帝已经启示了在客观上应当做什么这个立场。[24] 该立场的两部分，均在《信仰自由宣言》中获得发展。在人们接受甚至认识神圣启示之先，“所有人……被他们自己的天性驱使并受到道德的约束而去追求真理，特别是宗教信仰的真理”（DH 2）。在聆听道（the Word）之前，就能有把握知晓这个客观的道德要求。因此，也能够知晓进一步的客观道德要求，即所有人“一旦知道真理，就会遵循真理，根据真理的要求来安排他们的整个生活”（*ibid.*）。而且，当道已经被听到时，就出现“相信上帝之道的义务”（DH 9，11），即“福音……挽救所有真理和所有道德教导的源头（*morum disciplina*）”（DV 7）包括教会“通过其权威藉以宣告和确认那些源于人天性本身的道德秩序原则”的“神圣且必然的法律原则（sacred and certain doctrine）”（DH 14）。

因此，就自然法、福音与良心之间的关系而言，梵蒂冈第二次大公会议的资料比公会本身所正式表达的提供了更深刻的阐释。自然法作为上帝永恒旨意介入人类理解的经典解释运用并正确运用了光的隐喻，“照亮”（irradiating）了我们的魂（minds），使我们能够“看见”，比如：良心。公会没有质

---

〔24〕 Vatican I, *Dei Filius*, c. 2（D－S 3003, 3004, 3005）.

疑那个隐喻，的确是使用了它，实际是在邀请我们思考另一个。这恰恰是或不仅仅是聆听的隐喻；而是通过交谈（conversation）或对话（colloquy）更好地逐渐理解（和爱）一个人更丰富的隐喻。因为我们在顺服上帝法律中体现的尊严扎根于我们的召令、我们的呼召——“与上帝相交（对话）”（*ad colloquium cum Deo*）（GS 19）。[25] 那个相交在今生始于我们的问题、“我们的”推测和“我们的”判断（“我们的”，是因为我们要为问题、推测和判断负责；“我们的”是因为我们不能简单地“编造它们”），比如：什么的确为善、真
260 正的善要求我们做什么回应、自然法等。但是，那个对话是在一个充满我们的亲人、熟人、社群和仇敌的空间，并且，噪音不仅来自于他们的声音，也包括我们自己自利（self-interest）的声音。上帝之道公开地传讲进那个巴别塔，以便被我们每个人听见而且进入内心之中。既然它的语调和信息对我们的期待而言并不相异，那个声音则能够被识别；然而，它能够答复那些答案对我们来说似乎是听不清和模糊的问题；这个声音呼召我们进一步与上帝交流——会见交谈（*colloquium*, *participatio*）——慈爱因而下达命令和审判的那位，无论是否被认识，也无论我们什么时候正确地判断，他的声音总是在真理中。

人能够广泛地追求和发挥这个类比。但是，我想通过转向那些用“经验”反对“启示”的第二个论据——经验道德知识的替代物是律法主义的主张——来加重这个点。现在，我刚刚完成一部长篇著作来为经典命题辩护，即认为没有启示，人不仅能够理解人类善的基本形式、实践合理性的基本要求从而包括许多相当准确的道德义务，而且，无需涉及上帝的意志或诫命（commandments），就能够理解现实的道德义务理念。因此，我现在愿意表明，那些经典命题如何并未意味着尊重上帝的命令必定是不适当的、幼稚的“律法主义”。我对律法主义的这些反思将持续到这篇文章余下的绝大部分，即使在我讨论其他主题时，也包括对此问题的持续性。

---

〔25〕 See Hamel, “La Théologie morale entre l'Ecriture et la raison” at 282.

究竟为什么谈到诫命呢？如你所知，[26] 一天，一位富有的少年来见耶稣并问道："夫子，我该做什么事才可以承受永生？"耶稣对他这样说："你若要进入永生，就当遵守诫命。"少年说："什么诫命？"耶稣说："就是不可杀人，不可奸淫，不可偷盗，不可作假见证，当孝敬父母，又当爱人如己"（《马太福音》19：16－20；《马可福音》10：17－19；《路加福音》18：18－21）。[27]

现在，如果那个富有的少年读了《天主教道德原则》(*Principles for a Catho-* 261
lic Morality)，主的那些话就会相当让人意外。因为在那本书里，没有提议耶稣使十诫的具体道德命令成为自己的命令；奥康奈尔神父（Fr Timothy O'Connell）至多会允许的是，将"耶稣"对两条新诫命的教导跟"旧律法的十诫"相比是一个"很大的夸张手法"，两条新诫命"没有以任何形式具体关注个人道德"，并且没有一个"严格伦理的"重要性。[28] 好，富有的少年也许会反思，当十诫起初在圣经被启示或包含在圣经里时，无论事实的情形是什么，无论它起初跟埃及和巴比伦的类似道德观念有什么关系，带着赐予永生的造物主权柄说话的良善夫子给他宣布的这些命令，正是后来西方社会逐渐称之为"严格伦理的"（precisely ethical）和"个人道德"（individual morality）的范式。

如果那个富有的少年正好对奥康奈尔神父关于十诫的讨论之充分性失去信心，那么，他就不可能更久地聆听休斯神父的建议，即基督的启示不关心

〔26〕 如何知道？在讨论结果主义的神学家时，是做神学而不是护教学。但是，既然我们正在做神学，就能够提醒梵二公会的《启示宪章》(*Dei Verbum*)，19：

圣母教会坚定地而且最持久地持守并主张，四部福音书所提到的、忠心传递了神的儿子耶稣尽管活在人间，但确实做了人们的永恒救赎，并且教导了人们的永恒救赎……

当然，这并没有排除释经和解释学上的疑问。

〔27〕 这些经文令人惊讶地被忽视：司比克（Spicq）的《新约伦理学》(*Théologie morale du Nouveau Testament*）甚至都没有提到它们；施纳肯堡（Schnackenburg）的《新约的道德教导》(*The Moral Teaching of the New Testament*）也没有讨论到它们。爱因纽（Irenaeus）的处理则跟1800年前一样新颖且有建设性：*Adversus Haereses* Ⅳ，12，5. 参见 Kittel's，*Theological Dictionary of the New Testament*，Vol. 2，548－9（s. v. *entolē*）. 关于基督对摩西十诫的态度，参见《马太福音》5：17，19；Fuchs，*Natural Law*，33－7.

〔28〕 O'Cnnell，129－30.

"道德细节"，只关心"在道德上为善的一般重要性"——跟富有的少年刚刚听到的直接矛盾的建议："对具体道德问题的具体教导"不是"作为救赎真理来教导"，而是"仅仅作为认真对待这类问题所要求我们的一个救赎真理……"[29]

但是，他也许曾经阅读神父舒勒、麦哥铭和奥康奈尔关于劝告对话(parenetic discourse)的内容，邀请他得出结论：基督此处命令"没有传递关于……道德命令具体内容的信息"，仅仅是"劝说认为已经知道和已经赞同的"而已，[30] 因此，"没有按字面采纳"它们"的意思，而且无疑真的没有例外"。[31] 然而，每一个命令，比如"不可杀人""不可奸淫"，可能被
262 解读为服从于这个形式的缄默附加条文："除非存在一个适当的理由(proportionate reason)"，[32] 比如除非杀人或犯奸淫将会"最大化善而最小化恶"(maximize good and minimize evil)。[33] 一个"绝对"或"没有例外"的命令会陷入全然的律法主义，比如，将违背自然法本身。

我们能够帮助这个富有的少年分类辨别这些新"道德神学"的主张吗？这些主张属于两大类：一类是关于需要解释所宣扬的命令（暗含根据我们对自然法的先天领悟来解释它们）；另一类是具体的：自然法所要求的或使之正确的，是那些"命令"的结果主义解释。让我们分别对待这两类主张。

---

〔29〕 Hughes，18. 该建议是被试验性地提出来的，但在后来的论证中再次发生：see e. g. 95.

〔30〕 McCormick，"Notes on Moral Theology"（1975）at 84－5. 必须说，麦哥铭及其他人使用一个相当简化的劝诫（parenesis）观念；海默尔区分"*paraclesis*（基本义务的急迫提醒或者重申，由相当的权威提出来）"和"parenesis（更温和与导向性，更加呼吁宽容）"：Hamel，"La théologie morale entre l'Ecriture et laraison" at 317.

〔31〕 O'Connell，220.

〔32〕 McCormick，98.

〔33〕 O'Connell，147，152－4. See also Hughes，75：

伯特杀了比尔……也许……他因此获得一大笔钱，让他此后幸福地生活。也许，实行了一台堕胎手术的医生因此挽救了一桩婚姻？够清楚了。行为与人类需要之间关系的进一步信息，不会在每一个案例中都致使我们改变行为正确还是错误的道德判断。然而，不能提前说的是，在我们就做了什么进行道德判断之前，这些特点甚至不需要考虑。

当然，休斯讲的"不能够提前说"已经被圣经和整个传统讲到（而且是"提前"!）。

Ⅲ. 自然法、启示与解释

没有人会疑惑或者曾疑惑，基督托付给使徒要教导直到地极以及世界末了（《马太福音》28：20；参见《哥林多前书》7：10，25）这个神的命令需要解释。如《启示宪章》表达的：

> ……藉着珍视那些（话）的信徒们（believers）的冥思和学习……藉着他们从经历到属灵之事的亲身理解，以及那些由主教更替而接受真理的明确神恩者的传扬，传递下来的这些话的理解力在增长（*Dei Verbum*，7）。

而且，基督徒将得出该解释性理解，也即将神的话带进他们的默想和学习的个人之中，至少对实践合理性的基本价值（basic values）和主要恩典（fundamental grace）有基本领受（elementary grasp）。在上帝的恩典之下，使他们能够认识因其真理的缘故而接受基督启示的道德义务。在接受之前，如果我们能够理解真理是一个客观的善，因为客观而对我们具有权威主张，所以同样地，我们就能够领受人类善的其他基本方面，比如生命、友谊、实践合理性以及不偏不倚这类实践合理性的基本要求。的确，正是对这些善和要求的领 263
受使我们能够将公开给予的道认知为由神所讲。如休斯神父所说，“启示将自己交付给我们，部分在于它的确跟我们的道德愿望相和谐”，因而，必须已经被“在先（antecedently）所体现（至少在一个逻辑的意义上）”；[34] 到现在为止还不错，但是，接下来休斯神父（是公然地，许多另类神学家则是缄默地）落入诠释循环：

> 将圣经传统作为终极权威（比如提供适用于我们的最终和特定解决）的试图是恶意迂回的，既然它必定恰恰要搬出独立道德理由

〔34〕 Hughes，8；also 5.

的过程来证明自己，这正是该试图要避免的目的。[35]

呜呼哀哉，休斯神父的论证将证明，在任何领域，学问（learning）在逻辑上都是不可能的！因为在任何领域，学问都非常普遍地涉及一个自我校正的过程，由此，一个具体寻求开始的理解力不仅被增强扩大，而且，也由寻求产生的新理解所部分地肯定或校正。[36]

因此，如果我们接受使徒保罗的论题“没有律法的外邦人若顺着本性行律法上的事……这显现出律法的功用刻在他们心里”（《罗马书》2：14，15），或者爱任纽的相当主题以及十诫的道德箴言属于自然法问题这个天主教传统，[37] 我们在此就不会挑战上帝公开启示的话之“终极权威”，即（在这个“终极”的运用上）神的话重塑并校正我们对自然法的前在（以及持续的）理解，也对它们进行补充使之精确的能力（capacity），通过理解我们作为被造的存有在天性倾向中找到的善之自然能力，上帝的智慧和爱这个同样“永恒、客观且普世的”计划向我们开启。

诸如“不可杀人”这类命令拥有这种能力和“终极”权威以校正和完善（refine）（尽管它自己有解释的需要），正因为它不是一页纸上的单一话语，而是以话语和行为做出的更大启示的一部分。我并无意对圣经注释或者圣经解释学进行攻击。但是，近来对劝诫（parenesis）观念的关注蓄意提出，
264 启示的道德教导都需要一个必须被某些“自然法”（或者为自主的、哲学上的推理，或者为“经验”的产物，我想应是某种体制）有效掌控的解释，关涉行为所有具体且重要的规范。（这个由圣经道德教导的劝诫特征而来的论据因此是关于自然法“终极性”论题的替代性主张，即我们看见的为休斯神父所错误辩护的论题。）因此，我希望表明存在某种理由，以推定启示包含充足的资源来管控自己的解释，由此足以校正看似不用启示也有说服力的哲学或“自然法”推理。说到启示有这些资源因此拥有这种校正能力，

〔35〕 Hughes, 19. 休斯补充道：“该解释学问题是相当普遍的一个，不只适用于伦理学，还适用于在不同语言或文化的任何文本的解释和翻译。”

〔36〕 See Lonergan, *Method in Theology*, 159, 208 – 9.

〔37〕 Irenaeus, *Adversus Haereses* Ⅳ, 13, 1 and 4; Aquinas, *ST* Ⅰ – Ⅱ q. 100 aa. 1, 3.

并不是说，启示的资源能够推翻一项严格的证明，即所宣称的道德规范不可能在道德上为可接受这样的严格证明。也不是说，启示不肯定否则自然理性会要求或许可的什么，启示必定越过自然法且在自然法之上加点什么。而是告诫，从“上帝/基督的法律在根本上为自然法”，或者“启示中没有什么事是违背理性的”，到“我发现道德上含糊的都不能成为福音挽救道德管制（*disciplina morum*）的部分”，所有这些共同的滑跌。

因此，回到具体但不完全详尽的诫命：它们每一条都是许多诫命之一，基督及其使徒们用术语解释了其一或更多，这些术语使解释劝诫性（而非解释性）的“不可杀人”的正确策略（*strategy*）成为可能。比如，基督通过解释性对话使“不可奸淫”诫命的关键和重要内容的某些方面更清楚，确认了属于基督的该策略被圣保罗运用于整个非婚内性行为范围。[38] 为启示的文本之所以算作诫命禁止的“杀人”进行解释性详述提供了材料，当该诫命完全详尽时，作为适用于生命的一项无例外规则来应用；详尽化的过程始于《出埃及记》本身（《出埃及记》20：13 的“不可杀人”成为《出埃及记》23：7 的“不可杀害无辜的和公义的”）；直接杀人与间接杀人的区分能够通过追问耶稣是否自杀来取道；诸如此类。该解释性过程根据真正的人类善和涉及那些善的真正方式来做出区分，但是，从未提出结果计算，并且从未堕入纯粹形式的“非正义杀人”。

不要忘记，正如基督对那个富有少年的呼召延伸超过了十诫本身，并 265
且，的确超过了我引用的其他命令（《马太福音》19：21）。所以，掌握自己的解释的启示资源远超过被表述的命令、不道德的行为列表、摆在桌面上的以及其他公开的道德论辩。这些资源包括梵二公会在我已部分援引的那段话中提醒我们的这类基本观点：

> 我们不知道地球和人类消亡的时间，我们也不知道宇宙将如何被改变。这个世界被罪所扭曲的形象正在消逝……但是，所有我们本质（nature）和我们努力（effort）（我们在主的灵之中并根据其命令

〔38〕 See Jensen, “Dose *porneia* mean Fornication?”, esp. 179 - 84.

> 将它们播撒在地上之后）的良善果实，将会再度发现……改变了荣形，当基督将……真理和生命……的国度交给父时……如今在地上以奥秘的方式展现，当主再度来临时却要被成全（be consummated）（GS 39）。

于是，基督徒不仅要计算那些在一个正逝去的世界里，人眼能够看见和预见的善果（good consequences）；基督的道德还计算看不见的善，德行（good works）隐藏的宝藏，在堕落与受压的灾难里向我们隐藏，却因为信心而知道是真实的而且是上帝国度真实的构造，通过顺服上帝，这个奥秘中的国度正在被建造（GS 39，93）。

Ⅳ. 启示、自然法与结果主义

结果主义神学家主张，基督的命令均服从这类附加条文，诸如“除非对作为（否则是禁止的行为）存在相称的理由”；或者，实际上荒唐但少一些晦涩，[39]“除非作为（否则是禁止的行为）将最大化善而最小化恶”。他们主张，命令的劝诫形式（parenetic form）使它们向这类“解释性”限制开放。
266 但是，这些道德神学家自己提供了一个对该论点的驳斥。因为它们真的对启示所阐述的命令有任何作用吗？已经了解十诫“没有给我们任何信息”，“不”是“导向一个具体情形的素材”，“确实是赘述”，并且“在某种程度上涉及循环逻辑”，是“没有内容的”，[40]只是意味着说错误的行为是错误

---

〔39〕当“详细地”（at large）被使用时，“比例理由”是一个高度模糊不清的语词，参见 McCormick，“Notes on Moral Theology”（1978）at 110－15（其中，“固有的”或者“必然的”跟维系实践确定性的经验可能性相对比，换句话说，该对比据说是“比例”问题，比如发现“少一些恶”）。“最大化善和最小化恶”似乎是相对清楚的，直到有人质问：（a）设想人如何计算不可通约的善，以及（b）人是否会偏爱大大盈余“善”（以许多恶为代价）超过数量非常少的恶（以许多善为代价），或者相反。问题（b）表明奥康奈尔没有思考透彻功利主义的逻辑；他称“作为‘舒勒偏爱原则’而逐渐为人知晓”的“最大化善和最小化恶”这个格言显然是荒诞的；自最近的戚季威克以来，更有竞争力的哲学功利主义用善超过恶的“最大可能盈余”：Sidgwick，*The Methods of Ethics*，413；是否会偏爱“许多善”或者“很少恶”为西塞罗有力地探索：*De finibus* Ⅱ，6－25，esp. 17.

〔40〕O'Connell，161；see also 162.

的，一位听众或一个聚会的会众将不会对诉诸这类“命令”的说教术印象深刻或“受到挑战”或“受到激励”。

相比之下，我斗胆说，天主教道德教训的建树是在方法论上深刻依据圣经的；即使似乎只是呈现为展开了自然法，它也在现实中成为对启示的话语和行为一个可理解的解释与发展。在梵二公会的道德教导中，可见许多这样的建树。公会教导，存在一个“自然的且福音的法律”，这个法律建立了即使当一个人护卫自己反对非正义压迫的权利时也必须遵守的“界限”（GS 74）。公会宣扬，不只存在一条带着不改变的约束力的自然法普遍原则，而且，存在许多这样的自然法普遍原则（GS 79）。它举出“蓄意反对”那些普遍且不变原则的行为类型：“首先，有意谋划灭绝整个种族、民族或少数族裔的那些行为”（GS 79）；再者，“趋向于不加区分地毁灭整座城市或人口聚集的广大区域是一项针对上帝与人类的罪行”（GS 80）。它宣布，神圣法的教权开展（magisterial unfolding）能够覆及对特定“控制生育的方法”之谴责，当然不是因为教权处于一个“权威地”评价避孕结果好坏的位置，而是因为某些“控制生育的方法”未能保留“相互舍己和人类繁衍的固有意义……”（GS 51）。公会本身谴责堕胎和杀婴为可怕的罪行（*ibid.*）。于是，在一个并非对待启示出的神圣法，而是“位格人的高度尊严……以及其普遍且不可侵犯的权利与义务”的语境下（GS 26），公会采用与忠实结果主义（consistent consequentialism）不相调和的术语说道：

> 无论反对生命本身的什么，诸如任何类型的杀人、种族灭绝、
> 堕胎、安乐死以及故意的自杀……；所有这些和与它们类似的行为
> （公会在同一段确认的一些行为，比如奴隶制、卖淫和酷刑）都的
> 确是可耻的（shameful）；这些行为毒害了人类文明的同时，比起那 267
> 些受害者而言，更加贬低（或伤害）了那些行这些事的人……（GS
> 27）。

当然，公会的这个最终评论在哲思的自然法传统与圣经的启示中都同样为人知晓，它清楚地被理解为教导“不可以善为由行恶”，即使保罗没有这样表

达（Romans 3：8；cf. 6：1）。[41] 圣经和大公会议对禁止某类行为的宣告与纯粹人的(“自然的”）理性和习惯传统紧密配合，亚里士多德在如下评论中总结了该传统：存在一些我们应当绝不问自己“什么时候？如何？跟谁一起？等等”的行为；仅仅对这类行为发出命令（如通奸）就错了，环境不影响这个问题的性质（*NE* Ⅱ, 6：1107a9 - 18；类似地，*Eudemian Ethics*，Ⅱ, 3：1221b18 - 26）。再者，“肯定诫令（affirmative precepts）总是正当的（valid），但不必在每种场合都不得不履行；否定诫令（negative precepts）必须在每种场合都被遵从”。[42] 这个学术公理是忠心解释圣经资料的一个归纳——的确，即使在基督对那个富有的少年再度发布的命令中，也能够辨别肯定与否定诫令之间的区分——但这也是一个合理性原则，坚持认为：尽管对某行为的不作为，比如能够成为蓄意谋杀也能成为积极行动，在评价一个人的责任（或罪行）时，作为与不作为之间的区分往往具有决定性的影响。

因此，想要在圣经掌握的神学传统与哲学反思的产物之间“没有启示”，但是，两者间存在一个如此深刻的相互渗透，以至于当我们遇见，如康德的“绝对命令”（categorical imperative）——“行动时，无论对待自己还是任何一个他人的人性（humanity），总是作为目的而绝不只作为手段来对待”[43] ——如果这不是1750年欧洲人的行为，我们便不能（甚至哲学历史学家也不能）说出它欠了多少“自然理性”，欠了多少珍藏在心里的被启示的诫命。所以，要判断结果主义神学家是否已经首先受到不良善哲学的影响（因为结果主义否定了我刚刚提到的所有原则、公理和区分，是不融贯的并且在哲学上
268 站不住脚），[44] 或者首先因对圣经/传统的道德管制（*disciplina morum*）失去信心而误入歧途，实际上是不可能的。

---

〔41〕 结果主义者有时认为，他们能够给保罗的格言赋予某种意义：比如，“以前道德的（pre-moral）善为由，将不会行道德上的恶”。但是，既然在他们看来道德上的恶在于不做最大化前道德的善，他们就不得不将荒谬空洞的格言归咎于保罗，即“为了前道德的善的缘故不要未能最大化前道德的善”。

〔42〕 *ST* Ⅰ - Ⅱ q. 71 a. 5 ad 3；Ⅱ - Ⅱ q. 33 a. 2c；q. 3 a. 2c；Supp. q. 6 a. 5 ad 3；etc.

〔43〕 Kant, *Foundations of the Metaphysics of Morals*, 47.

〔44〕 See Grisez, “Against Consequentialism” at 21 - 41, 48 - 9.

但是，所有这些事存在另一面。对启示出来的道德教训主要线索有清晰的掌握，给道德神学家一定的哲学懈怠以鼓励；我们现在看见了那个被忽略的不好后果。我想，在道德神学的新经院复兴中，除非我们辨认并且纠正特定瑕疵，比如阿奎那关于自然法的文献，在非但未经校正反而确实是更加恶化了的瑕疵方面，我们将不能充分地回应哲学的/神学的危机。

例如，阿奎那区分自然法原则或律令（precepts）的三个层次：（1）最一般的原则，“可以说，并没有这么多律令，律令的目的或要旨”为达到理性年龄并且有足够经验知道这些律令指示的任何人所认知；（2）表达了那些第一原则最基本且最容易认识的道德含义的律令；然而，可能被特定的人以及整个文化所模糊或扭曲的诫令；以及（3）表明了解决道德问题的律令，只有具有智慧并且敏锐探究的人才能正确地回答这些道德问题。尽管有些含糊，这套区分其实是相当合乎理性的。[45] 但是，由他对启示的忠心把握所保障，阿奎那可以随意地给出第一层面原则的例子，他给出的一些例子激励了这个新经院命题，特定精确、消极的道德诫令（对应十诫第二块石板表达的或蕴含的条款）是通过真正的自我确证（self－validating）（即确实不是从能够通过分析发现的受制前提而得出的结论）的直觉行为而直觉地被知晓。那个新经院命题是非真的命题；近来，发现它非真的神学家们倾向于成为（或多或少连续的）我已经提及的那种结果主义神学家。那就是说，他们迅速作出结论，十诫的严格消极诫令因而不可能成为自然法律令；他们没有对实践理性（或责任模式）各种真正自我鉴定的要求作出耐心的调研，当用于承担特定基本价值（比如，阿奎那谈及的实践理性前道德第一原则）时，实践合理性确实产生出完全“辩证的”（material）道德诫令，诸如天主教传统中解释的那些十诫条款一样。至于阿奎那，也未能确认这些实践合理性（或 269
责任模式）的方法论要求。他意识到，他的第一层“自然法”实践“第一原则”不是道德原则。他有足够的哲学敏锐，以及在所启示的道（the revealed

〔45〕（i）*ST* I－II q. 94 a. 6c；also a. 2c；q. 99 a. 2 ad 2；q. 100 a. 5 ad 1，a. 11c；q. 58 a. 5c；q. 77 a. 2c；（ii）*ST* I－II q. 100 a，1c；q. 94 a. 4c，6c；（iii）*ST* I－II q. 100 a. 3c，a. 11c.［*NLNR* 30.］

word）之中的充足信心，不至于堕入一个结果主义者的方法论规范（诸如“最大化前道德的善总量”）；但是，他没有确认，基本的善与在具体案例中给出明确引导的道德诫令之间的清晰联系。

其次，阿奎那试图将其自然法思考强塞进普遍（*communia*）与特殊（*propria*）之间的区分（不幸地从亚里士多德物理学中的必然和概率区分变换过来）。这使他的那些评价（今天到处作为权威来被无论多么不相信阿奎那哲学和神学更伟大部分的人们所援引）导向这个效果，自然法律令不是普遍地而是“在某些情况下”（*ut in pluribus*）适用于具体案例（*ST* Ⅰ－Ⅱ q. 94 a. 4）。对他自己的伦理推理（ethical reasoning）而言，这也是错误的。他的伦理推理处处预设：（i）具体行为的道德不受案例的“附属”（accidental）特征影响（比如波特正在杀人以及比尔正在被杀），相应地，（ii）存在有效的道德诫令决定性地适用于所有具体的有意表现，后者为相关诫令有关的行为类别的例子，比如“无辜的人将不会被有意且直接的杀害”，或者“婚外性交总是错误的”。

当然，一些新经院哲学家或多或少意识到：这类特性的诫令不是首要的和自我确证的，因此，不愿通过诉诸直觉（作为道德共识的直觉或“基督徒良心的［共识］”之类）来考虑它们。建立在阿奎那关于性之恶与撒谎的其他一些不清楚论证上，他们发展了这个命题。自然人的功用应当被尊重以及——更具体地——不从他们的“自然目的”偏离，这个自然法的首要原则。然后，该设定的原则被用于解释教会经常传扬的那个神圣命令的理性（如自然法）特征，该命令相当明显地隐含于圣经就性的运用和滥用所表达的神圣命令：（我指）从事不适于生育的性行为这个隐含的命令，没有“保留……人类生育……的全面意义”的行为，首先是跟避孕有关，接着，足够符合逻辑地，与异性恋的、同性恋的或者自淫的其他形式有关，被证明为远
270 非自我确证（self－authenticating）的自然法更高原则。

那并不是说，尊重自然功用的原则为简单错误的。至少，跟人的某些能力（capacities）联系起来，该原则意味着某些真实的东西：那些能力的运用如此系统，以至于在尊重或选择人类善（比如人类生命在其传承方面的善：

生育的善）的一个基本形式时，将涉及随意（willy - nilly）。既然存在着一个真正首要且自我确证的实践合理性（如自然法）要求，亦即每一个基本的人类善必须在每一个行为中被尊重这个要求，该事实具有道德上的重大意义。在我前面引述过的康德版绝对命令（“……行动时，无论对待自己还是任何他人内在的人性，总是作为目的而绝不只是作为手段来对待”）中，该要求是智识的核心；因为每一个基本人类善（诸如生命、知识、游戏、审美经验、友情、实践合理性以及宗教）都是人类人格（personhood）的一个方面，用康德的话就是：一个人个体的人性（*humanity*）的一个方面。

我已经提到的实践合理性的基本要求，为我们通过基督的自我启示和天
父旨意在信心中所知晓的严格消极命令提供了一个“解释”。用这个解释，
我们就对“可信地而且无谬误地[46]宣扬天主教道德教训是律法主义”这个
指控有了一个更加充分的辩驳。即我们拥有一个明证，我们遵守上帝的那些
命令是一项符合理性的侍奉（a *rationabile obsequium*），[47] 客观且确实充分地与
上帝喜爱的人的良善相关。我说，这个“不只是充分地”反驳了律法主义
指控，因为在我看来，确立存在给重要道德规范和真实人类善之间提供了渴 271
望联系的某一解释性原则的可能性，相当充分地反驳了那项指控。换句话
说，只有证明不可能存在这类解释性原则，比如因为结果主义是真实的，那
么在上帝的话语这一面，律法主义的指控才能够成立。但是，当然，并没有

---

〔46〕 O'Connell，95，202，想当然地认为，不存在无谬误的道德教训；他简单地忽视了 LG 25 清楚教导的日常教权（ordinary magisterium）的无误性。参见 Rahner，*Nature and Grace*，98 - 9：

诫命的履行是基督教的一个必要部分……此外，教会带着神圣权柄教导这些诫命正像教导其他“信仰的真理”一样……也藉着日常的训导，存在于学校、布道和所有其他教导类别对信众的标准信仰教导中……在良心上对信众有约束力，就像藉着非凡的教权传递的教导一样……当整个教会的日常教导实际上在这个世界处处作为上帝诫命的一条道德规则，她在圣灵的帮助下避免了错误，因而这条规则的确是上帝旨意，并且对信众在良心上具有拘束力，即使在它已经被一个庄严的定义表示肯定之前。

注意，因为他在超验人性和具体人性之间作的含糊区分，拉纳现在认为，“任何具体或个体规范很难”能够无谬误地被宣告，但他还是肯定，藉着日常教权（ordinary magisterium），该宣告是可能的，参见 Grisez and Ford，“Contraception and the Infallibility of the Ordinary Magisterium”；and 1978b [where the remarks at 415 are mistaken：see my letter in *The Month* 240（1979）216]．

〔47〕 See Romans 12：1；Vatican I，*Dei Filius*，c. 3（D - S 3009）；Wojtyla，*The Acting Person*，166；*Redemptor Hominis*，19 at n. 144.

现成的这类明证；而且，这被证明是非真的。

在任何行为中，基本善不应受到反对，这不仅是实践合理性的基本要求；还能够确认七项或八项其他要求，包括公正（impartiality）的要求以及效率的要求，即关心在这样一个计算于原则上是可行的那些有限语境（为一个人非结果主义的义务所限定）中保障最大程度善的结果。这八项或九项要求一并提供了阿奎那自然法理论所缺失的联系，首先，前道德的实践原则（我们将人类善的基本形式作为“将被追求和实现的”来把握）与具体的道德律令之间的联系，即安排了正义、贞洁、敬虔等美德——表达了可察觉的基督徒爱的需要的道德律令（or *objectiva criteria ex personae eiusdemque actuum natura desumpta*）。成就（《罗马书》13：8，10）并且保全（《雅各书》2：8–12）了上帝所有诫命的上帝之爱与邻人之爱，使基督徒不愿侵害上帝作为供应者对行为终极结果的关切地位（cf. Genesis 50：20；Romans 8：28；Matthew 6：25–34），或者将同伴作为建造某种想象的“最优”前景的积木来对待，或把自己视为一贯的结果主义者，必须将自己作为那个建造过程的工具，保持一种时刻预备好要为自己或人质做一切来避开不好的结果，自然、概率或邪恶的机会危害的坏结果。[48]

---

〔48〕 因此，奥康奈尔在第162页为我们预备“丢一个将会杀一百万人的炸弹”。他祈祷，这么做的必要不会出现，却忽视了这么做是已经提前准备好的事实，而且，这类行为在第二次世界大战期间经常性地发生，被GS 80严正谴责为反上帝的罪行。麦哥铭意识到，在结果主义者的数字游戏中，杀一百万以挽救两百万的意愿，跟杀一百万来挽救一百万零一十（比如“救十个人”）的意愿没有什么差别：cf. McCormick，“Notes on Moral Theology”（1978）at 109. 他寻求将炸弹无差别的基督教教导与其“混合目的论”方法相调和，通过主张：藉着这类行为，“一个人相当于否定了”那些想要制止或劝说敌对行动“的自由”，既然“一个人设想通过自己的作为，阻挠他人做错误的行为必定依赖于我行伤害”（113）。该论据失败了，人的假定不是关于“必定依赖”，而是及其可能的相互关系；也不是对错误行为持续的假定否认了自由（罪是自由）。（此外——从个人偏好出发——麦哥铭在第112–113页将避孕看待为正当的，缺乏性交“可能轻易地伤害沟通的善从而伤及生育之善本身”——似乎以这个担心为依据并不是对配偶自由的激烈否定。）神学结果主义者的失败融入他们的伦理学，当人们评价他们不断提到传统天主教伦理学（e. f. Abraham and Isaac；“手淫”来获得精子；摘除子宫使挽救生命的手术得以进行）中的边缘问题争议时，甚至关于不可直接杀害无辜这样的最基本的基督教规范都应当被记住。

V. 自然法及“历史性”

通过引用梵二公会肯定促成真正的社会和文化转型的深刻且迅速的变 272
化，我开始了这篇文章，事物从静态到动态且进化的概念的转变，需要新的分析和综合。那么，我们应当就人天性（human nature）的“历史性”（historicity）与“自然法中改变的”可能性说些什么？

第一件要说的事是，关于这个问题的哲学—神学文献几乎没有什么价值。即便非常坚定的作者也落入文化改变之意义[49]的灰暗言辞，或者卷入不充分思考的形而上学。其中，“天性”（nature）有时是可互换的，但其他时候则跟“实质”（essence）相对比；有时定义是不可改变的，然而，在其他时候又能够改变，有时也跟“超验的”（认识论上持有，只包括在任何确证中不可避免被“肯定”的那些人类要素）相当。[50]

第二件要说的事是，就其指引伦理学和自然法而言，宣告历史性和可变自然的意义的现存神学文献似乎设定了一个实践推理的站不住脚的概念，即伦理学方法的站不住脚概念。对于讲英语的神学家的情形，比如奥康奈尔或休斯神父，这个设定是典型的结果主义伦理学方法——我在此就不多说了。对于大陆神学家的情形，该设定经常是足够新萨勒兹的（neo－Suarezian）：通过思考推理，首先确立什么是人的天性，然后什么“符合”（*conveniens*）那个天性，因而成为一个“自然法”的问题。但这是实践（包括伦理）理性的 273

〔49〕 e. g. Lonergan, “The Transition from a Classicist World—View to Historical－Mindedness” in his *Second Collection*, 1－9. [See now essay 9.]

〔50〕 See e. g. Rahner, “Basic Observations” at 15－16 [“在人天性的超验必然性”（transcendental necessity）与“具体人性（concrete human nature）之间进行比较”]; Rahner and Vorgrimler, *Concise Theological Dictionary*, 305, s. v. “Natural Moral Law” [由“人天性的客观结构”而来的自然法，“即使它们的行为被否认时依然为一种客观必然性所暗暗肯定……以及上帝即其创造者的意志（所肯定）……”的自然法]; *Lexicon für Theologie und Kirche*, Bd. 7 (1962), col. 827 [实质（essence）与天性（nature）之间的区别]; cf. *Theological Investigations*, vol. 9, 214－17, 230－4. 拉纳后来的著作并没有取代多尔（Dorr）在《卡尔·拉纳的“形式存在主义伦理学”》（“Karl Rahner's ‘Formal Existential Ethics’”）一文提出的批评。

一个误解，始于对作为“将被追求而实现并完成的善”之人类（位格人的）善基本形式的实践把握，继续贯穿于对那些基本善（实践合理性的善）之一的要求之洞察力——安排人类幸福其他方面追求的要求。

简言之，不必认真对待关于人天性之可变性的一般对话，除非（并且）直到它们开始认真考虑这样的重要事情。对一个人来说，生命（包括身体健康）、生命的传承，或者游戏，或者审美享受，或者推理知识，或者友谊，或者宗教，或者真实性，或者自我整合，或者实践合理性，并非一定是好的。毫不令人惊奇，这类考虑不会在文献中被发现。

此外，不仅包括这类相对肤浅的已经侵袭的改变，而且，还存在着评价人类文化中真实变化的更切实可行的任务。比如人类经济以及债务利息负担适当与否等，而且，包括相对深远的文化改变，受到人作为自己的符号制造者的影响，包括在自我意识上承担并传递变化的符号（比如柏拉图式的对话或者个人责任的先知性宣告），因此而能够（我设想）影响，比如劳役拘禁延伸至受赡养的家属及其后嗣是正确还是错误。这是一项必要但极度细致的任务，却总是受到过于简单的假设威胁，即认为我们的先辈（柏拉图、亚里士多德、圣约翰、圣保罗！……）生活在人类个性（human personality）的某种摇篮时期。

针对这类轻易的假设，实际上是针对变化中的人类天性这个松散的说法，我们应当设立梵二公会所肯定的基督论：“基督向人完全地彰显了人的样子”（GS 22，人类尊严一章的最后一段）。他是“完全的人”（perfect man）（GS 22，38，41，45；其人性的这种完全不仅仅是在末世论意义上被肯定）。“在他那里，人性被呈现而不是被抹杀”（GS 22）。“通过他的道成肉身，他在某种程度上跟每个人联合”（GS 22；*Redemptor Hominis*，13，18）。因为，“所有人……拥有同样的天性与同样的出生”（GS 29；*Lumen Gentium*，19），“为过去岁月的经验、科学的进步和隐藏在各种人类文化中的宝藏所更完全彰显”（GS 44）的单一天性；均拥有“同样的召令（calling）和神圣归宿（divine destiny）”。因此，在天性和超自然的召令上基本平等（GS 29），不论种族、地域和时间，都能成为上帝子民的成员（*Lumen Gentium*，13）。

因此，如果我们这样选择，公会并不仅指我们接受这类显然是临时的而 274
且当然是简化的分类，就如同将“经典主义”跟“历史意识世界观”相对比。但是，该区分的确提醒我们，如果我们想要成为“历史意识的”，则最好认识到人类历史拥有一种结构即并非直接“线性的”：耶稣基督是历史的中心（也是历史的钥匙和目标）（GS 10 and 45, the end of Part I; and also *Redemptor Hominis*, 1）。没有人给予我们清楚的理由来怀疑公会的那些深入肯定，每一点都赋予明确庄重和正式的措辞：

> 教会肯定，在所有变化之下存在一些不变的事物，昨日、今日直到永远都不改变在基督里的终极根基（GS 10）。
>
> 公会在所有其他人面前，力求呼吁人类自然法及其普遍原则不变的力量（GS 79）。

——公会毫不犹豫地称之为“自然的和福音的”法律［*lex naturalis et evangelica*］：（GS 74）。

因此，“教会借助托付给自己的福音来宣告人的权利”（GS 49），按照永恒法的指示（GS 79），那些权利是人类一族共同善的首要成分（DH 6）。因为，“基督徒天命的基本法则”是：“救赎主就是创造的那位神，也是人类历史和拯救的历史的主（the Lord）”（GS 41）。基督通过呈现我们的本质（nature）（GS 22）来恢复我们的尊严（GS 41，22），所以，肯定地反思了这些教导之后，保罗六世能够说：一个他不得不在《人类生命》通谕中再度宣扬的片段是，正当理性的神圣和自然法（HV 27，22）是“（被基督）恢复至其可信真理（authentic truth）的人类生活真正适当的法律”（HV 19；cf. also 7）。

第 20 章

核威慑与基督教世界的结束*

> 275 就像我所相信的，如果对基督徒来说存在一个现世使命，那么，加快这样一个使命的人间盼望，如何可能不将建造一个更好或更新的基督教文明理想作为其最广泛的综合目标呢？……在人类历史的每个新时代，基督徒都盼望一个新的基督教世界（Christendom），并且，为自己描绘适合于所讨论时代的特定氛围的一个具体历史理想是正常的，以此来引导他们的努力。

因此，1955 年，雅各布·马里旦在美国的“关于历史哲学”（*On the Philosophy of History*）的讲座中，重申了一个 1934 年盛夏即弗朗哥暴动的 23 个月之前，他已经在西班牙详述的主题。他还补充了一段具体的评价：

> 事实上，在这个世界，美国比任何地方都更加以基督教激发的文明观念为其民族传统的一部分，尽管存在强大的反对力量和潮流。如果在现代世界还有任何涌现新的基督教世界之希望，那么，就是在美国……

我将主张，我们应当回答马里旦夸张的问题，不：像他那样，设想基督徒的现世召令——需要诸如建立一个新的或更好的基督教世界的“具体历史理想”之“综合目标”，是一个哲学和神学上的错误。正确地评价，事实表明：如果曾经有过，在美国设立这样一个“确实且绝对由基督教激发的文明”的盼望受到了顽固阻挠。

---

* 1988b.

1955 年 3 月，丘吉尔首相在下议院发言，使用了作为表达核时代现实的语言而存留下来，并且表达了引导时代主人们的盼望："安全将是恐怖的强 276
健孩子，也是灭绝的幸存孪生兄弟。"他在警告，当苏联获得热核武器而最近被美国披露时，灭绝的威胁将成为彼此的、相互关联的。再者，西方的新军备将增加"对苏联的威胁，将其……散居人口置于跟我们人口密集的小岛同等或几乎同等的易受攻击的状况之下"——一种跟西方人口相当的、同样脆弱的位置。

丘吉尔表示，通过"核反击的决定性力量"消灭苏联人口的威胁，提醒了毁灭苏联人民的威胁成为西方策略的基础，以此保存西方的自由。当苏联有能力毁灭美国人口时，这只是在 1950 年代中期或者末期。在此前，每个人肯定都知道，西方对战争的应急方案包括一个针对苏联的原子弹运动。但是，给予该问题一般注意程度的公民们，甚至哲学家们，或许认为那些计划本质上就是第二次世界大战炸弹策略的持续。

然而，在 1950 年代末期，立场并不足够清楚。因而，1959 年约翰·墨里（John Courtney Murray）这样说：

> 两项控制性的美国政策（是）：我们绝不应先发制人，但如果任何人向我们发射，问题将是用不加区分的大规模杀伤性武器进行"大规模反击"。我取其为最高秩序的两项相关联的政策，体现了我们政府就战争将予以详述的最深刻思想。

针对这个肤浅，墨里提议鉴于目前的事实而回归"传统理论"：

> 宣告核力量的使用必须受限制，针对非正义的正当防卫急切需要这个限制原则……既然受限制的核战争或许必要，那么，它必定成为一种可能。其可能性必须被创造。

我想，墨里受限制的核战争成为可能的盼望，是引导许多美国人和一些在梵二公会上联合的主教们的盼望，这些主教们成功地抵制了对核威慑的谴责。

然而，在现实世界，要计划打一场无需不加区分的大规模屠杀——危害 277
对手的、受限制的核战争，依然同墨里的时代一样不可能，除非逾越界限。

25 年来，每个一月、二月或三月，每一位国防部长向国会提交的年度报告和经费申请中都详细陈述，邀请美国公民和他们选举的代表同意可能的核战争。国防部长及其官员的年度交叉询问的大量记录，补充了详细的政策理论演进和要点的稳定性这些引人注目的资源。美国的主教们准备他们 1983 年关于战争与和平的教牧书信《和平的挑战》(*The Challenge of Peace*) 时，似乎把这些统统忽略了。

尽管迫在眉睫的灭绝恐怖也许让一场受限的核战争受到了限制，每位国防部长和每位胜任的军事家都无一例外地确定并且强调：在敌方以我们自己的城市为核攻击目标的事件中，没有人能够打一场有限的核战争而不令人信服地威胁灭绝城市。

因此，美国——如我所说，在其提议美国公众采纳与赞同的文献中——在其策略性政策中包含两项威胁：城市替换的威胁（即在苏联攻击一座或多座美国城市的事件中报复一座或多座苏联城市)，以及最终复仇的威胁。两种威胁——从众多之中举一个例子——都在国防部长哈罗德·布朗 (Harold Brown) 于 1979 年向国会递交的报告中呈现：

> 为了拥有一项真正的对抗策略，我们的军队必须有能够掩护以及抵挡目标的一份重大名单。城市们不能从这样一份名单中被排除，不仅仅因为城市、人口和工业是紧密联系的，而且，由于在任何时候保留攻击城市工业目标的选择都是必要的——不论是作为我们自己的城市受攻击的威慑，还是如果特定威慑失败之后，作为最终的报复反击。

起草《和平的挑战》时，美国主教们说，他们发现一封来自总统的国家安全顾问威廉·克拉克 (William Clark) 的一封信“尤其有帮助”，以及温伯格 (Weinberger) 部长 1983 年一月份报告中的一句话也很有帮助。克拉克给主教们写道：“基于道德的、政治的和军事的理由，美国没有将苏联平民全体居民作为这样的目标。”温伯格写道：“里根当局的政策是，无论在何种情势之下，这类武器都不能以毁坏全体居民为目的而被故意使用。”但是，就在

四页之前，温伯格陈述美国核威慑政策的本质是：保持破坏“他们（the Sovi-
et）赋予最高价值的那些政治、军事和经济资产”的确定能力。在主教们通 278
过《和平的挑战》的几天前，温伯格给参议院军事委员会写道：美国军队必须“能够有效地反击苏联高度价值资产的全部范围；不论冲突的广度、持续性或密集程度如何”。并且，他列举这些资产中的第一项为：“他们的城市工业社会。”

我考虑这些事，在于它们是教会与政府当前关系的某些现实例证。教会反对针对城市使用核武器的教导并没有作为一项国家政策规范被接受，但是，它影响了政策在适当场合被表达的语言。因此，向批准《和平的挑战》进发的那几个月，特别是向天主教会听众演讲时，像克拉克和温伯格这些官员分别地显示出这些极其两面派的表述：“我们没有通过危害苏联城市来威胁苏联文明的存在”，以及：“美国弃绝用核武器针对以人口中心为目标的策略。”

其他听众以及其他场合，则有非常不同的陈述。1984 年在牛津的发言中，温伯格为战略防御先制（Strategic Defense Initiative）展开了官方的正当性：其目的将以“保卫人民而不是为他们复仇”作为目前的政策建议；其武器将以“追逐武器而不是人民”作为目前的武器所为。1986 年 10 月 13 日，白宫在其峰会后向全民广播，里根总统说：“我们唯一真正的防卫”还是“一个相互毁灭和屠杀平民的政策”。

基督徒公民必须学会如何解读官方陈述。在我们的书《核威慑、道德与现实主义》（*Nuclear Deterrence, Morality and Realism*）中，格里塞茨、波义耳和我包含一项不列颠政府对战争时期轰炸的两面派做法的详细研究，一个有意识地以满足敬虔领袖和人文主义观点为目标的两面性，然而，实际运作的政策依旧。

人们只要考虑几个日期，不以平民为目标政策的真实意义“之类”或本质就清楚了，因为里根政府并没有介绍那个政策；那是国防部长理查森（Elliot Richardson）于 1973 年介绍的，并且，在施莱辛格（James Schlesinger）部长 1974 年 4 月签署的秘密核计划与目标锁定指令中获得规划。在同一时间，施莱辛格向国会陈述：

> 对我方城市的攻击……将无法避免地导致对他们城市的毁灭……即使在接受了一项苏联核攻击的全部负重后，确保有能力决定性反击苏联城市提供了制止攻击从而保护我方城市的最佳希望。

279 他的接班人布朗（Harold Brown）——一位国防部专家——告诉众议院军事委员会："我们绝没有以全体居民为目标，等等诸如此类。"同时，他补充道，摧毁苏联人口的30%曾经是国防部的目标，因为美国第二次打击的能力削减，那个数字曾经被改小，在1979年依然把持"一个非常庞大的数字——200或400座苏联城市……很多人"。

像施莱辛格和布朗一样的国家政策大师们充分了解，为了达到期待中的最终报复威胁的核威慑效果，十分不必"像这样"（as such）来以居民为锁定目标。在一场以"政治和经济资产"（用温伯格1983年的措辞）或者"重大利益"（用他1986年的词汇）为目标的攻击中，贫民伤亡将会特别可怕，以至于对理性的苏联领导人来说，损失是否能够藉着审慎的反居民目标而更大，可能已经无关紧要。在美联邦单一整合行动计划（US Single Integrated Operational Plan）内一个"本质上没有居民"的重大攻击选择中，200座最大的苏联城市每一座将受到平均19个核弹头的重创，合计相当于6.33兆吨，或者200座城市每一座大约承担相当于500个广岛的分量。无论如何，我们将杀死这么多苏联人，所以，我们根本没有必要以他们为锁定目标。

但是，存在更深一层的含义，其中，锁定目标并不是针对威慑进行道德评价的问题。仅在最近几年，已经施行了充分严格和精确的道德分析来揭示威慑意图的这个特征，我相信这是一个对当前以及任何可预见形式的威慑进行道德判断具有决定性作用的特征。我晚些评价一个公开触犯严重错误的国家其公民责任时，将再现该分析使用的意图之理解。

一场军事攻击的意图不是通过锁定攻击目标来确定的。一个人的意图由他选择做什么，或者寻求达到他选择做的来确定。比如，考虑在一场互换攻击城市中的意图。

即使在一场受限的核战争中，也许仍有必要毁坏单一城市或几个城市来阻止苏联重复一场他们已经对一座或多座西方城市发起的攻击，苏联城市选择破坏的也许正包含军事人员和装备；被锁定的目标也许正好选择了这类装备作为目标点或想要的爆心投影点——正如广岛锁定的目标在军营旁边的一个点。但是，所有那些在攻击中被杀的人，是因他们处于参战人员或非参战人员地位无关的理由而被杀。所有这些人只是因为出现在了为显示西方解决 280
之道并阻止苏联进一步攻击而遭破坏的一座城市，而被杀。

在广岛，被杀的人没有一个是作为参战人员而被杀；在广岛遇害的日本平民，没有一个是作为“副作用”或仅仅“附属的损害”而被杀；所有人都是作为居民而遇害，这个巨大的毁灭令日本受惊吓而退出战争。在实行诸如互换攻击城市这类“受限制的核选择”威慑中，每个受到威胁的人都是作为一个无辜者而受到危害。如我现在正强调的术语，是介绍确认威慑攻击在道德意义上重大的意图之描述性语词。

类似地，所有那些在执行最终复仇威胁中被杀害的人，即使是苏联领袖和军队成员，也将只是作为苏联社会的幸存成员而被杀，当西方对苏联社会施加如今所威胁的“无法接受的损失”，于是没有什么留下来再失去时（即没有什么能够得到护卫）。遭害的某些人无疑将成为战争犯，这些人本来就可以因为针对西方的战争罪行而受到审判和处决。但是，西方威胁的最终复仇没有提议将这些人作为战争犯或者对西方从事非正义军事行动的军人来处置。因为，最终复仇的威胁只是在西方参战要保卫的损失已经发生之后。当一场战争已经失败时，就说明已经结束了。而当它结束时，就既不存在参战人员也不存在非参战人员了。只存在战争犯，若没有一场审判，就不能公正地杀死战争犯与无辜者。最终，复仇的威胁只是一场将他们作为苏联人民杀害的威胁。用温伯格和里根的话来说，最终复仇将报复而不是保护人们；将是追逐人而不是武器；现在跟 1950 年中期一样，如里根 1985 年的表达——“如果他们杀我们的人，我们就杀他们的人”——就是这项政策的持续基础。

我正是在基督教教导的意义上，使用“无辜者”这个术语，如《新天主教百科全书》中的总结：

> 除非有神圣授权，否则直接取缔人的生命是不道德的，这是天主教道德家一致接受的一项基本道德原则。“直接”取缔人的生命意味着，有人怀着致人死亡的意图实行了一项致命举措……非参战人员是这个意义上的无辜者，并且享有无辜者不受直接攻击的豁免。

让我们整理一下，美国和北大西洋公约组织（NATO）威慑政策包含许多选择。其中一些可能如此受限制而且正规，以至于若单独地考虑，则可能被判
281 断为具有区分性，而且在意图上，尊重无辜人的生命，即使导致许多无辜者死亡是一个可预见且确定的附带后果。但是，没有一项能够这样来单独考虑。因为没有一项可能被稳健地从事，或者除非嵌入一项通过威胁以选择性攻击城市、报复对我们城市的有限攻击或者针对“苏联高度价值资产全面范围”的毁灭性攻击来进行反报复的政策，来对已经摧毁我们社会并且让我们再也没有什么可失去的一项攻击进行最终报复，以此力求阻止敌方，甚至就会受到威胁。美国和北大西洋公约组织显然威胁，并且充分地预备了两种报复形式。通过这么做，我们的国家只是简单地威胁要杀害苏联公民。我们的国家所采取的意见是：在那些情况下，以并非“阻止参战人员”或“惩罚战争罪犯”（即诸如“高度价值资产”之类的描述）的一项说明来杀害人们。因此，他们提议杀害作为无辜者的人们。

但是，如教皇约翰·保罗所说，“教会的整个传统一直活在并且依然活在这个信念中”，即“存在一些无论在什么地方，其本身总是属于非法的行为”，而在这些行为当中便包括“直接杀害一个无辜者”（“向道德神学家的演讲”，1986 年 4 月 11 日）。在该传统中，“直接的”不多不少正是意味着：是有意的，作为一个目的或一项途径。无论威胁死亡，还是建议在城市互换攻击或最终报复中所施加的，都是完全有意作为对苏联最视为有价值之物施以有限或无限损失计划的一部分。因此，无论具体情形如何，城市互换攻击和最终复仇都是要彻底从基督徒生活中被排除的。

做这类行为的选择——这个意图以及这么做的意愿——也是被基督徒道德生活所排斥的。因为在十诫和基督的话里，教会总能找到对这样一个合理

性原则的肯定，即如此行为是错误的。那么，想要这么做就是错误的：让人有价值或没有价值在于一个人的心；有意的怒气和欲望在道德上是恶，即使没有以行为形式表现出来（《出埃及记》20：17；《申命记》5：21；《马太福音》5：22 和 15：17；《马克福音》7：18－23；阿奎那，*ST* Ⅰ－Ⅱ q. 74 a. 1）。如果满足特定的条件就要做一件大错事的意愿，是一个严重错误的选择，即使当条件满足时，一个人也可以对自己的选择感到悔恨而不去实施。

如我们的书所体现的［essay Ⅱ. 12（1994a）］，对付条件意图的仔细分析将会延长很多页纸；并且，将只会肯定那个结论。我们用了许多页纸来分析，试图规避保留可接受的对方城市报复威慑的必要性，在超级大国之间进行制止。这些努力包括战略防卫先制（SDI），如果能够实施并且以现在所梦想的 282
方式实现自我防卫，那些威胁将确实多余。但设想完美的防卫是一回事，而获得它们又是另一回事。现在，并没有官员声称战略防卫先制能够在几十年内取代威慑。关于你或我卷入威慑的道德判断不可能等那么久，或者最终不能等那么久。

我已经说得够多了，用最简洁的梗概来表明为什么我们得出结论，如约翰·墨里的建议，将威慑转变为一个有限的威胁来解决道德问题，不是破坏城市而是破坏敌军，是跟 30 年前一样远非文明的建议。

对于解决支持威慑的道德问题，还有一个不同的建议：我们应当将威慑视为一个虚张声势的吓唬（bluff），或者将它转变为一个恐吓。除了基督徒，很少有人曾郑重地提出这个观念。这类建议听起来相当不同，比如整个体制不怀有任何确定的意图，或者不过是“让我们的选择保持开放状态”。在分析上，变成包含这样的观念：不以任何相应的意图、选择或意愿为后盾的一种威慑，或者可能成为一个吓唬。

所有这类建议忽视的是，威慑不是总统或一小撮圈内人使用的某种武器或装备。而是具有广泛分歧的公共行为，由一项公共政策——国防部长在他们如国会的预算请求中年复一年地陈述的政策——所定义。那项政策不是仅仅作为吓唬苏联人的一项政策，而是跟其他政策一起表明：如果他们摧毁我们，我们就能够并且将摧毁他们，对他们施加不成比例且无法承受的损害。

那个见解是采取威慑必定包含的，无论是否因着对提案和公共政策的投票而个人自由选择地参与其中，比如在国会当中，或者加入成千上万的团队之一；就使该（政策公开辩解的）体制待令上路运行（与的确运作起来同样）而言，他们规定了军事的角色或支持了平民的作用。

总统个人可能是在吓唬。其他少数人也可能是在吓唬。参加该体系的大多数人不可能——在逻辑上不可能——在吓唬人；因为现在他们已经做了他们的那部分，使威慑的实行成为可能，只是还无份于任何最终的实行本身：国会议员们；那些建造和守护发射井、潜水艇、导弹与炸弹的人，或者那些不停地发送信息给地下或者空中战地指挥所的人；这些人没有一个仅仅是吓唬人。

他们也许盼望总统是这样。他们也许盼望，那些在某天执行威慑的人将
283 变成不过是秘密的吓唬者，或者是不服从指令的异议者。然而，他们没有什么根据来断定，这位总统或任何其他总统是在吓唬人。而他们却有牢固的根据预料，发射井和潜水艇里的军事设备在那一天将表明是可靠的。但关键点是：他们自己不可能吓唬人，只能选择现在做或现在不做自己对于该建议在发生效用的那一点份儿，维护该体系并体现该宏大且正在进行的公共行为。

该行为在“威慑”的名义下进行，并且有威慑的动机。而且，由公开且毫不含糊地用肉眼可见的能力来执行官方建议、官方陈述的意图或意愿所明确的，在城市互换攻击和/或最终报复中施加不可接受的损失。无论是否情愿以及无论盼望甚至期待的是什么，当他自愿为威慑做他那份时，就是他所参与的建议和意图。

结论看来是不可避免的：核威慑是基督徒良心不能接受的，而且，不可能在可预见的未来转变成一种可接受的威慑形式。

威慑是一项公共行为，是在许多个人选择中并且通过个人选择而形成的。这些选择提议，接受采纳它的建议并参与它，或者以某种其他方式支持它。每个人的基本责任是：不要选择或者做任何这样的事，这些行为本身将采纳、参与或支持该公共行为或该公共行为得以维续的任何附属行为。因为在本质上，该公共行为包括一个没有人应当采纳的建议，人必须坚决不接受

任何支持该威慑的邀请或帮助——无论多么不情愿——带来其延续性。

这个基本的消极责任，拥有比人在第一时刻想到的更加广泛的含义。因为西方的威慑支撑了许多政策和行为（军事的、政治的、经济的，等等），如果它们不能充分地制止苏联的力量，西方国家将不会在苏联的挑战面前维持或体现这些政策和行为。因此，西方国家的威慑是他们追求结束所有其他政策和行为的必要途径。但是，理性地为一个目标选择途径的人，也打算必须将他们知道的所有其他途径用于使他们所选方法有效达到目的之处。因此：美国、英国和法国断定核威慑是错误的，被充分告知而且理性的公民将会看到，他们不可能采纳、参与或支持任何预定要摆平苏维埃社会主义共和国联盟（USSR）的力量，他们的国家需要并且用威慑来维持的政策或行为，即使政策和行为本身在道德上为善且也许是迫切需要的。

比如：必须准备拒绝支持一项在中东对抗苏联的国家政策的试探性邀 284
请。这类邀请的确是试探性的，因为苏联人值得在中东失败，他们的霸权主义在那里将包含非常深远的罪恶，包括对世界许多地区严重的政治和经济的非正义，包括我们自己的社会。但是，必须抱歉地拒绝该邀请，因为对抗苏联人意味着打算威慑；除非其国家维持或参与一项核威慑以巩固所有其他抵制苏联人的力量，抵制他们的建议不可能成功。

或者再如：不仅必须否定且拒绝将会实行威慑的策略性力量，而且包括所有将军事运作的安全依赖于通过威胁城市互换攻击与实施最终报复进行最终巩固的军事力量。

一个人可以交他全部的税，或者，是否应当计算整个政府花费中相应地应用于执行那些邪恶建议的预备的比例，然后不交这部分？我想，答案是税款必须不予扣留，除非这样的扣留符合所有为着正当的公民不服从标准——在此我将只用 12 个单词来表达而不加以讨论：对触犯法律保持开放性、非暴力、乐于服从法律制裁（openness in one's violation of law，non – violence，ready submission to legal penalties）。我们的税款是为了一个联合的资金；支付听不出是为着一个特定的政府项目。因此，一个人能够预计，他所交的税款花在他作为一个公民在道德上乐于支持的有价值的项目上，作为一个不想要的负面作用，只是接受这些支付的部分也被用于不道德的目的。而且，没人能够合理地判断，扣留税款将以何种方式影响花费在核政策体系上的数目；当局给出了将把那个体系的维护作为高度优先的每一个信号。所以，扣留税款的唯一效果是其他公民将不得不付出更多，以及/或者有义务支持的有价值项目将会遭殃。

那么投票怎么样？如果有人看出了威慑的不道德性，可以投一票支持任何议会代表而不是作为一个单边主义者吗？如果不是，那么在这类选举中，实际上就无人可投了。如果这么做是为了阻止支持道德上类似政策的候选人
285 当选，以及在其他方面更不合适的候选人，或支持其他不道德的公共政策如资助堕胎的候选人，只是投票支持一个支持不道德的候选人，并不共享威慑的罪。如果投票者的意图不过是尽其所能组织候选人 B 当选，那么，投票支持候选人 A 并不意味在道德上与候选人 A 的所有政策联合。候选人 A 作为国家立法机关成员权力的持续运用，可能成为（即便完全可预见）一个真实的负面作用，这类立法者能够正当地接受这些负面作用而不必负道德责任。

我已经触及几个实际的或可能的公民消极责任。正面的（*positive*）或积极的（affirmative）责任总是更难用一般术语来详细说明，每个国家之间、每个公民之间都不同。但是，无论在什么地方，所有认识到威慑之不道德性的公民的一般积极责任是：将抓住许可见证他们远离国家威慑政策的这类机会作为他们的优先责任。

在许多情形里，一个人的这类机会确实会非常受限制。并且，在任何情况下，远离的表达都应当是负责任的。比如，应当警惕由“和平”运动产生的严重风险，即倡导单方面核裁军的“和平”运动，却没有稳健而清楚地认识到：做他们所倡导的一个负面作用将很可能是苏联的独霸。采取单边主义政策而没有认识到苏联独霸为可能后果的选民，在那个结果明显地即将发生时，将可能退缩。于是，他们大声吁求重整核军备也许正好促使战争和大屠杀的突然发生。如果单方面裁军在美国成为一个政治上严重的运动，那些正在考虑积极支持单方面裁军的人将有义务鉴于一个可能的直接结果来衡

量他们的正面责任：强烈反对也许恰恰将美国军队送到比其他人更可能直接而广泛使用核武器的人手中。

因此，无论（像我一样）是在教会针对核威慑做出任何最终决定之前，先得出自己的决断，还是如果当那个决定出来时跟随决定（我亦不知何时），基督徒们都还要考虑他们的选择如何承担国家的共同善。但是，他们不能做出选择参与或支持因蓄意谋杀而被排除出基督徒生活的一项政策，尽管这项政策对确保反对源于外来、非正义和反基督教力量的可怕毁坏和损害这个共同善是必不可少的。

而且，他们将这么做，在他们心中，并没有持诸如马里旦建造“一个新基督教世界”那样的任何“综合目标”。作为一个理想，这类文明是冥思的适当目标。但是，乌托邦不是努力的适当目标。作为一个时间推理、深思与 286
盼望的目标，我想不出除乌托邦之外，它还能够成为什么。如果它能够，那么，在我们的时代，它的成就也会受到目前这类强有力障碍的阻碍，在我们对时代找零的时间推理中，目前还没有它适当的位置。对于那些障碍，最重大的是我已经详细论述的残忍事实：抵抗由我们所面对但不能克服的超级强权带来的征服，予以城市交换攻击以及遭受一场粉碎性的最终报复这样的邪恶威慑，真的是必不可少的。

如果一个人从他的时间推理中打消所有的“综合目标”，根据未来事态被定义为“一个新基督教世界”那样宽泛的“综合目标”，那么，绝不会让那个推理徒劳无益或令这些推理力求确认和实现的责任受挫。除非被情势（state of affairs）深远未来的这类设想所引导，设想（像马里旦一样）那样的实践推理是一个哲学谬误。

设想一个人的基本责任和使命是：尽其可能地保证这个世界之事态总体上最大的善——以及像马里旦所设想的一个新基督教世界如果能够达致，将确实是一个好的情势。但是，人力求达到的选择之善并不是简单地由他们的动机决定的。还有其他的善（goods）处于紧要关头，比如：人可以通过替代性选择（因为没有人能够做一切有价值的事）带来其他好的情势；人藉着做出其选择而实现或打破的义务（commitments）；人对待因自己的选择而影响到其利益的那些人，是公正还是不公；进行一个人的选择时破坏或伤害的那些人的人格尊严。这些善中，没有一项能够跟期望达到的情势的善相通约；它们无论是单独分开还是合在一起，都不能被确定为在客观上少一些善。

比如，设想一个人的选择涉及有意破坏或伤害某一基本的人类善，不仅接受这类破坏或损害为一个可预见的负面作用，而且，破坏或损害的肇因是他通过其选择采纳的意见之组成部分。换句话说，假设他在那个方面的选择就像维持核威慑这样的选择。那么，我们必须说：这类伤害的行为不能够被客观地衡量以及为那个期望得到的情势在总体上的未来之善所压倒。这就是为什么耶稣重新宣扬的诫命的道德绝对性，由教会作为永生的前提而传递，是没有理由冒犯的。

287 哲学家们客观地评价替代性选择——冒着核大屠杀的风险而保持威慑，还是因着非正义征服的可能性而弃绝它——所涉及的利与弊已经使这一点更清楚，即不存在赋予平衡人类善与这类本质极其相异的伤害这个模糊隐喻以合理性形式的衡平或度量标准。

如果你愿意这样称呼，对于结果主义、功利主义、相称主义一类伦理学最近的采纳——为诸如麦哥铭、何力（Garth Hallett）、舒勒、休斯、马洪尼（Jack Mahoney）、福斯（Josef Fuchs）这些神学家所采纳——不可能不沮丧而笑之。大多数神学家都忽视了任何这类伦理学所不能克服的问题，他们也没有一个人能解决，尽管大部分问题在很久以前就确认了。的确，这些问题被世俗的承继者和提议这类伦理学的哲学家们所确认。

在此，我们可以回想，结果主义伦理学是200年前第一次被提出来的。在启蒙运动的骄傲自大中，第一次，人开始忘记天道在神那里（providence is God's）。多年来，神学家和哲学家已经向结果主义神学家指明，他们的新伦理学包含着一个神学上的反证法（*reductio ad absurdum*），却没有得到结果主义神学家们的回应。从先天的到基督徒，到犹太教徒，信心在于这样一个原则，上帝允许恶只是为了由此引出善。不管愿不愿意，那些同时接受新伦理和天道原则的人都在理性上委身于如下道德原则：如果对什么是对的有怀疑，则人应当选择他有意倾向的，无论是什么！因为如果成就了所选择的，那么，他就能够确定在整体上那是最好的，既然那个选择必须被纳入天道的计划。

现在，做你感觉上喜欢的，这个形式的道德原则荒唐地与基督徒的信仰相悖。基督徒道德判断的结果主义方法混淆了人的责任与上帝的责任。我们的选择不仅在这个世界形成情势（states of affairs）（即“结果”），而且，形成并且定制了我们的品格（*character*）。苏格拉底拒绝三十僭主参与政治谋杀邀请的价值，就像基督胜过试探、胜过该亚法的政治理由（*raison d'état*）对于人的意义，以及犹大屈服于世界的诱惑和彼得屈服于世界的谎言，甚至在这些选择者属地的有生之年里，均是彻底深远且彻底不可通约的。几千年后，这些选择每一项的进一步后果依然极大，甚至尚未开始消耗。对于这些例子中的任何一个，计算结果总和并辨认总体上更大的善或更少的恶，这个结果主 288
义建议甚至不能开始实施。

或许，我说的已经足以表明，我相信是信仰给我们提出的召令（vocation）概念。在这个概念里，基督徒被呼召配合父神创造的工作、子神的救赎工作以及圣灵的成圣（sanctification）工作。但是，对我们每个人而言，我们的人生必须投资在神圣位格正在建造的大厦的小细节上。那个大厦不是一个新基督教世界。社会与政体跟教会从来就不同。教会只有一个综合目标——上帝的国度，尽管其材料是在这个世界上组装的，建造也是神秘地在这个世界开始的，但是，并不属于这个世界。

如梵二公会所教导的，我们天性的良善果实以及我们顺服上主命令而做的任何努力，将在真理与生命、圣洁而恩惠、公义、爱与和平的国度里再度呈现。因此，任何真正荣耀那些善的选择都去建造那个国度，即使选择导致或接受那些善作为情势的某些损失（*Gaudium et Spes*, 39）。比如，通过拒绝参与毁坏生命的公共或个人选择，从而使尊重生命成为国度材料的选择，拥有真实且真正持久的效果，即使属世的智慧只将其理解为一个“更大恶”的选择时，依然如此。

属世智慧的眼界受限于人碰巧关注的属世社会或国家的未来；委身于这类“智慧”被一个偏见的原则所引导，不过会用计算更大的善与更少的恶来产生合理化。但是，存在一个专门的基督教伦理学，也存在一个专属于基督教的眼界——国度及其通过跟随主耶稣道路的选择而进行的建造——这个眼界使每一类通过保留或保障任何今世情势来定夺选择的伦理学都相对化。

医治世界的软弱、伤痛和疾病，当然包括积极参与——以及对某些人而言——个人在政体公共事务中的领导力。但是，正如任何人所能够前瞻的，这是核时代的本质，像美国、英国和法国，政体将掌握在那些倾向于破坏敌对国家无辜者的人手中。因此，在所有这类政治组织下，一位基督徒的召令如今就不再能包含曾经能够的，即有份于执行国家领袖的最高政策；如果那些政策可信地危及自己的国家或盟军的城市，那么，一位基督徒本来荣耀的召令，也不再能包含被迫抵制国家敌人的召令。

289 在教会与政府关系拥有核心现实和地位的领域即个体基督徒的良心这个领域，一个技术上纯粹的意外确实激烈地改变了教会与政府之间的关系。

在 19 和 20 世纪，总的来说，天主教徒开始视自己为好公民中最佳的。要放弃这一点自持，确实会很难。

今天，当基督徒尽其可能地做出最满意的性生活安排时，或者在最佳时机选择杀人时，认为圣灵正在引领并且加强基督徒经历无罪良心的神学家，毫不怀疑地断定圣灵引导基督徒遵照属世的判断；这样降服于世界的判断是不可宽容的，因而，“权衡价值”后制止是正确的选择。主张启示是在基督里成就并且由基督的教会传递的基督徒，将会离开这类神学家和他们的新宗教。

许多基督徒将极其不愿接受，在这个历史的关键时刻，我们久远的信心（faith）可能建议任凭我们的国家在军事上毫无防卫地面对一个残忍且欺哄人的理念。或许，通过枢机主教拉辛尔经常提到的一个取向，他们可能在合理解决自己的良心危机上得到一点儿帮助：

> 现在正是时候，基督徒重新要求属于少数人的意识；以及，经常与新约所称——当然不是在积极意义上——“世界的灵”思想认为是显然、可行且自然相悖的意识。现在正是时候，再度找回不信

奉国教（nonconformism）的勇气，反对周遭文化许多趋势的能力……[1]

注

大约在写这篇论文与《核威慑、道德与现实主义》的多年时间里，威斯敏斯特的休姆大主教，召集并主持了一个大约十二位成员的核问题委员会。核威慑的支持者与反对者差不多各占一半，无论以何种标准，首要的支持者都是迈克尔·昆兰（Michael Quinlan）爵士，他是那时以及当前不列颠核威慑的首要设计师与阐释者。因着他和委员会的鼓励与重大投入，我准备出版一份关于核威慑伦理的辩论对话；但是，完成之后，主席却禁止出版并解散了委员会。对话中，参与者阐述与论辩的立场实质上都能在昆兰最后的书《关于核武器的思考》（*Thinking about Nuclear Weapons*）的第 49 页找到；在第50－55 页，他给出了自己的判断，总结只存在两种（不是三种）一贯的立场，这是对的；但是，我认为这个总结是错的，即认为“第三种立场”支持“在某些情况下，以能够提供有效制止期望的方式和标准使用核武器，在极端情形下也许在道德上可接受；因而，他们对核武器的拥有能够获得正当性”（即使在任何一方都能破坏另一方城市的情形下）。在昆兰仔细且敏感的讨论中，错误最清楚明显地体现在：他（正确地）搁置了可能使用“不导致非参战人员生命巨大损失”的核武器（深水炸弹或者大气层外拦截器）的适恰性。他拒绝接受这类运用的适恰性的根据，体现在第 52 页给读者指示 290
的附录中；那个附录关键的意见在第 186 页第 9 段（使第 6 段对第 5 段确认为关键问题之回应中所压抑的内容明确表述出来）：

> 为了在威慑前景和实施的正当性两方面都有效，核武器打击的级别将必须是这样，即对入侵者期冀的损害应当足以打击其继续侵袭的意愿或能力，同时，对非参战人员无意的伤害要少于入侵者获胜带来的恶。事实并不明显，是否绝不可能存在一同满足这两个条件的打击级别。

---

[1] Ratzinger, *The Ratzinger Report*, 36－7.

很清楚，为达到制止或结束敌人攻击的策略性目的，对非参战人员“必需”（needed）的伤害将——严格地因为必需——只有在这个意义上才是“无意的”，没有以城市或“这类”（用于第6段的词汇对要点做了模糊的表述）非参战人员为攻击目标就能够达到。基于前面第278－281页着手的理由，关于攻击目标的真理没有否认或少一些对这个结论的肯定，即这类核袭击的意图将是“对非参战人员”施加“巨大生命损失”作为·制止或结束攻击的唯一可取方法。昆兰对第二种立场（拥有核武器却放弃使用）的否定意味着——尽管他没有十分清楚地指出要点——承认，的确坚持，如果没有形成这样一个意图的意愿（不只是假装这类意愿），威慑是不可能的。

昆兰否定第一种立场（《核威慑、道德与现实主义》和本文所护卫的立场）的论据是，放弃威慑的结果是对罪恶政权无法容忍的屈服。该论据拥有我们在《核威慑、道德与现实主义》中许可并且阐释的所有力量。提及这种无法容忍的假设性例子时，他回忆了以色列对峙伊朗的情形；这个例子的确对结论具有恼人的强大诉诸力。除非以色列被制止，伊朗要求压倒以色列的能力，尽管这一事件并不完全符合他所讲的要旨；但值得注意的是，到目前为止，以色列实施的核威慑形式可以说在道德上是可接受的；既然并没有做出拥有核武器的坦白，亦没有清楚体现什么危害；并且，威慑实际上是单边的，至少如果没有相关对手都拥有相当的反价值能力，并且，所有可能的对手都可能通过他们军备力量的核破坏前景而被制止。

在本篇论文发表的那个月（1988年7月），美国天主教会的助教们颁布了两份文献作为他们1983年教牧书信的补充。昆兰（51－52）认为，这些补充通过弃绝“第二种立场”（拥有却放弃使用）、支持第三种立场（昆兰的立场和美国/英国/法国的立场），澄清了主教们1983年的立场。在我看来，清楚的是，主教们没有接受第一种立场；如已经提到的，那是《核威慑、道德与现实主义》一书澄明的立场，被主教们在“关于‘和平的挑战’和1983－1988年政策发展的报告”（在“关于回应‘和平的挑战’的教牧反思”中通过）的脚注42提及。但是，他们没有谴责第三种立场，而且没有澄明第二种立场，这意味着对第三种立场在事实上的接受（尽管所有绝望警告的方式使其未触及实质和实际的现实）。昆兰在第51页引用了约翰·保罗于1982年6月11日给联合国关于裁军的第二届特别会议的信息：“在当前情形下，以制衡为基础的、不是作为目的本身而是作为迈向裁军路上一个阶段的‘威慑’，也许还被断定为在道德上可接受。”并且，他评论道，教皇“排除第一种立场”，“当时或者之后并没有表明他是否依据……第二种或第三种立场”。在《核威慑、道德与现实主义》第97–98页（也见第103页）提出，教皇的陈述“不过肯定了天主教会还未就相关问题作出澄清并达成确定结论”。现在，美国主教们选择肯定像美国（以及英国和法国）那样的政策的道德正当性；当他们这样采纳时，并没有对澄清问题有任何进步，或者就不采纳《核威慑、道德与现实主义》（以及本篇论文）做出的说明在根本上提出理由，基于他们宣布的道德原则，该说明将包含威慑政策是不道德的一个澄清。二十年过去后，天主教会对该问题教导陈述的那种不令人满意依然像1983年一样。

第 21 章

论“一致尊重生命的伦理”*

预备性解释

291 “一致尊重生命的伦理”（the consistent ethic of life）这个说法（phrase），是一个名称（name）而不是一个论题（thesis）。哲学反思首先追寻措辞的作者[1]

---

* 1998a [“一致尊重的伦理：一篇哲学批评”（The Consistent Ethic：a Philosophical Critique），为红衣主教伯纳丁主持并出席的一个会议而写，致力于讨论他已经用“一致尊重生命的伦理”公开提议的各种论题；方括号里的脚注在作为该会议结果而出版之书的论文版本中，作为回复这本书沃尔特（James Walter）一文的回应]。

〔1〕 红衣主教约瑟夫·伯纳丁，在下面罗列的讨论中谈及。然而，该措辞有前主教史，比如美德若斯大主教（Archbishop Medeiros）在 1971 年的演讲“对一致尊重生命的伦理及法律的一个呼吁”（A Call to a Consistent Ethics of Life and the Law）中已经使用该词，麦哥铭神父提到了这一点：McCormick SJ, *Notes on Moral Theology* 1965 *through* 1980, 399. 红衣主教伯纳丁的论述在此用数字援引如下；括号内的页码指该文章出现于上面所提书中的页码。

1：Fordham University (Gannon Lecture), 6 December 1983, *Origins* 13 (1983) 491 –4；(1 –11).

2：University of Chicago, 16 January 1984, *Origins* 13 (1984) 566 –9.

3：St Louis University (Wade Lecture), 11 March 1984, *Origins* 13 (1984) 705 –9；(12 –19).

4：Kansas City (National Right to Life Convention), 7 June 1984, *Origins* 14 (1984) 120 –2；(20 –6).

5：Cincinnati (National Consultation on Obscenity, Pornography and Indecency), 6 September 1984；(27 –35).

6：Georgetown University , 25 Octobor 1984, *Origins* 14 (1984) 321 –8.

7：Report to US bishops on Committee for Pro – Life Activities, 14 November 1984, *Origins* 14 (1984) 397 –8.

8：Catholic University of America, 17January 1985；(36 –48).

9：University of Missouri, 7 March 1985, *Origins* 14 (1985) 759 –61.

10：Loyola University, Chicago, 8 May 1985, *Origins* 15 (1985) 36 –40；(49 –58).

11：Criminal Court of Cook County (Criminal Law Committee), 14 May 1985；(59 –65).

12：University of Notre Dame, 1 October 1985, *Origins* 14 (1985) 306 –8.

13：Seattle University, 2 March 1985, *Origins* 15 (1986) 655 –8；(77 –85).

14：Catholic Medical Center, Jamaica, New York, 18 May 1986；(66 –76).

15：University of Portland, Oregon, 4 October 1986, *Origins* 16 (1986) 345 –50；(86 –94).

用该词意指何种主张。对于这一点，在研究作者使用或想起这个词的论述时，一定会出现在我们的脑海。

谈及“一致尊重生命的伦理”时，红衣主教伯纳丁呼吁发展或创建这样一种伦理学。[2] 但是，这是他作为一位主教的说法。因此，他与他的听众设想：天主教会的道德教导已经是一致（贯）的（*consistent*）——不含矛盾或
武断的削截。他也设想，天主教教导已经包含适用于他所提问题的整个论 292
域，以及联系各要素的必要的（essential）道德原则和规范：遗传学、堕胎、战争、死刑、安乐死、淫秽、饥饿、无家可归、失业、教育……[3]的确，他的论述没有一个提到需要任何新的道德规范，所有论述认为并且暗含如下主张——我将详细阐述以澄明红衣主教伯纳丁实质上呼吁的三个主张之一：

> CEP1：在天主教会有关人类生命问题整个论域的教导中，无论过去的教导还是新的教导，天主教徒个人都必须追求一致（self-consistent），并且积极地接受相关联的价值、原则、规则以及适用的整个框架。

因此：“一致尊重生命的伦理准则之结果是带来对教会中每个团体立场的审视，站在一个位置而不是其他位置来看待道德意义。该伦理准则拦截两路，而不只是一路：挑战支持生命优先的团体，也挑战正义与和平的团体”[4]——以及，当然还挑战它们每一位个体成员。

但是，如果已经在本质上存在着每一个天主教徒可以发现并且一致活出来的天主教伦理，那么，还“需要”什么呢？还要“发展”和“创建”什么呢？

红衣主教伯纳丁的回答是清楚的：必须要发展的是“我们的思维方式、我们的态度、我们的教牧回应（pastoral response）”。[5] 不是坚持那种不将自己

〔2〕 See e. g. 9：759. Such an ethic is “needed”：1：493（7）；3：707（14）.

〔3〕 有时，这个前设或多或少清楚地显露：例如脚注1中的10：40（58），讲到“首先为一个源自圣经与教会传统的神学概念”的一致尊重生命伦理提供的道德分析框架。

〔4〕 13：657（83）.

〔5〕 15：347（88）.

委身于任何轻率的“一致性”（consistency），而必须跟所有那些致力于幸福、生命和他人尊严的积极关怀保持一致。如果我们的思维方式、态度和活动因而一致地回应那些善，那么，我们（信仰者）可以盼望“在社会中一种态度或氛围”的总体发展，作为任何成功地、全民性地护卫和促进那些善的前提条件的一种社会精神气质（social ethos）。[6]

293 因此，红衣主教伯纳丁说道：

> 提倡一致尊重生命的伦理之目的是主张：危害生命的任何问题之一都需要关切在社会中尊重生命的更宽广态度。态度是生命伦理扎根的地方，因为在本质上，是一个社会的态度——无论尊重还是不尊重——决定其政策和举措。[7]

故此，第二个主张以“一致尊重生命的伦理”为名：

> CEP2：天主教徒负有一项责任，在自己身上，从而在他们的同胞身上，培育一种尊重处于各种形式和阶段的人类生命的精神（ethos），乐于提升每个人生命的尊严和品质，越过危害生命、尊严和人生品质的整个领域。

红衣主教伯纳丁明确了 CEP1 与 CEP2 之间的联系：除非天主教徒就诸如堕胎、死刑、核威慑与战争这类全国性政策的重大问题，对人类生活应当尊重什么伦理要求享有一个共同的判断，否则他们不能充分地实现 CEP2 认

---

〔6〕 1：493（9），也参见 2：568 – 9 谈到在社会中“凝聚一种氛围”（setting an atmosphere）；3：708（17）“力求扩张一个社会的道德想象力”关于“生命的全面异象”（systemic vision of life）；4：122（25）“需要在社会中培养一种尊重生命的态度”以及“为护卫生命建立一个相互关怀的网络”；5：11（34）“一致尊重生命的伦理倡导的综合道德异象”；6：325 在天衣无缝的“分析环境”中发展“立场”（posture）；以及 6：326“看见我们当中的无助者”的努力；8：4（39）需要“在公共议程里”“为穷乏者露脸谋空间……”；9：761 创造“公共论辩中的空间”；10：38（52）关于“生命品质立场”（quality – of – life posture）；11：3（61）需要回应“危害生命的神圣不可侵犯或者养成一种不尊重它的态度的任何时刻、地方或环境”；13：656（77 et seq.）and 658（77 et seq.）发展一个“道德异象”，以及 657（77 et seq.）一致尊重的伦理针对特定社会力量“凝聚一致性”的“作用”；15：348（86）绝对需要维系对生命的一致护卫和提升的“社会”态度或风气，有鉴于此，决定社会政策和举措的是态度。

〔7〕 See 11：10（65）；14：5（69）.

定的责任。[8] 但是，这个天主教共识几乎不可能出现，除非每一位天主教徒个人寻求 CEP1 所呼吁的：在他们个人的思想和态度里一致地关注人类生命。

红衣主教伯纳丁论述一致尊重生命的伦理表达的第三个主张，是跟他作为一名主教，甚至作为美国维护生命活动主教委员会（US Bishop's Committee for Pro－Life Activities）的主席来做这些论述的事实有关。但是，他没有只停留于推论。相反，是一位天主教之主教拥有的、跟社会和个人实现 CEP1 和 CEP2 确认的诸如此类积极责任有关的论题。的确，“一致伦理（the consistent ethic）挑战主教形成一个总体社会日程”。[9] 因此，我们能够说：

> CEP3：为了在天主教徒之间达成想要的一致，因而在社会中达致总体上想要的精神，天主教会的主教们应当不仅公开赞赏天主教会关于整个“生命”与“生命品质”（quality of life）问题的教导原则，而且，还应当公开推荐并适当地将这些原则运用于这个领域的政策。

稍后，我将分析并讨论伯纳丁主教对这些命题的论述提及或暗含的其他 294
立场。但是，这三个首要的表述为我的论文提供了结构：CEP1 是第一部分，CEP2 是第二部分，CEP3 则是第三部分的主题。

三点进一步的预备性话语。

第一，一个外国人试图评价伯纳丁关于公共精神的评论在美国或对美国天主教士气的影响力，将会显得鲁莽。任何我所说的，都没有这类评价的意思。

第二，然而，我不怀疑这样的预测，在某种程度上，非天主教徒的公共意志将印象很深，看到天主教徒的关切并非局限于如此专门强调一两个问题以至于显得古怪而偏狭，也不限于似乎根据信仰者的各种偏好挑选顺利适于

〔8〕 有关天主教对这些问题达成共识的急切必要，参见 1：493－4（10）；13：656－8（77 et seq.）.

〔9〕 13：658（77 et seq.）. See also e. g. 6：327；8：12（47）.

一个或另一个政治党派的问题。

第三，能够将 CEP1 和 CEP2 理解为：表述我相信是应当被接受，并且是被接受为重要的陈述意见。至少迄今为止，一个对一致尊重生命的伦理的主教呼吁是确实适时的。但是，就 CEP3 表述与主张主教对于促进国家政治"审慎"（prudential）判断的义务而言，这个功课具有与实现主教毋庸置疑的责任相悖的副作用。因此，在我看来，CEP3 是有待讨论的。

总体来说，提出一致伦理的论述看起来有待于有裨益的澄清。即使联系到 CEP1 和 CEP2，该论述也可能被理解为或被误解为传递可疑或错误的观点。因此，那两种构想也可能这样：CEP1 可能会被误解为：提议将教会判断作为最好地提升人类生命或长期福祉（well - being）的方式来塑造规则、建立相关的道德规范；CEP2 则可能被解读为：提出了积极的个人或团体责任之一个不可能的宽泛范围，以及实现它们的"最佳政策"这种不可能的寻求。

鉴于此，下面的反思希望不仅可以致力于伯纳丁论述如此清楚确认并且大力推行的良善目标，而且，可以为基督教教导提供像基督教神学一直寻求的哲学上的精确。

I. 何种一致伦理？

红衣主教伯纳丁所呈现的一致伦理，"首先为一个神学概念，源于人类
295 生命神圣不可侵犯，我们负有责任保护、护卫、培育并且增进上帝恩赐的该
圣经与教会传统"。[10]在"一致伦理"背后，有特定的主题：

> 人是按照上帝的形象和样式被造这个神学宣告（theological assertion）：关于人的尊严之哲学肯定，以及社会与政府的存在是为了服务人（serve the person）这个政治原则。[11]

---

〔10〕 14：16（76）；see also 10：40（58）.

〔11〕 15：348（91）.

我的哲学反思将覆及所有这些渊源和主题，运用哲学家的自由来寻求给予关于圣经、教会、神学与政治断言（affirmations）以意义与正当性所需要的概念和前提。

那么，我首先的反思是，天主教徒可接受的一致伦理所需要的一些概念来源，从上述“主题”名单中被删略了。论述中明显裁剪的无缝衣，给基督教穿还不够大。而且，如果说无缝，它还是使基督的身体暴露于“每一场理论之风……”下、未缝的缺口和松散之端。

CEP1 为发现并且持守尊重生命、保护生命并且提升生命的一致伦理进行敦促的责任，拥有每个人将认同的一个根基：爱邻人（love of neighbour）。基督教道德的首要原则是：“爱人如己”（Love your neighbour as yourself）［在“爱神超过万有”（Love God above all things）与“先求他的国”（Seek first the Kingdom）的框架中来理解］。[12] 我提议，该原则是真正的无缝衣，不受不敬虔的、不理解的或自利的（self - interested）手之分离。

在哲学上，能够更加绝对地来构想道德的第一原则：应当选择——不然就是决心要——那些并且只有那些跟必不可少的人类完全（*integral human fulfilment*）相一致的可能意愿，即肩负所有人与共同体的善，这不是设想通过某一世界范围的亿年计划而达到的道德目标，而是作为借助一般原则及其蕴含的更详细规范来激发并校正实践思维的指导性理念。[13]

当然，无论在圣经还是更多哲学的表述（articulation）上，该第一原则都需要更详细的说明（specification）。必须确认，该原则对于人类在各种基本的人类善之间进行选择的含意（implications）。爱邻人需要落实于具体的情形。

有一些必要的详细说明，没有人想要辩驳。比如，耶稣所表述或重述的 296
黄金法则[14]就是这样一类详述——无疑是高度概括的，但仍为第一原则的一个含义，对于道德推理拥有其强势的说服力；以利己主义或偏私为特征的

〔12〕 例如《马太福音》19：19；22：39；以及 6：33。

〔13〕 对该第一道德原则的根据、意义和力量更全面的讨论，参见 *NDMR* 282 - 4；1987f，secs Ⅶ - Ⅷ.

〔14〕 “你们愿意别人怎样待你们，你们也要怎样待别人”（Treat others the way you would have them treat you）：《马太福音》7：12；《路加福音》6：31。

意志没有这类爱或尊重邻人，不可能向整体人类完全（integral human fulfilment）开放。[15] 相应地，从公正（fairness）的黄金法则而来的是更具体但仍属于普遍道德与普通法的一般规范，诸如“法律面前人人平等”或者“法律的平等保护”，亦如下面这类完全具体的道德判断：吉尔想让她的丈夫忠心，自己却不公正地跟萨姆上床。

但是，耶稣和圣保罗强调道德无缝衣的广度（the *breadth* of morality's seamlessness）：爱成全了律法[16]——是解开所有道德规范的钥匙。在不间断的传统理解中，一些诫命超越了公正的要求。比如“不可奸淫”（Thou shalt not commit adultery），被解读为是绝对没有例外的，即使相互同意拥有一段“开放性婚姻”的夫妻之间触犯奸淫也是不公正的。现在，正在此处，我们发现一个对于那些想要认同一致尊重生命伦理的天主教徒来说很严重的问题。“不可杀人”是不是表达了（或意味着）一个绝对道德（a moral absolute）？[17]

对此，公开发表的神学论述已经谨慎待之；审慎的当代神学家避免列举可以或不可以赞同杀害无辜的各种情形。即便如此，还是有相当数量的重量级神学家公开提议，致死（在一个完全的意义上、直接地、有意图地针对无

---

〔15〕 澄明第一道德原则与黄金法则在直觉上明显的关系，参见 *NDMR* 285. 关于其他诸如此类的中间原则，参见 *ibid.*，285 – 7；*CMP* chs 8，10；*FoE* 68 – 76.

〔16〕 Cf. Galatians 5：14；Romans 13：9；Matthew 22：39 – 40.

〔17〕 我用“（道德的）绝对”具体指排他的道德规范，不包括没有评价性术语并且无需援引描述之外的进一步情境与动机来描述或者可以描述的行为类别：比如，“奸淫（跟不是自己配偶的人性交）总是错误的”。伯纳丁红衣主教的评论也是在这个意义上运用“绝对”这个术语：e. g. 13：656（77 et seq.）。像其他天主教道德原则一样，一些具体且普遍的规范是绝对的教导，不是根据某一自然法哲学，而是根据该教导最近的权威重申［宗座劝谕《忏悔与和好》（Reconciliatio et Paenitentia）（1984）第 17 节］提到的缘由：

存在无论外面的环境条件如何，鉴于其客体之原因，在本质上以及自身当中总是严重错误的行为……该原则以摩西十诫与旧约的教导为根据，吸收使徒与教会初期教导的福音要道（*kerygma*），持久地被教会所重申，直至今日……

辜者）有时可以获得正当性。[18] 在当今的天主教徒（神职人员、传道者和 297
其他人）中间，流行的观点并未得到很多控制；当致死是“更少的恶”时，谋杀便获得正当性，这样的原则广为接受，并且——比如当母亲的生命或健康受到严重危害，或者在强奸或乱伦的情形里，或者属于可能有缺陷的孩子或多胞胎（如五胞胎之类），也许还有其他情形，比如在年轻女子和中年女性中的怀孕，又或者在通常情况下，基于“责任”避孕是正当的或需要的，但是，避孕药具失败或遗憾地没能用上。

在每一个天主教徒竭力追求 CEP1 的训诫并活出尊重生命的一致伦理之前，有两种关于致死的“一致伦理”在列：一件是在《纽约时报》或《华盛顿邮报》［或者在伦敦，则是《卫报》（*The Guardian*）或《周日时报》（*The Sunday Times*）］中找到的无缝衣，天主教观点的广大门派正在捡起来、竭力试穿，并且发现它相当舒服，至少在被保守地穿破之前。另一件则是在约翰·保罗二世提出或赞同的、与天主教传统一致的教导里找到的。[19]

红衣主教伯纳丁的论述让认真的读者毫不怀疑地断定，他在提议关于致死的两种相互矛盾的“一致伦理”之其中一种。该论述坚持“直接杀害无

〔18〕 See e. g. McCormick in McCormick and Ramsey, *Doing Evil to Achieve Good*, 261 – 3; McCormick, *Health and Medicine in the Catholic Tradition*, 131 – 2; Fuchs, *Christian Faith in a Secular Arena*, 82 – 4; Fuchs, “Chrisitan Faith and the Disposing of Human Life” at 678 – 9, 681 – 2. 我相信，查尔斯·柯伦（Charles E. Curran）在 1973 年陈述的就已经是正确的，“存在相当数量并且继续增加的天主教神学家，不同意‘从怀孕时开始直接堕胎总是错误的’这个天主教官方教导”：Curran, *New Perspectives in Moral Theology*, 193；按照柯伦的看法，在严重伤害母亲以及因强奸而怀孕的特定情形里，堕胎是可以获得正当性的：*Ibid.*, 191 – 2. 我相信，1984 年 10 月 7 日《纽约时报》（重新刊印于 1986 年 3 月 2 日《纽约时报》E – 24）上 97 位神职人员、宗教人士与其他人签名的“关于多元主义和堕胎的天主教宣言”做如下表述时是对的：“许多天主教神学家主张，直接堕胎甚至有时也可能成为一个道德选择，尽管是悲惨的。”

〔19〕 红衣主教伯纳丁提出的不过是梵二公会、天特会议或者教皇所倡导的，诸如接受“直接杀害无辜总是错误的”为某一自然法理论或者社会伦理的“演绎系统方法”之结论。没有一个部分的天主教伦理曾经以这样一种时尚被权威地提出来。神学家们旧的共识时尚，像耶稣会的弗朗西斯（Francis Hürth SJ）和杰拉尔德（Gerald Kelly SJ），用糟糕的哲学论证来解释天主教道德教导；针对那些教导，新式道德神学家，像肖尔茨（Scholz）、舒勒、福斯、克瑙尔（Knauer）、杨森（Janssens）及其他人，运用了至少跟他们先辈同样糟糕的哲学论证。然而，对无谬误的哲学反思（non – fallacious philosophical reflection）来说，这些教导依然很重要，不仅为它们辩护以反对无根据的批评，还可能使它们更可行且硕果累累。

辜总是错误的，这个基本道德原则”的绝对特征。[20] 如同他在主持预备的关于《战争与和平的教牧书信》中所陈述的：“不论宣称如此行的企图（purpose）是什么，绝不可以直接取缔无辜者的生命”，并且，“没有任何目的本身能够使罪恶的方法正当化，诸如处决人质或以非战人员为攻击目标”。[21]

298 但是，我已经提过，伯纳丁并没有用尽所有他作为主教可获得的资源来点亮自己希望支持的传统之含义与力量。现在，我应当补充，他关于致死的道德规范之解释存在一些特征，这些特征可能令处于两种相抗的“一致伦理”之争中、力求找到澄清问题之引导的天主教徒们混淆。我评论这些特征的意图不是要摆出它们的任何全副武装（full – dress argument），像我和其他人在其他地方展示相关论证一样。我将只是试图澄清这些问题。该意图的成功也许对红衣主教伯纳丁的计划有所帮助：支持并传递恒久且肯定的道德教导，这些教导应当引导信众回应 CEP1，从而形成 CEP2 呼吁的社会精神所需的天主教共识。

让我举例说明，在我看来问题表述有误的代表性段落：

> 正因为生命是神圣的（sacred），所以，哪怕只是拿走一个人的生命都是重大的事件。传统的天主教教导允许在特殊情形下以例外的方式拿走人的生命——比如，自卫和死刑。然而，最近几十年来，反对取缔生命的前设得到了加强，并且，例外也更加受到限制。[22]

然而，传统上的教导拥有不同于上述段落提出的形式和逻辑。致死并非是一件坏事，一般是错误的而在例外情形下是对的；也不是存在一个可取的前设，这些例外要受到限制，尽可能收紧——然而至少有两种情况否定[23]了该前设。而是，“不可杀人”的传统解释为：直接杀害无辜者总是错的，

---

〔20〕 4：121（23）；also 1：493（8）（“禁止直接有意地取缔无辜者的生命这个原则”，因为拿走无辜者的生命“总是错的”）；3：708（16）（“禁止对无辜生命的直接攻击”；“这个原则是……天主教道德异象的核心”）；13：657（77 et seq.）（“绝对禁止”“有意地杀害无辜者”）。

〔21〕 United Sates Catholic Bishops, *The Challenge of Peace*（1983）, paras 104, 105（emphasis added）; see also paras 148, 332.

〔22〕 15：347（89）；see also 10：37（51）；14：3（68）.

〔23〕 See 13：656（81）.

除非神授的特殊情形（如亚伯拉罕和以撒）。

当然，刚刚提到传统上表述的例外，是一个跟伯纳丁红衣主教所提问题 299
不相关的神学问题，因此，我应当把它搁在一边。[24]

在此，我也将不详述无辜者（*innocent*）这个概念。在上文的语境中，是指不在那些犯了死刑罪的人和被迫违背社会公正秩序的人这两类之列的人们。我们最近在关于核威慑的书中，已经分析了该无辜（innocence）概念的渊源。[25] 但是，在“一致尊重生命的伦理”这个语境下必要的澄清，从对直接或有意致死的传统概念教导开始会更好。

为什么在致死问题上要考虑“直接”（directness）

直接致死（direct killing）的概念是：有人策划（intends）了死亡。在间接致死中，尽管一个人的行为带来了死亡，并且他可预见地接受了它，但他并非有意这样谋划。教皇们用“直接”这个术语来说明关于致死的道德规范，如庇护十二世、保罗六世和约翰·保罗二世，有许多次如此解释该术语：“作为目的本身，或者作为达到另一个目的之途径。”[26]

---

〔24〕［注意，我说的是“传统上表述的例外”。就道德绝对的更充分阐述，即使用中世纪的注释，像阿奎那有时运用的一样，诸如亚伯拉罕和以撒那样的例子也不被认为是十诫道德绝对的“例外”或“分配”（dispensations），而属于上帝改变通常情形的例子，选择相关的行为、该选择落在反对杀人的道德绝对之外，因此是真正的例外。更详细的解释，参见 Lee，“Permanence of the Ten Commandments”. 在此，不存在如同沃尔特（Walter）所宣称的那种质疑，为了救济创造时缺乏的某种不详的必然而“要求上帝来干预和指导个人良心”。］

〔25〕 *NDMR* 87 – 8.

〔26〕 Thus Pius Ⅻ, Address to the Italian Catholic Union of Midwives, 29 October 1951, 43 AAS 83: 8 – 9:

……没有人……没有……“指示”为直接审慎地处置一个无辜的人类生命，表明或给予一个合法的标题——本身以毁灭生命为目的或者作为达到另一个绝非不正当目的之方法的安排……比如，为挽救母亲的生命……一个最高贵的目的……

在该上下文中，“直接”和“作为一个目的或者作为一条途径”的相当表述在庇护十二世处很清楚：Discourse to the St Luke Medical – Biological Union, 12 November 1944（*Discorsi e Radiomessagi* Ⅵ）（1944 – 45）191 – 2, cited in Paul Ⅵ, *Humanae Vitae*, n. 14）, and in the Congregation for the Doctrine of the Faith, *Declaration on Procured Abortion*, 18 November 1974, AAS 66: 735, para. 7 at n. 15（“庇护十二世清楚地排除了所有的直接堕胎，即作为一个目的或一条途径的堕胎”）; also in CDF, *Donum Vitae*, 22 February 1987, at n. 20.“直接有意”（directly intended）这个词有时被红衣主教伯纳丁同时使用［e. g. 1: 493（8）］，是两种传统说法一个难得的结合。

但是，有人说，这个区分——间接与直接之间（有意与单纯接受）、目的或方法与负面作用（side effect）——是一个学术上的赝品（artefact），并不是基督教教导的必然。其他人补充说，该赝品被制作以作为减轻否则不能宽容的道德绝对重负，更坦白地说，是为了达到一个总是期待“更少恶”与“相称的善”的道德理论所认可的目标。[27]

300 这两类主张均严重误会了该术语在传统礼节上的含义、力量和证成（justification），以及该术语体现的区分所在。[28]

该区分的使用始于圣经：在摩西五经（Pentateuch）里，受到治死处罚的故意杀人区别于非预谋的过失致死和意外致死，属于后者的犯罪人可以逃城避难（《出埃及记》21：12－14；《民数记》35：16－23；《申命记》19：4－6，11）。

但是，我相信更重要的是，由于澄明致死的道德已经成为基督徒对上帝旨意的反思，通过如下基督教伦理学的基本原则，该反思直接地与伦理学相关：人类是按照上帝的形象和样式被造的。天特会议的一条准则表达了相关的基督教理解：

> 如果任何人说，不是因为人有力量使自己走上邪路，而是上帝施行恶就像他施行善一样，不仅是许可，而且是正确的并且是本质

---

〔27〕 e. g. McCormick in McCormick and Ramsey, *Doing Evil to Achieve Good*, 255; McCormick, *Notes on Moral Theology 1965 through 1980*, 506; Fuchs, *Christian Ethics in a Secular Arena*, 79. [麦哥铭的论文说道，使用“直接”术语的任何规则或原则是“在其最相关而且最紧要的术语中不清楚的；杰曼·格里塞茨的理解当然不是教皇和神学家呈现于该规则的那种理解”。但是，如果参照格里塞茨1966年以来的文字，将会看到，他正是以我提到的术语来理解“直接意愿”（directly willed）：有意作为一个目的或选择作为一个方法。存在一些案例，并不容易地说明是否某些情形发生或事态包含在方法之中，在此，格里塞茨提出“方法”（means）这个术语略不同于宗教法庭（Holy Office）或者前梵二公会神学共识（*concensus theologorum*）的一种或两种适用。就像字母“a”，或者橙色，或者人（*human*）这个术语，存在我们并不确定是否要运用这些术语的少量情形，但是，字母“a”，或者橙色，或者人（*human*）的概念在每一种情形里都是清楚的，在许多核心情形里其运用也是无可争议的；这类术语适用于决定性的（defenitive）教导，比如教会教导基督为全人类而死，尽管人可以正当地质疑坏人和昔日的胚胎是否在“人类”这个术语的范畴之内。]

〔28〕 更完全的哲学阐述，参见 *NDMR* 288－91；essay Ⅱ.8（1987b），secs Ⅳ and Ⅴ（后一部分包括对舒勒和麦哥铭否认该区分道德意义的立场之详细批评）。

上……：应受绝罚（*anathema sit*）。[29]

在此，天特会议谈到了上帝与有罪的人类意志的关系。但是，若没有上帝意志在直接（direct）意愿与许可性意愿（permissive willing）之间的区分，基督徒就不能充分理解创造、供应与预定。[30] 这个理解对基督教人类学和伦理学也同样是决定性的，因为人类面对同样的问题（不单纯是由于罪）：在作选择时，人往往带来不好的负面影响，包括有把握预测到的负面结果。从一开 301
始，基督徒们就了解，耶稣没有选择杀害自己，也没有选择被杀，而是“自由地接受”（freely accept），他的死是他忠于自身使命所选择的一个可预见结果。在基督徒的理解里，上帝不可能直接用意志驱使不好的（bad），如此将跟他的圣洁（holiness）不一致。[31] 于是，作为人子的耶稣也不能。同样，那些跟随他的人也不可以。

为什么选择让无辜者致死总是错误的

现在，我们已接近关于致死的传统理论的根基。杀害无辜者的错误不只是因为他们死了——“一件坏事发生了”（bad thing to happen）“一个令人伤心

---

〔29〕 Decree on Justification, can. 6, DS 1556.［沃尔特（Walter）认为稀奇，我删掉了该准则的最后一些话；但是，它们没有给此处相关的内容加上什么，删略它们没有掩盖什么——显然，天特此处是关注上帝对于罪的责任（“人有力量使自己走上邪路”）。See further nn. 31 and 38.］

〔30〕［这是沃尔特引用来举例说明他那令人震惊的论点的一段话，认为我预设了意志对于理解（intellect）的优先性。然而，在我看来，既然彰显在正直意图（upright intention）中的意志就是追求理解力却被认为是合理的，这样一种优先性是难以置信的。沃尔特提到的段落没有一处存在任何理解力与意志之间的关系问题。进一步的参见脚注 39。］

〔31〕 关于上帝并没有在本质上有意图或用意志驱使对于罪恶的预见和许可，参见阿奎那 *De Veritate* q. 5 a. 4 ad 11；*ST* I q. 19 a. 9 ad 3；q. 49 a. 2c；Ⅰ-Ⅱ q. 39 a. 2 ad 3；q. 79 aa. 1-4.［在现代教权所运用的意义上，“直接”—“间接”用词在阿奎那之后很久才出现，用诸如跟偶然（*per accidens*）、无意之中（*praeter intentionem*）相反的本质（*per se*）这类术语来表达。］站在阿奎那背后的，是奥古斯丁和约翰·大马士革（John Damascene）。［沃尔特认为，*ST* I q. 19 a. 9c 确立了阿奎那的思想将“上帝意志驱使作为天然瑕疵的恶（the evil of natural defect）……”在此，我就该文引用 ad 3 的原因正是要向细心的读者指示，诸如沃尔特那样对文本的解读彻底歪曲了阿奎那的思想；因为在 ad 3 中，阿奎那补充了两个必要的精确度：（i）上帝用意志驱使天然瑕疵的唯一意义是，他有许可它们的意志；以及（ii）上帝甚至没有选择不道德的恶，无论作为目的还是方法，只是由神旨的迁就（*providentia concessionis*）允许它们。主要参见 Lee，“Permanence of the Ten Commandments” at 435-6. 沃尔特在此也主张，“贯穿总览”（*Summa*），本质的意思是“基于自身的原因”，跟“基于其他原因”相对。这也是一个非常严重的错误：自Ⅱ-Ⅱ q. 64 a. 8c 开始，在相当长的反例名单里，在本质上（换言之作为目的或方法）意愿或打算的跟偶然或随意意愿或打算的相反。］

的事态”（a sad state of affairs）甚至（用上文提及红衣主教伯纳丁的词）“一件重大的事件”（a momentous event）发生了。甚至也不是，他们死在我们手中是不公正的（尽管事实通常是如此）。比起结果，基督徒道德更多是在于内心；一个人的意图比实施该意图所产生的任何表现或行为，在道德上更加基本而重要。[32] 任何表现——被认为是一项选择的执行之任何外在行动——由其体现并实施意志行为或以其他方式所依赖的意志行为（方法或目的之选择或意图）而拥有首要的道德意义。准确地说，因为直接让无辜者致死——实行一项让无辜者致死的选择——径直是一个反对人类生命的选择，所以从基督徒生活中被排除。

302 鉴于基督徒对选择与行动的意义之理解，传统规范来自于基督徒伦理的第一原则：爱邻人。因为人类生命对于位格人是内在的（intrinsic），不是可有可无的身外之物（extrinsic）。故而，反对人类生命的选择是一项反人格的选择：反生命，因而反人格。因此，与对人的爱不和谐，也即同基督教与理性伦理的第一原则不和谐。

我正在追溯第一原则与反对杀人的具体规范之间的联系，就像黄金法则一样，是一个更广泛应用的中间性原则：人绝不可以任何另有所图的（ulterior）善为由，选择破坏任何基本的人类善——个人幸福（well - being）的任何固有（intrinsic）方面，无论该隐蔽的善是多么重要。“不可”“以善为由”而

〔32〕 如果有人说，“当认为人类生命‘廉价’或者在某一地区是可轻易牺牲的，最终，没有什么是神圣的，所有生命都处于危险境地”［15：348（89）］，那么，人将会迎合这样的思想，既然我们为了在我们的路上来往通畅而容忍许多死亡，故我们就不可能一致地认为人类生命是神圣的，因此，为了减轻困苦、贫穷或贫富分化或无论什么其他感到至少与迅速变化同样重要的价值，能够一致地（in consistency）选择致死。

“行”“恶”。[33]

反思对传统规范的上述澄明，不应漏掉它与自由选择（哲学为反对否认而辩护、前基督教与后基督教哲学或多或少未能把握的一个现实）的基督教理解之紧密关系。在基督教的理解中，人类选择不只是像它们起初和带来的事件和事态。它们拥有两层更深的意义。

第一，人类选择超越执行它们的行为，如果持续，那么一直到人改变其主意。因而，选择能够持续一直到永恒，能够像梵二公会一样理解为在地上贡献于天国的建造材料。国度的“材料”（material）包括（includes）位格人（persons），藉着他们通过自己的选择而形成道德自我（moral selves）。[34]

第二，因为选择反射性地形成了选择者的性格（character）、人品（person- 303
ality）、魂（soul）。[35] 这些反射性结果的现实是容易举例说明的。过去的几十年，我们经常看到，某人决定以某种特定方式解决一个特别的（*particular*）道德问题而成为一个“与众不同的（different）人”——不同方式地解决道德问题的整个领域，对人的身体、历史进程、救恩的本质和人类归宿、学术争论

---

〔33〕［在这个我所遭遇的对我的伦理理论最大的误解中，沃尔特把一个我通常否认的论点归到我身上，这个论点甚至在我的文字中没有一点微小的对应。根据该论点，我（未经证明或论证）认为基本的人类善是合乎道德的善；或者，代言之，我赋予它们一个道德意义，因为我“确认上帝在创造与道德方面的旨意（will）跟基本的人类善相对应”，因此认为诸如“‘基本善’这个纯粹的事实”存在也必定构成上帝对于人类的道德旨意（the moral will of God for humanity）。沃尔特一再重复这个主张，但完全是一个发明，在我关于基础伦理学的著作《自然法与自然权利》中，我通常重复并采用阿奎那的立场，上帝对于造物（包括人类）的旨意不能通过推理来发现，因此（我说）在任何关于基本善或者那些善的道德含义（moral significance）之哲学论证中，不能诉诸上帝旨意，因为那个含义在实践合理性以及具体道德规范的要求下应被理性地表达出来（*ibid.*，49，130，403－4）。因此，在这里，无论多么隐蔽，澄清选择让无辜者致死的规范不能诉诸上帝的旨意，无论是创造还是道德的旨意。］

〔34〕［注意“包括”（includes）这个词。跟沃尔特的论断相反，我从未为国度的材料“下定义”，从未主张“构成”（make up）那个材料的是道德自我。如下一个脚注引用的文本清楚表明的，人正直行动的要旨不在于形成也许会持续到进入国度的道德自我，而是今世在人身上实现或保护人类善（举例来说，“在冲突情形中向人们以及为着人们做什么行动”）。然而，相称主义忽视的是，这类选择的影响包括对选择的特征之自反效果（reflexive effects），真实的（即使该选择于今世所期待的效果未得实现）、潜在持久且不能以任何并非不理性的相称主义方式被通约的影响。如同梵二公会所表述的（GS 39），国度的材料及成长“必须小心地区分于属地的进步”，尽管基督教伦理对这类进步有重要关切。］

〔35〕 See *CMP* 50－9；Wojtyla，*The Acting Person*，149－52；*FoE* 136－42.

的适当举止……采取新的态度。

于是，在此有一个不应被忽视的、伦理学中的一致性（consistency）维度。像这些自反结果（reflexive consequences）显著地彰显在整个社会的生命里，正如你的或我的生命。像个人一样，社会当然能带着大量的不一致性和智识上不连贯性的妥协而存在下去。如果只是为了一致性的缘故，对一个社会问题采取一条路径——宪法上的、法令的、行政的、司法的或习惯上的——往往提示、激起甚至要求，并且往往当然地遇到，对其他问题采取类似的路径。[我的同仁罗纳德·德沃金在“整合性”（integrity）的名称下，对一致性赋有启发地研究了这种合理性压力的某些维度。][36] 因此，社会在一种“冲突情形”中采纳一种解决之道（solution）——任何解决之道——的社会结果包括无限期分化（ramifying）人们性征的自反变化（reflexive changes），包括他们在国际领域的姿态、他们法律和制度的内容、他们对年轻人的教育……

也许，当代的一个特殊挑战已经比以往更显著地出现，即个人和社会的这些自反维度对于理解传统上直接与间接区别的根据之意义。现在，我们能看到，那个区别内在于基督教对神性与人性的理解：直接意愿的（有意打算的）由意志（will）所采纳——无论多么不情愿或不赞同——包含并且整合入（*integrated into*）意志。不是被选择为目的或方法的，而是仅仅作为一个人行为的可预见结果而允许（接受）但不是意志所采纳和包含的。[37] 我所指的挑战可以贴上“相称主义”的标签。我应当用那个术语来解释我所理解的。
304 至此，足以评论说，包容相称主义伦理方法的神学家们提议，我们能够以一种真正基督教的方式重新解读和重新思考传统，以至于摒弃“直接—间接”

---

〔36〕 *LE* chs 6 – 7.

〔37〕 也参见波义耳的精彩论述：Boyle, “The Principle of Double Effect”, 250 – 1. 麦哥铭对该段提供的解释，简直是混淆人的而且不可能的。

之别（与一致尊重生命的伦理的所有术语有关）。[38]

相称主义的挑战

"相称主义"或（名称无关紧要）"结果主义"的观点如下。在道德上意义重大的选择情形下，总体上涉及的前道德价值或反面价值以及选择可以获得的各种替代性价值，能够先于道德判断而得到理性评估。比如，倾向于破坏人类生命的选择有时能被认定为总体上更大的价值或总体上更少的反面价值。

《核威慑、道德与现实主义》第 9 章讨论了该主张，并用一些令人耳目一新的论证和例证表明，指引道德上意义重大的选择所需的好处（goods）与坏处（bads）的通约，不仅是不可行的，而且在逻辑上也不可能。[39] 在通约可能之处，道德上意义重大的选择则毫无疑问。

当然，如普通言论所提议，许多种好处与坏处的通约是可能的。那一章列举了许多能说一个事物或事态比另一个"更好"或"更坏"的知性（senses）——"更大的善"与"更少的恶"以及"相称的善"（proportionate good）[举例来说，比如在"双重效应原则"（principle of double effect）的传统叙述中 305

〔38〕 比如，麦哥铭否认导致"不道德的恶"（non - moral evil）的所有情形中传统区分的道德相关性，参见 McCormick and Ramsey, *Doing Evil to Achieve Good*, 254 - 65. 如麦哥铭承认并解释（258 - 9），这样就难以理解为什么在引诱他人错误行动的情形——他和舒勒都希望保留的情形——里，同样的直接—间接区分却是重要的。[谈及"'菲尼斯的'陈词"时，沃尔特忽视了这个注释，进一步来看，已经忽视了我这里引用的篇幅，麦哥铭则对沃尔特引用的那页作了总结，他用可称许的坦诚将舒勒的立场暴露于脆弱的地位；麦哥铭正确观察到的是，相称主义缺乏任何理由就道德的恶保留直接—间接的区分。许多世俗哲学家已经注意到这一点，比如：Scheffler, *The Rejection of Consequentialism* ch. 4 及其引用的著作。考虑一下这种情况：人在完全自由和审慎考虑的情况下，能够充满信心地断定，通过劝诱某人犯奸淫罪（或者做一个杀人犯），将达到阻止许多杀人犯的结果。]

〔39〕 See also *FoE* 80 - 120. [那些篇幅的论证，以及本章引用的《核威慑、道德与现实主义》相关章节确认沃尔特论断中隐含的非理性主义，即认为"在评估所有各种各样的好处（goods）（与道德无关的价值）和邪恶的力量（evils）（不道德的反面价值）之后"，道德上的善就能够被"识别"（discerned）。不可能提供这类"识别能力"（discernment）的合理性证成或者哪怕是解释；如我们就核威慑风险与利益的竞争"识别"所作的长篇例证，自由地被宣称也自由地被否定。这不是我"不信赖"人类理性或智力的问题，或者我相信"理性不可能……就它们的存在作出合理辨别"（我只是有理由简单地否认，相称主义者没有理由地主张作出理性区分的可能性）；也不是我有兴趣"在理性立场上标榜道德绝对来避免人类道德识别与判断的不确定性和潜在滥用"——麦哥铭和其他相称主义者在本质上明确从事的任务：参见下文脚注 51。]

被正确理解的运用〕许多可理解并且一贯的知性。[40] 我们在那里表明，它们当中没有一个是相称主义者需要的；没有一个理性地建立在总体上为前道德通约、能够符合理性地引导道德上意义重大的选择这些基础上，即符合相称主义者或结果主义观点所要求的。通过确认“更少的恶”或“更大的善”来指引道德上意义重大的选择这个提议，如同其他貌似有道理（plausible - sounding）却不融贯的（incoherent）建议，比如确认最大自然数，或证明所提供的点是最明显的一个。[41]

我在此前讨论的选择的自反性（the *reflexivity* of choice），值得在这个语境下重提。选择的自反性造成不可通约（incommensurability）许多维度之一个方面，使藉着确认前道德的好处与坏处更大和更少比例（proportions）来引导选择这个提议不融贯。[42] 如何对如此寻常地由一个选择带来的态度或多或少的广泛变化——甚至更广泛地说，社会精神与实践的变化——而令人信服地评价总体上前道德的价值与反面价值？一些世俗的结果主义哲学家感到迫于认可，通过参与料想前道德的好处与坏处之比例来解决选择的具体问题，人就成为一种不同类的个格（person）——为了赢得“更大的善”或阻止“更少的恶”之故，预备好牺牲个人义务和稳固的身份。的确，这类哲学家们[43] 有时迫于承认，采纳相称主义的自反后果也许会让那个采纳成为更大的恶！

---

〔40〕 教牧书信《和平的挑战》，以有帮助的哲学精确度（在肯定一个原则后——“目的不能使本身是恶的方法正当化；比如处决人质”——这在相称主义者的思想中是错误的）解释了“相称”（proportionate）与“不相称”（disproportionate）的适当含义：

即使被采纳的方法本身并不是恶，考虑运用它可能带来的伤害和接受那些伤害的正义性是必要的。（Para. 105，emphasis added.）

这段话非常适恰地继续道：

评价伤害和接受它们的正义性时，考虑贫穷者与无助者极其重要，因为当战争的暴力触及他们的生活时，他们通常是最少受益而最大程度受损的。（Para 105，emphasis added.）

〔41〕［我当然没有像沃尔特所称的那样断定，后面两种建议是相称主义工程的一部分；它们纯粹是貌似有道理但不连贯的类比例子，像在道德上意义重大的选择情势中确认总体上更大的前道德善的提议一样。］

〔42〕 如下文章正确地强调了相称主义的失败，没有融贯地考虑到人类行为的自反或固有（immanent）结果：Kiely，“The Impracticality of Proportionalism”.

〔43〕 See e. g. Scheffler, *The Rejection of Consequentialism*, 7 - 10, 41 - 70. 他试图吸纳威廉姆斯（Bernard Williams）的论证：Williams and Smart, *Utilitarianism: For and Against*, 116 - 17；Williams, *Moral Luck*, 40 - 53；cf. also Parfit, *Reasons and Persons*, 24 - 8, 42 - 3.

但是，我们不应追究这个让步；相反，应当满足于更准确的反思：这种结果就是不能与一个人特定选择的其他结果相称（be commensurated with）。我不再 306
争论这些已于其他地方详尽辩论的点，只是建议考虑一类道德上意义重大的选择的一个例子：堕胎。即使在相当狭窄的范围内，一些天主教神学家也允许指定堕胎为“更少的恶”，他们提出或认为的通约是严重主观且明显可以被否认的。部分原因是，一个人不可能预见未来。但首要的是，因为不可能知道、比较和通约永恒的现实与人决定毁灭那个人个体时所做的。那个个体里面关乎的善——他或她的母亲（作为母亲也作为选择者）以及所有必须选择采纳或拒绝这个致死选择的人们都没有提到——并非充分不同于位格人的善。因此，对相称主义挑战的最短回复是：位格人不可能被权衡（weighed）与平衡（balanced）。[44]

位格人包含胚胎性人类个体（*Persons include embryonic human individuals*）

当然，一些人持反对观点，认为未出生者不是位格人，至少在早期阶段不是。但是，这些“早期阶段”是生物学上活着的人类个体生命阶段。没有人能够证明，天主教会也从未宣称，这些最幼小的人类个体总是当然的位格人。但是，教会的确教导：他们应当被认为是。而这也是对的。因为除了

---

〔44〕 理解选择也就是理解行动的位格人（acting persons），即最基本的是藉着他们对重大问题的自由选择构成自己。引起一贯的天主教伦理与其结果主义或相称主义变体（transformations）之别是潜在的位格人概念区别——就像性、生命的天主教伦理及其被提出来的变体之间的区别可追溯至人格（the person）的概念比较，而不是“自然”（nature）和“人”（person）之间的任何对比。因此，信理部（CDF）在 1987 年 3 月《关于人工受精与夫妻试管受精的说明》（*Donum Vitae*）根本不是麦哥铭论文论断的那样。因为那个基本的考虑关注的不是生物学上的确凿性（facticity），也不是禁止分离结合性（unitive）与生育性（procreative）的“自然意图”（intention of nature），而是一个位格人尊严的概念，即作为“在人格尊严上同那些给予他生命的人平等”来对待孩子，因而“不作为一个产品来期待与孕育”，也不是作为客体（*object*），在作为者与被作为者之间必定存在的主导关系里，后者与“本质上必须为父母和孩子共同拥有的尊严和平等”［*Donum Vitae*（1987） Ⅱ. B. 4 – 5. ］相悖。天主教教导反对制造婴儿所护卫的人类与位格人的善，是跟正义、友情、慈善的基础与实质以及一致伦理的根基相和谐的人与人之间关系的基本善。这是天主教关于性/生命伦理的教导据以为己的关切之一，越来越深地占据由新约圣经与传统托付教会对于绝对的理解，历经 50 年远超乎以往陈述和早先神学共识的集体讨论发展——与其说是天主教社会原则（*social doctrine*）［如所有相关的梵二公会文献和许多官方陈述直至今日所称呼的，这一点要感谢麦哥铭，更不用提普埃布拉（Puebla）本身］的发展，不如说是更加属于“圣经的、共融的、互动的、针对个人的”发展方向。

说他们是活着的人类个体，还能说所有我们认为属位格人共同所有的是什么呢？因此，否认一些或者（如同美国法当代的否认）所有未出生的活的人
307 类个体是位格人，或者否认将它们作为位格人来对待，是明显武断的。允许他们被处理或用来作为毁灭性试验或其他剥夺利用（useful exploitation）之材料，是上述否认的直白动机。

但是，不存在基于双生（twinning）与神经器官和能力的非直接发展而提出的真诚反对吗？这些反对看起来似乎诉诸传统因素——尤其是圣托马斯物质和形式理论、人类生成（generation）依次的植物性（vegetative）、动物性（animal）与智力性（intelligent）阶段。（这些反对缄默地越过了教会经久不衰的教导，在人类生成的任何阶段致死都是严重错误的，圣托马斯对此也从未提出挑战。）

对阿奎那关于人类生成观点的这样一个诉诸是有误解的。忽视了它们严格依赖于凭经验的错误生物学。阿奎那想，他所了解的人类生成是这样。形成原则（the formative principle）是，既非有机也非活着的雄性精子，以及突然产生和突变的生成过程：精子突变成具有植物生命与魂的血性物质，衰微而被动物性生命和魂所代替，接着，又衰微，因敏感且智慧的人类灵魂而被了解的人类生命所代替。[45]

如果阿奎那已经知道，有机生命在一个细胞孕体内组织了带有自我指示的动态结合（dynamic integration）的大量分子信息，这个动态结合将持续且可辨认地同一，直到死亡，也许是90年后，那么我相信，他就会同意自18世纪以来其大多数追随者认同的：人类受精卵明确是人（human）；的确，最幼小的人类胚胎已经有一个身体，这个身体具有已经被指定的（specified）能力，适合于理解、认知（knowing）和选择；他或她已经具有适合于支持（只要赋予空气、水和其他营养的新陈代谢转化）诸如自我意识、理性和选择等人之具体行动（specifically human operations）的生物性能力。

类似地，以双生［以及人类嵌合（human mosaics）的假定可能性］为由之

---

〔45〕 *ScG* Ⅱ, c. 89; *ST* I q. 118 a. 2; *de Potentia* 3, 9, and 12.

反对误解了生物学上的事实。在生物学上，人总是一个一个的个体。如果这些分裂或组合而形成嵌合体，那么，只是发现一个或更多不同的个体。

如此来回复那些反对，没有证明受精卵是一个有位格的人（a person）。但是它们表明，无论如何都不存在否认这是一个位格人的事实根据。因此，既然在其他情况下，通过挑选活着的人类个体来了解一个人，就必须假定 308
（presume）活着的人类个体也是人（persons）；认定相反则不过是专断的歧视。

死刑与正义的战争

我在开头搁置的一个问题，现在这些澄清以明显反对它们的策略之形式回归。除了属于一种相称主义的“例外”，当这是“更小的恶”而允许采取反生命的意志，即保有更大的善、共同善之必要时，杀害无辜——通过死刑以及在正义战争中——的传统许可还能是什么呢?

对于那种解读，圣经和教会教导没有给予支持，尽管也许在某些梵二公会前的神学家（他们没有考虑相称主义挑战）那里能找到支持。然而，死刑和战争被设想为，列于上帝授权对冒犯了或正在冒犯相互权利义务的共同体秩序（即上帝旨意的正义秩序）的人施以正义的资源里；在旧约里看，也属清洁上帝分别为圣的共同体（holy community）脱离罪恶的玷污这个深入维度。

反思相称主义的挑战和一个理性（和基督教）伦理学的基本结构，我和其他人已经提供了（《核威慑、道德与现实主义》第 11 章）一个哲学阐述，排除了所有致死的选择——但也表明了传统上为保护无辜者权利而清楚允许的所有或几乎所有涉及死亡的行为类型的可辩明性（justifiability）。

我们从最简单的自卫（self - defence）例子开始。即使在传统上，对于排除致死选择（choice to kill）的规范，不是一个可接受的“例外”。（于是，这里是我提议对上文脚注 21 引用的伯纳丁红衣主教文本的另一个修正。）追随阿奎那对于致命防卫（lethal self - defence）的经典陈述——彻底排除了任何杀害攻击者的意图——我们表明，知道可能会造成攻击者死亡的自卫行为需要不涉及杀害的选择，而只接受死亡是一个负面结果（side effect）。[46]假如接受那个负面结果是与其他道德原则一致的［比如公正（fairness）］——如果你喜欢是在道德上“相称的”——选择使用这些致命的自卫方法就是完全正当的（justifiable）。[47]

309 然后，对个人自卫的分析就扩展到社会自卫的语境，比如，在反对国内或外来攻击者的战争里。就此，我们的考虑也被传统上特定的神学家所预料；像我们一样，他们也考虑战争中正义的致死要求：军事行动应当总是被指示以阻止敌人非正义使用武力，而不是杀害哪怕是带来那个武力的人——他们的死亡必须绝不大于一个副作用（side effect）。[48]

可以说（arguably），甚至死刑也能够被包含在涉及死亡行为的这种证成形式里。阿奎那没有这么想：“除了以惩罚的方式并且为着正义的缘故，有

---

〔46〕 *ST* Ⅱ-Ⅱ，64，7c：“一个人因保护自己的缘故而有意地杀害他人是错误的。” Cf. n. 49 below. See also Grisez，“Toward a Consistent Natural - Law Ethics of Killing” at 73 -9；*FoE* 131.

〔47〕 因此，肖尔茨（Scholz）和麦哥铭明显错误地对待了逃亡骑手踩踏瞎眼的和瘸腿的作为自己逃亡方法的例子。踩踏绝没有帮助他的目的，也不是他提议——即使马蹄没有踩到这些潜在牺牲者中的任何一个人，这样完全成功——的一部分。骑手不能够做的——而这是混淆的源头——是忽视他选择这条充满了人的路之逃亡所要接受的结果。客体（object）与负面结果、选择与接受之间的区别不是一张任人填写的白纸（carte blanche）；以说明书上含糊的单词“相称性”（proportionality）来表现依然有问题，就像他们关于合法的“双重效应”（double effect）环境条件四个层面的第四点。他们呈现的问题意味如下。准许并非选择而仅仅接受的落在不可以善为由行恶的道德原则之外，更完全地说，是必须绝不选择破坏、损害、妨碍任何人基本善的任何体现这个原则——以及所有其他源于爱的第一原则的相关道德原则：比如，公正原则，或者应当履行义务（commitments）的原则，诸如此类。因此，如果我们厌恶骑手的行为，是因为我们认为他容许那些人屈从于自己逃亡的自利目的，那么这样是极度不公正的。［在此，贝克神父（Fr van Beeck）提出来与反对直接杀人的规范并列的，“不可出于自私自利致人死亡（No self - serving killing）”的规范占有一席之地。］然而，该情境（scenario）没有足够的精确度描述以及我们对反感的正确反应。有一件事是清楚的：问题不是以表明所做和所接受的是不情愿而做和接受的来决定。所有恶事（wickedness）都是在“不情愿”甚至“不赞同”的情绪意义上——然而具有全面反思和自由而被做的、构成基督教道德一再关切的人心之选择。（比如，不情愿和不赞同地选择实行堕胎，因为那是时下成为一个成功妇产科医生的唯一道路……）

〔48〕 Regan，“The Worth of Human Life” at 241 -2；*ibid.*，*Thou Shall Not Kill*，77 -9：主张主流基督教正义战争传统里隐含该限制，在16世纪伴随着民族国家上升、战争正义的处罚性观念实质上开始崩溃时，出现了该限制。

意地伤害任何人都是不对的。”[49] 我与《核威慑、道德与现实主义》一书的另外两位作者共同判断，死刑涉及选择破坏或损害一个基本的人类善、身体生命，因此不能被正当化；这是针对一个善的目的［报应正义（retributive justice）］而选择一个坏的方法。我倾向于认为，公职人员力求恢复被冒犯的正义秩序之意图拥有一个独一无二的结构；某人因死刑而死亡不是一个目的本身，但也不必认为是对于隐秘目的之方法，既然它本身能够算为一项善，即恢复正义秩序之善。[50] 显然，死刑这个法令要求根据人类行动全面充分的 310
理论进行进一步分析。

扼要地说，我们在书中第 6 章表明，我们哲学思考确定的规范所划出的界限——禁止每一个致死的选择（每一个直接致死）——与那些令无辜者致死的传统规范所划定的界限非常接近。有人赞同人类生命是位格人的基本善，不可以善的缘故而行恶，但是，那些缺乏分析器官来明确区分选择作为方法跟接受为副作用之间不同的人，可能难以表达那些被认同的原则之含义，这些原则准确来说即“除意外之外，致死无辜者总是错误的”。

有连贯性地发展传统（*Developing the tradition consistently*）

的确，我们当前发展阶段的哲学思考在某种程度上不同于传统道德。但是，该差异与传统的发展并列前行。我不会说红衣主教伯纳丁在上述援引文字里的说法，让反对取缔人类生命的前设获得“加强”以及让限制“更加”具有局限性。这些叙述能够暗示这样一种立场，即道德教导是审慎的立法问

---

〔49〕 *ST* Ⅱ－Ⅱ，q. 65 a. 2c；see also Ⅰ－Ⅱ，q. 95a. 2c. In Ⅱ－Ⅱ，q. 64 a. 7c；对于一旦成就将值得惩罚的行为，他允许公职官员通过镇压有意地伤害（致死）；cf. q. 64 a. 2 ad 3（提到这是一个对于反对的回应）；q. 65 a. 2c；*Sent.* Ⅱ dist. 42，q. 1 a. 2c. 他没有充分地表明，为正义的缘故，可以接受这样一位官员拥有不同于公民个人合法自我防卫的意图，即个人用各种必要的方法抵制不公正的攻击，甚至肯定预见导致死亡的方法（在这种情形中的死是道德上意义重大的选择之副作用）。

〔50〕 McCormick，“Notes on Moral Theology：1984” at 52 n. 4. 麦哥铭谈到惩罚的报应观念，就像我在《基础伦理学》第 128－135 页中提到的：“人一定会问，是否这样一个观念具有任何属乎基督教的含义。”他没有提到，这个观念并不是我特有的，而是（如同我表明的，*ibid.*，135）圣托马斯提出来的，麦哥铭经常将他作为合理体现基督教理性的道德家。庇护十二世将该报应概念判为的确为正义惩罚的基督教观念：Discourse to the Sixth Congress of Penal Law，AAS 45（1953）739 et seq.［Against capital punishment：*Aquinas*，280－3.］

题，建立时尚的或被“磨过的”（honed）道德规范以跟最好的结果相称。[51]（伯纳丁红衣主教在西雅图大学的演讲识别出具体道德规范来源的这种立场，显然是为了拒绝它，然而并没有摆脱他的确清楚反对和拒绝的立场，即关于致死的道德规范内容包含相称主义例外。）[52]

311 塑造传统上生命伦理的道德教导不是一种立法（law - making），而是对人类善与人类行为——关于爱或尊重人的固有要求（intrinsic demands）——之真理的识别（identification）。因此，我将说，传统通过更深入参透隐含的原则和前设全面的含义来发展——那些我于此正在力求描述的原则和前设。

也许，传统发展的步调正在加速，或者将会加速，以回应相称主义的挑战。很容易低估那个挑战有多么激烈。如果只是将相称主义作为于实质传统伦理学内处理“冲突情形”的限制性策略，那么，就不会注意到它多大地偏离了神圣旨意和人类责任的基督教观念：上帝知道什么最好而我们不知道。但是，如果最终采纳了相称主义，那么，用什么原则来限制它呢？在二十年的神学辩论之后，没有融贯的（coherent）限制性原则出现；也不会找到这样的原则，因为没有一条能够与相称主义的主要原则（master principle）相一致。[53]

如果在另一面，对一些神学家而言，放弃试图限制主要原则就会落入谬论（*a reductio ad absurdum*）。据此，鉴于上帝旨意的基督教原则，人应当以如下为道德原则：

---

〔51〕 See e. g. J. Bryan Hehir in Gessert and Hehir, *The New Nuclear Debate*, 48 - 9, 92. 更详尽地说，麦哥铭已经主张，禁止直接杀害非战争人员的规范是“建立在一般和普遍危险假设上的法律”，就是从“人类的失败、反复无常、脆弱，以及对长期影响的不确定性”而来的危险。参见 McCormick and Ramsey, *Doing Evil to Achieve Good*, 44 - 5；也参见 227, 232, 251 - 3, 261，谈到我们或者教会“采取”价值位阶，作为“例外决定”（exception - making）的根据。关于这个“例外决定的目的论特征”，也参见 McCormick，“Notes on Moral Theology：1984” at 51，54.

〔52〕 See 13：656 - 7（80）. 而且，红衣主教的特定陈述可能引起而不是减轻误解：比如，“我们不能允许保护无辜生命屈从于其他诉求之下的道德原则，因为这种行事方法将不会限制堕胎”：6：325.

〔53〕 一位有影响力的神学家试图找到一套限制性原则的批判性检验，参见 *FoE* 99 - 104；*CMP* 161 - 4.

如果对什么是正确的怀有疑惑，那么，选择无论什么你所青睐的取向而前进便好了！（因为如若试图的成就了，就说明能够肯定它在总体上是最好的，既然它一定是符合上帝旨意的。）

传统上不懈地教导而被相称主义拒绝的那种道德绝对，符合我们作为神圣计划里的工人这个从属性人类角色的基督教观念，永恒法不需要摆在我们面前，我们就有份于永恒法。在那个观念里，对真正享有但只是部分理解的神旨的这类依赖被接受为真正的模型（matrix），一个人的选择和行动在这个模型里具有最重要的意义：不是带来期待的今世结果，尽管今世结果的确重要（如果它最终发生），而是为国度预备材料，特别是人们和他们自己的道德自我（moral selves）藉着他们的道德选择被塑造起来。

然而，传统与相称主义伦理学之间的不同走得更加广。在传统路径上，
基督徒通过考虑他们的天职（vocational commitments）、作见证的机会等来确定 312
其积极责任——行何种怜悯仁爱（mercy）的工。加尔默罗会修女在隐居生活中不必因没有成为帮助贫民区穷困妇人的积极活动者而背负罪恶，而是为她们祷告、简朴地生活，或许还跟她们分享一些自己获得的额外奉献。

但是，一旦采纳相称主义，似乎就应尽其所能地考虑一切能做的、能够期待的结果，以及不做所有能做的将有什么结果——然后寻求达到总体上最大的善的结果。当然，没有人真的认真、一贯地如此对待：谁去告诉一对美国夫妇忘记正在上大学的孩子而挂念那些在非洲挨饿的孩子（尽管一年的大学学费可以让那一年许多挨饿的孩子活下去）？

在此，就像试图确认或建立一个关于致死的稳定限制性规范一样，接受相称主义者的办法只是破坏而不可能建立什么；该方法没有产生什么而只是纯粹的文饰作用（rationalizations），文饰一切以其他根据——情感、社会惯例等，或对传统上教导的原则、规范和忠告的残缺且不连贯的认知——为基础的选择。[54]

简言之，如果一致地以一种传统的方式藉各种召令指明的道德绝对和积

〔54〕关于相称论不可避免地降为文饰作用，参见 *FoE* 94–105.

极责任来取道伦理生活，或者一致地以相称主义方式、竭力权衡与估量取道伦理生活，将会截然不同。后一种路径没有产生实质性、一致的伦理学，而是产生根据各种各样感觉、尊重传统或文化规范的程度，以及作者与拥护者的直觉（hunches）形成无数界限的伦理学。将相称主义成分吸收进传统伦理学毫无妥协余地，除了内在的不一致，它不能成为任何其他的什么，必定（在阐释者的思想里）消解跟周遭文化相冲突的道德规范。在，也只在那种消极的意义上，产生一致的伦理。

因此，也许可以重新修改本节的标题。严格地说，该较量不是在两种“一致伦理学”之间，而是在两种一致伦理路径之间，只有其中之一能够产生出一种一致伦理学。然而存在着较量，并且是任何提出或实现 CEP1 的企图必须面对和解决的。

Ⅱ. 社会行为的应用

313 现在，我转向一个 CEP2 提出的问题：一位天主教徒应当关注提升特定社会/政治政策、跨越伯纳丁红衣主教论述提到之问题的全部范围吗？

我在本部分应当关注的文本是尤为引人注目的：面对批评时，红衣主教已予以重申。我应当主张，在其更明显的意义上来解读，它向正当化的批评开放。原文如下：

> 那些为我们中间最弱生命之权利辩护的人，必须同等地支持我们当中无权者生命的质量……（比如）饥饿和无家可归的人……这种生命品质状况转移成在税收政策、雇佣、福利政策、营养与供给食物项目以及保健等方面的具体政治和经济地位。一致性意味着我们不能同时有如下两个方面：我们不能催促社会具有怜悯心，要出台保护未出生者的严厉公共政策，然后又说，为弱者说法的有怜悯且重大的公共项目破坏了社会的道德准则，或超过了政府责任的适

当范围。[55]

为了简化讨论，我将只关注红衣主教伯纳丁提及的诸多问题中的两个：（1）杀婴（*infanticide*）；（2）供给饥者（*feeding*）。而且，我将集中在涉及法律的社会政策或行为的那些问题（无论禁止行为、豁免行为，还是授权经费和行政程序）。这些简化将持续整个思想过程。

在它们基本的逻辑结构里，无论是对于红衣主教的生命与尊严问题论坛，还是就真正无缝衣、爱人如己、为上帝及其国度之深入维度［哲学地说：一个固有（integral）人类完全的旨意］而言，杀婴与供给饥者均具有代表性。杀婴是一个道德绝对的主题，无论在什么地方以及对什么人，总是可适用的。

在我们探讨道德绝对与有条件的积极责任之间的区别——论述注意
到[56]但未探讨——之前，我建议，显然我所援引的文本需要一个澄清或修 314
正。在每一个相关问题上支持一致伦理的要求，不需要个体（或团体）甚至不需要在理性上能够“同等可见”（equally visible）。人们的确并且也应当拥有不同的义务和责任。一位有野心的议员不应当被期待成为一位保障生命权的积极分子；他应当符合排除任何令无辜致死意图的规范来投票，应当为少一些非正义的法律和政策而努力；他也许将他高可见度的活动专注于福利改革或一些其他公正政策。不应当期待一个深入纠察阻止堕胎诊所和饥饿胎儿孕妇病房（baby－starving maternity wards）（并且也许因此进出监狱）的人，了解并且致力于福利改革。

伯纳丁红衣主教实际上提出了这一点：一致伦理的原则不意味着每个人必须做一切事。

---

〔55〕 1：493（8－9）；re－affirmed in 13：657（77 et seq.）；see also 10：38（52）；14：6（69－70）.

〔56〕 红衣主教伯纳丁暗示了这个区分，但只是以相当一般的（generic）术语。他重复道，“生命的一致伦理”没有将取缔生命（比如通过堕胎和战争）的问题与促进人类尊严（藉着营养、保健和居住的慈善工程）的问题相等同［3：707（15）；also 13：657（77 et seq.）］。他强调了一致伦理的“类推”（analogical）特征，以及对于单一类型问题的不可还原性（irreducibility）［2：568；5：707（17－18）；10：37（51）；15：348（81）］.

> 存在着许多时间、精力和胜任与否的限制。每一个人类召令都有一个型态（shape）。人们必须专门化；团体必须集中他们的能量。一致伦理并不否认这一点。[57]

因此，我想，前面引用的“那些……人（those who）……”这个表达，一定在许多听众和读者已经误解的意义上被使用：认为反对杀婴的共同体必须也对支持饥者和无家可归者同等可见（equally visible）……即使有了这点澄清，陈述看起来还是相当不精确（imprecise）：即使在一个多元禀赋与魅力的共同体中，同等可见似乎也很少能达到实现相当多元的责任——这些绝对的（absolute）、（有些是）积极的（affirmative）而且都是从曾经多变的急迫环境里上升的责任——之肚量。

但是，也许我把该文本的片段逼得太紧了。因此，让我回到本部分的主要问题。

杀婴

我的第一个问题是：就杀婴的法律而言，天主教徒应当支持什么社会政策？无论在什么情景下，因“作为”（act）或“疏忽”（omission）有意地致死一个孩子，应当作为一项罪行而被禁止并受到惩罚吗？

贯穿整个文明世界，现今跟阿奎那的时代一样，[58] 杀人罪（homicide）的刑法紧紧追随着“解释”（translates）了共同体的共同道德，也的确改编（transcribe）着共同体的共同道德。每个共同体都在竭力确认，什么形式的致死（killing）与涉及死亡的行为或疏忽在道德上不正当（wrongful），然后，宣

---

〔57〕 13：657（83）.

〔58〕 See *ST* Ⅰ-Ⅱ，95，2c.

告那些行为方式非法且犯罪。[59] 尽管对德累斯顿、广岛、长崎事件以及堕胎的社会接受给普通道德法律传统（common moral - legal tradition）引来了剧烈拉拽，但是，关于杀人罪的盎格鲁—美利坚法律本质上仍保留着与普通法和基督教道德的一致性，绝对排除致死无辜者。[60] 315

要期待和支持道德法与政府/国家法律在谋杀罪的定义和禁止上的实际相合（coincidence）。凭借黄金法则的居间作用（mediation），爱邻人的基本道德原则拥有最直接的政治运用：平等尊重人，法律面前人人平等，受法律的平等保护权。公正的人类相互关系的第一个条件是：一个人自己的生命与死亡不在另一个人的选择之列。因此，谋杀罪的法律应从道德上排除所有使人类致死的选择。法律规则最直接的资源是平等尊严原则；道德规范最直接的资源是生命作为一项基本人类善的不可侵犯性（sanctity），在任何情况下，都不得作为一个目的或一个方法而遭破坏。但是，两种资源在它们的适用上相合。

这跟古代世界是何等不同！跟一致功利主义、一致结果主义与相称主义者所设想与推进的新世界何等不同！那些是不存在对人类身体生命不可侵犯

---

〔59〕 现在，一个能够被认为不对正义（justice）（fairness）具有必要的直接意义之例外，是自杀行为。就其他方面而言，当代美国和英国法律思想与政策的主要趋势是，紧密杀人罪的法律与道德判断之共生性（coextensiveness）。19 世纪与 20 世纪早期的法律将涉及重罪过程中所做任何致死的行为定义为谋杀，在其他情形里，陪审团根据一位有理智的人将已经预见死亡是自己行为的一个结果来确定意图；现代法律则越来越倾向于否定这些由谋杀的道德观念引起的分歧（divergences），比如有意导致死亡。就可能将导致严重身体伤害的预见作为一个足以支持一项谋杀指控的“意图”而言，使关于谋杀的法律与伦理准则相似这个处理（process）是相当不完全的。

〔60〕 因此，我们的法律不仅持续认为，选择杀人的结果主义理性没有为接受这类选择给出什么道德根据，而且，必须以很大程度与我在本章第一部分提出的相同方式来分析人类行为。的确，这样一个行为分析——辨认被采纳为选择意见中的目的和方法，区分目的和方法与可预见并导致的、而非选择所采纳的意见之组成部分的副作用——给出盎格鲁—美利坚法院关于谋杀罪的意图（intention）和犯罪意图（*mens rea*）的几乎所有现行司法判决未被超越（unsurpassedly）的充足理论阐述与解释，尽管不是所有的决定，也不是所有使用的术语与许多法官和立法者提供的解释。相似地，就疏忽（omission）而言，法律接受意图的合理分析之提议，即负有诸如为饥饿者提供食物之类的积极责任者可能选择不履行该责任来作为由疏忽致死的方法，在这种情况下，违背了对有意致死无辜者的道德和法律的绝对禁止。

316 性——远超过生命的工具性意义、一项固有而基本的人类善，[61] 以及生命在任一情形下都免受作为目的或方法的破坏性选择——之（或者没有一致性）认知的伦理—法律世界（ethico - legal universe）。他们也没有认识到每一个位格人的平等尊严：那些某种程度由他人筛选为缺乏“生命品质”（quality of life）的人，以及那些其本身的存在被认为降低了另一个人生命品质的人，从法律的禁止保护中被删除。[62] 这样做，认为他们会“情形更好”（better off），甚至“更好”（better）就是死了；宣称蓄意带来他们的死亡是一个“必要”或至少是“更少的恶”。所以，允许那些有权力（in power）者——有时照着他们的主动权（initiative），有时只要在合法的正式手续之后——致死那些因而在他们掌控（dominion）之下的人。

［当一种文化或一个人处于从一致建立在爱邻人与平等尊严基础上的伦理和法律，转型到以有权力者的“价值权衡”（balancing of values）为基础的伦理和法律，在这个时期，转变的事实也许被一个要求即只因“疏忽”“任凭死亡”、停止养料输送所模糊地（diaphanously）掩饰（veiled）……[63]一致的价值权衡者，以这类掩饰为可理解的不顾（understandable contempt）。］[64]

简言之，那些想要为杀婴制造法律例外的人承认，他们必须主张或者认为，蓄意致死（deliberately killing）某些人在道德上是可正当化的。他们正确地认识到，在这个问题上，法律与道德之间没有间隙。按照天主教的理解，爱

〔61〕 See e. g. Fletcher, *Morals and Medicine*, 211：“……身体及其各个部位，我们的器官及其官能——所有这些都站在我们的对立面……”在有一定影响力的天主教徒中间，对这类二元论的反思参见 *CMP* 198 with n. 42 thereto. 哲学批评参见 *ibid.*, 137 - 8；Grisez and Boyle, *Life and Death with Liberty and Justice*, 372 - 8；*NDMR* 304 - 9.

〔62〕 See the citations to , and quotations from Glanville Williams, Joseph Fletcher, Michael Tooley, and H. Tristram Engelhardt Jr, in Grisez and Boyle, *Life and Death with Liberty and Justice*, 218 - 20, 488 - 9. See further, e. g. , Glover, *Causing Deaths and Saving Lives*, 154 - 69；Singer, *Practical Ethics*；Tooley, *Abortion and Infanticide*；Harris, *The Value of Life*, chs 1, 2, 4, 5.

〔63〕 参见女王诉阿瑟（*Regina v Arthur*）（1981 年 11 月）案件审判中杰出且有影响力的英格兰和苏格兰医生们的见证：quoted in Linacre Centre Report, *Euthanasia and Clinical Practice*, 86 - 7. Cf. also McCormick, “To Save or Let Die” at 175；Jonsen et al. , “Critical Issues in Newborn Intensive Care” at 760 - 2；McCormick, “A Proposal of ‘Quality of Life’ Criteria for Sustaining Life”.

〔64〕 e. g. Harris, *The Value of Life*, 29 - 47.

邻人原则的适用清楚表明了为什么这样一个间隙将会再次深深地不公正，为什么道德和法律都必须像绝对排除致死其他人一样，绝对地排除致死婴儿。

因此，我的问题，即就杀婴而言，天主教徒应当支持什么社会政策只有一个单一的、直截了当的回答。

更一般地说，有许多传统上的道德绝对“转化”（translations）成了在最
严格意义上应用绝对道德规范——由其推论——的社会政策。比如，《关于 317
战争与和平的教牧书信》正确地判断，绝对规范“无辜人的生命绝不可以被直接取缔”（para. 104），确实直接地转化成为这类适用或“政策”规范，比如：“有意杀害无辜者作为威慑核战争策略的组成部分在道德上是不可接受的”（para. 178）。

但是，就积极道德规范“供给饥饿者”而言，如果在根本上可取，那么，这类转化或运用在严格意义上（*stricto sensu*）有多大程度的可取性呢？

“供给饥饿者”

像反对杀婴的规范，该规范是运用黄金法则来爱邻人：既然人要为自己维持生命的途径，那么，在个人其他责任允许时，以其他责任容许的方式，也必须供给饥饿者。既然人们的其他责任随着他们的委身和机会广泛不同，“供给饥饿者……”规范澄清的责任将通过各层面的个人与社会行为的大量多样性来实现。它也将受到各种形式的不公正之侵犯。

这类侵犯中的一些可直接辨认，并且可直接转化为法律。未能供给饥饿者可能成为为了加速死亡而选择的疏忽，从而违背法律伦理上的绝对排除致死，——如我们所见，它本身不仅陈明生命神圣不可侵犯的要求、也陈明了公正要求的规范。或者，这类未予以供给不公正地虚化了这类父母或监护人责任所有可接受的标准（包括那些父母或监护人从他们的医疗及其他相关人员期待的照顾标准）而能够成为的过失（negligence）。

许多不公正形式中的另一类，呈现于红衣主教伯纳丁提到（在援引文字的最后）的那些抵制国家资助福利的人，他们评断这么做侵蚀了社会的道德性格（moral fibre）。削弱他们主张的不是某种相称主义计算，即侵蚀道德性格不相称于有需要者的存活或健康比更有需要者的存活或健康更重要；而是，

做出主张的那些人带着存有偏见的选择性（biased selectivity）。抵制国家资助福利者支持宪法、经济、教育和其他的社会政策，也导致或造成风险，侵蚀某些或者许多受它们影响的道德性格——轻率且卑鄙地用物质主义（materialism）、消费主义（consumerism）、纵欲（indulgence）侵蚀社会的道德性格，对伴随着权利和益处的责任漠不关心，以及其他与繁荣相伴的不道德性。

318 话说回来，公正的要求有一个主要方面，即一致伦理的一致性的确“意味着我们不能以两种方式对待”。

但是，这意味着在多大程度上，一个公正的“生命品质看法（posture）转变成具体的政治和经济立场……”？

从一致伦理到具体政策

那个建议是含糊的。在许多问题和语境中，对同胞、同族基本需要的公正尊重牵涉到存在一些具体的措施符合那些需要，然而，未能确认（有待决定）哪一种具体的措施。在这许多实例中，道德规范“转化”成“具体的政治和经济立场”。相反，要求个人、团体和政治共同体在各种可能的适当措施中来选择（而缺乏完全具体的措施又导致没什么可选择）。[65]

存在着许多道德上意义重大的标准，足以鉴察这类选择提议的不恰当性。但是，不可能期待这些标准确认除一条政策适合正在讨论的问题外其他所有都是不恰当的。就如何“最佳地”、正确地（rightly）实现诸如“供给饥者”这类积极责任问题只有唯一正确的答案而言，与此相关的任何问题或语境能够有很多。

例如，1986年11月18日的教牧书信《为了所有人的经济正义》（*Economic Justice for All*），提出了类似的一点：

> 从原则到政策的运动是复杂且苦难的……尽管在决定公共政策方面道德价值是必要的，但是，他们没有决定具体的解决之道（so-

〔65〕 该问题的经典阐述：Aquinas，*ST* Ⅰ－Ⅱ q. 95 a. 2 on *determinationes*（as contrasted with quasi－deductive applications）of natural law；see also q. 99 a. 3 ad 2；q. 100 a. 3 ad 2；*NLNR* 281－90，294－5；essays Ⅳ. 2（1984b）and Ⅳ. 13（1985c）.

lutions)（para. 134）。[66]

该表述需要一点澄清。其上下文背景是关切积极的社会与个人责任，而不是道德绝对。“道德价值不决定具体解决之道”这个否认，应当解读为如下意
思：澄明诸如“供给饥者”这类积极责任的道德规范，不包含唯一正确的 319
具体“解决之道”，尽管它们能使许多可能的公共政策被确认为不正确，即不公正或以其他方式不道德。在这个意义上解读，教牧书信否认生命品质看法“转变”成为政治和经济立场，看来是正确的。

现在，于此有一些往往被忽略的蕴意。我应当明确两方面。

支持一致伦理者之间的正当反对

即使对事实和可能的结果具有（一个不可能的）一致同意，我们社会的一些成员可能正当地反对，其他社会成员为实现诸如“供给饥者”这类积极责任而正当提出和支持的社会项目。

我采用美国主教们的教牧书信《为了所有人的经济正义》的一个判断（para. 185），作为第一个前提条件：在美国的财富和收入悬殊属诸如“不可接受的……不平等”之列，冒犯了正义。我采纳另一个进一步的前提：将那些悬殊差距降低到正义所要求的程度，目前在实践中是不可能的，也没有实质上的政治党派在当下提出来。

现在，来考虑一个供给饥者的福利项目：（a）由收入税、消费税等方面的税收来资助，并且（b）减少已经用于住房、教育、卫生和对所有相对贫困者（在“饥饿—贫困”线上下）补助津贴的基金。

相对那些交税后还有不公平的高财富收入者的负担而言，这样一个福利项目的负担对于那些刚刚过了饥饿—贫困线者是不公平的。刚刚过了饥饿—

---

〔66〕 这段话继续如下：

“它们（道德价值）必须与经验资料，与历史的、社会的和政治现实以及有限资源的竞争性需要相互制约。我们审慎判断的合理性不仅依赖于我们的原则之道德力量，而且依赖于我们的信息之准确性和假设的有效性。”

必须补充一下，审慎判断可能合理但不正确：关于未来结果的许多必要假设，只是简单地不确定和不可知，不仅仅因为它们涉及许多人未来的自由选择。因此，对于同一个或相同的问题，可能存在并且经常可能存在替代性和竞争性的合理审慎判断。

贫困线者的负担使他们更难实现——如果不是完全不可能实现——对于儿女的教育和健康所承担的重要积极责任。

在这样一个情形里，负责地生活的饥饿贫困者以及需要该福利项目的人们能够正当地支持该项目。然而，那些更艰难一点点的人们（也许非常多数）可以正当地反对该项目。他们这么做时，不必表明他们对最差者的需要有不合法的（wrongful）漠不关心。他们只需表明自己实现对孩子的责任有一个正当的关切，表达一个正确的判断：在正义层面，资助救济最底层者之先在责任（prior responsibility）落到那些不公平的非常富裕者身上。

因为该项目既是十分正义（just）又是十分不正义的；因此，它的正义性只是相对的。

320 （至于非常富裕者，基于他们的地位非正义在先的原因，处于一个道德的困境。不停止他们对于最底层者的非正义，或不停止他们对于不是那么差者的非正义，他们就不可能反对也不可能支持该项目。如果他们没有紧紧抓住他们的不公平利益，那么，这个具有随之而来的非正义的项目就不必要了。）

最终，基于我提到的上述对抗性理由，这类法案的立法者，无论其个人本身贫穷还是富足，都能正当地支持或反对该正义/非正义项目。但是，所有立法者均负有不让最底层者挨饿这样一项重要责任。既然每个人宁可接受许多不公正的剥夺也不愿意让人挨饿，那么，对任何公共善负有特别责任的人来说，根据本质上合理的反对，阻止饥饿项目的不公正特征对于阻止饥饿具有终极上的实践优先性，是严重失去公允的。

当然，该分析能够再改进。但是，分析已经可以提出一个如下宣告固有的严重问题：

> CEP3：……天主教会的主教们应当不仅公开地赞赏天主教会关于整个“生命”与“生命品质”问题的教导原则，而且，应当公开推荐适当地将这些原则运用于这个领域的政策。

所有表达或暗示支持具体福利项目者——也许除了立法者在投票的决定性时

刻外——不仅表示接受（我没有说“赞同”）在我们的社会实施该项目涉及的严重非正义；而且，他们也向这样一种指控开放：比起积极给力支持或许既没有那些非正义也没有其他非正义存在的具体替代性福利项目，偏爱施加那些特别的非正义。

这样一类指控也许会受到抵制，藉着主张支持那些替代性项目是无效的——因为富人将不允许自己的特权被拿走。这种辩护可以让政治家们满意。但是，如果让传道人（preachers）来判断，那么，就其依赖于有争议的概率评估以及对福音影响力的明显消极态度而言，相当缺乏说服力。在传道人群体当中，那些遭受自己支持的项目所涉的非正义的人，也许在更大意义上带着怀疑主义来听这类辩护。（比第三部分提到的传道人困境更甚。）

现在，着手道德绝对和积极责任（affirmative responsibilities）之间于适用性（applicability）上之差别的第二种含义。

投票者可用的试金石

单单就问题进行投票是荒谬可笑的，但是，思及如何为政治高位选择候 321
选人时，赋予他们对杀婴有一个跟各种供给饥者的公共项目的看法以更重分量，这是符合理性的。

严格地说，单单就问题投票对候选人没有什么意义。因为我们的宪政体制要求我们为担任公职人员进行投票，而不是为项目投票（回应“各种问题”）。在投票者偏爱的“单个问题”上，表示持有投票者所支持观点的候选人可以实际上并不持有，或者未曾如此行动，并且/或者也许在其他问题上持有投票者合理谴责的观点，包括他未曾设想的重要问题。

那么，投票者合理期待的是，有能力和良好品格的候选人——将会竭力遵照他们公开的表态而行动，秉着正义应对他们任职期间将置于他们权下的所有问题（包括未预见的问题）。毕竟，红衣主教伯纳丁的评论作为首要关注提出的是，品格是那个态度或精神的根基与本质（参见 CEP2）。

因此，投票者发现候选人将杀婴的信念（或者“对此的立场”）作为品格不良（bad character）的试金石，而对他们关于供给饥者可能的政策偏好以及由此的投票（受制于例外）少一些考虑或者不予考虑，这是合理的。

关于杀婴的道德真理之社会与法律适用是十分明确的（straightforward），至少就正义的关切而言，那些想要放宽法律对杀婴的禁止的人表明自己的品格非常糟糕。[67] 反对供给饥者之具体政策渠道的人，也许是非正义的。但是，通常这并没有那么清楚。（任何承认对饥饿者漠不关心的人是例外，更不用说提议饥饿任他们消亡的人。）因为反对特定项目也许是出于倾向支持替代性项目的动机，或者不同的资金方法，或者或多或少彻底将供给饥者的当然责任转交给邻舍与家庭共同体（在许多社会，保留至今都是如此），在这个领域，只留给国家共同体最严格的辅助作用。

322 我未曾暗示对最后提到的看法有任何偏好。但我确实是说，一位倾向该观点的候选人也许恰当地具有好的品格，就天主教教导的所有规范而言便是如此。这样一位候选人也许恰当地持有真正一致尊重生命的伦理——不仅运用绝对道德和法律规范保护无辜生命不受侵犯和有意忽视，而且，也延伸至红衣主教伯纳丁提到的所有“生命”品质问题（以及正义的所有其他方面），并要求有关积极规范和责任的诚恳认知。

两个脚注

在我看来，我所说的杀婴可以作为政治上相关之不良品格的试金石，也适用于堕胎。对一位受过教育者、在我们社会寻求高位一类的人而言，堕胎不过是跟杀婴一样模糊的正义问题。[对相反主张的无数反对、对杀害未出生胎儿继续嬗变的理性化，以及神学家与哲学家“可能的意见”市场，都是歪曲败坏的良心之症状，基督教原则另有一个名称错误的信念（*mauvaise foi*）。]

对堕胎的资助也是同样的事实，尽管其中也许存在着一种自我欺骗的更多空间，对于品格的意蕴更难以评价。[68] 支持给堕胎提供公共资金以减轻贫困或者贫富分化“机会”（opportunity）的一位政治家，违背了排除有意致

〔67〕 他们在终极上的罪是另一个问题，他们的同胞不可能合理地关心评价。

〔68〕 在某一具体投票情形下，正确分析目的、方法、副作用之复杂性的一个讨论，参见 *NDMR* 344 -7，357 -62.

死无辜者的绝对规范。[69] 因此，选择资助堕胎的那些人，不论是否具有不赞同和憎恶的感觉——“我们个人反对但是……”——选择作为一个方法，个人愿意用公共资金支持堕胎。他们就像主合同商与拉皮条者一样，为安排未出生的孩子，（为毁灭他们）把他们交给医疗保健提供者，其毁灭服务就受到了政府优先事业的保障，当实施这些服务时，就会得到报偿。在一致尊重生命的伦理学中，如同在共同道德和基督教道德中一样，排除杀人的道德绝对显然排除劝说杀人，并且——本身是“爱邻人”的含义——有条件地实现消灭贫困和贫富间机会失衡的严重责任。

简言之，尽管严格地说，单单就问题投票没有什么意义，但是可以根据 323
该拇指规则合理地投票：无论多么不情愿，愿意放宽关于杀婴的法律禁止，或者支持堕胎作为保障隐私、孕妇健康或“贫困者的公正”的司法许可，或者为了任何这类目的提升堕胎的公共资金，或者作为保证或赢得公职、以免更坏的人当选的途径，都足以证明不适合高位；对于贫困和福利，政治上相关的立场鲜有这样一种表现。

当然，有时，人可以投票给一位表现出这类不良品格的候选人。然而，只是作为尽可能地阻止，也表现了相当不良品格以及对于担任公职拥有某些其他或更大不适合性的一位候选人当选之途径。而且，有时会发现这个检验并没有什么用。因为没有充足的证据来发现，如果候选人当选则愿意怎么做的真相。

Ⅲ. 一项主教的义务?

这些论述区分了“道德原则”及“这些原则运用于详细的政策”——更简单地说，在“原则”和“具体解决之道”（specific solutions）“具体的政治和经济政策”“特定策略”“政策意见”“政策性结论”或者“政策判断”

---

〔69〕 Cf. McCormick, “Medicaid and Abortion” at 716 - 17. Grisez, “Public Funding of Abortion”, 45 - 51 详细地证明了上面提出的论点。

之间的区别。[70] 他们陈述，尽管当他们这么做时是在用一种不同的权柄在说话，天主教会的主教们为促进公共论辩提供了“政策性结论”，“为道德原则如何在我们社会面对的具体情势里形成赋予了一种观念”，并“激发了公共争论”。[71] 这些讨论唤起对《关于战争与和平的教牧书信》(paras 9 - 10) 所做的一个区分之认同，即区分“普遍约束力的道德原则”和“这些原则的适用”，适用涉及“根据可能变化、可能由人们的善良意志做出不同解释的具体环境”的“审慎判断”。书信补充道，“我们（美国天主教会的主教们）在具体案例中做出的道德判断”是“在良心上不具有拘束力的”。

作为普遍的、绝对的道德规范，能够被称为原则。它们的直接适用的确需要判断（有时非常直截了当，以至于适用中的错误几乎难以想见），但不是为任何额外的道德审议或者判断。道德规范或责任能够要求或者授予除此
324 之外的任何选择：若道德绝对确认为不可接受，则不做。

因此，一位有义务权威地确认和提出普遍（一般）道德原则的教师却不能权威地将道德绝对适用于具体政策，这样说似乎是不谨慎的。如果特定政策蓄意或明显地跟道德绝对不一致，该政策就可能而且也应当受到权威地提出那个原则的人的谴责。[72] 然而，当一项公共政策有待于解释并向不同的界定方法开放，那么，只要假设表达一项对其判断将承担道德真理教师的全部权威：

> 如果该政策要求或者授权任何人攻击非参战人士，无论是作为目的还是作为途径，那么，就必须不被提议、支持或者适用，即使不支持或不适用的结果看起来可能/肯定非常糟糕……

因此，道德原则的直接适用要求“谨慎判断”(prudential judgment)，这并不是

---

〔70〕 See e. g. 1：493 (8)；6：327；8：12 (43)；14：6 (70).

〔71〕 See 8：12. Cf. , similarly, *Economic Justice for All*, para. 20：“我们感到必须 (be obliged to) 通过基督徒如何能够对经济问题从事具体分析以及作出具体判断的例子来进行教导。”

〔72〕 当红衣主教伯纳丁说教牧书信“最严格（而）有约束力的”结论是“直接有意地攻击平民中心总是错误的”，该‘结论’或‘原则’拥有两种‘含义’或‘外延’：“即使我们的城市先被袭击，这类袭击也是错误的”，并且，当“被要求执行这类攻击的任何人都应当拒绝命令”[1：493 (8)] 时，至少含蓄地提出了这一点。

普遍为真的，除非“谨慎判断”包含道德绝对简单而且直接适用于落在它们之下的例子。然而，当适用的是积极规范而实现的是积极责任时，谨慎之美德的确完全获得了保证。

因为不考虑也不评价其他道德规范，没有积极规范能够被运用，包括鉴于各自承担的无论正式的还是非正式的义务（commitments）差异，而适用于某些个体、团体或政治共同体却不适用于其他个体、团体或政治共同体的详细规范。[关于在宪法、法律或政治领域的这类义务，在讨论被某些共同“正直”（integrity）人士称为一致性的维度时，我已经谈了一些。] 每项选择都有副作用，一个人避免、阻止或者最小化那些副作用之道德责任的范围和内容，取决于他的机会和替代性选项，以及具有责任的召令（vocation）。恰当地评价所有这一切是谨慎（prudence）的作用，谨慎是正直做出符合理性的选择所需的智慧性情。

现在看来，CEP3 提出天主教的主教拥有一项准备日常且经常做出如下审慎判断的义务：我作为一位天主教的主教，通过在一个特定“政策问题” 325
（比如一个供给饥者或给无家可归的人提供住房的福利项目）上作出一个有意影响国家政治论辩的具体政治表述，来实现作为教师和牧师的积极责任。

现在，主教的积极责任和公民的积极责任都毫无疑问是重要的。但是，决定要在国家政治生活中成为一个角色，并且敦促信仰同伴成为角色，发扬或者直接支持国家政策的具体意见，该决定可能有一些我马上将会勾勒出来的明显不好的副作用。然而，如果作出这类决定是一项主教义务（an episcopal *obligation*），那么，既然不能作出决定，也就会有不好的副作用，在许多情况下，接受那些副作用就成为必需的。此外，如果做出这类决定不在一位主教作为主教的义务之内，那么，应当以相当不同于主教谨慎的标准来评价并接受做出决定的副作用。

那么，在我的思想中什么是副作用？

主教府（episcopal office）承担着教授信仰者作为基督徒的义务之责任，在那些义务中首要的是，找到并且接受在全丰全足之中藉着信、望、爱塑造生命的个人召令这项积极责任。现在，尽管没有否认他们作为公民的责任，但大多数基督徒的使命远非卷入国家或政府政治生活。然而，当代世俗人文主义者坚持教导，“行动所在”最真正有意义的舞台是“世界历史”或“国家生活”的舞台，即伟大的世俗权力施展拳脚的地方。基督教的教导看起来则不然：期待的是今生通过信心和德行——实际上是对“世界历史”事务彻底边缘化的那些人通过信心和良善的选择——在奥秘中建立国度。一个人能否确信地肯定，在当代西方社会，基督教信徒从他们的主教那里接受了挑战世俗人文主义假设的教理，并且，教理讲授有效地交流：信心应当塑造每一位信仰者的召令，无论那个使命的主要成分在多大程度上被从公众信息和“公共生活”中删略？

再者，主教府还包括呼召非信仰者归正（conversion）的责任。在那些需要归正的人中间，有持政治职位或者寻求政治职位的非信仰者。基于政治关切和“重要人士予以认真对待”的利益，如果主教们的公开声明根据排除了对任何“不能实行的”（impracticable）或者“其他属世”（other - worldly）选项之认真关注——诸如单边终止核威慑，或者根据作为社会责任的基督教财产概念拿走并非由他们管理的富人所有之财产——的某种基本准则（ground
326 rule），他们就忽略了一个传播福音的机会，以其先知性的忠诚正直对明显而确定的恶毫不尴尬地进行谴责，否则，许多人也许就会听从于与此相悖的激烈挑战了。[73]

此外，现在，主教府取消了任职者在实际上实施任何高度政治的责任以及直接参与国家或政府政策的实际选择之资格。他们自己的责任阻止了主教们获得那些作出和执行高度政治决定的人所必需和拥有的选择、机会、成本及其他现实。以这两种方式，主教们受阻于就政治共同体实现其积极责任作

---

〔73〕 据称，起草《战争与和平教牧书信》的特委会（Ad Hoc Committee）采纳了一项“坚定的基本准则”，“在任何情势下，将不支持单边核裁军”：Castelli，*The Bishops and the Bomb*，79. 做出该陈词的书并非完全可靠。我没有暗示，如果作出或提出这样一项决定，动机莫过于这样一个忠实信念：单边证明放弃核威慑不能在道德上获得正当化。最终的《教牧书信》宣称（para. 333），“屈服”（surrender）是一项“站不住脚的选择”；我没有否认，单边声明放弃核威慑将等同于屈服，但我能够发现，在书信里没有哪怕是试图正当化该主张的论证：单边声明放弃是一项站不住脚的选择。我也在书信的许多读者当中，发现它对自己显然的结论缺乏任何融贯的论证：保留核威慑包含（像所有现存的和可预见的西方威慑）对于对应价值的提议，即报复能够成为在道德上站得住脚的选择。

出真正审慎的判断。严格地说，审慎是选择中的智慧，只有那些职分要求他们选择的人，才拥有正确选择知识的恰当地位。就现实决定者是不道德的人与/或不信者而言，他们不可能因权柄或对政府问题的主教声明智慧而印象深刻。然而，当他们处于信仰者地位时，就他们自己根据基督教教导做出的审慎判断而言，也可能为不同于他们主教的权威而感到烦恼。[74]

最后，如我在本文第二部分提出的，在一个不公正的社会支持实现积极社会责任的具体政策，涉及道德上的恶之辩证合作（material cooperation）。在恶的层面上哪种辩证合作是适当的，由那些在自己的具体情形和使命中必须选
择的人来恰当判断。由于角色和责任的差异，对一位信仰者适当，也许对另 327
一位就不适当。当主教站在一立场，而这个立场让他卷入赞同恶的辩证合作，并且在信仰本身有待解决的问题上，跟一些信徒站在一起反对另外一些信徒时，大多数信仰者可能会摸不着头脑，发现他们信仰的真理在某种程度上被模糊了。

我简述这些目的不是主张美国主教们在审慎判断上犯错了，或者他们的选择比教皇或其他地方的主教的可比性选择更倾向于产生这些效果。讨论中的审慎判断只能由天主教的主教们作出。好多年了，许多教皇和主教断定，鉴于不同时间和不同地点具体多样的正当理由（good cause），接受这些副作用（设想他们意识到了）是正当的（good）。

红衣主教伯纳丁的评论提到了几个正当理由：激发公共论辩，于是，为发展天主教徒之间的共识，因而在社会层面大体上推动一个尊重生命和提高生命的精神品质（CEP1 和 CEP2）。[75]

但是，这些是否属于真正充分正当的理由，足以正当化这样的立场：天

---

〔74〕 美国主教们用他们称为“辨别力”（discrimination）（以及他们用精度和力度陈述）的直截了当的道德绝对来评价美国的核威慑政策，制造了多重错误，这例证了主教为履行一系列的积极责任而评价具体政策时面对的困难。他们未能描述现实的美国核威慑政策；他们没有注意到官方和非官方的战略文字，这些文字强调了威慑必须包含威胁和计划破坏城市这类作为内部战争威慑和最终的报复性反击；因着忽略了相关方案的历史运用及因此而拥有的意义，他们错误解释了政府为影响他们的书信而有意摆在他们面前的特定含糊方案。（See *NDMR* 18－28，36－8，160－1，172－4.）圈外人的错误无处不在，真正审慎的判断是圈内人的判断。

〔75〕 13：658（83）. See text at n. 9 above.

主教的主教们负有一项义务，在公共论坛为实现非绝对的、积极的社会责任推动具体的政策？或者，推动这类政策并非一位主教可以做的，如果并且当他审慎地判断，如此行将会赢得某些好处，但是，却要预备好接受诸如我已经预测到的不好的副作用？如果他经过审慎判断并且按照判断来做时，会赢得一些善吗？

除了摆出问题，哲学反思不能做得更多。但是，它们能够引至一个最终的观察。

设想主教们作出了审慎的判断和决定，不“形成一个综合的社会日程”——除了在例外情况下，关于伯纳丁红衣主教评述中罗列的国家问题的具体政策，不接受参与政治论辩或候选人竞选带来的不良副作用：这样一个决定将不意味着：许多天主教外行人错了，他们认为这类参与要规规矩矩地在他们自己个人胜任和信仰的召令范围内——因而在他们的积极义务中——并且在许多情形下寻求一起努力，如此行以给出信仰的共同和公开见证。

第 22 章

世俗主义与“死亡文化”[*]

I

文化是我们藉着选择加给天然（nature）的，所谓天然即先于人类决定相 328
信、计划、成就和决定作出，而在我们的心思（minds）、身体和环境中发现被赋予的一切。因此，文化由思考、交流与行为的方式构成，这些方式通过在各种替代性可能方式之间作出的决定而形成，藉着或多或少审慎的选择，这些思考、交流与行为的方式不断地进行下去，从而使某种文化得以延续。

当我们听到“文化”这个词时，我们不必想到某一世界范围或者全国范围的现实，因为这个词像“文明”一样宽泛。剑桥皇后学院无疑拥有一种微妙地不同于牛津大学学院的文化。前者拥有一种可被认为是足球流氓（football hooliganism）的英国文化。足球流氓文化能够说成是“英国文化”的一部分吗？在某种意义上能。但是，我们大多数人，或许所有人，即使我们当中那些沉浸在英国文化里的人，也能够诚实地说：我们绝没有被卷入英国足球流氓文化。因此，如果说“英国文化是一种足球流氓文化”，或者诸如英国文化是无赖（hooligan），就会误导人。

类似地，近几年，教会采用的措辞“死亡文化”（the culture of death），我想，不必而且不应当被认为是，这样的现代文化或者这样的西方文化，或者

* 2002b.（2000 年夏，在剑桥女王学院举办的国际会议上的演讲。）

整个世俗世界是一个死亡文化。而是说，在我们当代世界有着非常强大地体现的一系列相关实践、习惯、法则、制度，以及回应、思考、交流的方式，追求与欲望的已知或可习得的方式，能够恰好称为“一种死亡文化”的一整套。就像《生命的福音》所说，“我们的社会和文化特征是强烈而鲜明的，尽管是以死亡文化为记号”。[1] 在文化和社会当中，也包含着在我们文
329 化内激烈反对那种文化的家庭和其他关联文化的形式。

作为一项正在显现的现实，任何围绕着“*intentio*”的文化都具有那个拉丁词语的两个主要内涵：意义（meanings）与目的（purpose）。即围绕着人们在那个英文词汇的两种主要适用意思：他们用他们的话语、手势和交流方式所表达的意思，以及他们打算做什么、带来什么、成就什么。在后面一个意义上，意图（intention）或者打算（intending）在本质上为目的和选择，即“死亡文化”这个说法中“文化”一词的所指正是在这第二种意义的层面。这类意图和选择是从倾向（dispositions）和意愿（willingness）延伸到行动的一个结果或者模式的决定性时刻，从有条件的选择到无条件的选择，再到当下的行动，用实际行动［作为（acts）与审慎的不履行或者克制］来执行。“文化”这个词总是衬托出某一或多或少持续的现实，因此“死亡文化”是这样一个措辞，它衬托了或多或少稳定且共享的、做出和执行某一特定类型选择的意愿或取向，一种或多或少稳定且明显（overt）、公然不知羞耻（publicly unashamed）的意图模式。

谈到“死亡的”（of death），这套态度与实践的独特之处是：那些共享它们的人乐于有意地打算（intend）死亡。恰当地说，是基于自身利益的考虑，人筹算所选择的并且只有所选择的，以竭力带来基于其自身原因而作为总体目的或者作为部分目的，或者作为某种这类目的的一个方法。因此，如果人的死亡不是被选择的，而且也不是眼不见为净，或者用委婉说法、其他避讳以及否认的伎俩来掩盖，而是采取风雅的言辞进行公开讨论，成为个人冥思与预备的话题，那么，这样一种文化就不是“死亡文化”的所指。“死亡文

〔1〕 Encyclical, 25 March 1995, *Evangelium Vitae* (*EV*), sec. 26.1.

化”的措辞意指，一个以有意打算死亡作为目的或者一项途径的、或多或少体系化的意愿。

“有意打算死亡”（intending death）：更精确地说，就是选择造成或加速一个人的死亡。当我们在诸如“生命权”（the right to life）或者“生命基本的并且不可侵犯的善”（the basic and inviolable good of life）[2] 这样的语境里谈及生命时，我们正确的意思是一个人的生命。既然我们能够保留或结束生命的那些人是人类，我们正确的意思是人类存在的生命，从他或者她胚胎时期就已经开始的一个人；因为从那时开始直到死亡，在健康和成熟的正确条件下，是一个在所有时间里都能够参与意义、选择和实施选择行为的单一有机体。一个人的生命，如同任何有机生命一样，是物理化学过程的协调体系，通过自我平衡控制来保持动态平衡；相应地，人的死亡是那个整合有机功能的崩溃 330
及其不可逆的分解。因此，人的生命（任何人的生命），正是人作为胚胎时期形成的那个存在、那个人的现实，除非因诸如胚胎分裂而引发孪生之类非固有事件而异常。死亡，而且只有身体死亡，才能结束那个人的存在（只留下一点属灵的残余，是一种如此的衰残，以至于圣托马斯能够说而且重复地说，“*anima mea non est ego*”：如果我没有被救赎，则我的灵魂不属于我，除非我的灵魂获得拯救）。那么，我们正在思虑的死亡正是一个位格人现实的终止和灭亡。若有一种选择可以加速或者造成人类存在死亡的或多或少体系化的意愿，即无论多么不情愿，准备就绪要行动或者忍受怀着杀害某人的目的而作为，此时在那里就有一种死亡的文化。

既然人之为人的现实可能因人的选择而获得提升、保护、尊重、忽视、损害或者破坏，生命（人类生命）在人的思维中则最通常作为一项善、价值和行动理由来认识。但是，即便这是准确的，当我们谈到人类生命的善或价值时，也不应当允许模糊这个事实，即我们当下谈论的正是一个个体人在每一具体情况下的存在和现实。一个社会将人视为拥有抑制生命的权利，无

〔2〕 注意：《生命的福音》的拉丁文标题是“*De vitae humanae inviolabili bono*”——《关于人类生命不可侵犯的善》。

论是对自己的生命还是他人的生命，那么，这就是一个文化赞同反人类（*a-gainst the person*）行为的社会，因而愿意某些人对其他人实施某种不受限制或者绝对的权力，即结束他们存在的权力（cf. *EV* 12.1，20.3，23.4）。

经验表明，在我们的文化中，对于我正在思考其态度和实践的那些人来说，没有一个我力图让大家关注的事实是受欢迎的。很多人不愿意承认，他们正在中止的生命属于人。并且，很多人不愿意承认，这些死亡是有意计划的，或者是有意打算而非作为其他事的负面效应而被接受。尽管这个不情愿通过站不住脚的论证或纯粹的修辞和规避手法而产生，毫无健全有力可言，但它还是存在某种意义上的力度。相反地，那些人的鲜明意愿存在着某种知识上的令人满意与人性上的可悲，像美国自由主义哲学家杰弗里·雷曼（Jeffrey Reiman）直白表达和护卫的这个论点：宪法和道德上的堕胎权准确来说就是杀害未出生的孩子并确定其死亡的权利，如果被解释为仅仅是去除胎
331 儿的权利或使其从人体去除的权利［该权利早期由朱迪思·汤姆森（Judith Jarvis Thomson）为“支持选择”堕胎的女权主义进行了著名的辩护］，由会非正义地否认这项伟大的权利。[3] 雷曼的相关论点是——与我们的法律和传统相反——即使在人出生后也没有权利，一直到几年后的孩童时期，即使有自我反思意识时，该论点也存在着同样清楚而生硬的组合。像雷曼那样的立场依旧让人觉得被违和地加强（advanced），那些人将堕胎作为一项权利来对待，并且以自己的方式将其视为一项善——然而“被加强”是针对如下情形的恰当词汇：他的立场基于他们的文化，也即他们的亚文化，无论是轨道式的（trajectory）还是互动式的（dynamic）加强。

Ⅱ

追寻“生命文化”与“死亡文化”之间争战的最深根源……我们必须进入现代人正在经历的悲剧之核心：上帝与人意义的崩溃，世俗主义主导的

［3］ Reiman, *Critical Moral Liberalism*, 190. See further my debate with him in 2000c, and essay I. 16.

一种典型的社会文化风气……（*EV* 21.1）。

> ……与上帝智慧的设计失去联络，是现代人迷惑的最深根源……藉着“似乎上帝并不存在”的想法而活着，人不仅仅看不见上帝的奥妙，而且也……失掉了自己存在的奥妙（*EV* 22，3 –4）。

这就是 1995 年 3 月 25 日的通谕如何与我反思的主题形成偶然联系（causal link）。该偶然联系的通谕提议是一个神学反思而非一个信仰的教导；像通谕本身通过引用《罗马书》1：28 提醒我们一样，该提议在神学渊源上也是基于同样的根据：“他们既然故意不认识神，神就任凭他们存邪僻的心、行那些不合理的事。”但是，那只是圣保罗从罗马书第 21 –32 节这个更加广泛而复杂的非正式分析中的一句，通谕并没有着手这个更大的分析。总的来说，我们有充分理由就世俗主义面临我已指出的两个问题进行反思：塑造一种文化和“一种名副其实的罪的体系”（*EV* 12.1），人类存在和个人现实的价值与意义，以及意图的意义与意图错觉或错误表达的意义。

什么是通谕所说的或多或少体系化、杀害弱者和依赖性人群这个当代意愿根基的世俗主义？不是尊重世俗，不属神的（divine）、非圣的（sacred）或者非教会的（ecclesiastical）世俗。毕竟，“世俗”是一个被拉丁基督徒造出来的词。耶柔米（Jerome）的拉丁文《新约》用它作为表示这个世界发生的事情的希腊词语，有时也中立地指时间内的而非永恒的世界，[4] 以及任何人 332
类社会的日常生活，[5] 有时则轻蔑地指将我们的注意力从持久价值的现实和安排转移开的事物。[6] 阿奎那则常规地运用它，经常相当没有负面含义：比如，他将会说，对于关系到政治共同体之善的事务，基督徒通常应当服从世俗权威而不是教会的指示。[7] 主说“恺撒的物当归给恺撒；神的物当归给神”（《马太福音》22：21 及相应经文），指引我们脱离神权政治，或者国家僭越教会或教会凌驾于国家、政府、法律和公民之上的任何其他霸权。

---

〔4〕《提摩太后书》1：9；《提多书》1：2。

〔5〕《哥林多前书》6：3 –4。

〔6〕《提摩太后书》2：4；《提多书》2：12。

〔7〕*Sent.* Ⅱ d. 44 exp. textus ad 4：… magis obediendum potestati saeculari quam spirituali.

毫无疑问，将世俗（the secular）与神圣（the sacred）相区别这一基督徒区分，只是社会历史学家称为“俗化”（secularisation）这个更广进程中的一个例子或方面，该进程涉及人类对先前几乎为人类科学和技术不可及的生命领域的理解和控制之拓展，试图以管理生命领域来取代原先的祷告，看起来也是合理的。基督徒鼓励这类俗化进程，只要坚持上帝的超验性和创造的智慧性，以及随之带来的对自然科学、（因而对）技术开发的可达性（accessibility）。世俗主义（secularism）则是另一码事。

像所有重大现实一样，这个思想观念或思想观念谱系（即死亡文化——译者按），跟任何诸如“世俗”“俗化”或“世俗主义”之类的词没有关系。我们所称的世俗主义，被伊丽莎白时期的哲学家和学者称为无神论。16世纪末期牛津和英格兰领先的学者——哲学家约翰·凯斯（John Case）的哲学著作，[8] 是牛津大学出版社最早出版的3000页学术专著，他在其中的多方面是真正的创始人。这些哲学家和学者给那个时期的伟大政治家们的引介和献呈的书信中，表达了一种强烈的感觉：无神论已经大举侵入英国文化。在某种程度上，约翰·凯斯所指出的确实是不存在上帝这种信念；在更大程度上，是梵二公会所称的“忘记上帝”，[9] 而《生命的福音》则将其称为“失去上帝意识”和“‘似乎上帝不存在般的’活着”（*EV* 22，4）。但是，在此，做一些柏拉图提供给我们的区分将是有用的，柏拉图深刻反思了世俗主义和无神论，只是没有用那些词。

333 在他伟大的著作《法律篇》中，柏拉图描绘了一组取向（dispositions）——如果你喜欢，可以用“文化”一词——而且形成了三种观点中的一种或另一种：神不存在；或者，没有神会关心人类事务；或者，任何关心人类的神很容易被一种肤浅的敬虔所安抚，而不要求改变人类之恶。[10] 柏拉图描述的相应特征类型，在最近的时代很好辨别。三类取向——没有神；

---

〔8〕 For an introduction to Case, see Schmitt, *John Case and Aristotelianism in Renaissance England.*

〔9〕 GS 36.

〔10〕 See *Laws* X 885b, 888c, 901d, 902e–903a, 908b–d, 909a–b. 柏拉图通常谈到“gods”或者“the gods”，但是，当触及事物的核心时，就转而谈论“God”或者“the god”（see 902e, 903d, 910b）。

神缺位；神软心肠（soft - spirited）[11]——紧密地符合现代世俗主义的独特形式：无神论主义；或者一个自然神论的假设，人类历史未曾知晓神的干预，没有上帝对我们的旨意之启示；或者假定一种上帝仁慈基础上的“自由主义的”笃信，没有时间警告不道德内在地疏离了上帝以及潜在的末日（《理想国》中的伊尔神话，柏拉图先知性的冥思也告诫了对错误行为的报应）。[12]

尽管柏拉图对将一种软心肠归于上帝的立场保有最强烈的谴责，但是，他最严明的论证（亚里士多德《形而上学》第一卷4的预示）是针对第一种和第二种立场，这两种立场否认了灵（mind）在宇宙间的回荡。无神论唯物主义主张所有一切在终极上都是纯粹的偶然、无理性不可解释的必然，截断了尽可能地在各处对科学、智慧性（intelligibility）和解释的哲学进行调查探究。而否认统管万有的神圣旨意的自然神论，则低估了创造者实践智慧的全有（all - creative）、全足（all - sustaining）、全丰（all - penetrating）之权能。

但是，柏拉图断定，这三种立场的实践意义在于每一种情形本质上都是一样的：对上帝的尊重，对上帝恒常、毫不退缩、在心灵深处的敬畏之衰退。[13] 我们能够轻易看出，就一个人正在实施犯罪而言，世俗主义甚至是一个敬畏上帝的信仰者的部分伪装。在那个意义上，如同马里旦认为教会具有占据信仰者灵里一部分的现实一样，人能够认为世俗主义是在每一个人类灵魂里或大或小程度可鉴察的一种缺陷，除了那些真正的圣徒们。如果不是全部，我们许多人跟我们的朋友和同事，看起来都是在某种意义上作为世俗主义者而活着；我们拥有同情和仁爱的动机，也有原则的理性，以便当柏拉 334
图藉着《法律篇》的护法者计划猛烈地对世俗主义者刑事镇压时，能够敏锐地转而背离世俗主义。[14] 就世俗主义进行反思，一个人正在思考的是一个公共的现实，形成公共论辩、审议、取向和行动的世俗主义在我们的教育和文化中是强烈的。正在思考的是理念，而不是这样的人群。人群往往更少

---

〔11〕 See *Laws* X 901e, 903a. Also *Republic* 365d - e.

〔12〕 *Republic* X 614b - 621d; see also *Laws* X 903d; *Gorgias* 523a - 527e.

〔13〕 See *Laws* Ⅻ 967d: *bebaiōs theosebē.* 柏拉图没有直接地谈到上主（the Lord）；但是，神圣的“碎片推动者”（mover of the pieces）（*petteutes*: 903d）拥有类似的尊贵。

〔14〕 See *Laws* X 907d - 910d.

具有连贯性，要比他们的理论和取向好。试图估计当今世俗主义的势力是否以及以何种方式比柏拉图的雅典或者约翰·凯斯的牛津和伦敦更大，或者比安德罗波夫（Andropov）的列宁格勒更大，实际上并没有什么益处。当下，我们所关心的是，"跟上帝智慧的设计失去联系"与以杀人作为文化认同的意愿之间的联系，如果说后者不是一个目的（end），则至少的确是公众培养的手段（means）（就像部分为美国保有、为英国公共政策以另一种方式所持有的核威慑之最终报复问题一样）。

我想，在莎士比亚的戏剧中，我看到了约翰·凯斯的一个延伸，并且是好笑的、悲喜交集的旧事，这些戏剧在他死后的数月成功地展现在舞台上。尽管如此，像凯斯一样，剧作家一再反复提议的是：上帝是否在自然秩序之外用行动干预历史。如同智慧的老臣拉佛（Lafeu）在《皆大欢喜》（2.3.1ff.）中所说的："他们说，神迹属于过去；我们有我们的哲人来使现代且熟悉的事物成为超自然的和无因的（causeless）。""无因之物"意味着或许是非天然的、这个世界肇始的某些东西，亦可能是自有之因（the uncaused cause）本身，毫无疑问，（以莎士比亚的方式）两者皆是。拉佛在评论国王被女主角海伦娜（Helena）治愈，须臾之间，说是被"属天的那只手"医治，"在一位最软弱并且愚鲁的使者身上"体现了"大能以及伟大的超验"。在此，他附和了海伦娜在治愈国王时所说的：

> 上帝是那最伟大工作的成就者，
> 那些伟大的工作往往藉着最软弱的使者；
> 因而当士师们（judges）虚怀如婴孩时，审判在婴孩身上显明神的旨意；
> 滔滔洪水从涓涓细流而来；
> 当神迹被君王否认，大海就会干涸。

"我绝对不再听下去了……"国王打断道。海伦娜回应："开启人的善功（inspired merit）"——确实在伊丽莎白晚期清教徒的英格兰国度成为共鸣——

开启人的善功就是这样瞬息被禁止； 335
无所不知的上帝却不是这样，
我们凭表面来调整我们的臆测；
但是，最大的臆测莫过于：
我们将属天的帮助当成人的作为。

“神迹停止了”（miracles are ceased）这个观点是清教徒的教导——受到当时伦敦主教支持的观点——在《亨利五世》剧情的一开始（1.1.68），明知时代错误，莎士比亚仍提早把这个观点放在坎特伯雷大主教的嘴边。在那部更早的戏剧里，就像《皆大欢喜》一样，戏剧将自己定位在反对那种观点的立场上，提出了相反的思想，即国王在阿金库尔战役之后亲自清楚表达的：

哦，耶和华啊，你的臂膀在这里，
我们将一切都单单归于你的臂膀，而不是我们自己。没有诡诈，
却完全震惊，甚至只是战斗游戏，曾经有过这样为人所知的时候吗？
一方损失惨重，另一方却只有些许损失。神啊，接受你的荣耀。
因为这非你莫属。
埃克塞特（Exeter），真是奇妙！

用亨利的话得出结论：“行我们所有的圣礼：不是我们（*Non nobis*），而是让你耶和华（*Te Deum*）被歌颂”：——不是我们：耶和华啊，荣耀不要归于我们，而是归在你的名下……我们的神在天上，都随自己的意旨行事。[15]该戏剧当前的牛津版的编者评论，谈及战斗前亨利在营地到处走动的那个夜晚的情景：“走出那个夜晚他彻底依赖上帝的极其痛苦的认识，发出了‘哦，耶和华啊，你的臂膀在这里’的惊叹”（4.8.104），“敬虔的日常话语

〔15〕 Psalm 115：1，3.

能够成为势不可挡力量的终极表述”。[16]

当欧文·查德威克在剑桥研究他以《19 世纪欧洲思想的世俗化》为名的书时，得出结论：“接近欧洲思想令人难以捉摸的变化中心”是“这个格言（axiom），神迹不再发生”。我的要点不是在直接从自然而来和直接从超越自然而来之间画一条线，刚好可以把约翰·凯斯和莎士比亚的女主角定位；而是，在 1600 年代，诸如凯斯和他的哲学晚辈威廉·莎士比亚，在这些缜密思考且洞察敏锐的头脑的想法中，能够看见一个主要的文化变革焦点——
336 或导致文化崩溃的震源——从那个时期直到 1900 年代的文化历史学家都能从中找出源头。清教徒们对变体论（transubstantiation）和圣徒介入（the interventions of the saints）提出控诉的“格言”，或许还没有被那些使用它的人意识到隐含着诸前设，不久之后，这些前设将推翻所有神圣的历史和启示本身——反对耶稣的复活和任何人在末日的复活，推翻所有圣事圣礼以及所有祈求祷告，如此，在清晰的基督教表述（因为有什么能够比从无中创造出宇宙更加神奇呢?）以及柏拉图和亚里士多德哲学和严密判断中不那么清晰但非常确定的雏形上，最终推翻了创造（Creation）和眷顾（Providence）的孪生真理。

这是一个信仰的真理：正是藉着有灵的魂（spiritual soul），“［整体的人（human person）］最特别地按着上帝的形象”[17]（被造），* 有灵的魂居于每个人以及每一个“直接被上帝创造”[18] 的实例中。

> 人类身体享有“上帝形象”的尊严：人类身体之所以成为人类身体，正是因着这个有灵的魂（spiritual soul）而获得生气……魂（soul）和身体的联合是如此深刻，以至于不得不以魂为身体的“形式”（form）。[19]

---

〔16〕 *Henry V* (ed. Gary Taylor, *The Oxford Shakespeare* [1982], 1998), 48.

〔17〕 *CCC* 363.

* 《创世记》1：26－27 记载：“神说：我们要照我们的形象，按着我们的样式造人，让他们管理海里的鱼、空中的鸟、地上的牲畜……所爬的一切昆虫”；2：7 记载：“耶和华神用地上的土造人，将生气吹在他鼻孔里，他就成了有灵的活人（魂），名叫亚当。”——译者注

〔18〕 *CCC* 366; also *EV* 43 n. 32.

〔19〕 *CCC* 365.

当圣托马斯反复坚持如下内容时，他甚至将此定位得更加严格：内在于动物的魂（soul）（包括内在于我们的魂）正是身体的动作（act），因此，人类内在不朽的灵魂（immortal spiritual soul）之最显著的动作是洞察（insight）和自由选择（free choice），在我们每个人当中，使人成为一个活着的身体并成就所有身体的功能（functions），即使是最小的“心灵”（mental）的人体功能运作。上帝创造的因果律激发人的生命并且在人的生命之中——一个人存在的现实——比其他自然秩序中一切事物的因果律更加直接且直觉，这些事物的因果律不是“直接地”运作，而是借助其结果（effects）成为自然科学命题的自然原因（causes）。

故此，对我们每个人而言，相比于为经验自然科学所了解和可知的（knowable）宇宙间任何其他类型现实，生命的恩赐、先于我们的自由选择而被赋予的恩赐，更彻底地在于其更直接是造物主的恩赐。该恩赐的首要情况是一系列基本能力（capacity），当一个人还是受精卵时，这些能力就实际上存在了，尽管只是以人作为存有（being）的最初和最低地位的发展方式。大概除了单卵双胞胎的情形外，不存在任何实质性变化——从他物进入我——怀孕之后发生的证据。因此：那个时候，在那里，尽管只是基本上，我们每个人实际上就能够理解、反思、判断、笑、选择、期望和祈祷。因此：在那个时候，在那里，作为受精卵，因着上帝的恩赐，我们每个人优越于即便是 337
最敏感、最有警觉意识、反应最灵敏以及最可爱的成熟的狗或猿，因为即便那个时候，我们也已经包含狗或猿拥有的所有能力，并且拥有更多它们没有的能力。

我们已经拥有的，而次理性动物不能拥有的某些更多能力，是那些不仅为上帝赋予（God-given），而且比所有其他我们能够研究其活动、能力和天性的事物，远远更加直接且在本质上像神（god-like）、具有上帝形象（God-imaging）的能力。

我们断定人的能力以一种特别亲近的方式诸如上帝的实在（actuality），理由就在于此。作为上帝创造并维持宇宙运作的常识与哲学知识——独立于任何通过自我启示交流的属神行为而获得的知识，我们的天性（natural）是可以通过探究、理解、反思和判断的过程达致的，在这个过程中，人是有意识、有确实根据的，而这种意识没有那么多经历体验或者在行动时有反应——在这种情况下，负责地提出问题、追寻反思、与反对或相反的假设较量、跟随内里的判断力（inner argument）在判断行为中得出结论。所有这些为自由的操作，因为转离那个过程的机会始终是可以获得的，并且这样的机会能够具有许多吸引力。所有这些都是“内在性”（interiority）（*interioritas*）的一个范式、一个典型例子，如梵二公会于《教会在现代世界牧职宪章》中所说，正是藉着内在性，我们优于/胜过整个宇宙万物（*universitatem rerum*）（GS 14.2），一个早些时候被描述为已经/或者正在被造的人“能够知道且爱造他的上帝”的内在性。然而，此处的探究与反思是上帝的一个形象。因为自由且负责任地跟随这些寻求每一件事的终极解释，在这个宇宙的每一个体系和过程中的解释，我们得出的结论都是存在一个不必解释的现实，因为一直并且固有地在本质上为实在的（*actual*），所以不必解释；因为从来不必由潜在性（potentiality）转成或变成行为，也从来不必被带入现实存在或得到发展或得到维续，所以，不需要任何什么。而且，（上帝）这个事实——不像其他事实（realities），因为“其所是”就包含了“其是”（*what it is* includes *that it is*）——拥有它需要解释的全部，不仅包括一切事物之现实、我们熟悉或能够熟悉的每一个体系与过程之现实，而且，同样包括智慧性（intelligibility）[我们的世界如此独特的秩序性（orderliness）]，尽管并非毫不掺杂偶然和无序。这个秩序性的解释是一项终极的指示：上帝计划并且正在计划着事物的
338 整体秩序，而它在某一事物上的每一子系统，就像有人采纳一项智慧的意见而将其规划到现实——选择它——并使之生效——执行其旨意。[20]

对于物质世界经验科学和哲学上的理解是一项属于灵的伟大工程（a great work of spirit），即属于人类智慧和有目标的心智努力，并且负有智识（intellectual）上和道德上的责任。而物质世界的创造，即便不包括诸如人类这样有智慧、有躯体的现实存在，也将是一项不可思议地属于灵、神圣智慧（divine

〔20〕 See *Aquinas* 298 – 312.

intelligence）与自由的更伟大工程，设想了可能的无限宇宙排列，挑选了有意选择为存在的排列之一成为现状存在。就像站在从耶利哥贯穿至约旦河的尼波山（Mount Nebo）上充满期待地望见应许之地一样，柏拉图和亚里士多德站在为他们的基督教后继者到达并且阐明的哲学理解的边缘：人类意志包含没有外在或内在的什么决定，以及人将采取什么选项的自由选择（free choices），宇宙不仅仅由至高的现实存在命立，而且实际上藉着一个彻底超验的自由选择无中生有地（*ex nihilo*）创造，一个在无限多的、不相容的替代选项和不可通约的、非常好的各类宇宙之间作出的选择，除了选择行为即神圣意志本身，没有任何其他创造了宇宙。凝思上帝超验自由和权力的真理，创造、维续整个宇宙万物并且使其有秩序，这一切将远超过其自身，拥有巨大的深层哲学和常识理解力（understanding）、对人类尊严的赏识、对人类生命与行动所怀旨意（intention）的重大意义。当创造、供应维续与使之有秩序的真理被误解、弃绝或遗忘时，似乎是固有所致，被强加并且正在加强，呈现出对人类道德生活旨意的误解、弃绝和遗忘，明确或者隐含着对所有人在人格尊严上平等的否认。

谈到尊严就说到了优越性（superiority）（比如在权力、卓越、地位层面）以及天生固有的价值。我们自由选择行为的能力是一种在身体上和智力上、物质上与精神上的能力，因为在人类存有里面，所有物质的和身体的都藉着不仅仅是活生生的和生物性的，而且也是属智性的—灵性的（intellectual - spiritual）魂（soul）而形成并成为现实。因此，我们每个人具有存在的每一个层面——一颗恒星或者一个星系物质上的固性（solidity）和活力（dynamisms），一个基因组、一棵树或一头狮子的化学—生物复杂性和自我定向（self - directedness），然后，还有更多其他层面。我们拥有更多的包括，理解所有这些其他类现实、对它们进行推理以及推理本身的能力，在现实的所有那些层面重 339
复并改变其他存有（beings）的能力，以及具有自主的自由选择是否这么做与以这些或其他方式来生活。即使在我们的身体组成极不成熟、受伤或者腐烂而不允许它们完全实现，或者根本不能感知时，这些灵性能力依然可以维持（subsist）。正是这些能力的拥有使我们成为一个个的人，并且，我们彼此在基本尊严、价值、意义上平等，从而在人权上平等。

尼采否认上帝的存在，是因为他不能忍受存在如此超验于他之上的任何存有。[21] 因此，他让真理降服在自己的感觉之下，降服于某种精神上的激情，降服于骄傲本身。关于上帝的真理消失了，关于人类平等、尊严和价值之类的真理打开了通向尼采所表达的路：积极地藐视弱者，以及对任何愿意照顾他们的软弱而不终止他们有缺陷的存在之人不耐烦。通常，并不那么容易追踪标准的当代学术唯物主义（academic materialism）的动机。约翰·塞尔（John Searle）为反对某些形式的唯物主义做出了证明，尽管也标榜了他自己的另一种形式的唯物主义，他的证明是于采纳那些荒谬却在当代哲学家之间很普遍的立场背后，存在一些未陈明的假设，比如否认心理的存在——甚至否认任何人有意识。在他看来，这些未陈明假设的最重大意义是，他称之为：一种似乎对他赋予“灵魂不朽的信念”以卓越性［正好与“唯灵论”（spiritualism）相伴］的那些替代选项的“恐惧”（terror）。[22] 人只能猜测，某一这类恐惧是否位于塞尔自己表达的信念中，即“物理现象的显然事实”是“这个世界完全由力场中的物理微粒子构成”[23] ——似乎物理学有资格确立某一而非其他研究中的现实（realities）或者事实（facts）不存在，诸如我所指的事实或如此那般的事实不存在，跟这类现实（truth）一样简单，即当他说将去法律图书馆给自己的参会论文做“最后的润色”这个现实。但是，总的来说，认为敬畏基督教道德训诫的一个或者其他因素对唯物主义“科学世界观”的发生、护卫以及成功传播起不了大作用的观点，将是轻率的。

如我早些时候说的，圣座（Holy See）所说的“死亡文化”是由两种主要性征构成的文化或次文化：公开地认为某些人类存在不是人，并且不将他们作为人来对待的意愿，认为他们并非天生就被赋予基本权利和正义；公开
340 地、毫不羞耻地选择并且有意地杀害这类人，以及对这类选择和意图予以实施、推动和合法保护。与此相反的“生命文化”（culture of life）——有望在理

〔21〕 这是尼采著作中体现的：*Voegelin*，*Science*，*Politics*，*and Gnosticism*，53 - 73.

〔22〕 Searle，*The Rediscovery of the Mind*，13.

〔23〕 *Ibid.*，xii.

性上有资格成为一个普世文化——则否定那些性征。相应地，生命文化不仅护卫人类尊严、平等和权利根基的灵魂实体，而且，为意图（*intention*）对一个人本着良心思量（one's conscientious deliberations）从而也在道德教导中具有重要性进行辩护。

故此，《天主教教理》（*Catechism of the Catholic Church*）对于被第五修正案排除的行为类别的整个教导，即教理将正当防卫完全区别于谋杀、堕胎、安乐死和自杀这些本质上的杀人过错，都置于执行一个杀人的意图与做了带来死亡副作用行为的这个区分项之下。当然，因无意的副作用而造成死亡往往属非正义，[24] 但那个过失是与境遇（circumstances）相关的，至少跟保护无辜者这个命令无关；本着自然理性，排除一切有意杀人而且毫无例外，无论在什么境遇下——如同《生命的福音》75.1 所说：“无论在哪里总是，没有例外。”有意杀人，有时依据那个含糊语词包含的其中一个意思称之为“直接”（direct）杀人，或者作为目的本身或者作为通往其他目的的一个途径，无论是好的或不好的其他目的，以实行剥夺某人生命的一个选择而杀人（参见《生命的福音》57.5，62.1；以及《教理》2271）。

教会保护生命的教导标出了生命文化的最低要素与分水岭（backbone），因此，是严格建立在作为一个目的或一条途径/一个方法而选择了什么、想要什么来理解的意图（intention）概念上的教导，区别于似乎完全可预见致命的结果，但对选择者和引发者（causer）而言既不是目的也不是方法（比如一个副作用，或者诸如时常不那么清楚的说法：间接杀人）。

因此，世俗主义在我们文化中的重要结果之一是：失去了对意图这个现实的把握，及其与招致的副作用之区分。除了英国卫生部和美国法院的一些宣告和决定之外，还在许多背景中发现该世俗主义的结果。格里塞茨、波义耳（Joseph Boyle）和我最近写了一长篇论文，探讨常识、罗马法与普通法中意图的含义，以及在天主教道德教导中的意义，发展了那个概念的哲学分析；在这个基础上，就圣母大学神学家简·波特（Jean Porter）对我们早先讨

---

〔24〕 *CCC* 2290.

341 论提出的控诉和批评进行回应，并且，对我们的一些朋友与合作者，如威廉（William E. May）、凯文神父（Fr Kevin Flannery SJ），他们著作中关于意图的一些讨论做出批评。[25] 既然我们关于意图的著作成为1996年简·波特发表于《神学研究》的论文的整个主题，所以我们将我们的论文也提交给同一份杂志，至少在美国是领先的耶稣会神学期刊。经过6个月的审查，编辑米歇尔神父（Fr Michael Fahey SJ）写信表示对文章质量的称赞，但因为主题而被否决。他（总结他所商榷的道德神学家的意见）说，意图与副作用之间的区分，或者“直接”与“间接”的区分，是这样的区分：

> 公认对一些人（for some）具有实用性（relevance），并且，也许对于《真理的光辉》通谕的解释部分的确具有重要性。但是，长远地来看，就大部分道德神学家而言，该区分的逻辑一般不被断定为有帮助，而是把它留给使命在于其他地方（lies elsewhere）的其他神学家。[26]

我想，他说的可能全都是真实的。该区分的确对“一些人”（some）具有实用性，比如：约翰·保罗二世和负责《教理》与《生命的福音》的其他主教，从阿奎那到庇护十二世和保罗六世，从阿奎那回溯到奥古斯丁、（无疑还有）圣经《箴言》的作者，这整个传统。但是，这“一些人”看上去跟“大部分神学家”相比几乎不算什么。在他们当中，世俗主义已经取得了令人惊讶的迅速而深远的渗透力。带着惊人的完全性与随意性，负责散播比例主义的领先神学家开始制造出两个独特的谬误。谬误之一是：过去曾经并且现在也是关于他们正在弃绝的传统和教义：他们主张，他们正在弃绝的道德训诫主要集中于杀人和性领域，是关于“直接地”（directly）或者“间接地”（indirectly）引发（*caused*）的训诫，[27] 当那些训诫真实地涉及各种打算（intending）、选择并执行人的意图和选择时。另一个谬误不是历史性的，而是分

〔25〕 Essay Ⅱ. 13（2001a）.

〔26〕 Letter of Michael A. Fahey SJ to John Finnis, 13 January 2000.

〔27〕 See the quotations from Peschke and Fuchs in *MA* 77 n. 38.

析或哲学上的：这曾是并且现在也是他们的主张，一个人因着副作用所致的，为他藉着自己的行动通往想要达到的结果的一个方法。在传统中，以一个明智的分析，正确地理解和澄明：无论打算并且选择什么意图成为一种方法，部分都是《真理的光辉》78.1 所称的一个人行为的客体。如该通谕所澄清的，那个客体必须从“行为人的视角”出发来理解，不是“纯粹物理秩序的一个过程或一个事件，根据它于外在世界带来一个事态的能力来评 342
估”，而是“在行为人一方决定着行为意愿的一个审慎决定最近的目的（end）”。以正在审思的行为人的视角来理解行为，是理解我们在此关注的生命与死亡道德问题分水岭的关键。我应当补充一下，采纳这个视角，便是对那些支持“生命文化”者的思想提出了要求，对于“传统的”神学家，还有那些将使他们作为“一些人”退出的神学家，都提出了要求。

我在其他地方讨论过，在诸多当代文化的见证中，意图沦为推测（foresight）和因果关系（causation），诸如联邦上诉法院在怜悯濒死者协会诉华盛顿州案（*Compassion in Dying v Washington*）（第九巡回法庭，1996）、奎尔诉瓦科案（*Quill v Vacco*）（第二巡回法庭，1997）中对援助自杀案的判决。[28] 这些对意图或目的的误解，突出体现在对英格兰最近试图宣告“怀着加速否则就是导致死亡的目的”拒绝治疗、照顾与供养为非法之官方和半官方的回应中。在许多地方又体现于，特别是在那些明确或含蓄地作为“世俗人文主义者”来撰写与言说的人中间。

在此，我已经对为什么世俗主义者绝不可能成为一个真正的人文主义者说了很多。对意图及其重要意义失去理解，存在于对天主教信仰和生活反感的许多天主教道德教师当中，借用米歇尔神父的话，也在那些“存在于其他地方”（lies elsewhere）的神学家当中。如同詹姆斯·沃尔特（James J. Walter）不久之前的评论，他自己没有（而且）“任何别的比例主义者（proportionalist）也不能在这里明白，与不道德的恶（天然的缺陷）相比，上帝的道德意志

〔28〕 79 F 3d 790, reversed sub nom. *Washington v Glucksberg* 521 US 702 (1997); 80 F 3d 716, reversed sub nom. *Vacco v Quill* 521 US 793 (1997).

如何只是间接地或者消极地对待”。[29] 但是，最后一位东方教父约翰·达马斯（St John Damascene）所阐释的神圣意志与旨意（divine will and providence），以及阿奎那的阐释都坚持：上帝的确没有用意志驱使天然缺陷的产生，相反只有许可它们的意志，因为对上帝来说，有意计划智识将称之为罪恶的任何东西都是与其圣洁性（holiness）不相容的。

在比例主义神学家的著作中——去读它们就会看到——上帝的圣洁性的确看似是模糊的（faint），并且，以一种或另一种方式用柏拉图所区分和讨论的世俗主义形式否认上帝的圣洁性。但是，我们也可能会忘记它，用主（the Lord）讲过的撒种比喻的一种或另一种方式：对“道”缺乏理解（石头地），
343 面对试炼时缺乏忍耐（根浅），以及最后一种方式被莎士比亚的巴斯特·法肯布立基（Bastard Falconbridge）变为“在这个世界的荆棘和威胁之中失去了我的道路”：[30]

> ……撒在荆棘里的，就是人听了道，后来有世上的思虑、钱财的迷惑把道挤住了，有落在荆棘里的，荆棘长起来，把它挤住了不能结实。[31]

这个世上的思虑：*he merimna tou aiōnos—sollicitudo saeculi istius*——是我们的主正在藉此默默地告诫世俗主义。

---

〔29〕 Walter, “Response to John Finnis” at 74 – 7.

〔30〕 *King John* 4. 3. 140.

〔31〕《马太福音》13：7，22。

第 23 章

关于重译《人类生命》通谕*

I

2008 年 5 月，为了纪念《人类生命》（*Humanae Vitae*）通谕颁布四十周 344
年，我为天主教真理学会（Catholic Truth Society，CTS）重新翻译了该通谕；天主教真理学会是圣座在英国的出版社，对整个不列颠信众和喜欢追根究底的人来说，这个出版社出版的天主教教旨和文化小册子是一个主要的资源。真理学会已经有《人类生命》通谕的一个英文译本；正如我在翻译结尾附录中的叙述，他们在 1968 年 9 月出版了一个译本，是对 1968 年 7 月底通谕公布的时间或大约那个时间在罗马出版的文本的一个修订，而且，1970 年他们发行了该修订版的又一个修订文本，该文本保持加印一直到 2008 年。梵蒂冈网站上呈现的最著名的美国译本追溯至 1969 年，它本身是天主教真理学会 1968 年 9 月版本的又一个修订本。所有这些英文译本，实质上都是对圣座在 1968 年 7 月出版的意大利文本的翻译；英文译本的修订，试图比拉丁版本组织得更好。

我的信念是，即使通谕最先是以法文起草的，而且其预备大体上都是用意大利文完成的，但在过程的最后，教皇着手工作、签署的是拉丁文本——唯一完全可靠的文本。因此，当天主教真理学会征求我的意见，或许请我翻

---

* 未公开发表：2008 年在圣母大学伦理与文化中心约瑟夫·皮珀讲座（Josef Pieper Lecture）的演讲。

译出最好的英文译本时，我发现自己几乎对每个细节都不满意，于是决定严格地从拉丁文翻译过来，并在尾注中标出意大利文和当代法语、英语、西班牙语等在哪一处存在分歧，以及如何产生分歧。我希望，我的翻译能够非常接近拉丁文本的风格、感觉和意思。

无论如何，我在这里只是对通谕提供一些反思。1968 年 8 月我在领先的
345 《英国法律评论》上对通谕作了评论（通谕出来那天，该期刊编辑和我曾在我们的学院共进午餐）；[1] 而后，1970 年在一家英文神学期刊上又发表了评论；[2] 现在，四十年之后，对通谕进行了重新翻译。

Ⅱ

先前的天主教真理学会译本有一个令人遗憾的简介或封注，过分拘谨、含糊而又律法主义。因此，我写了一段新的简介：

> 在其对于婚姻的深刻教导中，第二次梵蒂冈大公会议在 1965 年严谨地陈述了丈夫和妻子彼此联络相爱，以及由那个爱的表达自然出现的为人父母的问题可能会面对的困难。公会重申了古老且一贯为普世基督徒的教导，婚姻亲密关系的道德性依赖于“保有在真爱背景下相互舍己（mutual giving）与人类繁衍（human procreation）的全部意义（full meaning）”。一个专门的委员会（在“口服避孕药”开始出现时建立）正在对控制生育（regulating procreation）方式的一些问题进行研究，使教皇能够就上帝的法律如何应用于那些方式作出他的判断。
>
> 颁布于 1968 年的《人类生命》通谕就是教皇保罗六世的判断意见，他将公会的教导运用于那些新兴问题，后来又为约翰·保罗二世和世界主教会议郑重重申。这是对爱必须如何以及必须不如何

〔1〕 1968e.

〔2〕 1970b.

> 来表达的一个极重大（momentous）的重述，如果它是婚姻之爱，那就是对于人的本质（the nature of human person）以及对于作为一个高度且极重大的召令的真正婚姻为真的（true）婚姻之爱。

我说它是极重大的（momentous），因为我认为任何未重申那个在基督教界已经是普世教导的教皇文献，甚至将对基督教命运的影响更加重大；那个期待于 1967 年被广泛传播之后，没有发布任何文献，教导上的改变也是迫在眉睫，对于天主教会的未来其影响已经同等重大。因此，出版那份文献，重申并且澄清其教导是极为重要的。

但是，我写的简介第一段更加切中要害。1968 年通谕和 1965 年公会文献《论教会在现代世界牧职宪章》有非常紧密的关系，这并没有在通谕中被陈述，大体上也被忽略和忘却了。从第一个句子，[3] 到第 7 – 14 节中的决定性意见，《人类生命》通谕非常频繁地重复了《论教会在现代世界牧职宪章》涉及婚姻部分的五个核心问题。公会的这些教导在其雄心勃勃的《论教会在现代世界牧职宪章》中，引向了第 51 节关于生育控制的教导。诸 346
如之后的《人类生命》通谕，该教导以简要陈述导致已婚夫妇考虑避孕和/或堕胎的真实难处开始。第 51 节谴责堕胎和杀婴为无以言说的错误，最后谈到婚内交合（marital intercourse）（只在婚姻当中才是适当的行为），其人性与道德的特征在决定是否避孕（contraception）时是事关重大的。未对节育的概念予以澄清，公会就得出了结论：

> 在负传递生命之责的配偶之爱的和谐问题之处，行为方式的道德特征不单单依赖于一个诚恳的意图或动机的考量，而必须由人及其行为的天性所规划的客观标准来决定，在真爱背景下保有相互舍己与人类繁衍全部意义的标准——不全心全意地培育婚姻贞洁美德是不可能做到的。在控制生育方面，忠于这些原则的教会儿女不可

〔3〕 接续人类生命是配偶们自由且负责任地分担上帝作为创造者的活动的一个最重要作用，总是给他们带来很大的喜乐，有时也有难处和剥夺。

> 能正当地跟随教权解释神圣法上错误的判断。[4]

在这段话的脚注中，补充引用了庇护十一世在1930年和庇护十二世在1951年对节育的谴责，并这样结尾：

> 需要更进一步调查研究的特定问题，已经由建立一个人口、家庭和生育研究委员会的教皇敕令提到，当委员会完成任务时，教皇就可以给出意见。[5]

当委员会研究结束时，为了认可该脚注，保罗六世心想要对什么做出判断呢？所有迹象都跟格里塞茨讲述的一致，从1965年6月到1966年7月初
347 （委员会的报告在6月的最后一个星期送至教皇），格里塞茨比现在还活着的任何人都更熟悉这些问题：他讲到，保罗六世想藉《论教会在现代世界牧职宪章》说，庇护十一世和庇护十二世已经断定为错误的确实就是错误的；但在1965年，他不确定，使用口服避孕药是否是他们断定为错误的那种意义上的节育。[6] 因此，当公会在脚注中说无意澄清“具体的解决”本身——*immediate*（拉丁文）即直接地、不经一个中介——只是作为教皇最终意见的中介时，那就是教皇期待做出的判断以及公会期待他做出的判断。

---

〔4〕 Moralis igitur indoles rationis agendi, ubi de componendo amore coniugali cum responsabili vitae transmissione agitur, non a sola sincera intentione et aestimatione motivorum pendet, sed obiectivis criteriis, ex personae eiusdemque actuum natura desumptis, determinari debet, quae integrum sensum mutuae donationis ac humanae procreationis in contextu veri amoris observant; quod fieri nequit nisi virtus castitatis coniugalis sincero animo clatur. Filiis Ecclesiae, his principiis innixis, in procreatione regulanda, vias inire non licet, quae a Magisterio, in lege divina explicanda, improbantur.

〔5〕 Cf. Pius XI, Litt. Encycl. *Casti Connubii*: AAS 22 (1930), pp. 559 – 61; D – S 3716 – 18; Pius XII, *Allocutio Conventui Unionis Italicae inter Obstetrices*, 29 October 1951; AAS 43 (1951), pp. 835 – 54; Paulus VI, *Allocutio ad Em. Mos Patres Purpuratos*, 23 iunii 1964; AAS 56 (1964), pp. 581 – 9. Quaedam quaestiones quae aliis ac diligentioribus investigationibus indigent, iussu Summi Pontificis, Commissioni pro studio populationis, familiae et natalitatis traditae sunt, ut postquam illa munus suum expleverit, Summus Pontifex iudicium ferat. Sic stante doctrina Magisterii, S. Synodus solutiones cncretas immediate proponere non intendit. (Fn. 14 to GS 51.)

〔6〕 See Grisez and Boyle, “Response to Our Critics and Our Collaborators” at 257.

如我们所知，委员会的工作[7]再加上自己的反思，保罗六世彻底清楚地看见了如今每个人都清楚看见的：使用口服避孕药与任何其他“节育”方式（除了迄今避孕药或某些类别的避孕药也能通过阻止甚至干扰植入而导致堕胎）不存在道德上的区别。他的决定性意见在《人类生命》通谕第14节给出，没有使用“节育”这个词，也没有提到任何特别的方法。该意见确认，相关类别的行为基于其本质（nature）、性征（identity），属于总是、固有地（intrinsically）为错误的。并且，该认定（identification）完全依据正在选择的人或夫妇的意图：“任何打算有意（或者作为一个目的，或者作为一个方法）阻止生育的行为——夫妻交合时所预期、正在从事或正在导向的自然结果。”这个对意图的定义并非进一步突显诸如《论教会在现代世界牧职宪章》第51节所讲的意图，后者称：控制出生的方法之道德性不在于诚恳的意图或动机——比如，避免母亲或家庭负担过重这样的意图。而是《人类生命》通谕第14节关于节育的道德判断所详述的意图，即一个人最接近中心（*close - in*）、最贴近（proximate）的意图，通过做某事以使一个过去、现在或未来的交合行为（包括交合的一系列未来行为）应当不致生育或使生育的可能性减少——交合行为也许已经导致的生育结果——如果不做实际上选择 348
（或将要选择）做的，或许就已经导致了结果，也就是怀孕。自我们在此谈意图以来，交合行为导致或许已经导致什么的所有这些援引都是指向怀孕者或正怀孕的夫妇认为也许会导致的结果——正是那个思想最接近地、最贴近地使他们有采取我们称为怀孕的举措之动机。当然，基本的想法是彻底而简单的：交合但阻止该行为导致生育。

---

〔7〕“Germain Grisez on ‘Humanae Vitae’, Then and Now”（2003），http：//www. zenit. org/article - 7791？1 = english：

委员会的最终报告不是泄漏给新闻媒体，以及据我（格里塞茨）所知从未被公开出版的文献之一，被误导性地贴了标签的泄漏文献在最终报告的附录中，没有一份文献获得组成1996年重新调整后的委员会的16位红衣大主教和主教们的多数同意，尽管他们的确赞同将那些文献全部发给保罗六世。这是真的，其后列于给红衣大主教和主教们提供建议的专家中的神学家大多曾认为，节育在道德上是可接受的，16位红衣大主教和主教们中的9位都同意他们的立场。但实际上，所有神学家与除一位之外的所有红衣大主教和主教们都同意，避孕药与其他已经受到谴责的避孕方式在道德上没有什么不同。

Ⅲ

众所周知（因为想要改变的一个人或更多人违背保密承诺，在 1967 年 4 月中旬的美国报界选登了委员会的论文），保罗六世的委员会在 1966 年汇报，其成员大多数认为，教会的教导可能改变以至于承认：至少在不引起流产的情况下，节育能够被已婚夫妇正当地在某些（的确是很多）情况下运用。但是，保罗六世对理由而不是投票人数更感兴趣。当给出理由时，他首先在《人类生命》通谕的第 3－6 节提及大多数人的理由。在第 3 节，依照教皇的意译，改变的支持者谈到针对人口上升、新增困难、妇女人格（personhood）的重新评价，以及理性控制自然的新机会所引起的问题，从而得出结论：

> 在当前的生活环境下，夫妻交合行为对配偶具有和谐与相互忠贞之意义，特别是如果感到没有牺牲——有时甚至需要英雄的努力——就不可能遵循它们，是否将不适合再思考目前的道德规范？再者，运用所谓的整体性（totality）原则，在更符合理性（rational）目的的条件下减少排卵量也许将身体上的绝育行为转变成一个道德上可接受的且有远见的控制生育，这不能被正当地接受吗？换句话说，接受节育为一个适用于婚姻生活的整体性目标而非单独的每一个，难道不合适吗？基于今天的人们更意识到自己的责任，传递生命的责任角色应信托于他们的智识而不是他们身体的规律，这样的时候还没有到来吗？

这里的关键论据是，尊重婚姻的生育取向不必成为在单一与每一个婚内性行为当中保有该取向的问题；于“婚姻生活的整体性”层面保有之在道德上
349 就能充分了。该论据是对如下公会教导的一个回应，也是唯一没有纯粹否定的可取回应：

> 在负传递生命之责的配偶之爱的和谐问题之处，行为方式的道德特征……必须由人及其行为的本质（nature）所规划的客观标准来决定，即

> 在真爱的背景下，保有相互舍己（*mutual self-giving*）与人类繁衍（*human procreation*）全部含义（*sensus*，意大利文为 il significato，即意义）的标准。

委员会多数意见认为生育的全部“含义”（*sense*）（meaning）不必在每一个行为之中被保有（be preserved），只需在夫妻婚姻某种程度上是一个持续的整体（an enduring whole）中被保有就可以。保罗六世在第 6 节就该建议的合理性给出了第一次判断：

> 某些解决问题的方式……出现（在委员会中），这些方式不符合教权坚定且持续教导的婚姻道德原则。

Ⅳ

上述引用关于婚姻的道德声明，是第 10 节的最后部分与第 14 节开头话语的伏笔。第 10 节——关于“负责任的为人父母”（responsible parenthood），结尾谈道：一个道德上决定性的“设计（*consilium*）彰显于婚姻与婚姻行为的天性之中，并且，在教会日常的教导中获得了详尽解释”。[8] 由此，第 11 节就“教会日常教导所解释的”“自然法训诫”对“每个夫妻间的行为”有什么要求得出结论：每一项这类行为均“保有人类生命繁衍的导向”。如我们已见的节育之界定与谴责，第 14 节则这样开始：“因而，根据这些关于婚姻的人类和基督徒信条的首要原则，我们必须重申……”

在通谕中，从未澄明援引这些关于婚姻的基督徒信条（Christian doctrine）的全部力量和意义。《人类生命》通谕看来想当然地认为以下内容为众所周知：关于婚姻的基督徒信条就是关于性的基督徒信条，以及属于自然法的基督徒原则。之所以是关于性的基督徒信条在于，其核心主张为：性行为——我只是用“性行为”指一种正确地或错误地导向某人性满足结果的有意行为——只有在婚姻当中才是正当的（rightful）。之所以是属于自然法的基督徒

〔8〕“…consilium Dei Creatoris accommodare teneantur, quod hinc ipsa matrimonii eiusque actuum natura exprimit, hinc constans Ecclesiae doctrina declarat.”

350 原则在于：其核心主张并不只是针对基督徒的行为而言，并不意味着只对基督徒来说是正确或错误，而是只有在婚姻里，任何人的性行为才是合理且在道德上可接受；并且，认为这是实践理性内容的一部分，是即使没有任何神圣启示的帮助也可及的人类道德推理的组成部分。从一开始，基督徒就教导要远离不道德性行为，并且认为这类教导属于自然法问题，从圣保罗写给罗马人书信的头两章就能看出这一点，更不用提保罗的其他书信，或者耶稣关于婚姻“从起初”在真理上是什么之教训（《马太福音》19：4－6）。通过近距离关注柏拉图、亚里士多德和异教徒罗马哲学家穆索尼乌斯·鲁福斯（Musonius Rufus）在最大程度上极其漠视男性贞洁的一种文化中所说的，关于合理性（reasonableness）的主张并非武断才能足够清楚。安东尼·普赖斯（Anthony Price）1989 年就柏拉图和亚里士多德关于爱与友情的研究不赞成地得出结论，你们能够把握柏拉图教导的要领：

> 柏拉图的立场像（教皇）保罗（六世）遵循的一样（反对他的委员会多数建议，应当在婚姻内允许节育的特定行为，只要其总体目的保持不节育）。[9]

（普赖斯又说，这条思路在柏拉图关于所有性行为——同性或者异性——的判断中居主导地位。）

你能够大致（但）最接近地说，基督徒有关婚外的性原则是为了婚内的性——更准确地说，是为了婚姻从而婚姻之中的那些人，首先是因婚姻而受益的孩子们。现在，我就为什么如此与如何如此提供一些理由。我并不是说，我在接下来两段简述的思路是回应：如果被问到婚外性行为是错误的这个经典基督徒教导之理由，保罗六世或其荐言者或公会神父们已经提及的内容。而是，阿奎那关于夫妻交合之道的一些教导为我提示的一条思路，但是，又将那些教导以一种我在其他地方未曾遇见的方式延伸扩展。自 1998

〔9〕 *Love and Friendship in Plato and Aristotle*, 223－35 at 223. 我们不需要赞同：保罗六世的立场总是跟柏拉图一样；柏拉图视繁衍后代使性（sex）获得了好的道德感，而保罗六世（和基督教传统）视婚姻使性获得了好的道德感（视繁衍后代与友情一道形成并造就了婚姻制度的意义）。

年以来，我已经在几篇文章就此进行过详细阐述，[10] 在此，只是简述最简洁的梗概。基督徒关于性和婚姻的教训，当然并不因其而站得住或滑跌。 351

夫妻间的行为（marital act）能够使已婚夫妇——丈夫与妻子——的婚姻成为实际，体会并表达他们的婚姻关系。但是，除非他们决意在婚姻前与婚姻期间无一例外地将身体上的亲密关系保持在婚内行为，否则他们身体上的亲密就可能不是真正夫妻之间的，也可能并不使他们现实化地体会与表达他们的婚姻委身关系。而且，他们的交合将在实际上并非真正属于夫妻间的（non-marital），如果：尽管他们在彼此间做这件事，然而（i）一方或者双方宁愿（视条件而定的愿意）跟某一有吸引力的人彼时彼处发生性行为，或者（ii）尽管决意只在“婚姻内”发生性行为，但配偶一方（或双方）对于对方的身份与人格如此漠不关心，以至于他/她参与性活动时的心灵（spirit）似乎是在跟应召女郎或者在跟小情郎（toyboy）行事。（那是阿奎那探讨夫妻间忠诚时经常讨论的情况——在一个时刻里哪种情形更甚。）这类从事非婚内性行为的附条件意愿形式，使配偶间的交合成为不是真正婚姻内的，并且因此而违背婚姻——他们的婚姻以及婚姻制度。但是，赞同非夫妻间的性行为本身是一个附条件意愿的微妙形式。因此，已婚的人和任何看得见婚姻要旨的人，都能知晓婚姻作为一种孩子和社会存在与幸福所必需的生活形式之必不可少的善，必定不赞成非夫妻间的性行为。如此就暗暗地否认了，选择非夫妻间性行为拥有婚姻需要夫妻间行为所拥有的意义（或者，如我们应当知晓的夫妻结合的意义）；因为后者使配偶没有虚幻地实现、体会与表达他们的婚姻及其义务。

因此，需要将性行为保留在夫妻间这个判断也意味着：或多或少指明了非夫妻间性行为的错误，即在并非彼此嫁娶的人或因同性而不可能彼此嫁娶的人之间的性行为，或者一个人与次于人的动物之间的性行为，或者自淫，

---

〔10〕 Essay Ⅲ. 22（1997d），secs Ⅳ－Ⅴ. 我在那篇论文的脚注120－8回应了普赖斯挑战，说到为什么是同性恋伴侣不能生育而不是异性夫妇不能生育具有道德上的相关性。永久不孕不育的已婚夫妇是一个清楚的中心情形（有生育的婚姻）的次要事例，夫妻双方依然能够一起做所有有生育夫妻做的交配行为，并且以同样的方式；而同性恋伴侣，包括那些双方彼此作了委身承诺的，是没有中心情形的关系域，没有一种同性伴侣关系拥有交配行为，除了口交在异性者之间也有，缺乏生物上为人父母的结合，任何作为一对伴侣的排他性与永久性委身并没有充分可理解的（婚姻关系）要旨。

352 诸如此类。故而，基督徒规范，或者更恰当地说，基督徒教导中宣称为“自然的”（natural）即具有普遍合理性的规范——对所有人都是真的（true）且正确的（right），就像耶稣、圣保罗和整个传统所肯定宣告的一样。

当然，这一脉教导反对奸淫（fornication）及许多其他，该贞洁教导是任何或者每一个实际或可能的人类性行为所需要的，曾一度被认为严厉而难以遵循，使基督徒或说犹太教徒跟几乎所有其他人——当然跟异教世界（尽管其最好的哲学家有闪烁洞见）——相分别。它赋予男人和女人在地位上激动人心的平等。如同20世纪领先的英国天主教哲学家伊丽莎白·安斯库姆，在她1974年由天主教真理学会出版并且自那以后伴随《人类生命》通谕继续印刷的小册子《避孕与贞洁》（*Contraception and Chastity*）所表达的：“基督教教导男人应忠于配偶，就像异教思想中认为忠诚的女人应当贞洁一样。”[11]贞洁教导与其他教导一并，显著地将基督徒、犹太教徒同异教徒区别开来：弃绝杀婴与堕胎的教导。当然，联系在于贞洁是健全的婚姻之必需，而健全的婚姻是孩子幸福之必需，孩子是性生活的结晶（fruit），恰当地说是夫妻交合的结晶。每一位异教徒都知道，为什么一位妻子犯奸淫就等于对丈夫犯了罪；基督徒则指出，如同罕见的异教徒穆索尼乌斯·鲁福斯也同样认为，丈夫犯奸淫也是对妻子犯了罪；他们在婚姻之中的性权利——是天生的（naturally），也即依据正当的理性——是平等的。但是，这个性权利平等的教导只有将性行为保留在婚姻内才有意义，并且是婚姻之中真正的夫妻间行为（truly marital acts），才是婚姻的要旨和幸福之本质所在，正如妻子显然不应将其奸淫的后果带入婚姻一样。而且，用安斯库姆的话说，如果“一个性行为的善与要旨（point）是婚姻”，则那个保留才有意义。[12]

V

那么，什么是婚姻的要旨？保罗六世在对该教义原则的第一节解释，即

〔11〕 Geach and Gormally, *Faith in a Hard Ground*, 170 – 91 at 171.

〔12〕 *Ibid.*, 185.

第8节关于夫妻之爱的两节内容之第一节陈述了这一点。该陈述成功总结了《论教会在现代世界牧职宪章》第48－50节关于婚姻的复合教导：上帝的设计（*consilium*）。第8节讲到，婚姻并不只是盲目进化的产物，而是一个爱的智慧与天命设计的问题。

> 因此，通过适恰于他们并且专属他们的相互舍己，丈夫与妻子发 353
> 展出一个彼此成全以至于配合上帝生养与教养众多新生命的团契。

在此，美妙地捕捉了婚姻不能省略的双重要旨与善：爱的合一（*union*）团契（或译共融）（communion）与负责任的生养后代（responsible procreation），后者使前者的排他性和永久性具有了意义。对这个适恰于他们并且专属他们的相互舍己的委身，就是传统所称的、阿奎那所展示的忠诚（*fides*），是配偶之爱与每个夫妻间行为（夫妻交合）的正确目标。该忠诚不仅是"避免不忠诚"这个现代意义上的忠诚；如阿奎那所展示的，[13] 也是选择进行夫妻间交合之完全适当、的确最合适的动机，假如彻底地塑造那个性行为从而使之成为一个夫妻间行为。保罗六世的委员会之所以会混淆的一个重要原因是，努南（John T. Noonan）1965年关于天主教会教导中有关避孕的领先大作，[14] 彻底误解了阿奎那就如下观点作出的陈述：为什么出于忠诚缘故并且由忠诚塑造的夫妻交合在道德上是正当的，即使不存在生育的可能性或意图也是如此。阿奎那所称的忠诚，则是梵二公会与保罗六世所说的夫妻或婚姻之爱的核心。

现在，第8节的那句话——"……通过适恰于他们并且专属他们的相互舍己，丈夫与妻子发展出一个彼此成全以至于配合上帝生养与教养众多新生命的团契"——为通谕的论证提供了第14节全面表述以及第11节总结陈述的结论之核心前件。正如我们所见，第11节得出结论："每一个夫妻间行为自身保持繁衍人类生命的取向"在道德上是"必要的"。接着，第12节最简明扼要地陈述了通谕的论证：

---

〔13〕 *Aquinas* 144－54；essay Ⅲ. 22，sec. Ⅱ.

〔14〕 Noonan，*Contraception*：*A History of its Treatment by the Catholic Theologians and Canonists*：see essay Ⅲ. 22，secs Ⅱ and Ⅲ.

> 此教会训导经常阐释的原则（每一个夫妻间行为的自身必须保持繁衍后代的取向）以不能分解的连接为基础——上帝确立且不因人类的违背而正当地可割裂（not rightly severable）——夫妻交合的两个固有意义之间的连接：合而为一（unitive）与生养后嗣（procreative）。

理解这一点的一把钥匙是："不……正当地可割裂"这个词。许多翻译称其为"不可能被割裂"（cannot be severed）或者"不可能被打破"（cannot be broken），于是，人们开始认为这是指性交的某些东西，在任何情境中，使合而为一（身
354 体或心灵与身体的联合）与会生育（生殖器）成为"固有"（inherently）且不可避免——这就完全误解了。但拉丁文是毫不含糊的："*non licet*"只能指称在道德上不允许或不正当……在这种情况下，要选择将合而为一的意思从生养后嗣中分离出来。就此，我们同时应注意，这里陈述的是与《论教会在现代世界牧职宪章》第51节同样的主题，只是用同义却更好的拉丁文"*significatio*"即"意义"（meaning）代替了"*sensus*"一词。[15]《论教会在现代世界牧职宪章》第51节称：道德要求配偶保有相互给予（mutual giving）和生育的全部意义（meaning）；保罗六世只是加入了必要的精确度和清晰度来表明，公会的教导与关于合理的性行为（reasonable sex acts）之基督徒教导是一致的：每一个性行为必须是婚内夫妻间的，因而——既然婚姻拥有合一/团契/相互舍己与生养后代的双重要旨和意义——只能在每一种情形中使性满足的行为序列保持这两种意义，没有一种意义被分离或者否认。做一项反对任何性行为的生育性的选择，以一定方式确证了这样的行为不属于婚姻内夫妻间行为，从而在人类理性的基督徒理解中不是一项道德上适合于每个人的行为。那就是《人类生命》通谕所关乎的。

当然，丈夫与妻子的任何交合行为都能准确地被称作一个夫妻间行为。任何能够说服某人得出一个结论的一系列前提条件，都能准确地被称作一个论据。拥有一个友好关系的任何人，都能够被称作一位朋友。但是，如果论据有说服力而在逻辑上无效，那么更准确地，应将之描述为没有论据（no argu-

〔15〕稍后在第12节，以同样目的使用的词是"ratio"，我在那里用"intelligibility"来翻译。

ment）——诸如一位逻辑学家将如何讲述关于它的真理。如果一个人的朋友尽管友好，却因钱财而选择背叛，那么，应当更准确地描述为并非朋友（no friend）——关于他的人类真理。因此，尽管配偶之间经历了性并且或许经历了“显著的性”，但是，如果一方或双方在幻想或条件许可的情况下愿意同其他人发生性关系，或者（以一种不同的方式）如果——这是《人类生命》通谕第 12 节的要旨——配偶预见他们的行为或者将要产生的生育被他们恰恰是有意选择的对某种行为的阻止或干扰，那么，在道德上更符合事实的是，该行为应更准确地被描述为非夫妻间的（non – marital）。

我应当补充一下。在“不可能被割裂”（cannot be severed）或者“不可能被打破”（cannot be broken）的翻译中，距离几个字之前用了“牢不可破的”（indissoluble）来激励两种相关的相互支持的方式。其一，如果合而为一或者生养后嗣的意义被否认，那么，（交合）行为不可能真正成为夫妻间的。其二，如果 355
行了不可能正当地（rightly）行的，并且，从本来将是夫妻间的行为中割裂（否认）生育的取向或向着生育（生养后嗣的意义）的开放性，那么，该行为也不可能真实地拥有期待中的合一意义。毕竟，合而为一的意义是在婚姻中的联合（union）。[16] 因为他们成为夫妻的爱的行为，以及他们作为婚姻义务行为的爱的行为——如阿奎那展示的夫妻间忠诚（*fides*）是性与婚姻之人类和基督徒伦理的核心——受到两个方面和双重要旨的结合之界定，必定表达、现实化（actualize）并使他们能够体会他们的婚姻。否则，配偶相互亲热的感觉也许依旧，也许生动，也许在他们的性行为中有所表达，但将不再真正是婚姻的（夫妻间的）。那是约翰·保罗二世在其宗座劝谕《家庭团体》（*Familiaris Consor-*

---

〔16〕 因此，当安斯库姆解释为什么合而为一与生养后嗣的意义不可能被分开（或者：是不能分离的）时，她在每种情况下的解释依赖于这个事实，中肯的合而为一的意义“源自婚姻生活的意义”，来自“已婚状态实际深刻的联合”：*Faith in a Hard Ground*, 197. 再者（*ibid.*）：“……关于这个《人类生命》通谕所贡献的‘合而为一’的意义，我们需要非常努力地思考。这个‘合一’必须涉入婚姻，从婚姻中获得其性征，是清楚的。”她又说，若没有从它们承担着独有智慧且基本的人类善和制度——婚姻，来理解这些术语，思想合而为一与生养后嗣之间的相互关系就走不了几里路。她恰当地说的“思维程序”，就是我在这里描绘并在其他地方阐述过的：essay Ⅲ. 20 and essay Ⅲ. 22, sec. Ⅲ. Also, and fundamentally, *LCL* ch. 9. 对安斯库姆而言，这个程序不得不只保留于一种可能性，既然她从未发展出一种实践理性原则的理论、基本的善或者它们的道德含义，就像格里塞茨、我跟其他人所寻求的一样。

tio）中的清晰思路，在采纳并认可主教会议对《人类生命》通谕第 9、11、12 节的再次肯定之后，他说道：

> 通过避孕，表达丈夫和妻子完全相互舍己的固有语词被掩盖了，代之以客观上矛盾的语词，即没有完全将自己给予他人那般相互舍己。这不仅导致确实拒绝了向生命敞开，而且，也导致对夫妻之爱内在真理的歪曲……[17]

那么，如此说来是对的。[18] 但它并不是《人类生命》通谕的核心思路，而是更接近这样的核心传统，即婚姻是一个性行为在道德上合理的前提，婚姻是一
356 个基本的人类善，[19] 由一个实践理性的首要原则遴选出其必要性，其要旨和价值在本质上是双重的——合而为一与繁衍后嗣，前者的轮廓由后者的特征所塑造。

Ⅵ

通谕两次提供了区别避孕与周期性节欲策略的阐述。第 11 节的语句或第 16 节的语句都没有使问题十分清楚。我将它们的区别定位如下：

周期性节欲策略涉及三类想法和愿望。

第一，他们断定在哪些时间，怀孕将/或随被放弃（被避开）的交合而来，避孕的配偶双方共同拥有一个愿望，即不产生不久之后的任何时间有一个宝宝而带来的负担（对他们自己或他人而言的负担）。因为他们认为，如果在可能的受孕期涉及夫妻间行为，也许就会有宝宝，所以他们就放弃（避开）在此期间的交合，而避孕的夫妻则没有这么做。《人类生命》通谕第 16 节讲

---

〔17〕 *Familiaris Consortio*, 32.

〔18〕 John – Paul Ⅱ, *Veritatis Splendor* (1993), sec. 48. 3："……尊重一定的基本善，若没有这些基本善，人将会落入相对主义和专断主义"；第 79 节 2（sec. 79. 2）则（直接在文献第一次正式谴责相称主义之后——整个文献面向的谴责）教导，无例外的消极道德规范保护：服侍"人的善"（good of the person）的"人格善"（personal good）那个有序的复合体：人本身及其完善的善。这些是受到诫命护卫的善，根据圣托马斯的说法，是包含了整个自然法的诫命。

〔19〕 *Ibid*.

道，“当一对夫妇拥有合理的……由他们身体或者心理的条件，或者外在的境况（circumstance）引起”的理由时，这个愿望符合理性并且在道德上正当。这类境况可能有许许多多种：第10节谈到源自于“身体、经济、心理与社会条件”的“重要原因”（serious reasons），负责任地作出“决定不要另一个孩子，无论是确定还是不确定的一段时间”，亦如第9节回想起的公会的话：

> 婚姻和夫妻之爱本质上指向孩子的生养和教育，孩子的确是婚姻带来的最好礼物，并且，以最高的程度裨益于其父母的善。[20]

第二，他们对节欲的策略而不是避孕的理由是：他们想让他们的性选择与性行为成为真正夫妻间的（marital）那种，因为在每一次性行为中，都要保有婚姻两方面要旨的每一面。由于他们或多或少清楚地明白，关键是要遵循基督徒与理性的论点，性行为不能被正当地选择，除非是夫妻间的那种——丈夫与妻子、妻子与丈夫以及表达婚姻互爱与繁衍后嗣两个方面的要旨。 357

第三，他们节欲只是周期性的，因为他们愿意并且一次又一次地有意选择在这类夫妻间行为中，体会、表达、现实化他们的婚姻以及他们对彼此的夫妻之爱。在非排卵期，夫妇涉及的每一个夫妻间行为都保有对生养后嗣的取向与开放性，因为他们一起做的正是他们在受孕期希望或打算有后代（怀一个孩子）时会做的那样。除非以第14节列举的任何一种方式避孕，不然，任何一种生殖器合一（genital union）的行为在生物上都是交配，对人而言都是生产后代/繁衍后嗣型的一项行为，“行为本身导向于新生命的繁衍”，尽管在绝大多数情形下没有后代能随之而来，后代的种子——卵细胞——不在场。正如我在第11节的翻译注解中所说的，用“导向”（oriented to）、“向……开放”（opened to）还是“受令于”（ordered to）[21] 都不重要，在每一种情形中，意思都是由第14节避孕的定义所确立的：对于任何一种生殖器合一的情形，由于认为即便不这样做该结合可能会导致生育，而采取什么措施来有意干预那个合一带来的

---

〔20〕 *HV* sec. 9 quoting GS 50.

〔21〕 第12节使用“ordo ad”一词，我用“导向于”（oriented to）来翻译，第11节则用“导向”（oriented）来翻译“ad…procreandam…destinatus”。

生育性时，向着生育的导向、向生养后代开放或受令于繁衍后嗣的伦理性征就失效了，或者说，就不再保有这些伦理性征了。

如我讲过的，想要避孕的夫妇都拥有周期性节欲策略中涉及的想法的第一步，即不在将来的任何时间有一个宝宝这种可预见的负担之愿望。但是，这些夫妻缺少、搁置或者无视了第二个，即通过持守“夫妻交合的两个内在意义：合而为一与繁衍后嗣”中的每一个方面，来将他们的亲密关系保持为完全夫妻间的（fully marital）；相反，他们恰恰选择了节欲夫妇不去做的。就避孕夫妇拥有的第三个愿望而言——在性的层面体会、现实化与表达他们的婚姻——他们选择避孕时所做的不能够表达、现实化或使他们真正体会婚姻中繁衍后嗣的那个方面，既然避孕准确地意味着如果他们不采取措施来阻止这个做法，恐怕就会生育，所以，就要竭力从他们本来的夫妻间行为中消除这个可能的生育结果。

358 当然，周期性节欲的夫妻通常根据他们的策略采取措施，使策略不仅是一系列想法也是一个意图。但采取的措施只是为了发现夫妻间行为具有重大可能导致生育的时间，这样就能知道什么时候该节欲。夫妇没有做任何干预性行为导致的生育结果，没有阻止或干预如果他们进行夫妻间行为也许会注意到的任何宝宝的成形。取而代之的是，他们放弃了这类行为，因此两方面的责任都实现了：（1）通过避免不久将有宝宝诞生而带来的负担，他们侍奉了夫妻之善以及/或者他们的夫妻之善融入了团契之善（communal goods）的责任；以及（2）通过避免非夫妻间性行为，尊重和侍奉婚姻之善（the good of marriage），这一已婚者与未婚者共享的责任。

当然，《人类生命》通谕不必像我所做的阐述那样详细。但是，通谕可以说：周期性节欲的选择、选择避孕，以及采取了避孕的交合之间的区别是：在前一类选择中，配偶尊重他们目前不怀孕的决定，渴望在性的方面表达他们的夫妻之爱，以及每个人无论何时都不以非夫妻间的方式（in a non-marital way）寻求性满足；然而，在后者的选择中，做避孕类选择的配偶拒绝了那个普遍责任，因此没有在性的方面表达一个真正的夫妻之爱。[22]

---

〔22〕 或者，它可以顺着安斯库姆所澄明的来表述区分：

问题是：人正在实施的行为是如此这般吗？——用手边的例子，即会繁衍后代类型的（成为夫妻间类型的一个必要条件）——我的回答（是）：不，如果采取措施使之不育，就不作为有意图的行为（intentional action）；如果只是在不会导致生育的时候选择这样做，那么，就作为有意图的行为……当某人坚决拒绝任何使他或者她的交合不导致生育时，要旨不是特别清楚吗？……（区别在于：当她不会导致生育时交合，与已经造成她不会生育之后而有目的的交合）。[Anscombe, "Reply" (to Winch, Tanner, and Williams) at 161.]

安斯库姆在 1972 – 1975 年着手于为后来成为标准英文翻译的《人类生命》通谕 16 节（至 1976 年她意识到是"糟糕的"）谈到，周期性节欲的夫妇和避孕夫妇均"在他们避免要孩子以及确保没有人会出生这样的意图上完全明确"（*ibid.*, 182），她称该（料想的）意图为两类夫妇各自的"深层意图"（further intention），然后，指出区别是在两类夫妇的有意图行动中追求他们共有的深层意图。在避孕交合中：

行动不再给你生命藉以传递的行为类型，而是有意地使之不育，因此，改变成为完全另类的行为……无论我们是否已经结婚，这样一类行为的意图根本不是在有意计划一项婚姻行为。在婚姻里，一个通常的交合行为即使在不会生育的时期，也是一个完全普通的夫妻交合行为……（*Faith in a Hard Ground*, 183.）

她称周期性节欲为节律方法（rhythm method）：

……你运用节律方法并不仅仅只有现在交合，而且，比方说，下个星期则不交合；下个星期不交合不是为今天的交合做什么来将其转变成不会导致生育的行为；今天的交合是一个通常的交合行为，一个通常的婚姻行为。除非在结婚后，你提议（就像摩尼教徒）将交合限制于不会导致生育的时期，那么，你就篡改了婚姻，而且进入一个纯粹的非法同居（concubinage）……（*Ibid.*, 184.）

在下一页，她阐明了为什么有意于"能繁衍后代类型"的行为，即"生命得以被传递的那类行为"如此重要：

从人的角度来说，一个性行为的善与要旨是婚姻。并非真正婚姻行为的性行为或者落入纯粹的淫荡，或者假的（ersatz）、企图达到只有真正的委身、婚姻能够给人指望的特别的合而为一……这——性行为的善与要旨是婚姻——为什么只有能够成为婚姻行为的才是本质上的性（natural sex）……（*Ibid.*, 185.）

尽管她没有明确这么说，但是，确定避孕（避孕后交合）和婚姻之间相近意图（close – in intention）的这个联系给予了那个相近意图独一无二的道德意义，作为她用以决定妨害行为（the act of sabotage）的各种道德含义的比较，以说明避孕与周期性节欲（"节律方法"）之间的区别（*ibid.*, 184 – 5）。妨害行为无一例外地反对，或者至少不是一个例行公事（*doing one's job*）的例子；不像婚姻（参见前引脚注 16），作为公事而例行不是一个基本的人类善问题或者一项神圣命令的客体。

至于对《人类生命》通谕第 16 节，避孕夫妇也许跟以周期性节欲来避孕的夫妇共同拥有的心态的适当翻译，我把它翻译如下：他们在"想要（*velle*）……避免要孩子并且确定没有生命可能诞生"上一致；1978 年，谴责后来成为当前的 CTS 译本对那个句子的翻译时，安斯库姆提供的翻译是"在避免要孩子的意思上，这些夫妇是同样的"（*ibid.*, 194）。

Ⅶ

359 对于我在这里没有提到的通谕术语的种种以及各个方面，我在小册子里为第16节的最后一个注以如下话语总结概括：

> 这些阐述的差别并不影响通谕所提升的道德立场。如同第11－13节已经解释的（以第8－10节为先决条件，并且跟随《论教会在现代世界牧职宪章》第51节），道德要点不在于自然的过程（natural process）绝不应受到干预；亦如第15节清楚表明的，也不是人类生殖系统的过程绝不应被审慎地改变或顺服于技术或“人工的”方法。而在于这样一种干预是错误的，当选择干预是选择剥夺交合行为表达婚姻的与夫妻之爱的生殖力（procreativeness）——选择剥夺交合行为向着生育的取向与开放性，即其“生育的意义”（procreative meaning）（如果交合要真正成为夫妻间的，那么两个意义中——能够使配偶表达、体会与现实化他们的婚姻——的每一个都必须被保留而绝不能分开）。无论何时，丈夫或妻子做了什么来阻止交合行为的生育性结果，以及凭借自然的过程（他们相信）那个行为将会或也许会导致的结果。在道德特征上，如此行为的意愿的确是一条截然不同于周期性节欲者生育控制的路径，尽管后者类似地拥有不生育的充分理由，但是，也仍然不愿剥夺他们的交合行为的任何生育意义或表达，因此，当他们认为自然结果将会或也许会怀孕时，代之以节欲之选择。

360 我应当补充这一点。《人类生命》通谕表述的许多方面，以及表述中毫无疑问存在的模糊性，在我看来，来自于我相信是保罗六世必然具有的愿望，也是合理的，即避免将教会的教导连接于任何哲学的甚至神学的解释。在其委员会工作的中期和后期，一位具有高度影响力的人物是耶稣会神学家福斯（Josef Fuchs），他的课 *De Castitate*（关于贞洁）在伟大的罗马格列高利

（Gregorianum）大学数年间成为对待性和婚姻的天主教会理解的最高水平（the state－of－the－art）。[23] 该课程的书就婚姻的善与制度两方面的意义，以及对避孕的错误具有决定性的、作为夫妻间行为的两个意义之两方面含义，给出了很好的阐释。但是，这本教科书用于对与错解释的伦理理论或形式不过如此：天然的功用不应受挫或者被滥用。[24] 那个脆弱的原则——随着阿奎那关于撒谎论证的误解在 17 世纪神学家当中发展起来——恰恰是格里塞茨在他 1964 年的书《避孕与自然法》（*Contraception and the Natural Law*）中综合批评与辩驳的；因此，福斯在委员会期间丢弃他自己反对避孕的道德论证并且大大地影响了委员会。[25] 然而，实际上，格里塞茨的书也用一个实践理性第一原则及其道德意义以及避孕跟它们不相和谐的更合理解释，取代了这个腐朽的教科书理论。但是，在认为基督徒关于婚姻的原则在启示（包括关于自然理性的启示教导）而不是任何神学或哲学理论方面拥有更深根基上，保罗六世是彻底正确的。在第一原则及其道德含义的解释方面，格里塞茨自己 1964 年关于避孕和自然法的论证已经改变而且大大向前发展了，他对避孕的错误性解释分成了两个尽管相互补充却又不同的部分，一部分指避孕的反生命意义，另一部分指反婚姻的方面，后者更接近于《论教会在现代世界牧职宪章》和《人类生命》通谕而不是格里塞茨自己 1964 年的阐述。[26] 无论
如何，保罗六世非常清楚地驾驭了所有理论，处处不费力地指示了关于避孕 361
的道德规范和更广的理论原则之间可能的联系，诸如实践理性的第一原则（第 10 节对阿奎那的援引，*ST* Ⅰ－Ⅱ q. 94 a. 2），或者一个人对自己身体之权

---

〔23〕 Fuchs, *De Castitate et Ordine Sexuali.*

〔24〕 *Ibid.*, e. g. 53, 80, 84.

〔25〕 当然，还影响了他原来的学生，比如麦哥铭神父，他详细叙述了自己的观点与福斯一起发生了改变："Self－Assessment and Self－Indictment" at 38.

〔26〕 自 1968 年和 1980 年以来，我自己对于这个问题的思考也有重大改变，由于更清楚与性行为有关的第一原则不仅将我们导向生育的善，而且也将我们导向婚姻的善。更清楚避孕的选择总是一个不同于拥有（避孕后的）性的选择这个事实，使避孕和避孕后的性复杂化，正是因为该选择阻止了新人的形成（coming－to－be），而新人的形成被设想为一项真正的责任，跟具体的性行为（或者它们的一系列）是一个不仅直接抵触婚姻之善而且直接抵触人类生命之善（在生命的开始/繁衍上）相关：参见 1988e and n. 31 below.

力的正当限制，以及归于“整个人类有机体及其自然功用”的敬重（13.2和17.2提到）。因此，该术语提升了一点，立场的表述在阐释上比说明论点更长。部分仍然晦涩的论证核心，是我在本篇论文更前部分已经确认，并且有所展开的。

Ⅷ

保罗六世对教义原则的阐释包含一个额外的、独立的要素，在第17节评论了一些广泛使用避孕可能造成的不好结果。他提到四点：（1）为夫妻间不忠诚提供了便利以及“道德的总体败坏”；（2）我认为的在淫乱（fornication）和通奸（adultery）方面，为绕开道德法提供了便捷之径；（3）利用女性（women）来服务以男性为中心的欲望，代替了对女性的尊重；以及（4）愿意服从于政府，使避孕、绝育、和/或堕胎或多或少成为强制性的权力。现在，设想诸如这些结果可能/并且/或者已经实际上因此而发生，那么在什么意义上能够说它们跟教义原则相关呢？通谕不是建立一种结果主义、相称主义或者其他功利主义式的论点，来指引最大化好的结果和最小化坏的结果，竭力得出好与坏的数量或者比例，以致彼此抵消来确认最好（或最坏）的，从而得出正确的选择或赞赏的正确道德规则（the right moral rule of thumb）。那么，在此关于教义原则部分谈结果是做什么，或者至少应当做什么？我想关键/应当是，帮助我们“深刻地认识生命与家庭真正的善”。我补充一下，就是领会在所有家庭、邻舍、国家、后继诸代的人类共同体中那些善的地位，以及它们依赖于由选择和选择的喜欢与否逻辑（the like - it - or - not logic of
362 choices）形成的稳定、有德行的性格取向，诸如所有选择一样，这些选择持续存在于个人与团体的特性里，除非/直到它们被否认与悔过。

看保罗六世列举的名单，能够洞察相比于以往所认识的更多真理。但是，对于过去四十年来避孕被广泛采纳为道德上可接受的那类选择清楚表明的影响，几乎没有考量，甚至连一个梗概或明白的示意都没有。第三点关于女性被男性利用，则言辞轻率且被广为讥讽，因其忽略了女性自身对性的欲望而有失公允。当然，这份名单淡化了变革的分量。安斯库姆《避孕与贞洁》的开篇就请我们“深思一个熟悉的要点：由于有效的避孕干预，使人们尊重生养儿女的情势发生了很大的改变”。[27] 她继续在异教徒道德与基督徒道德之间比较，而后补充道：

> 然而，作为避孕的一个后果，涌现在基督教与当下异教徒、后基督教之间的道德争议更加深远而广泛。一言以蔽之：基督教教导男人要像无信仰者（pagans）所认为的忠诚女人一样贞洁；而赞同避孕的道德在于教导女人几乎不需要贞洁，就像无信仰者认为男人不需要一样。[28]

在通谕之后的这篇文章里，安斯库姆首次达致了一个在通谕之前几年未及的领悟，那时她证明了反对避孕的教导与反对其他类型不道德性行为教导之间的相互联系。我已经引用过一次这个新洞见，即“一个性行为的善与要旨是婚姻”。[29] 婚姻作为一项生命的制度或形式，只因它作为繁衍与教养儿女的组织（framework）之适恰性（appropriateness）从而使其具有意义，已婚夫妇与未婚者一样，将性与繁衍后嗣的意义相割裂，头脑清醒的人都不可能选择这个割裂来认为婚姻乃性行为的善与要旨，或者以婚姻内性行为是婚姻本身的表达、现实化以使双方确切地体会婚姻本身。相反，当避孕选择的逻辑逐渐被清醒地领受与包容时，婚姻就只是一个便利组织（有时会不大方便）了；在其中，追求已经被认为是有意义的、真正的善（以及每个人的权利），以及或多或少有规律的性满足之善（和权利），而这个享受很大程度上受到孩
子的干扰，无论就他们的期待还是对他们同样不方便的呈现而言。因此，对 363
婚姻理解的损益和对性理解的损益是紧紧相连的。

实践原则的改变包括性征（character）的改变。当然，由于人们的不连贯性、头脑缺乏清醒、片面保有善的性征，以致性征的改变可以许多方式被消

---

〔27〕 *Faith in a Hard Ground*, 170.

〔28〕 *Ibid.*, 171, amending “need to be as little”.

〔29〕 *Ibid.*, 185.

声、淡化、模糊。但既然我们是有智慧的存在（intelligent beings），当我们持有这些原则时，采取的原则便倾向于融贯的运行。因此，原则变化或多或少激进的结果开始在可观察到的现象界显现出来，或激烈或微弱。故而，我们发现先前的淫乱广为流行，即婚前或婚外性行为发展成双性和同性性行为，并且，藉着把孩子带进这种关系以在某些情况下仿效婚姻的方方面面，但是，由于或多或少明显坚持这种关系向着随意与他人发生性行为的开放性和伴侣（未必是一对夫妇）的自由性，那个仿效乃更深地丑化了婚姻的形象。这些改变制服了整个广为传播且历史上为教会的团体，像圣公会（Anglican communion），其主教并非不合理地让其团契以接受避孕作为接受同性性行为在理性上必要的根据。整个社会屈从于一个跟人类历史上任何变革一样巨大的社会变革：同性婚姻（same－sex“marriage”）。对于我们孩子和我们后代的影响力，它比任何人所能清楚设想的都要更加深刻而久远。

再者，将性与生育相割裂为无性繁衍后代铺平了道路，通过人工授精或其他生殖技术，比如试管授精（IVF），与其说是帮助交合达到自然目的，不如说是孩子的生育问题，因而卷入奴役本质中的道德上的其他恶：由于筛选、冷冻、破坏性地试验，养殖部分并最终抛弃每一个毫无疑问的小小的男性或女性人类个体的胚胎，展现但没有穷尽地展现生产者与产品之间极度的不平等。男人实际上成为跟生养毫不相干的：一个或者少许几个匿名的男性就能供应人工培育好几国孩子所需的所有精子，只需要知道这些孩子的母亲就可以了。一些男士用某种雌雄同体化（androgynization）来回应这个孕初期的“裁员”（incipient redundancy），这种雌雄同体化的一个略微体现是“都市欲男”（metrosexuality）成为一种文化时尚。

进一步看，最积极地推行避孕的那些国家面临史上前所未有的类型与级别的人口下降（depopulation）。当然，这个现象并不简单地归因为避孕药具的
364 随处可得，甚至不是人们在原则上使用它们的意愿造成的结果，而是人们理解婚姻和家庭的要旨与善发生深远变化所带来的后果。安斯库姆在她出版的后幽默文集第二卷《硬土地里的信仰》（*Faith in a Hard Ground*）关于避孕的四篇精彩文字之一，在人口过度恐慌正处高峰的1978年，敦促牧师们：

> 当你没有更多理由时，应当“多生宝宝——认为比如两个就足够了——就是在没落你的国家（并且）往往也是没落你个人的未来……因为照当前的时尚，西方已经出现了令人担忧的孩童的稀少”。[30]

但无论牧师还是任何其他人，都没有对任何这类信息多加思考、力图消除，或对此作出回应。的确，当今的欧洲社会看起来要被掏空了，似乎要被雌雄同体化了，在任何一个几乎不能自我再生一半人口的情形下，似乎就要将自己让位于更有繁殖力的人群了，而他们当中的许多都拥有支配性、顺服且几乎不关心理性改良（reason's refinements）的宗教。

这些是即使保罗六世曾经能够预想到，也几乎不适于通谕的揣摩思考。1995 年，约翰·保罗二世《生命的福音》通谕第 13 节追溯的意义与结果则少一些揣测。在那里，他追溯了避孕与堕胎之间的内在关联性。保罗二世既没有认可也没有否认，避孕不仅与贞洁和夫妻间的善相悖，而且也同生命（不是一个现实的宝宝的生命，而是避孕者应对他们交合的结果采取措施以精确地阻止他/她的形成，受到这个特别针对的宝宝的生命）相抵触——格里塞茨、我和其他人[31]发展的思路，是与教会历史上针对避孕的教导连贯的一脉思想，而在《论教会在现代世界牧职宪章》或《人类生命通谕》中没有提议。但是，回想教会以批评家的眼光“硬是持续教导避孕的不合法性”，1995 年通谕陈述：“‘避孕心理’（contraceptive mentality）内在的消极价值……是诸如它们……加强了（避孕失败情形下堕胎的）试探（temptation），当一个不被期待的生命被孕育时。”因为在这种心理下，“性交可能导致的生命……成为要不计代价予以躲避的敌人，而堕胎则成为对避孕失败唯一可能的决定性回应”。因此，约翰·保罗二世评述道：“正是在教会关于避孕 365
教导被否定的地方，支持堕胎的文化特别强烈。”[32] 重申我关于原则的要点

---

〔30〕 *Ibid.*, 204.

〔31〕 1988e, *LCL* 506 – 19; modifications in detail in Grisez and Boyle, "Reply to Our Critics and Collaborators" at 231 – 2.

〔32〕 *EV* 13.

(point)：在一个合理的行为原则被置于一旁，以支持一个不合理的行为原则之处，其实践结果可以延伸到远超过任何一个原则的适用，因为各原则在原则上均与其他原则相关联，放弃一个则牵连到其他几个原则，这在实践及其明显的影响中经常呈现。

说说教会内的结果。尽管神职人员以及某种程度上主教抵挡其的效果的确十分严重，然而，我想的不是通谕发表后的结果。我是在思考接受避孕的影响。其中一个影响可以通过回忆福斯神父来表明，他在1966年称，改变对于避孕的教导将不会改变核心的天主教道德原则，特别是不会触动有关同性恋行为的教导，因为这些行为是反人类尊严的；福斯神父几年之内就成为相称论（proportionalist）道德神学流派的一个核心人物。那种神学不站在核心的基督徒道德教导的位置，无论是关于具体行为类型还是具有决定性道德重要性的各类中心意图（close - in intention）——因此，1993年《真理的光辉》(*Veritatis Splendor*）通谕第79节和第81节判定它是彻底隐蔽的。[33] 与此同时，同性性行为却不以“尊严”击退它的对手，反而以其成为让自己完全正当化的一个口号。

但是，在已婚的夫妇中间，接受避孕的结果却相当于一个摆脱艰难的济助。如果你（在圣母大学校园）站在草坪上往赫斯伯格图书馆楼（Hesburgh Library tower）的北面望去，就会看到一个铜牌写着“此区域为1945 - 1962年已婚学生‘韦维’(Vetville）公寓处。许多试炼（the trials）——为许多需要保留的祝福感谢圣家（Holy Family)”。我们能够确定，一些（并且或许）是许多受试炼者不得不面对的周期性节欲的难处，特别是排卵期的不确定性，以及孩子在不合期待之时出现。从默认的忏悔神甫那里获得某种许可而选择避孕，或者自我许可，因为在1950年末或1960年早期神职人员对历史教导落入沉默，年轻天主教徒的缠累能够在一定意义上得到释放。再提一下韦维的那些日子：1945 - 1962年。伊丽莎白·安斯库姆描述了伴随许多已婚天主教

---

〔33〕《真理的光辉》后来分析并谴责相称论出现对避孕的重大影响，参见 *MA* at 84 - 101. 关于福斯，参见 *ibid.*，4n，14n，46n，76n，94 - 5，97n，99n，100，195n.

徒选择避孕以及他们的牧者或多或少沉默赞同的灵性衰退、信仰淡薄、堕入 366
世俗，并且给了我们一个年代："后来我确定，是在 1963 年，我开始意识到，现今尤为可怕的不良影响正在教会蔓延……"[34] 如她在 1978 年说到我的祖国，"在采用避孕药具的天主教人群中，有异常可怕的灵性死亡，这将持续下去，除非他们断绝自己的堕落行为（vices）"——她指的是这些堕落行为。[35] 那些像我一样的人没有一个能不鸣谢她评价的正义性，而唤起这类襟怀的。不避孕而过一个基督徒婚姻生活涉及的试炼是非常真实的，对一些人而言则是比其他人更大的试炼，只有上帝能独自领会其中的悬殊而将善从其全备供应中抽走。但是，《人类生命》通谕在第 21 节颇具篇幅所描述的力量和其他属灵的善也是真实的，它们是实行"道德上正确且适当的生育控制"所结出的果实，是信心的属灵之眼最可见的。这些果实建造着我们必须首先追求（《马太福音》6：33）的国度，除非对发现这些果实将持续到被成全的国度而感到绝望，如同《论教会在现代世界牧职宪章》第 39 节对福音信仰的庄严再教导，在这个国度里，我们将再度发现我们的本质（nature）和努力的所有善果，但是，已经除去了所有的尘埃，光亮了起来，在真理与生命、圣洁与恩惠以及正义、爱与和平的永恒和普世国度里改变了荣形。

Ⅸ

然而，结果并不是在道德上具有决定性的什么，即使结果来自于彼此的内在相关而不仅仅是原因与结果的原则网络，而且，无论结果是作为美德表现出来，还是在不合理之时作为那些采纳它们的人之性格与灵魂中的堕落行为，以及作为如此行动且带有明显结果的举措时，都是如此。在道德上具有决定性的，是所选择的行为之客体（*object*），由整套方法和目的确定的中心

〔34〕 *Faith in a Hard Ground*, 209.

〔35〕 *Ibid.*, 203（在墨尔本对神职人员的一场演讲中谈到）。

意图，一个审慎的人在他/她做出选择时采纳的意见中澄明了这些方法和目
367 的，[36] 并依此行动。一个真正的夫妻间行为客体：在性的联合中，表达、体会并现实化我们对彼此以及对我们的婚姻（作为一个带着排他性和永久性、为生养和教育儿女而进入的生命团契和召令）之委身，在丈夫的精子进入妻子生殖器官的给（giving）和受（accepting）之一体（one - flesh）时达到最高峰。避孕行为的客体——无论什么方法——是阻止生育或使生育少一些可能性，设想生育为一项交合行为易于造成的结果。并且，存在这样一类交合行为的客体，亦是因着避孕对思想的冲击而选择的客体，依赖那种影响，对婚姻具有决定性一面的生育意义从该行为中被排除——成为非夫妻间的含义，并且以其自身的方式像其他类型的非夫妻间行为一样，对于这些行为，基督徒和其他有理性的人为了尊重并明确持守婚姻的善与制度，将从他们的考虑中予以排除。我相信，那就是《人类生命》通谕的教导，也是我正在向你们竭力推荐的。

---

〔36〕 See *Veritatis Splendor* 78：

"为了能够把握决定行为在道德上的特性的行为客体，因而将自己置于行动者的角度是必要的。意愿行为的客体实际上是自由选择的行为类型……那么，人不可能用给定的道德行为（a given moral act）客体来指纯粹物理上的秩序，根据其在外在世界带来给定事态（a given state affairs）的能力来进行评价。而是，那个客体为决定行动者一方意愿行为的审慎决定之最接近的目的（proximate end）。"

在区别客体、意图和情境（circumstances）方面，通谕追随了传统。这个传统的惯用语"意图"指我（以及安斯库姆）所称的"更深"（further）或者"进一步"（further - out）的意图。对于成为正当的（*rightful*）特定行为，其客体与其意图均须正当（无误）；一个善的客体——施舍穷人——将不会使一个不好的意图正当化，比如就其性情欺哄旁人；然而，这个情境未必不适当（把自己欠雇员的薪水给贫穷的旁人就使这个仁爱的施舍错误了）。但是，在传统上，如同阿奎那关于自卫（e. g. *ST* Ⅱ - Ⅱ q. 64 a. 7）的论述，"客体"这个术语有时被"意图"这个词代替，指中心（close - in）（最接近的）意图。

第 24 章

地狱与盼望*

I

与 20 世纪末的文化人一样，对生活在 4 世纪晚期或者 16 世纪早期城市 368
中的文人雅士而言，拿撒勒人耶稣、他的使徒及其当代后继者一直在警诫我们那可怕的地狱玄秘，这令人觉得冷酷和惶恐不安，正如我们通常不严谨的说法——是让人“无法忍受的”。我们从圣徒们的著作中看出了这一点，比如 16 世纪早期的托马斯·莫尔，[1] 以及 4 世纪晚期至 5 世纪早期的奥古斯丁。耶稣基督所成就的神圣启示对此进行反思时，莫尔和奥古斯丁对于那些觉得罪人的前景可能并非真的像主耶稣所告诫得那么糟的基督徒情绪，表达了深切的同情。奥古斯丁承诺，他在《上帝之城》开篇关于平安（没有仇恨）和永罚（*misericordibus nostris*）的争论中，同情那些拒绝相信地狱刑罚的基督徒同伴，但是，并不包括那些他曾经遇到并且交谈过——虽然崇敬圣经却过着应受谴责生活——的人们，这些人主张仅仅因为上帝无法拒绝天上众圣徒为他们求情的祷告，所以，上帝的慈爱与怜悯一定会胜过他们应得的赏罚；也不包括那些虽与奥古斯丁为我们展开的论证不一致，却或多或少表示了同情的人们。的确，当下一些神学家的著作随意否定奥古斯丁、莫尔及整个天主教会传统持守的地狱信念，在大多数情形下，都难以找到任何《上帝

---

* 未发表的文章，1990 年宣读于牛津大学天主教学生社团，1998 年作了修订。

[1] *Dialogue of Comfort against Tribulation*, xxvi, 249.

之城》第21卷第17－27章未曾详查却相当有说服力的论证。今日，天主教
369 会神学广泛衰变的一个迹象就是，不予考虑这些章节，而且，当今神学家提出来的、那些奥古斯丁最经常明确反驳的观点，却轻易地被最关心这些论题的人忽视了。

Ⅱ

进一步地，正是在如下层面上，奥古斯丁在当下问题中占据一席之地：尽管教会本身从来没有明确提出，因着我在此不能简述的理由，奥古斯丁的哲学神学对于人类存在的永恒旨意的神学思考做出了相当强大的贡献。这个思考直到近期才成为经典从而占据主导地位，在这个神学考量中，人类存在的旨意是上帝在天上的意象，冥思所有其他人类之善，所有人类在这个世界将要完成的各个方面，所有促进或尊重这些善的人类选择和行动，在这个意象中，这些不再是工具性的，也不是仅仅作为方法来运用。在这个经典神学及其所激发的神性当中，尊重与推动人类之善——诸如肉身生活、出色工作、同伴友情以及赢得赋予人类生活以上帝眼中的意义的一切——之间的关系还不清楚。在“方法”和目的之间，看上去还有一个缺口。这个缺口是用律法和美德弥补的。律法这个用语不是依据澄清通往适当目的之适当方法的必要性来构思的，而是根据上帝设定的一系列条件，是上帝用以实现他能够而我们不可能成就和实现的神圣存在之异象；美德则被设想为通过人类主体的自由选择来满足这些条件。因为上帝掌管着对遵从他的律法之赏赐，所以，一个与律法内容并无本质关联的赏赐，故而，他也掌管违背了律法的惩罚，比违抗或藐视他无限的良善和施以刑罚的权柄更为严重的惩罚，如果不是无限，则至少是无止境。在奥古斯丁庞大的著述中有许多超越，甚至超越基督所启示的律法观念上的人类使命，这是一个由他的许多核心思想所激励的观念。当代对于地狱的反叛是由许多对该律法主义韵味的厌恶和反感滋生的，然而，这个反叛本身预设了律法主义的前提，并且，也绝没有逃避律法主义前设自身。

我简称为关于地狱的天主教会的教导，为一些神学家（但他们依然试图
作为天主教会的神学家而非仅仅作为世俗人文主义者）所弃绝，他们有时会 370
突出一个重要的真理，而这个真理往往被执行赏罚审判的律法主义模式所模糊。即在天堂的可能性与地狱的可能性之间，我们持有一个基本的不对等性。一位接受天主教会关于地狱的教导，但不跟寻常人一样被嵌入律法主义神学和神性的当代伟大神学家，曾以我在下文所重述的方式来解释不对等性的原因和含义。

上帝要使他肉身的、智慧而自由的受造成为神族的一员，并拥有属神的生活和性情，藉着他神圣的恩典使这些成为现实，因为这个绝对自由而没有理由的决定，所以，天堂成为可能。没有人的选择、行动和努力能够带来这样一种神圣联合；确实，也没有人的选择、行动和努力配得上这一点，除了回应并藉着上帝恩赐的力量，在上帝自由应许的关系内恪尽本分，这个神—人联合的关系也是因着上帝自己恒久的怜悯，激励以及回应人们进入和再次进入从而得以实现。但是，如果一个人任性固执地拒绝或凌辱上帝的恩赐，不只是拒绝或滥用上帝藉着自己作为创造者的作为让我们获得可获得的人类之善，那么，地狱的亏损和悲惨境遇却是个人自由选择所带来的，不需要上帝一方的进一步回应。不像立法机构和法官苛责的人类刑罚，地狱并非某些专门的神圣法令拣选出来的外来刑罚，而是自有的审判，是罪的固有结果，是人拒绝保持与神和好并在这种和好关系中成长所引起的。地狱的悲惨性与上帝无关，与天上成就的神—人交通无份。当教会与基督同声说地狱的人要经受永火的煎熬时，莫过于在说，永久失败本质上可怕的境遇存在着经历上痛苦的自然结果，用信理部（Congregation of the Doctrine of the Faith）1979 年《关于末世论的通信》（Letter on Eschatology）中的话来说，（炼狱）是“一个对罪人之全人负面的影响（repercussion）”。

这样看来，天堂和地狱就在上帝的行动这方面获得了一个基本的对等性，同时，二者在人类行动方面也有一个基本平行。藉由上帝赋予的应许和恩赐，人类行动与上帝旨意的实现存在着固有的关系。这种关系是经典的律
法主义神学和现今主导着天主教会与大学的修正版律法主义神学未曾领悟 371

的。这种关系为第二次梵蒂冈会议的伟大教导所肯定，在《论教会在现代世界牧职宪章》第38－39节称：人类选择和行动以正面的方式促进且尊重了人类之善，从而“为天国预备了材料”。因为如果我们顺服上主，跟随上主的灵，并且在地上培育我们性情和工作中所有的善，那么，在真理与生命、圣洁与恩惠、正义、充满爱与平安的完全国度，我们就能找到这些善和它们的好果实，并且不沾染污秽、容光焕发、改变荣形。

“在上主的灵里顺服他”也许过于含蓄，为了避免误解，我应当在此插入一句话。正如保罗六世在《天主子民的信经》（Credo of the People of God）中使用第二次梵蒂冈会议，以及完全与天主教会传统相一致的措辞：

> 我们相信，教会对救赎而言是必要的，因为救赎唯一的中保和道路的是基督，他通过自己的身体——教会——向我们显现。不过，上帝对于救恩的神圣设计包含了所有的人：的确，包括那些并非因着自身过失而不知基督福音与其教会，却还是诚心寻求上帝的人们，因着神的恩典，藉着良心的命令领会上帝的旨意，努力地通过自己手中的工作来完成上帝的旨意，这些人也能够赢得救恩，只是唯有神才知道这些人的数目。

回到梵蒂冈会议教导人类选择及行动与永恒国度之间关系的主线：属天旨意的实现并非一个外来的赏赐，而是“再次发现”人今生在道德意义重大的选择方面所培育的善，虽然这些善如今是为神圣大家庭——无瑕疵和无止境的王国——量定的。这些构成天堂的善不仅包括与神同在的意象，而且包括所有内在于我们肉身、智识上的活泼、自由和友善性情的基本的善。在行动的合理（sound）哲学所了解的真理背景下，可以最完全地理解这个教导：自由选择超越它们当时所带出行动的时间而持续；这些选择作为选择者品格的构成而存续，如果当事人悔悟，那么，直到被一些与其不一致的自由选择所推翻。自由选择是自决的（self－determination）。地狱亦为自由选择或者一直到死都不悔改的选择之延续，因为消除了我们性情在今生的复杂性和可变性，（我们必须承认）从而失去了改变我们的魂（mind）的可能性。伴随着坚持拒绝的固有含义，地狱是罪人无礼拒绝保持和提升自己与上帝关系的延续。

Ⅲ

可以称之为，是自由化基督教的主张向启蒙运动以降对基督信仰的道德 372
和历史批评寻求妥协，否定了经典律法主义的含义，但是它不能取代律法主义的前提。自由化基督教十分合理地拒绝接受，故有其善的今生不过是一个将我们送入天堂轨道的昂贵火箭发射器；不承认今生仅仅是一场考试：给那些跳过跨栏的人带来奖赏，给那些失败的人带来的却是惩罚。由于接受天堂的理念，所以，将自己与世俗人文主义相区别。但是，并非像梵蒂冈会议那样细心地理解、重述经久的基督信仰教导，自由主义基督教通过简单地设定天堂是不可避免的，来由此规避律法主义的问题。在自由化基督教看来，最好忽视地狱；最糟糕的是，它否定了地狱的真实可能性。

该否定的焦点经常诉诸假定的当代圣经研究进深，或者所谓当代意识的"语言学转变"，这个转变前所未有地关切：我们用于表达自己的方式不能同我们正在表达什么这个问题相分离。[2] "……现在，根据圣经教育的缓慢进程，特定结论看上去相当肯定：新约的末世论表述需要一个象征性的解释。并不存在物质上的'火'这个问题。"[3] 这类表述很显然是目光短浅和自满的。在此并没有意识到，以奥古斯丁为代表的传统已充分认识到，圣经包括相当数量象征性的、隐喻性的"表达方式"，这些方式并没有宣告在它们使用文字的"字面上"所表达的见解。

自由主义基督教也毫无审慎的意图，去说明象征性解释之限度。如果对于主耶稣所说的"火"并没有物质性的对应物，那么，存在耶稣间接提到（尽管使徒保罗和教会的信条予以直接肯定）的身体得赎吗？如果基督所说

〔2〕 Duffy, "Hell" at 364.

〔3〕 Dalton, *Salvation and Damnation*, 80.

的一部分是象征性的，那么，同一说法的对应部分也应当被认为是象征性的，如此，这些现代批评如何回应奥古斯丁的古代论证？如果耶稣说“他们将落到永远的审判中”仅仅是象征性的，那么，当他讲到“义人将进入永生”时，又如何不仅仅是象征主义的？因此，这个对地狱的批评招来了对天堂的不安，也许，谈到天堂时，同样也不过是对生命在这个世界上“存在的
373 意义”的一种解释方式？因此，这就冒出了对天堂实际上的沉默，是过去二十多年所有去天主教会的人都十分熟悉的沉默，大家都感觉到，这种沉默削弱了基督徒的盼望和生活。

是什么为按照非字面意思来解释圣经末世论的表述这个需要提供了基础？卡尔·拉纳（Karl Rahner）提出了这个论说：

> 圣经所说的地狱根据其文学上的特征，应被解释为“威吓叙事”（threat－discourse），因此不应解读为预示某一天将会存在的什么。[4]

但是，如果属于并非预见某天真会发生什么的威吓，那么，它就是一个骗局，一个对将来会发生什么和不会发生什么有预知者在撒谎造成的骗局。事实上，不需要把圣经关于地狱的讲论归于威吓（*comminationes*, *Drohungen*）。确切地说，它属于警告（*admonitiones*, *Verwarnungen*）：如果过马路时不看左右，那么，将会得到像撞死在路上的松鼠一样的结局。承继了某些当代圣经学者，拉纳的归类恰恰表明了他试图推翻的律法主义。

反对天主教会关于地狱教导的真正论辩是道德上的论辩，诉诸文学语言类型学本身过于微弱，并不需要认真对待它。不过，道德论辩自身又容易受到毁灭性道德反论的伤害，这一点我们已经有所告示（奥古斯丁已经暗示了这一点[5]）：如果不将这些卑下的误解或上帝启示的造假诉求归因于教会及其神圣的作者，那么，就等于归咎于上帝，归咎于耶稣自己要织一个虚谎的骗局。

---

〔4〕“Hell” in Rahner, *Encyclopedia of Theology*, 603.

〔5〕*De Civitate Dei* xxi, 18 (ii).

Ⅳ

令人奇怪的是，反对天主教会关于地狱教导的满腹论辩出自于一本小书——《我们敢期待吗？——关于地狱的简短对话》（*Dare We Hope? with A Short Discourse on Hell*），为汉斯·乌尔斯·冯·巴尔塔萨（Hans Urs von Balthasar）最晚期的作品，他死于 1988 年，就在即将被任命为红衣主教之前。这位瑞士神学家的大多数文集都有许多可羡慕之处，很多忠心的天主教徒指望以其基督中心论神学反思，来智慧、深邃且有信心地抵制自卡尔·拉纳晚期涌进教会神学院和学校的自由化、半世俗基督教；并且，谁都不应轻易而鲁莽地否认这一点，他是一位极为博学、敏锐且具有反思力的基督徒。

这卷文集的主要文章标题是：《我们敢期待吗？"所有人都得救"》。我 374
担心，事情开始了却又糟糕地结束了，因为冯·巴尔塔萨没有停下来认真地分析和反思，只是粗浅地分析了逻辑含糊的语句"盼望所有人都将得救"，就轻蔑地认定为似是而非，予以否定。有没有这样一种人，我们可以说他们："我们根本无望他/她将会得救，或者已经得救，即不能期待发现他/她会在基督国度与上帝和好"吗？不，我们不能这样说任何人。正如天主教会从起初一直持守的信仰和虔敬，我们对于任何个人的最终结局一无所知。因此，没有任何特定个人的救恩，使我们不能为之祷告；面对一串所有曾经活着的人的名单，没有一个上面的人可被认定为不能为其救恩祈求。[6] 在"所有人将会"这个意义上，传统的教导是我们不仅敢于而且必须盼望人人

---

〔6〕 *Ibid.*, xxi, 24; Suarez, *De Oratione* tr. 4, lib 1, c. 15, quoted by von Balthasar at 37 – 8n. Augustine, loc. cit.，奥古斯丁深入浅出地解释了为什么我们要祈求所有活着的人都得救，而不包括"那些至死都不信者和上帝子民的敌人"这样的人；教会为活着的人祈求所有人都可以得救，对已死的人，则祈祷那些怀着忠心（faithful）离世的人可以得救（总要记得信仰可能很含蓄）。为那些没有怀着信的、已死的人（我们不知道是谁，也不知道有多少人）祷告，就跟为魔鬼及其差役祷告一样，因为他们已经失散。连霍布金斯（Gerard Manley Hopkins）也不相信，为已经在地狱的人祷告有什么意义。我们为什么要否定霍布金斯的观点，在于我们应当为还未到地狱的人祷告，参见 Peter Geach, *God and the Soul*, 89 – 94. 简言之，根据"所有人"的不同关注点，教会既为所有人得救祷告，亦不祷告所有人都得救。（本页不包括那些册封的圣徒。）

都得救。然而："是否存在任何神学上的理由，期待每个人将会或者已经得救？"没有，不存在这样的神学理由。虽然，不存在某人应当被失散这样的逻辑必要，也不知道谁已经被失散，但人类自由和人类罪恶的事实给了我们理由去期待：在人类历史结束的时候，会发现一些人与上帝的关系和耶稣的国度无份。有多少？对于这一点，我们没有一丝概念，也不应去猜测；因为在此问题上，没有充分的数据来保证任何结论。

冯·巴尔塔萨不惜以担忧许多灵魂被失散的神学和敬虔传统为代价，在讽刺上颇费笔墨。但是最后（为时已晚），他正确地承认，"从根本上讲，沦散的人是多是少没多大影响"（192），也即对他所怀异议的天主教会传统并没有影响。然而，我担心，冯·巴尔塔萨未能清楚地认识到为什么没有多大影响。之所以没有影响在于：无论他是否承认，对任何即将沦散的人而言，他"期待所有人都得救"的全部论证实际上与上帝本性不一致，因此也是不可能的。

375 下面要谈的关于巴尔塔萨论证的特点，（我觉得）是他自己也不愿承认的。他想要成为一名中心的天主教会神学家，而不是一般的半世俗化神学家，后者愿意将圣经和圣传中的任何东西以及每件事物作为象征和神话一笔勾销，因为他们觉得这些对于"现代男人和女人"太过分了。他知道，否定可能性，即地狱的真实可能性，就是把耶稣的启示当成虚无的空谈，耶稣的教导和生活都如此明显地表现了要从深渊和危难中拯救人们。因此，巴尔塔萨提供了一个基本的区分：我们每个人都应认识到，对我自己而言，沦散到地狱具有真实的可能性；但同时我们应当坚持，任何人沉沦到地狱都跟上帝拯救的旨意与权能以及基督救恩的效果相违。

我担心，这个区分是自相矛盾的。这不像神三位一体的本性，让人难以解释。这并不是一个有良好效果的"悖论"。它与我们每个人的经验和理解范围内的某些东西相矛盾：我们作为人类成员，以及逻辑上的人类阶层。如果存在真实的可能性，任何人都会沦散，那么，就存在一个真实的可能性：我会沦散。然而，对于区分我的情形和其他人的情形，既然我与冯·巴尔塔萨都无从知晓，那么一定存在一个真实的可能性：其他人也同样可能沦散，甚至相当多的其他人。呜呼哀哉，告诉他们全体，他们中间任何人将沦散这一说法不具有真实可能性，同时，邀请每一位读者或听众来判断存在他/她会沦散的真实可能性，并没有什么深远意义。这个心愿是很好的。然而，接受此邀请不过是一个愚蠢的举动。基督教启示和基督信仰有着高深莫测的程度，对希腊人而言是“荒唐的”（folly），但它并不是愚拙的（stupid）。

至此，我很抱歉地说，这些杰出的神学家掩盖了其讽刺的不连贯性，“神学主教”推测罪人有地狱，却又“有意无意”地豁免了自己。的确，冯·巴尔塔萨许诺，在圣奥古斯丁归正之后，他从不担忧自己的得救。这个含沙射影却妆点在一个没有哪怕是最轻微的趋势来支持它的文本中，而是在我们所了解的这位伟大圣徒的沉默中，对我而言，这个沉默使冯·巴尔塔萨的书落入空洞。正如奥古斯丁在一篇最后的讲道中所说（no. 382）：

> 谁若不想担惊受怕，谁就探测自己内在的自我。不要只是触及
> 表面，而是要深入自我；触及内心最隐秘的角落。细细地检查它， 376
> 是否有一根浪费这世间之爱的血管被囚禁，还没有跳动起来……是否被某些感官之律抓住；是否从不因空洞的吹捧而洋洋自得，从不因某些徒劳的焦虑而沮丧……

谁不想为自己的救恩担忧，谁就要对他最隐秘的罪进行悔改，并且放下对这些罪所有的洋洋自得。正如他的朋友和传记作家坡西丢（Possidius）报道的：

> 当我们亲密交谈的时候，这位圣人……总是一贯地告诉我们：即使是最值得称赞的基督徒和主教……也不应当行事为人不与蒙召的恩相称、不应当没有一丝不苟的忏悔。这是他在最后的病痛中所行的［公元 430 年的盛夏］：他要求手抄大卫的四首诗篇来灵修忏悔。从他的病床上每天都能看见这几页纸，这几页纸挂在他的墙上，随时可以吟读，他常常深切地痛哭。为了避免注意力从这一点上有任何分散，几乎在去世的前十天，他要求我们任何一个人都不要进去看他，除了那些医生要来检查或者送饭给他的时间段。这个

要求获得了应当的尊重，这样，他就用所有的时间来祷告。[7]

让我们来聆听奥古斯丁卧室墙上四首诗篇之一——诗篇 50/51，是这样开始的：

> 神啊，求你按你的慈爱怜恤我，按你丰盛的慈悲涂抹我的过犯。
>
> 求你将我的罪孽洗除净尽，并解除我的罪。
>
> 因为我知道我的过犯，我的罪常在我面前……
>
> 神啊，求你为我造清洁的心，使我里面重新有正直的灵……
>
> 求你随你的美意善待锡安，建造耶路撒冷的城墙……

377 谈到奥古斯丁生活、教导、祈祷和盼望的那座圣城，很奥妙地，藉着人在基督之灵中做出和完成的选择与行动，这座圣城正在这里被建造起来（GS 39）。

我们不能盼望达到我们知晓将要到达的目的。如冯·巴尔塔萨也许会曲解和转变的，他从根源上剪断了基督徒对永生的盼望，代之以确定性。如果无论做得如何都能去天堂，就没有人力图分享或帮助他人分享属天的荣耀，也没有人尽忠于与上帝同工的关系。巴尔塔萨称自己的观点为“实践描述性的……而非神学认知性的”（211），但是，基督教启示的整个要旨从上帝计划、人类困境以及从中救赎的途径这些“神学”真理来描绘实践性“描述”（prescription）。像冯·巴尔塔萨所做的，将这两个视角设定为相对，就落入了律法主义。

并且，如我所言，冯·巴尔塔萨提出的“实践确定性”有许多异议者和许多哀怨（而自由化基督徒则断定不疑且缺乏真实的情愿），我们既无启示也无经历上的根据。

冯·巴尔塔萨试图确定地指出，上帝启示的爱为否定任何人会永远拒绝救恩提供了依据。他建议，哪怕是接受一个人会沦散就等于否定了基督表述

〔7〕 Possidius, *Life of Saint Augustine*, c. xxxi; Brown, *Augustine of Hippo*, 436.

的真理有效，冯·巴尔塔萨藉着十字架让众人归向他。[8]

> ……除了威吓的言语［NB!］，圣经也包含许多对所有人都心怀盼望的话，并且……将前者转变成客观事实意味着，后者将失掉所有意义和力量。[9]

现在，冯·巴尔塔萨知道，天主教会神学总是理解上帝希望人人得救这类表述，的确不是没有任何意义和力量，而是提到上帝有条件的、先前的旨意，区分于根据人和天使值得称许或有罪选择的结果。但是，冯·巴尔塔萨讥笑这些区分和解释（183–4），还把它们贴上“胆怯的推测”（23）以及“奇怪的区分”（208）这些标签。他没有接着问，如果不做这些区分，上帝如何从愿意人犯罪这点上开脱。他从一开始就宣告：在那些新约当中讲到上帝拯救所有人之旨意和能力的表述与那些谈到永远沉沦的许多表述之间做任何合成 378
的努力，是不允许的，也是不可能获得的。这种排除综合的意图，在我看来，剪断了天主教神学对使用所有人类反思的资源来寻求理解核心启示的信心根基。

在我看来，冯·巴尔塔萨的论证，当然还有那些不那么敏感、觉得巴尔塔萨的努力过于谨慎和拐弯抹角的自由化基督徒，都包含着一个前设：认为如果不是所有人得救，则上帝看起来就不是全能的，或者就不是上帝真正的救赎，上帝就不是无限宽容和仁慈的。但那个前设是灾难性的，有两个原因。第一点，也许不那么重要的一点是，如冯·巴尔塔萨所认为的，主耶稣在马太福音第 25 章第 41 节的话错误地被公元 1215 年第四次拉特朗大公会议（Fourth Lateran Council）定义为天主教会信仰的真理，被弃绝的人（*the reprobi*）将和撒旦一同经历永刑（*cum diabolo*）（*D–S* 802）。换句话说，（虽然自由化基督徒轻蔑地否定了这一点）至少存在一个自由意志和智慧的被造，撒旦（第二次梵蒂冈会议在 8 个地方肯定）永远在地狱里；并且，这与上帝愿意

---

〔8〕 Von Balthasar, *Dare We Hope?*, 26. 语境是灭亡的大众（*massa damnata*），但是巴尔塔萨在其他地方承认，这个数目并没有什么影响。

〔9〕 *Ibid.*, 166 (from *A Short Discourse on Hell*).

救人的慷慨是一致的。对奥古斯丁来说，针对他罗列的许多论证，这一点看起来是坚定的；而冯·巴尔塔萨对这些强有力的逻辑除了讽刺和闪烁其词外，没有提出什么。

否定他主要前设的第二个原因也许更重要（我已经提示）。不容分辩且绝对必然地，那个前设意味着：耶稣基督用地狱警告我们，不过是将他两千年来的听众当作玩偶，用威吓将他们拉向美德，把上帝刻画为不是全能的或者不是真的无限宽容的救世主。因此，冯·巴尔塔萨的论证试图给基督中心论这个神学核心插入一个灾难性的扭曲，以扭曲基督的形象和品格。冯·巴尔塔萨想要总结其立场的主题是："任何认同除他自己之外哪怕只有一个灵魂会失散的人，都很难毫无保留地去爱……"但是，这样说来，基督就"很难毫无保留地去爱"，或者至少纯属是假装，一次又一次假装"认同有些人会失散的可能性"。

我要回到圣传的立场。跟冯·巴尔塔萨乖谬的讽刺（当然在一定的言词和虔诚的意义上有些许）不同，他的感觉是：我们知道，地狱"人满为患"(populated)，或者，用同样令人生厌的词就是"填满"（full）了人。天主教会的信念从未教导我们对地狱的人数有任何了解，无论是零还是某个非常大的数目。我相信，凭着对上主的信心，天主教会信仰主张：任何人根据其自由
379 选择直到死亡都拒绝与上帝和好或者保持这种关系，将经历永久的失散和痛苦。确切地说，对冯·巴尔塔萨论证所教导的反对不是一个关于什么将会发生的知识诉求，而在于：如果任何人或者很多人拒绝接受救恩和经历自然的刑罚，这一点与上帝无限宽容的大爱并不存在最低程度的不一致，只不过是上帝尊重人类自由而生发的结果。因此，虽然我们可以而且必须抱有每个人都会得救的盼望，但是，我们无权预料——缺乏如此期待的神学根据——所有人将会得救。

无需再多说了！不过，我想引用对冯·巴尔塔萨两个批评中的两段评论来结束。其中一个为詹姆斯·奥康纳（Fr James O'Connor）在一本强有力地批评冯·巴尔塔萨的书中提到：

有人停下脚步，一次又一次地问自己：对于上主多么地爱我们

> 并且为了我们的益处而割舍自己，我们真的怀有任何充分的感激吗？当然，答案一定是没有。这是一个我们应当常常深陷的恩怀……〔10〕

另一段评论则是《上帝之城》第 21 卷的结束语：

> 这些洞见可用以回应这些人之需，他们虽然不能削弱我们作为共同遗产的神圣的圣经之权威性，但是，错误地解释经文，对将要发生之事做并非圣经所说的猜测，这些设想其实是他们自己希望发生的……如他们自己所愿（*quod ipsi volunt*）……

或者，也可以说（并没有避开或削弱奥古斯丁审慎的判断），这些设想是我们所有人希望发生的（*quod nos omnes volumus*）。

---

〔10〕 O' Connor, "Von Balthasar and Salvation" at 19.

约翰·菲尼斯作品目录

1962 a “Developments in Judicial Jurisprudence”, Adelaide L Rev 1: 317 – 37.

b “The Immorality of the Deterrent”, Adelaide Univ Mag: 47 – 61.

1963 “Doves and Serpents”, The Old Palace 38: 438 – 41.

1967 a I. 17 “Reason and Passion: The Constitutional Dialectic of Free Speech and Obscenity”, University of Pennyslvania L Rev 116: 222 – 43.

b Ⅳ. 8 “Blackstone's Theoretical Intentions”, Natural L Forum 12: 63 – 83.

c “Punishment and Pedagogy”, The Oxford Review 5: 83 – 93.

d “Review of Zelman Cowen, *Sir John Latham and Other Papers*”, LQR 83: 289 – 90.

1968 a Ⅲ. 10 “Old and New in Hart's Philosophy of Punishment”, The Oxford Review 8: 73 – 80.

b “Constitutional Law”, *Annual Survey of Commonwealth Law 1967* (Butterworth), 20 – 33, 71 – 98.

c “Separation of Powers in the Australian Constitution”, Adelaide L Rev 3: 159 – 77.

d Review of Neville March Hunnings, *Film Censors and the Law*, LQR 84: 430 – 2.

e “Natural Law in *Humanae vitae*”, LQR 84: 467 – 71.

f Review of H. Phillip Levy, *The Press Council*, LQR 84: 582.

g “Law, Morality and Mind Control”, Zenith (University Museum, Oxford) 6: 7 – 8.

1969 a “Constitutional Law”, *Annual Survey of Commonwealth Law 1968* (Butterworth), 2 – 15, 32 – 49, 53 – 75, 98 – 114.

b Review of Herbert L. Packer, *The Limits of the Criminal Sanction*, Oxford Magazine, 86 no. 1 (new series), 10 – 11.

1970 a I. 6 "Reason, Authority and Friendship in Law and Morals", in Khanbai, Katz, and Pineau (eds), *Jowett Papers 1968 – 1969* (Oxford: Blackwell), 101 – 24.

b "Natural Law and Unnatural Acts", Heythrop J 11: 365 – 87.

c i. "Abortion and Legal Rationality", Adelaide L Rev 3: 431 – 67.

ii. "Three Schemes of Regulation", in Noonan (ed.), *The Morality of Abortion: Legal and Historical Perspectives* (HUP).

d "Constitutional Law", *Annual Survey of Commonwealth Law 1969* (Butterworth), 2 – 4, 27 – 34, 37 – 50, 65 – 81.

e Review of H. B. Acton, *The Philosophy of Punishment*, Oxford Magazine, 87 (new series) (13 April).

f Review of Colin Howard, *Australian Constitutional Law*, LQR 86: 416 – 18.

1971 a IV. 21 "Revolutions and Continuity of Law", in A. W. B. Simpson (ed.), *Oxford Essays in Jurisprudence: Second Series* (OUP), 44 – 76.

b "The Abortion Act: What Has Changed?", Criminal L Rev: 3 – 12.

c "Constitutional Law", *Annual Survey of Commonwealth Law 1970* (Butterworth), 2 – 4, 17 – 31, 33 – 42, 51 – 60.

1972 a III. 11 "The Restoration of Retribution", Analysis 32: 131 – 5.

b IV. 18 "Some Professorial Fallacies about Rights", Adelaide L Rev 4: 377 – 88.

c "The Value of the Human Person", Twentieth Century [Australia] 27: 126 – 37.

d "Bentham et le droit naturel classique", Archives de Philosophie du Droit 17: 423 – 7.

e "Constitutional Law", *Annual Survey of Commonwealth Law 1971* (Butterworth), 2 – 5, 11 – 25, 28 – 41.

f "Meaning and Ambiguity in Punishment (and Penology)", Osgoode Hall LJ 10: 264 – 8.

1973 a Ⅲ.3 Review of John Rawls, *A Theory of Justice* (1972), Oxford Magazine 90 no. 1 (new series) (26 January).

b Ⅲ.18 "The Rights and Wrongs of Abortion: A Reply to Judith Jarvis Thomson", Philosophy & Public Affairs 2: 117 – 45.

c "Constitutional Law", *Annual Survey of Commonwealth Law 1972* (Butterworth), 2 – 8, 23 – 56, 62 – 6.

1974 a "Constitutional Law", *Annual Survey of Commonwealth Law 1973* (Butterworth), 1 – 66.

b "Commonwealth and Dependencies", in *Halsbury's Laws of England*, vol. 6 (4th edn, Butterworth), 315 – 601.

c "Rights and Wrongs in Legal Responses to Population Growth", in J. N. Santamaria (ed.), *Man—How Will He Survive?* (Adelaide), 91 – 100.

d Review of R. S. Gae, *The Bank Nationalisation Case and the Constitution*, Modern L Rev 37: 120.

1975 "Constitutional Law", *Annual Survey of Commonwealth Law 1974* (Butterworth), 1 – 61.

1976 a "Constitutional Law", *Annual Survey of Commonwealth Law 1975* (Butterworth), 1 – 56.

b Chapters 18 – 21 (with Germain Grisez), in R. Lawler, D. W. Wuerl, and T. C. Lawler (eds), *The Teaching of Christ* (Huntingdon, IN: OSV), 275 – 354.

1977 a Ⅰ.3 "Scepticism, Self – refutation and the Good of Truth", in P. M. Hacker and J. Raz (eds), *Law, Morality and Society: Essays in Honour of H. L. A. Hart* (OUP), 247 – 67.

b "Some Formal Remarks about 'Custom'", in International Law Association, Report of the First Meeting [April 1977] on the Theory and Methodology of International Law, 14 – 21.

1978 a "Catholic Social Teaching: *Populorum Progressio* and After", Church Alert (SODEPAX Newsletter) 19: 2 – 9; also in James V. Schall (ed.), *Liberation Theology in Latin America* (San Francisco: Ignatius Press,

1982).

b "Conscience, Infallibility and Contraception", The Month 239: 410 – 17.

c "Abortion: Legal Aspects of ", in Warren T. Reich (ed.), *Encyclopedia of Bioethics* (New York: Free Press), 26 – 32.

1979 b Ⅴ.18 "Catholic Faith and the World Order: Reflections on E. R. Norman", Clergy Rev 64: 309 – 18.

"The Foundations of Human Rights", Cooperation in Education 26: 19 – 28.

1980 a *Natural Law and Natural Rights* (OUP) (425 pp).

Legge Naturali e Diritti Naturali (trans. F. Di Blasi) (Milan: Giappichelli, 1996).

Ley Naturaly Derechos Naturales (trans. C. Orrego) (Buenos Aires: Abeledo – Perrot, 2000).

Prawo naturalne i uprawnienia naturalne (trans. Karolina Lossman) Klasycy Filozofii Prawa (Warsaw: Dom Wydawniczy ABC, 2001).

自然法与自然权利 ([Mandarin] trans. Jiaojiao Dong, Yi Yang, Xiaohui Liang) (Beijing: 2004).

Lei Natural e Direitos Naturais (trans. Leila Mendes) (Sao Leopoldo, Brazil: Editora Unisinos, 2007).

b "Reflections on an Essay in Christian Ethics: Part Ⅰ: Authority in Morals", Clergy Rev 65: 51 – 7: "Part Ⅱ: Morals and Method", 87 – 93.

c Ⅴ.19 "The Natural Law, Objective Morality, and Vatican Ⅱ", in William E. May (ed), *Principles of Catholic Moral Life* (Chicago: Franciscan Herald Press), 113 – 49.

1981 a [*British North America Acts: The Role of Parliament*: Report from the Foreign Affairs Committee, House of Commons Paper 1980 – 81 HC 42 (21 January) (87 pp).]

b "Observations de M J. M. Finnis" [on Georges Kalinowski's review of *Natural Law and Natural Rights*], Archives de Philosophie du Droit 26: 425 – 7.

c [Foreign Affairs Committee, *Supplementary Report on the British North America Acts: The Role of Parliament*, House of Commons Paper 1980 – 81

HC 295 (15 April) (23 pp).]

d [Foreign Affairs Committee, *Third Report on the British North America Acts: The Role of Parliament*, House of Commons Paper 1981 – 82 HC 128 (22 December) (17 pp).]

e "Natural Law and the 'Is' – 'Ought' Question: An Invitation to Professor Veatch", Cath Lawyer 26: 266 – 77.

1982 a (with Germain Grisez) "The Basic Principles of Natural Law: A Reply to Ralph McInerny", American J Juris 26: 21 – 31.

b Review of Anthony Battaglia, *Towards a Reformulation of Natural Law*, Scottish J Theol 35: 555 – 6.

1983 a "The Responsibilities of the United Kingdom Parliament and Government under the Australian Constitution", Adelaide L Rev 9: 91 – 107.

b *Fundamentals of Ethics* (OUP; Washington DC: Georgetown University Press) (163 pp).

c "Power to Enforce Treaties in Australia—The High Court goes Centralist?", Oxford J Legal St 3: 126 – 30.

d "The Fundamental Themes of *Laborem Exercens*", in Paul L. Williams (ed.), *Catholic Social Thought and the Social Teaching of John Paul II* (Scranton: Northeast Books), 19 – 31.

e ["In Vitro Fertilisation: Morality and Public Policy", Evidence submitted by the Catholic Bishops' Joint Committee on Bio – ethical Issues to the (Warnock) Committee of Inquiry into Human Fertilisation and Embryology, May, 5 – 18.]

1984 a I. 10 i. "Practical Reasoning, Human Goods and the End of Man", Proc Am Cath Phil Ass 58: 23 – 36; also in

ii. New Blackfriars 66 (1985) 438 – 51.

b Ⅳ. 2 "The Authority of Law in the Predicament of Contemporary Social Theory", J Law, Ethics & Pub Policy 1: 115 – 37.

c ["Response to the Warnock Report", submission to Secretary of State for Social Services by the Catholic Bishops' Joint Bioethics Committee on Bio – ethical

Issues, December, 3 – 17.]

d "IVF and the Catholic Tradition", The Month 246: 55 – 8.

e "Reforming the Expanded External Affairs Power", in Report of the External Affairs Subcommittee to the Standing Committee of the Australian Constitutional Convention (September), 43 – 51.

1985 a Ⅲ. 1 "A Bill of Rights for Britain? The Moral of Contemporary Jurisprudence" (Maccabaean Lecture in Jurisprudence), Proc Brit Acad 71: 303 – 31.

b Ⅳ. 9 "On 'Positivism' and 'Legal – Rational Authority'", Oxford J Leg St 3: 74 – 90.

c Ⅳ. 13 "On 'The Critical Legal Studies Movement'", American J Juris 30: 21 – 42; also in J. Bell and J. Eekelaar (eds), *Oxford Essays in Jurisprudence: Third Series* (OUP, 1987), 145 – 65.

d "Morality and the Ministry of Defence" (review), The Tablet, 3 August, 804 – 5.

e "Personal Integrity, Sexual Morality and Responsible Parenthood", Anthropos [now Anthropotes] 1: 43 – 55.

1986 a "The 'Natural Law Tradition'", J Legal Ed 36: 492 – 5.

b "The Laws of God, the Laws of Man and Reverence for Human Life", in R. Hittinger (ed.), *Linking the Human Life Issues* (Chicago: Regnery Books), 59 – 98.

1987 a Ⅰ. 9 "Natural Inclinations and Natural Rights: Deriving 'Ought' from 'Is' according to Aquinas", in L. Elders and K. Hedwig (eds), *Lex et Libertas: Freedom and Law according to St Thomas Aquinas* (Studi Tomistici 30, Libreria Editrice Vaticana), 43 – 55.

b Ⅱ. 8 "The Act of the Person" *Persona Veritá e Morale*, atti del Congresso Internazionale di Teologia Morale, Rome 1986 (Rome: Cittá Nuova Editrice), 159 – 75.

c Ⅲ. 2 "Legal Enforcement of Duties to Oneself: Kant v. Neo – Kantians", Columbia L Rev 87: 433 – 56.

d Ⅳ. 4 "On Positivism and the Foundations of Legal Authority: Comment", in Ruth

Gavison (ed.), *Issues in Legal Philosophy: the Influence of H. L. A. Hart* (OUP), 62 – 75.

e Ⅳ. 12 "On Reason and Authority in Law's Empire", Law and Philosophy 6: 357 – 80.

f Germain Grisez, Joseph Boyle, and John Finnis, "Practical Principles, Moral Truth, and Ultimate Ends", American J Juris 32: 99 – 151 (also, with original table of contents restored, in 1991d).

g *Nuclear Deterrence, Morality and Realism* (with Joseph Boyle and Germain Grisez) (OUP) (429 pp).

h "Answers [to questions about nuclear and non – nuclear defence options]", in Oliver Ramsbottom (ed.), *Choices: Nuclear and Non – Nuclear Defence Options* (London: Brasseys' Defence Publishers), 219 – 34.

i "The Claim of Absolutes", The Tablet 241: 364 – 6.

j ["On Human Infertility Services and Bioethical Research", response by the Catholic Bishops' Joint Committee on Bioethical Issues to the Department of Health and Social Security, June, 3 – 12.]

1988 a Ⅴ. 21 "The Consistent Ethic: A Philosophical Critique", in Thomas G. Fuechtmann (ed.), *Consistent Ethic of Life* (Kansas: Sheed & Ward), 140 – 81.

b Ⅴ. 20 "Nuclear Deterrence, Christian Conscience, and the End of Christendom", New Oxford Rev [Berkeley, CA] July – August: 6 – 16.

c "Goods are Meant for Everyone: Reflection on Encyclical *Sollicitudo Rei Socialis*", L'Osservatore Romano, weekly edn, 21 March, 21.

d " 'Faith and Morals': A Note", The Month 21/2: 563 – 7.

e Germain Grisez, Joseph Boyle, John Finnis, and William E. May, " 'Every Marital Act Ought to be Open to New Life': Toward a Clearer Understanding", The Thomist 52: 365 – 426, also in Grisez, Boyle, Finnis, and May, *The Teaching of Humanae Vitae: A Defense* (San Francisco: Ignatius Press); Italian trans. in Anthropotes 1: 73 – 122.

f "Absolute Moral Norms: Their Ground, Force and Permanence", Anthropotes 2: 287 – 303.

1989 a Ⅱ. 5 "Persons and their Associations", Proc Aristotelian Soc, Supp. vol. 63: 267 –

74.

b Ⅳ.3 "Law as Coordination", Ratio Juris 2: 97 – 104.

c Ⅴ.11 "On Creation and Ethics", Anthropotes 2: 197 – 206.

d "La morale chrétienne et la guerre: entretien avec John Finnis", Catholica 13: 15 – 23.

e "Russell Hittinger's Straw Man", Fellowship of Catholic Scholars Newsletter 12/2: 6 – 8 (corrigenda in following issue).

f "Nuclear Deterrence and Christian Vocation", New Blackfriars 70: 380 – 7.

1990 a Ⅰ.12 "Aristotle, Aquinas, and Moral Absolutes", Catholica: International Quarterly Selection 12: 7 – 15; Spanish trans. by Carlos I. Massini Correas in Persona y Derecho 28 (1993), and in A. G. Marques and J. Garcia – Huidobro (eds), *Razon y Praxis* (Valparaiso: Edeval, 1994), 319 – 36.

b Ⅳ.16 "Allocating Risks and Suffering: Some Hidden Traps", Cleveland State L Rev 38: 193 – 207.

c "Natural Law and Legal Reasoning", Cleveland State L Rev 38: 1 – 13.

d Ⅳ.17 "Concluding Reflections", Cleveland State L Rev 38: 231 – 50.

e Ⅴ.16 "Conscience in the Letter to the Duke of Norfolk", in Ian Ker and Alan G. Hill (eds), *Newman after a Hundred Years* (OUP), 401 – 18.

f Joseph Boyle, Germain Grisez, and John Finnis, "Incoherence and Consequentialism (or Proportionalism) —A Rejoinder" American Cath Phil Q 64: 271 – 7.

g "The Natural Moral Law and Faith", in Russell E. Smith (ed.), *The Twenty – Fifth Anniversary of Vatican II: A Look Back and a Look Ahead* (Braintree, MA: Pope John Center), 223 – 38; discussion (with Alasdair MacIntyre), 250 – 62.

1991 a Ⅱ.9 "Object and Intention in Moral Judgments according to St Thomas Aquinas", The Thomist 55: 1 – 27; rev. version in J. Follon and J. McEvoy (eds), *Finalité et Intentionnalité: Doctrine Thomiste et Perspectives Modernes*, Bibliothèque Philosophique de Louvain No. 35 (Paris: J. Vrin, 1992), 127 – 48.

b Ⅱ. 10 "Intention and Side - effects", in R. G. Frey and Christopher W. Morris (eds), *Liability and Responsibility: Essays in Law and Morals* (CUP), 32 - 64.

c *Moral Absolutes: Tradition, Revision and Truth* (Washington DC: Catholic University of America Press) (115 pp) *Absolutos Morales: Tradición, Revisión y Verdad* (trans. Juan José García Norro) (Barcelona: Ediciones Internacionales Universitarias, EUNSASA) *Gli assoluti morali: Tradizione, revisione & verità* (trans. Andrea Maria Maccarini) (Milan: Edizioni Ares, 1993).

d "Introduction", in John Finnis (ed.), *Natural Law*, vol. Ⅰ (International Library of Essays in Law and Legal Theory, Schools 1. 1) (Dartmouth: New York University Press), xi - xxiii.

e "Introduction", in John Finnis (ed.), *Natural Law*, vol. Ⅱ (International Library of Essays in Law and Legal Theory, Schools 1. 2) (Dartmouth: Aldershot, Sydney), xi - xvi.

f "A propos de la 'valeur intrinsèque de la vie humaine'", Catholica 28: 15 - 21.

g "Commonwealth and Dependencies", in *Halsbury's Laws of England*, vol. 6 re - issue (4th edn, London: Butterworth), 345 - 559.

1992 a Ⅰ. 14 "Natural Law and Legal Reasoning", in Robert P. George (ed.), *Natural Law Theory: Contemporary Essays* (OUP), 134 - 57.

Spanish trans. By Carlos I. Massini Correas in Persona y Derecho 33 (1995).

b Ⅲ. 7 "Commentary on Dummett and Weithman", in Brian Barry and Robert E. Goodin, *Free Movement: Ethical Issues in the Transnational Migration of People and of Money* (University Park, Pennsylvania: University of Pennsylvania Press), 203 - 10.

c Ⅲ. 15 "Economics, Justice and the Value of Life: Concluding Remarks", in Luke Gormally (ed.), *Economics and the Dependent Elderly: Autonomy, Justice and Quality of Care* (CUP), 189 - 98.

d V.9 "*Historical Consciousness" and Theological Foundations*, Etienne Gilson Lecture No. 15 (Toronto: Pontifical Institute of Mediaeval Studies) (32 pp).

e V.17 "On the Grace of Humility: A New Theological Reflection", The Allen Review 7: 4 - 7.

1993 a Ⅱ.16 "Abortion and Health Care Ethics", in Raanan Gillon (ed.).

Ⅲ.19 *Principles of Health Care Ethics* (Chichester: John Wiley), 547 - 57.

b "The Legal Status of the Unborn Baby", Catholic Medical Quarterly 43: 5 - 11.

c Ⅱ.19 "*Bland: Crossing the Rubicon?*", LQR 109: 329 - 37.

d "Theology and the Four Principles: A Roman Catholic View I" (with Anthony Fisher OP), in Raanon Gillon (ed.), *Principles of Health Care Ethics* (Chichester: John Wiley), 31 - 44.

e "The 'Value of Human Life' and 'The Right to Death': Some Reflections on *Cruzan* and Ronald Dworkin", Southern Illinois University LJ 17: 559 - 71.

1994 a Ⅱ.12 "On Conditional Intentions and Preparatory Intentions", in Luke Gormally (ed.), *Moral Truth and Moral Tradition: Essays in Honour of Peter Geach and Elizabeth Anscombe* (Dublin: Four Courts Press), 163 - 76.

b "Law, Morality, and 'Sexual Orientation'", Notre Dame L Rev 69: 1049 - 76; also, with additions, Notre Dame J Law, Ethics & Public Policy 9 (1995) 11 - 39.

c "Liberalism and Natural Law Theory", Mercer L Rev 45: 687 - 704.

d "'Shameless Acts' in Colorado: Abuse of Scholarship in Constitutional Cases", Academic Questions 7/4: 10 - 41.

e Germain Grisez and John Finnis, "Negative Moral Precepts Protect the Dignity of the Human Person", L'Osservatore Romano, English edn, 23 February.

f "Beyond the Encyclical", The Tablet, 8 January, reprinted in John Wilkins (ed.), *Understanding* Veritatis Splendor (London: SPCK), 69 - 76.

g Germain Grisez, John Finnis, and William E. May, "Indissolubility, Divorce and Holy Communion", New Blackfriars 75 (June), 321 - 30.

h "'Living Will' Legislation", in Luke Gormally (ed.), *Euthanasia, Clinical*

Practice and the Law (London: Linacre Centre), 167 – 76.

i "Unjust Laws in a Democratic Society: Some Philosophical and Theological Reflections", in Joseph Joblin and Réal Tremblay (eds), *I cattolici e la società pluralista: il caso delle leggi imperfette: atti del I Colloquio sui cattolici nella società pluralista: Roma, 9 – 12 Novembre 1994* (Bologna: ESP), 99 – 114.

1995 a Ⅱ. 11 "Intention in Tort Law", in David Owen (ed.), *Philosophical Foundations of Tort Law* (OUP), 229 – 48.

b Ⅲ. 14 "A Philosophical Case against Euthanasia", "The Fragile Case for Euthanasia: A Reply to John Harris", and "Misunderstanding the Case against Euthanasia: Response to Harris's First Reply", in John Keown (ed.), *Euthanasia: Ethical, Legal and Clinical Perspectives* (CUP), 23 – 35, 46 – 55, 62 – 71.

c "History of Philosophy of Law" (465 – 8), "Problems in the Philosophy of Law" (468 – 72), "Austin" (67), "Defeasible" (181), "Dworkin" (209 – 10), "Grotius" (328), "Hart" (334), "Legal Positivism" (476 – 7), "Legal Realism" (477), "Natural Law" (606 – 7), "Natural Rights" (607), in Ted Honderich (ed.), *Oxford Companion to Philosophy* (OUP).

1996 a Ⅲ. 5 "Is Natural Law Theory Compatible with Limited Government?", in Robert P. George (ed.), *Natural Law, Liberalism, and Morality* (OUP), 1 – 26.

b Ⅲ. 13 "The Ethics of War and Peace in the Catholic Natural Law Tradition", in Terry Nardin (ed.), *The Ethics of War and Peace* (Princeton University Press), 15 – 39.

c Ⅳ. 7 "The Truth in Legal Positivism", in Robert P. George (ed.), *The Autonomy of Law: Essays on Legal Positivism* (OUP), 195 – 214.

d "Unjust Laws in a Democratic Society: Some Philosophical and Theological Reflections", Notre Dame L Rev 71: 595 – 604 (a revised version of 1994i).

e I. 13 "Loi naturelle", in Monique Canto – Sperber (ed.), *Dictionnaire de Philosophie Morale* (Paris: Presses Universitaires de France), 862 – 8.

1997 a "Natural Law—Positive Law", in A. Lopez Trujillo, I. Herranz, and E. Sgreccia (eds), "*Evangelium Vitae*" *and Law* (Libreria Editrice Vaticana), 199–209.

b I. 15 "Commensuration and Public Reason", in Ruth Chang (ed.), *Incommensurability, Comparability and Practical Reasoning* (HUP), 215–33, 285–9.

c Ⅲ. 21 "Law, Morality and 'Sexual Orientation'", in John Corvino (ed.), *Same Sex: Debating the Ethics, Science, and Culture of Homosexuality* (Lanham: Rowman & Littlefield), 31–43.

d Ⅲ. 22 "The Good of Marriage and the Morality of Sexual Relations: Some Philosophical and Historical Observations", Am J Juris 42: 97–134.

1998 a I. 16 "Public Reason, Abortion and Cloning", Valparaiso Univ LR 32: 361–82.

b Ⅲ. 16 "Euthanasia, Morality and Law", Loyola of Los Angeles L Rev 31: 1123–45.

c Ⅴ. 3 "On the Practical Meaning of Secularism", Notre Dame L Rev 73: 491–515.

d *Aquinas: Moral, Political, and Legal Theory* (OUP) (xxi + 385 pp).

e "Public Good: The Specifically Political Common Good in Aquinas", in Robert P. George (ed.), *Natural Law and Moral Inquiry* (Washington DC: Georgetown University Press), 174–209.

f "Natural Law", in Edward Craig (ed.), *Routledge Encyclopaedia of Philosophy*, vol. 6 (London: Routledge), 685–90.

1999 a I. 2 "Natural Law and the Ethics of Discourse", American J Juris 43: 53–73; also in Ratio Juris 12: 354–73.

b Ⅲ. 12 "Retribution: Punishment's Formative Aim", American J Juris 44: 91–103.

c Ⅳ. 20 "The Fairy Tale's Moral", LQR 115: 170–5.

d Ⅴ. 6 "The Catholic Church and Public Policy Debates in Western Liberal Societies: The Basis and Limits of Intellectual Engagement", in Luke Gormally (ed.), *Issues for a Catholic Bioethic* (London: Linacre Centre), 261–73.

e "What is the Common Good, and Why does it Concern the Client's Lawyer?", South Texas L Rev 40: 41–53.

2000 a Ⅱ. 1 "The Priority of Persons", in Jeremy Horder (ed.), *Oxford Essays in Jurisprudence, Fourth Series* (OUP), 1–15.

b Ⅱ.17 "Some Fundamental Evils of Generating Human Embryos by Cloning", in Cosimo Marco Mazzoni (ed.), *Etica della Ricerca Biologica* (Florence: Leo S. Olschki Editore), 115-23; also in C. M. Mazzoni (ed.), *Ethics and Law in Biological Research* (The Hague, London: Martinus Nijhoff; Boston: Kluwer, 2002), 99-106.

c "Abortion, Natural Law and Public Reason", in Robert P. George and Christopher Wolfe (eds), *Natural Law and Public Reason* (Washington DC: Georgetown University Press), 71-105.

d "On the Incoherence of Legal Positivism", Notre Dame L Rev 75: 1597-611.

e "God the Father", in Peter Newby (ed.), *Occasional Papers from the Millennium Conferences at the Oxford University Catholic Chaplaincy* No. 1 (Oxford), 24-6.

2001 a Ⅱ.13 " 'Direct' and 'Indirect': A Reply to Critics of Our Action Theory" (with Germain Grisez and Joseph Boyle), The Thomist 65: 1-44.

b Ⅲ.6 "Virtue and the Constitution of the United States", Fordham L Rev 69: 1595-602.

c "Reason, Faith and Homosexual Acts", Catholic Social Science Review 6: 61-9.

2002 a Ⅳ.5 "Natural Law: The Classical Tradition", in Jules Coleman and Scott Shapiro (eds), *The Oxford Handbook of Jurisprudence and Philosophy of Law* (OUP), 1-60.

b Ⅴ.22 "Secularism, the Root of the Culture of Death", in Luke Gormally (ed.), *Culture of Life—Culture of Death* (London: Linacre Centre).

c "Aquinas on *jus* and Hart on Rights: A Response", Rev of Politics 64: 407-10.

d Patrick H. Martin and John Finnis, "The Identity of 'Anthony Rivers'", Recusant History 26: 39-74.

e —— and —— "Tyrwhitt of Kettleby, Part I: Goddard Tyrwhitt, Martyr, 1580", Recusant History 26: 301-13.

2003 a Ⅲ.8 "Natural Law & the Remaking of Boundaries", in Allen Buchanan and Margaret

Moore (eds), *States, Nations, and Boundaries: The Ethics of Making Boundaries* (*CUP*), 171 -8.

b Ⅳ. 1 "Law and What I Truly Should Decide", American J Juris 48: 107 -30.

c Ⅴ. 10 "Saint Thomas More and the Crisis in Faith and Morals", The Priest 7/1: 10 - 15, 29 -30.

d "Secularism, Morality and Politics", L'Osservatore Romano, English edn, 29 January, 9.

e "Shakespeare's Intercession for Love's Martyr" (with Patrick Martin), Times Literary Supplement, no. 5220, 18 April, 12 -14.

f "An Intrinsically Disordered Attraction", in John F. Harvey and Gerard V. Bradley (eds), *Same - Sex Attraction: A Parents' Guide* (South Bend: St Augustine's Press), 89 -99.

g "Nature and Natural Law in Contemporary Philosophical and Theological Debates: Some Observations", in Juan Correa and Elio Sgreccia (eds), *The Nature & Dignity of the Human Person as the Foundation of the Right to Life: The Challenges of Contemporary Culture* (Rome: Libreria Editrice Vaticana), 81 -109.

h Patrick H. Martin and John Finnis, "Tyrwhitt of Kettleby, Part Ⅱ: Robert Tyrwhitt, a Main Benefactor of John Gerard SJ, 1599 -1605", Recusant History 27: 556 -69.

i —— and —— "Thomas Thorpe, 'W. S.' and the Catholic Intelligencers", Elizabethan Literary Renaissance, 1 -43.

j —— and —— "Caesar, Succession, and the Chastisement of Rulers", Notre Dame L Rev 78: 1045 -74.

k "Commonwealth and Dependencies", in *Halsbury's Laws of England*, vol. 6 re - issue (4th edn, London: Butterworth), 409 -518.

l "Abortion for Cleft Palate: The Human Fertilisation and Embryology Act 1990", Sunday Telegraph, 7 December.

m "An Oxford Play Festival in 1582" (with Patrick Martin), Notes & Queries 50: 391 -4.

2004 a Ⅱ. 18 "Per un'etica dell'eguaglianza nel diritto alla vita: Un commento a Peter Singer", in Rosangela Barcaro and Paolo Becchi (eds), Questioni Mortali: L'Attuale Dibattito sulla Morte Cerebrale e il Problema dei Trapianti (Naples: Edizioni Scientifiche Italiane), 127 - 39.

b Ⅳ. 22 "Helping Enact Unjust Laws without Complicity in Injustice", American J Juris 49: 11 - 42.

2005 a Ⅰ. 1 "Foundations of Practical Reason Revisited", American J Juris 50: 109 - 32.

b Ⅰ. 4 "Self - referential (or Performative) Inconsistency: Its Significance for Truth", Proceedings of the Catholic Philosophical Association 78: 13 - 21.

c Ⅱ. 2 " 'The Thing I Am': Personal Identity in Aquinas and Shakespeare", Social Philosophy & Policy 22: 250 - 82; also in Ellen Frankel Paul, Fred. D. Miller, and Jeffrey Paul (eds), Personal Identity (CUP), 250 - 82.

d Ⅳ. 6 "Philosophy of Law" (Chinese trans.), in Ouyang Kang (ed.), *The Map of Contemporary British and American Philosophy* (Beijing: Dangdai Yingmei Zhexue Ditu), 388 - 413.

e "On 'Public Reason'", in *O Racji Pulicznej* (Warsaw: Ius et Lex), 7 - 30 (Polish trans.), 33 - 56 (English original); http://ssrn.com/abstract = 955815.

f "Restricting Legalised Abortion is not Intrinsically Unjust", in Helen Watt (ed.), Cooperation, *Complicity & Conscience* (London: Linacre Centre), 209 - 45.

g "A Vote Decisive for ... a More Restrictive Law", in Helen Watt (ed.), *Cooperation, Complicity & Conscience* (London: Linacre Centre), 269 - 95.

h "Aquinas' Moral, Political and Legal Philosophy", Stanford Encyclopedia of Philosophy; http://plato.stanford.edu/entries/aquinas - moral - political.

i Patrick H. Martin and John Finnis, "Benedicam Dominum: Ben Jonson's Strange 1605 Inscription", Times Literary Supplement, 4 November, 12 - 13.

	j		—— and —— "The Secret Sharers: 'Anthony Rivers' and the Appellant Controversy, 1601 – 2", Huntingdon Library Q 69/2: 195 – 238.
2006	a	Ⅴ.4	"Religion and State: Some Main Issues and Sources", American J Juris 51: 107 – 30.
	b		"Observations for the Austral Conference to mark the 25th Anniversary of *Natural Law and Natural Rights*", Cuadernos de Extensión Jurídica (Universidad de los Andes) no. 13: 27 – 30.
2007	a	Ⅲ.9	"Nationality, Alienage and Constitutional Principle", LQR 123: 417 – 45.
	b	Ⅳ.10	"On Hart's Ways: Law as Reason and as Fact", American J Juris 52: 25 – 53; also in Matthew Kramer and Claire Grant (eds), *The Legacy of H. L. A. Hart: Legal, Political & Moral Philosophy* (OUP, 2009), 1 – 27.
	c		"Natural Law Theories of Law", Stanford Encyclopedia of Philosophy; http: //plato. stanford. edu/entries/natural – law – theories.
2008	a	Ⅰ.5	"Reason, Revelation, Universality and Particularity in Ethics".
		Ⅱ.7/Ⅴ.8	AJJ 53: 23 – 48.
	b	Ⅱ.6	"Universality, Personal and Social Identity, and Law", address, Congresso Sul – Americano de Filosofia do Direito, Porto Alegre, Brazil, 4 October 2007; Oxford Legal Studies Research Paper 5; http: //ssrn. com/abstract = 1094277.
	c	Ⅲ.20	"Marriage: A Basic and Exigent Good", The Monist 91: 396 – 414.
	d	[Ⅴ.13]	"Grounds of Law & Legal Theory: A Response", Legal Theory 13: 315 – 44.
	e		"Common Law Constraints: Whose Common Good Counts?", Oxford Legal Studies Research Paper 10; http: //ssrn. com/abstract_ id = 1100628.
	f		*Humanae Vitae*: A New Translation with Notes (London: Catholic Truth Society) (31 pp).
2009	a	Ⅱ.3	"Anscombe's Essays", National Catholic Bioethics Q 9/1: 199 – 207.
	b	Ⅳ.11	"H. L. A. Hart: A Twentieth Century Oxford Political Philosopher", American J Juris 54: 161 – 85.
	c	Ⅴ.1	"Does Free Exercise of Religion Deserve Constitutional Mention?", American J Juris 54: 41 – 66.

d V.2 "Telling the Truth about God and Man in a Pluralist Society: Economy or Explication?", in Christopher Wolfe (ed.), *The Naked Public Square Revisited: Religion & Politics in the Twenty – First Century* (Wilmington: ISI Books), 111 – 25, 204 – 9.

e "Endorsing Discrimination between Faiths: A Case of Extreme Speech?", in Ivan Hare and James Weinstein (eds), *Extreme Speech and Democracy* (OUP), 430 – 41.

f "Discrimination between Religions: Some Thoughts on Reading Greenawalt's *Religion and the Constitution*", Constitutional Commentary 25: 265 – 71.

g "Commonwealth", in *Halsbury's Laws of England*, vol. 13 (5th edn, London: LexisNexis), 471 – 589.

h "Why Religious Liberty is a Special, Important and Limited Right", Notre Dame Legal Studies Paper 09 – 11; http://ssrn.com/abstract=1392278.

i "The Lords' Eerie Swansong: A Note on *R (Purdy) v Director of Public Prosecutions*", Oxford Legal Studies Research Paper 31; http://ssrn.com/abstract=1477281.

j "The Mental Capacity Act 2005: Some Ethical and Legal Issues", in Helen Watt (ed.), *Incapacity & Care: Controversies in Healthcare and Research* (London: Linacre Centre), 95 – 105.

k "Debate over the Interpretation of *Dignitas personae's* Teaching on Embryo Adoption", National Catholic Bioethics Q 9: 475 – 8.

2010 a Ⅱ.14 "Directly Discriminatory Decisions: A Missed Opportunity", LQR 126: 491 – 6.

b "Law as Idea, Ideal and Duty: A Comment on Simmonds, *Law as a Moral Idea*", Jurisprudence 1: 247 – 53.

其他引用作品

Abbott, Walter M. SJ (ed.) (1966), *The Documents of Vatican II* (London and New York: Herder).

Anscombe, Elizabeth ([1961] 1981), "War and Murder", in her *Collected Philosophical Papers*, vol. 3 (Oxford: Blackwell), 51 – 61.

—— (1972), "Reply" [to Peter Winch, Michael Tanner, and Bernard Williams, in The Human World 9: 48 – 51, as revised and abridged] in M. D. Bayles (ed.), *Ethics and Population* (Cambridge, Mass.: Schenkman Publishing, 1976), 160 – 1.

Arber, Edward (ed.) (1895), *A Harmony of the Essays etc. of Francis Bacon* (Westminster: Constable).

Aubert, Jean Marie (1964), *Loi de Dieu: Lois des Hommes* (Tournai: Desclée).

Ayer, A. J. (1973), "The Claims of Theology", The Listener (9 August) 90/2315: 167 – 8 [also in Ayer, *The Central Questions of Philosophy* (London: Weidenfeld & Nicolson; New York: Morrow, 1974), 211 – 35].

Balthasar, Hans Urs von (1987), *Kleiner Diskurs über die Hölle* (Einseideln: Johannes)

—— (1988), *Dare We Hope "That All Men Be Saved"? with a Short Treatise on Hell* (San Francisco: Ignatius Press) [*Was dürfen wir hoffen*? (Einseideln: Johannes, 1986)].

Becker, Carl (1932), *The Heavenly City of the Eighteenth – Century Philosophers* (New Haven: Yale University Press).

Bouyer, Louis (1982), *The Church of God: Body of Christ and Temple of the Spirit*, (trans. Charles Quinn) (Quincy: Franciscan Press).

Boyle, Joseph M. (1972), "Self – Referential Inconsistency, Inevitable Falsity and Metaphysical Argumentation", Metaphilosophy 3: 25 – 42.

——, Grisez, Germain, and Tollefsen, Olaf (1976), *Free Choice: A Self – Referential Argument* (Notre Dame: University of Notre Dame Press).

—— (1978), "*Praeter Intentionem* in Aquinas", The Thomist 42: 649 – 65.

—— (1984), "The Principle of Double Effect: Good Actions Entangled in Evil", in Donald G. McCarthy (ed.), *Moral Theology Today: Certitudes and Doubts* (Saint Louis: Pope John Center).

—— (1998), "The Place of Religion in the Practical Reasoning of Individuals and Groups", AJJ 43: 1 – 24.

—— (1999), "Collaboration and Integrity: How to Think Clearly about Moral Problems of Co – operation", in Luke Gormally (ed.), *Issues for a Catholic Bioethic* (London: Linacre Centre), 187 – 99.

Bradley, Gerard V. (2007), *Religious Liberty in the American Republic* (Washington, DC: The Heritage Foundation).

Braine, David (1994), *The Human Person: Animal and Spirit* (Notre Dame: University of Notre Dame Press).

Brown, Peter R. L. ([1967] 1990), *Augustine of Hippo: A Biography* (Berkeley: University of California Press).

Campbell, W. E. (1949), *Erasmus, Tyndale, and More* (London: Eyre & Spottiswoode; Milwaukee: Bruce Publishing) (p. 394).

Castelli, Jim (1983), *The Bishops and the Bomb* (New York: Doubleday).

Chadwick, Owen (1975), *The Secularization of the European Mind in the Nineteenth Century* (CUP).

Charlton, William (1988), *Philosophy and Christian Belief* (London: Sheed & Ward).

Congregation for the Doctrine of the Faith (1974), *Quaestio de Abortu. Declaration on Procured Abortion*, 18 November: AAS 66: 730 – 47.

—— (1979), *Letter on Certain Questions regarding Eschatology*, 17 May: AAS 71: 939 – 43.

—— (1987), *Donum Vitae. Instruction on Respect for Human Life in its Origin and on the Dignity of Procreation*, 22 February: AAS 80: 70 – 102.

Conzemius, V. (1978), "Acton, Döllinger and Gladstone: A Strange Variety of Anti – Infallibilists", in J. D. Bastable (ed.), *Newman and Gladstone: Centennial Essays* (Dublin: Veritas),

27 – 55.

Crowe, Frederick E. (ed.) (1985), *A Third Collection: Papers by Bernard J. F. Lonergan, S. J.* (New York: Paulist Press).

Curran, Charles E. (1974), *New Perspectives in Moral Theology* (Notre Dame: Fides).

Dalton, William J. (1977), *Salvation and Damnation* (Butler, Wisc.: Clergy Book Service).

D'Arcy, Eric (1981), "Conscience and Meta – Ethics Newman vis – à – vis Anglo – American Philosophy Today", in *John Henry Newman: Theologian and Cardinal* (Brescia and Rome: Studia Urbaniana), 173 – 213.

Darwin, Charles ([1882] 1982), *The Autobiography of Charles Darwin, 1809 – 1882: with original omissions restored* (ed. Nora Barlow) (London: Collins).

Dawkins, Richard (2006), *The God Delusion* (London: Bantam Books).

—— (2009), "Dawkins on Darwin", Times Literary Supplement, 11 February.

Delhaye, Philippe OP (1964), *La Conscience Morale du Chrétien* (Tournai: Desclée), [trans. C. Underhill Quinn as *The Christian Conscience* (New York: Desclée, 1968)].

Dewey, John (1929), *The Quest for Certainty: A Study of the Relation of Knowledge and Action* (New York: Minton, Balch).

Donagan, Alan (1977), *The Theory of Morality* (Chicago and London: University of Chicago Press).

Dorr, Donal J. (1969), "Karl Rahner's 'Formal Existential Ethics'", Irish Theol Q 36: 211 – 29.

Duffy, Kevin (1984), "Hell", Australasian Catholic Record 61: 358 – 68.

Dummett, Michael (1979), *Catholicism and World Order: Some Reflections on the 1978 Reith Lectures* (London: Catholic Institute for International Relations).

Dworkin, Ronald et al. (1997), "Assisted Suicide: The Philosophers' Brief", New York Review of Books, 27 March.

—— (2006), *Justice in Robes* (HUP).

Eisgruber, Christopher L. and Sager, Lawrence G. (1994), "The Vulnerability of Consciences: The Constitutional Basis for Protecting Religious Conduct", U Chicago L Rev 61: 1245 – 315.

—— and —— (2007), *Religious Freedom and the Constitution* (HUP).

Fletcher, Joseph (1960), *Morals and Medicine* (Boston: Beacon).

Flew, Anthony (2007), *There is a God: How the World's Most Notorious Atheist Changed his Mind* (New York: Harper One).

Ford, John C. SJ and Grisez, Germain (1978), "Contraception and the Infallibility of the Ordinary Magisterium", Theological Studies 39: 258 – 312; also in Ford, John C. SJ, Grisez, Germain, Boyle, Joseph, Finnis, John, et al. (1988), *The Teaching of Humanae Vitae: A Defense* (San Francisco: Ignatius Press), 129 – 55 (p. 395).

Fuchs, Joseph (1960), *Theologia Moralis Generalis*, *pars prima* (Rome: Editrice Università Gregoriana).

—— (1963), *De Castitate et Ordine Sexuali* (3rd edn, Rome: Editrice Università Gregoriana).

—— (1965), *Natural Law: A Theological Investigation* (Dublin: Gill).

—— (1984), *Christian Ethics in a Secular Arena* (Washington, DC: Georgetown University Press).

—— (1985), "Christian Faith and the Disposing of Human Life", Theological Studies 46: 664.

Gadamer, H. – G. (1965), *Wahrheit und Methode* (2nd edn, Tubingen: J. C. B. Mohr).

Gardeil, Antoine (1911), "De la 'certitude probable'", Revue des sciences philosophiques et théologiques 5: 237 – 66, 441 – 85.

Garrow, David J. (1994), *Liberty and Sexuality: The Right to Privacy and the Making of* Roe v Wade (Oxford: Macmillan Maxwell International).

Geach, Mary and Gormally, Luke (eds) (2008), *Faith in a Hard Ground: Essays on Religion, Philosophy and Ethics by G. E. M. Anscombe* (Exeter and Charlottesville: Imprint Academic).

Geach, Peter T. (1969), *God and the Soul* (London: Routledge and Kegan Paul).

George, Robert P. (1997), "Public Reason and Political Conflict: Abortion and Homosexuality", Yale LJ 106: 2475 – 504.

Gessert, Robert and Hehir, J. Bryan (1976), *The New Nuclear Debate* (New York: Council on Religion and International Affairs).

Gilson, Etienne (1936), *The Spirit of Mediaeval Philosophy*, Gifford Lectures 1931 – 1932 (London: Sheed & Ward).

Glover, Jonathan (1977), *Causing Deaths and Saving Lives* (Harmondsworth: Penguin).

Greenawalt, Kent (1995), *Private Consciences and Public Reasons* (OUP).

Grisez, Germain (1970), "Toward a Consistent Natural – Law Ethics of Killing", AJJ 15: 64.

—— (1975), *Beyond the New Theism: A Philosophy of Religion* (Notre Dame: University of Notre Dame Press); reprinted with a new preface: *God: A Philosophical Preface to Faith* (South Bend: St Augustine's Press, 2005).

—— (1978) "Against Consequentialism", AJJ 23: 21 – 72.

—— (1985), "Public Funding of Abortion: A Reply to Richard A. McCormick, SJ", Homiletic and Pastoral Rev 85.9 (June 1985): 32.

—— (1989), "When Do People Begin?", Proc Am Cath Phil Ass 63: 27 – 47.

—— (1997), *The Way of the Lord Jesus*, vol. 3, *Difficult Moral Problems* (Quincy: Franciscan Press).

—— (1999), "Healthcare as Part of a Christian's Vocation", in Luke Gormally (ed.), *Issues for a Catholic Bioethic* (London: Linacre Centre), 151 – 8.

—— ([1975] 2004), *God? Philosophical Preface to Faith* (South Bend: St Augustine's Press) (first published by University of Notre Dame Press as *Beyond the New Theism*).

—— (2006), *Is Democracy Possible Here? Principles for a New Political Debate* (Princeton and Oxford: Princeton University Press).

—— and Boyle, Joseph M. (1979), *Life and Death with Liberty and Justice: A Contribution to the Euthanasia Debate* (Notre Dame and London: University of Notre Dame Press).

—— and —— (1998), "Response to Our Critics and Our Collaborators", in Robert P. George (ed.), *Natural Law and Moral Inquiry: Ethics, Metaphysics, and Politics in the Work of Germain Grisez* (Washington, DC: Catholic University of America Press).

—— and Ford, John C. SJ (1978), "Contraception and the Infallibility of the Ordinary Magisterium", Theological Studies 39: 258 – 312; also in Ford, John C. SJ, Grisez, Germain, Boyle, Joseph, Finnis, John et al. (1988), *The Teaching of Humanae Vitae: A Defense* (San Francisco: Ignatius Press), 129 – 55 (p. 396).

—— and —— (1991), *Fulfilment in Christ: A Summary of Christian Moral Principles* (Notre Dame and London: University of Notre Dame Press).

Gula, Richard M. (1989), *Reason Informed by Faith: Foundations of Catholic Morality* (New York: Paulist Press).

Habermas, Jürgen (2008), *Between Naturalism and Religion: Philosophical Essays* (Cambridge, UK and Malden, Mass.: Polity Press).

Haldane, John and Smart, J. J. C. (1996), *Atheism & Theism* (Oxford: Blackwell).

Hamel, Edouard SJ (1975), "La Théologie morale entre l'Ecriture et la raison", Gregorianum 56: 273 – 319.

Hamel, Ronald P. and Himes, Kenneth R. O. F. M. (eds) (1989), *Introduction to Christian Ethics* (New York: Paulist Press).

Hampton, Jean (1993), "The Moral Commitments of Liberalism", in David Copp, Jean Hampton, and John E. Roemer, *The Idea of Democracy* (CUP).

Harris, John (1985), *The Value of Life: An Introduction to Medical Ethics* (London and Boston: Routledge and Kegan Paul).

Harrison, Brian (1988), *Religious Liberty and Contraception* (Melbourne: John XXIII Fellowship Co – operative).

Hart, H. L. A. (1983), *Essays in Jurisprudence and Philosophy* (OUP).

Hemer, Colin J. (1989), *The Book of Acts in the Setting of Hellenistic History* (Tubingen: J. C. B. Mohr).

Hengel, Martin (1979), *Acts and the History of Earliest Christianity* [*Zur urchristlichen Geschichtsschreibung*] (London: SCM).

Himes, Michael J. (1983), "The Human Person in Contemporary Theology: From Human Nature to Authentic Subjectivity", excerpted in Hamel and Himes (eds), *Introduction to Christian Ethics.*

Hughes, Gerard J. SJ (1978), *Authority in Morals: An Essay in Christian Ethics* (London: Sheed & Ward).

—— (2004), "Newman and the Particularity of Conscience", in Ian Ker and Terrence Merrigan (eds), *Newman and Faith* (Louvain Theological & Pastoral Monographs n. 31) (Louvain: Peeters Press), 53 – 74.

Hurley, Susan (1989), *Natural Reasons: Personality and Polity* (OUP).

Jensen, Joseph (1978), "Does*porneia* mean Fornication? A Critique of Bruce Malina", Novum Testamentum 20: 161 – 84.

Jonsen, A. R. SJ et al. (1975), "Critical Issues in Newborn Intensive Care: A Conference Report and Policy Proposal", Pediatrics 55: 756.

Kant, Immanuel ([1785] 1969), *Foundations of the Metaphysics of Morals* (trans. Lewis White

Beck) (Indianapolis: Bobbs-Merrill).

—— ([1790] 1960), *Religion Within the Limits of Reason Alone* (trans. Theodore M. Greene and Hoyt H. Hudson) (New York: Harper and Row).

Kenny, Anthony (1983), *Thomas More* (OUP).

Kiely, Bartholomew SJ (1985), "The Impracticability of Proportionalism", Gregorianum 66: 655-86.

Kittel, Gerhard (1964), *A Theological Dictionary of the New Testament* (trans. and ed. Geoffrey W. Bromiley) (Grand Rapids: Eerdmans).

Knauer (1979), "The Hermeneutic Function of the Principle of Double Effect", in Charles E. Curran and Richard A. McCormick (eds), *Readings in Moral Theology No* 1 (New York: Paulist Press), 1-39.

Koppelman, Andrew (2002), "Secular Purpose", Virginia L Rev 88: 87.

—— (2006), "Is it Fair to Give Religion Special Treatment?", U Ill L Rev: 571-603.

Lacey, Nicola (2004), *A Life of H. L. A. Hart: The Nightmare and the Noble Dream* (OUP) (p. 397).

Lagrange, J. M. [Marie-Joseph] (1905), *Historical Criticism and the Old Testament* (London: Catholic Truth Society).

Langholm, Odd (1984), *The Aristotelian Analysis of Usury* (Bergen and Oslo: Universitetsforlaget AS).

Latourelle, René (1988), *The Miracles of Jesus and the Theology of Miracles* (Mahwah: Paulist Press).

Lee, Patrick (1981), "Permanence of the Ten Commandments: St Thomas and His Modern Commentators", Theological Studies 42: 422-43.

Linacre Centre (1982), *Euthanasia and Clinical Practice: Trends, Principles and Alternatives* (London: Linacre Centre).

Lonergan, Bernard (1958), *Insight: A Study of Human Understanding* (London: Longmans).

—— (1968), *Verbum* (London: Darton, Longman & Todd).

—— (1972), *Method in Theology* (London: Darton, Longman & Todd).

—— (1974), *A Second Collection* (London: Darton, Longman & Todd).

—— (1985), *A Third Collection: Papers by Bernard J. F. Lonergan, S. J.* (ed. Frederick E.

Crowe) (New York: Paulist Press).

Macedo, Stephen (1990), *Liberal Virtues* (OUP).

Maritain, Jacques (1957), *On the Philosophy of History* (ed. Joseph W. Evans) (New York: Scribner).

Matthews, Steven (2008), *Theology and Science in the Thought of Francis Bacon* (Aldershot and Burlington: Ashgate).

McBrien, Richard P. (1980), *Catholicism* (Oak Green: Winston Press).

McCormick, Richard A. SJ (1964), "Self – Assessment and Self – Indictment", in his *Contraception and the Natural Law* (Milwaukee: Bruce Publishing).

—— (1974), "To Save or Let Die: The Dilemma of Modern Medicine", J Am Med Assoc 229: 172.

—— (1975), "A Proposal of 'Quality of Life' Criteria for Sustaining Life", Hospital Progress 56: 79.

—— (1975), "Notes on Moral Theology", Theological Studies 36: 77 – 128.

—— (1978), "Notes on Moral Theology", Theological Studies 39: 76 – 138.

—— (1981), *Notes on Moral Theology 1965 through 1980* (Washington, DC: University Press of America).

—— (1984), "Medicaid and Abortion", Theological Studies 45: 715 – 21.

—— (1985), *Health and Medicine in the Catholic Tradition: Tradition in Transition* (New York: Crossroad Pub Co.).

—— (1985), "Notes on Moral Theology: 1984", Theological Studies 46: 715 – 21.

—— (1988), "The consistent ethic of life: is there an historical soft underbelly?", in Thomas G. Fuechtmann (ed.), *Consistent Ethic of Life* (Kansas: Sheed & Ward), 96 – 122.

—— and Ramsey, Paul (eds) (1978), *Doing Evil to Achieve Good* (Chicago: Loyola University Press).

McInerny, Ralph (1995), *Aquinas Against the Averroists: On There Being Only One Intellect* (Lafayette: Purdue University Press).

Medeiros, Archbishop (1971), "A Call to a Consistent Ethic of Life and the Law", *Pilot*, 10 July 1971, 7.

Meyer, Ben F. (1979), *The Aims of Jesus* (London: SCM Press).

More, Thomas ([1532] 1973), *The Confutation of Tyndale's Answer*, vol. 9 of *The Complete Works of Thomas More* (ed. Louis A. Schuster) (New Haven: Yale University Press, 1963-97).

—— ([1534] 1951), *Dialogue of Comfort against Tribulation* (ed. Monica Stevens) (London: Sheed & Ward) (p. 398).

—— ([1535] 1969), *Thomas More's Prayer Book* (ed. Louis B. Martz and Richard Sylvester) (New Haven: Yale University Press).

—— ([1535] 1976), *De Tristitia Christi*, vol. 14 of *The Complete Works of St Thomas More* (ed. Clarence H. Miller) (New haven and London: Yale University Press).

Murphy, Mark C. (2008), "Finnis on Nature, Reason, God", Legal Theory 13: 187-209.

Nagel, Thomas (1987), "Moral Conflict and Political Legitimacy", Philosophy and Public Affairs 16: 215-40.

Newman, John Henry ([1833], 3rd edn 1871), *The Arians of the Fourth Century* (London: Lumley).

—— ([1843], [3rd edn 1871], 1909), *Fifteen Sermons Preached before the University of Oxford* (London: Longmans, Green).

—— ([1845] 1888), *An Essay on the Development of Christian Doctrine* (Notre Dame: University of Notre Dame Press, 1989).

—— ([1852, 1858], 1976), *The Idea of a University* (ed. Ian Ker) (OUP).

—— ([1864, 1865], 1913), *Apologia Pro Vita Sua: The Two Versions of 1864 and 1865* (ed. Wilfrid Ward) (OUP).

—— ([1864, 1865] 1967), *Apologia pro Vita Sua: Being a History of His Religious Opinions* (ed. Martin J. Svaglic) (OUP).

—— ([1870] 1985), *An Essay in Aid of a Grammar of Assent* (ed. Ian Ker) (OUP).

—— (1891), *Certain Difficulties Felt by Anglicans in Catholic Teaching Considered* (London and New York: Longmans, Green).

—— (1976), *The Theological Papers of John Henry Newman on Faith and Certainty* (ed. H. M. de Achaval and J. D. Holmes) (OUP).

Nicolau, Michael and Salaverri, Joachim (1962), *Sacrae Theologiae Summa* (Madrid: Biblioteca de Autores Cristianos).

Nietzsche, Friedrich ([1887] 1996), *On the Genealogy of Morals* (trans. Douglas Smith) (OUP).

Noonan, John T. (1965), *Contraception: A History of its Treatment by the Catholic Theologians and Canonists* (HUP).

Norman, Edward R. (1976), *Church and Society in England 1770 - 1970* (OUP).

—— (1978), "Christianity and Politics", in Maurice Cowling (ed.), *Conservative Essays* (London: Cassell), 69 - 81.

—— (1979), *Christianity and the World Order* (The BBC Reith Lectures, 1978) (OUP).

O'Connell, Timothy E. (1978), *Principles for a Catholic Morality* (New York: Seabury Press).

O'Connor, James (1989), "Von Balthasar and Salvation", Homiletic and Pastoral Rev 89: 10 - 21.

Parfit, Derek (1984), *Reasons and Persons* (OUP).

Perry, Michael J. (2008), "Morality and Normativity", Legal Theory 13: 211 - 55.

Peschke, Karl - Heinz SVD (1988), "Tragfähigkeit und Grenzen des Prinzips der Doppelwirkung", Studia Moralia 26: 101.

Porter, Jean (1996), " 'Direct' and 'Indirect' in Grisez's Moral Theory", Theological Studies 57: 611 - 32.

Posner, Richard (1998), "The Problematics of Moral and Legal Theory", Harv L Rev 111: 1637 - 717.

—— (2003), *Law, Pragmatism, and Democracy* (HUP).

Price, Anthony (1989), *Love and Friendship in Plato and Aristotle* (OUP).

Quinlan, Michael (2009), *Thinking about Nuclear Weapons* (OUP).

Rahner, Karl (1964), "Dangers in Catholicism Today: The Appeal to Conscience", in his *Nature and Grace: Dilemmas in the Modern Church* (New York: Sheed & Ward) (p. 399).

—— (1965), "Natural Moral Law", in Karl Rahner and Herbert Vorgrimler, *Concise Theological Dictionary* (Freiburg: Herder).

—— (1972), "The Historicity of Theology", in his *Theological Investigations*, IX (New York: Crossroad Pub Co., 1973).

—— (1973), *Theological Investigations*, IX (New York: Crossroad Pub Co.).

—— (1975), *Encyclopedia of Theology: A Conscise "Sacramentum Mundi"* (London: Burns

Oates).

—— (1976), "Basic Observations on the Subject of Changeable and Unchangeable Factors in the Church", in his *Theological Investigations*, XIV (New York: Crossroad Pub Co.), 15.

Ratzinger, Joseph (1985), *The Ratzinger Report: An Exclusive Interview on the State of the Church* (ed. Vittorio Messori) (Leominster: Fowler Wright).

Rawls, John (1971), *A Theory of Justice* (HUP).

—— ([1993] 1996), *Political Liberalism* (New York: Columbia University Press).

—— (1999), *The Law of Peoples* (HUP).

Raz, Joseph (1986), *The Morality of Freedom* (OUP).

—— (1990), "Facing Diversity", Philosophy and Public Affairs 19: 3 – 46.

—— ([1994] 1995), *Ethics in the Public Domain* (OUP).

—— (1998), "Multiculturalism", Ratio Juris 11: 193 – 205.

Regan, Augustine CSsR (1968), "The Worth of Human Life", Studia Moralia 6: 207 – 77.

—— (1979), *Thou Shall Not Kill* (Dublin: Mercier).

Reiman, Jeffrey H. (1997), *Critical Moral Liberalism: Theory and Practice* (Lanham, Md.; London: Rowman & Littlefield).

Richardson, Alan (1964), *History, Sacred and Profane* (London: SCM Press).

Rickman, H. P. (ed.) (1976), *Wilhelm Dilthey: Selected Writings* (CUP).

Rhonheimer, Martin (1987), *Natur als Grundlage der Moral* (Innsbruck: Tyrolia).

Robinson, John A. T. (1973), *Redating the New Testament* (London: SCM Press).

Saeed, Abdullay and Saeed, Hassan (2004), *Freedom of Religion, Apostasy and Islam* (Aldershot: Ashgate).

Scheffler, Samuel (1982), *The Rejection of Consequentialism* (OUP).

Schmitt, Charles B. (1983), *John Case and Aristotelianism in Renaissance England* (Kingston, Ont.: McGill – Queen's University Press).

Schnackenburg, R. (1965), *The Moral Teaching of the New Testament* (New York: Herder).

Schüller, Bruno SJ (1980), "La Moralité de moyens: la relation de moyen à fin dans une éthique normative de caractère téléologique", Recherches de Science Religieuse 68: 205.

Searle, John R. (1992), *The Rediscovery of the Mind* (Cambridge, Mass.; London: MIT Press).

Sidgwick, Henry ([1874] 1907), *The Methods of Ethics* (7th edn, London: Macmillan).

Singer, Peter (1979), *Practical Ethics* (CUP).

Smart, J. J. C. and Haldane, John (1996), *Atheism & Theism* (Oxford: Blackwell).

—— and Williams, Bernard (1973), *Utilitarianism: For and Against* (CUP).

Spicq, Ceslau (1961), *Dieu et l'Homme selon le Nouveau Testament* (Paris: Ed. du Cerf).

—— (1970), *Théologie morale du Nouveau Testament* (Paris: Gabalda).

Staudinger, Hugo (1981), "Die Zerstörung Jerusalems bei Flavius Josephus und im Evangelium des Lukas", Informationsdienst Deutsches Institut für Bildung und Wissen (Paderborn).

Tooley, Michael (1983), *Abortion and Infanticide* (OUP).

United States Catholic Bishops (1983), *The Challenge of Peace: God's Promise and Our Response: a Pastoral Letter on War and Peace* (Washington, DC: US Catholic Conference) (p. 400).

—— (1988), "Building Peace: A Pastoral Reflection on the Response to 'The Challenge of Peace'", 21 July 1988, Origins 18/9: 129 – 33.

—— "Report [by Ad Hoc Committee on the Moral Evaluation of Deterrence] on 'The Challenge of Peace' and Policy Developments 1983 – 1988", 21 July 1988, Origins 18/9: 133.

Van Riet, Simone (1976), "La *Somme contre les Gentils* et la polémique Islamo – Chrétienne", in G. Verbeke and D. Verhelst, *Aquinas and Problems of His Time* (Leuven University Press; The Hague: Martinus Nijhoff), 150 – 60.

Voegelin, Eric (1944), "Nietzsche, the Crisis and the War", J of Politics 6: 177 – 212.

—— (1957), *Plato and Aristotle* (Baton Rouge: Louisiana State University Press).

—— (1968), *Science, Politics, and Gnosticism: Two Essays* (South Bend, Ind.: Gateway Editions).

—— ([1958] 2000), "Science, Politics, and Gnosticism", in *The Collected Works of Eric Voegelin*, vol. 5, *Modernity Without Restraint* (ed. Manfred Henningsen) (Columbia, Missouri: University of Missouri Press).

—— (1975), *From Enlightenment to Revolution* (ed. John Hallowell) (Durham, NC: Duke University Press).

Walter, James J. (1988), "Response to John Finnis: A Theological Critique" in Thomas G. Fuechtmann (ed.), *Consistent Ethic of Life* (Kansas: Sheed & Ward), 182 – 95.

Wegemer, Gerard B. and Smith, Stephen W. (2004), *A Thomas More Source Book* (Washington, DC: Catholic University of America Press).

Wenham, John W. (1991), *Redating Matthew, Mark and Luke: A Fresh Assault on the Synoptic Problem (London: Hodder & Stoughton).*

Williams, Bernard (1981), *Moral Luck* (CUP).

—— and Smart, J. J. C. (1973), *Utilitarianism: For and Against* (CUP).

Wojtyla, Karol (1979), *The Acting Person* (trans. Andrej Potocki) (Dordrecht: Reidel).

Wright, N. Thomas (1998), "The Resurrection as a Historical Problem", "Early Traditions and the Origins of Christianity", and "The Resurrection and the Postmodern Dilemma", Sewanee Theological Review 41.

—— (2002), "Jesus' Resurrection and Christian Origins", Gregorianum 83: 615 – 35.

—— (2003), *The Resurrection of the Son of God* (London: SPCK).

—— (2003), "What Happened at the Resurrection?", The Church Times, 17 April.

—— (2005), "Resurrecting Old Arguments: Responding to Four Essays", J for the Study of the Historical Jesus 3: 209 – 32.

声 明

以下文章最初发表于：

Essay 1：“Does Free Exercise of Religion Deserve Constitutional Mention?”，American Journal of Jurisprudence 54：41 – 66.

Essay 2：“Telling the Truth about God and Man in a Pluralist Society：Economy or Explication?”，in Christopher Wolfe（ed.），*The Naked Public Square Revisited*：*Religion & Politics in the Twenty – First Century*（ISI Books，2009），111 – 25，204 – 9.

Essay 3：“On the Practical Meaning of Secularism”，Notre Dame Law Review 73：491 – 515.

Essay 4：“Religion and State：Some Main Issues and Sources”，American Journal of Jurisprudence 51：107 – 30.

Essay 6：“The Catholic Church and Public Policy Debates in Western Liberal Societies：The Basis and Limits of Intellectual Engagement”，in Luke Gormally（ed.），*Issues for a Catholic Bioethic*（Linacre Centre，1999），261 – 73.

Essay 8：“Reason，Revelation，Universality and Particularity in Ethics”，American Journal of Jurisprudence 53：23 – 48.

Essay 9：“*Historical Consciousness” and Theological Foundations*，Etienne Gilson Lecture No. 15（Toronto：Pontifical Institute of Mediaeval Studies）.

Essay 10：“Saint Thomas More and the Crisis in Faith and Morals”，The Priest 7/1：10 – 15，29 – 30.

Essay 11：“On Creation and Ethics”，Anthropotes 2：197 – 206.

Essay 13：“Grounds of Law & Legal Theory：A Response”，Legal Theory 13：315 – 44.

Essay 16：“Conscience in the Letter to the Duke of Norfolk”，in Ian Ker and Alan G. Hill（eds），*Newman after a Hundred Years*（OUP，1990），401 – 18.

Essay 17: "On the Grace of Humility: A New Theological Reflection", The Allen Review 7: 4 – 7.

Essay 18: "Catholic Faith and the World Order: Reflections on E. R. Norman", Clergy Review 64: 309 – 18.

Essay 19: "The Natural Law, Objective Morality, and Vatican II", in William E. May (ed.), *Principles of Catholic Moral Life* (Franciscan Herald Press, 1980), 113 – 49.

Essay 20: "Nuclear Deterrence, Christian Conscience, and the End of Christendom", New Oxford Review [Berkeley, CA] July – August: 6 – 16.

Essay 21: "The Consistent Ethic: A Philosophical Critique", in Thomas G. Fuechtmann (ed.), *Consistent Ethic of Life* (Sheed & Ward), 140 – 81.

索引

（索引中出现的页码为原版页码，即本书边码）